America's Great Depression

美国大萧条

[美国] 穆雷·N. 罗斯巴德◎著
谢华育◎译

海南出版社
·海口·

图书字号： 30-2017-135

图书在版编目（CIP）数据

美国大萧条 /（美）穆雷·N. 罗斯巴德
(Murray N. Rothbard) 著；谢华育译 . -- 修订本 . --
海口：海南出版社，2020. 4 (2025. 10 重印).
书名原文：America's Great Depression
ISBN 978-7-5443-9181-8

Ⅰ . ①美… Ⅱ . ①穆… ②谢… Ⅲ . ①经济危机 – 研
究 – 美国 Ⅳ . ① F171.244

中国版本图书馆 CIP 数据核字 (2020) 第 029644 号

美国大萧条
MEIGUO DA XIAOTIAO

作　　者：[美国] 穆雷 · N. 罗斯巴德
译　　者：谢华育
责任编辑：张　雪
策划编辑：谌紫灵
执行编辑：高婷婷
责任印制：郄亚喃
印刷装订：北京兰星球彩色印刷有限公司
读者服务：张西贝佳
出版发行：海南出版社
总社地址：海口市金盘开发区建设三横路 2 号　　邮编：570216
北京地址：北京市朝阳区黄厂路 3 号院 7 号楼 101 室
电　　话：0898-66812393　010-87336670
电子邮箱：hnbook@263.net
经　　销：全国新华书店
出版日期：2020 年 4 月第 1 版　　2025 年 10 月第 8 次印刷
开　　本：880mm × 1 230mm　1/32
印　　张：13
字　　数：315 千字
书　　号：ISBN 978-7-5443-9181-8
定　　价：59.80 元

中文版新序

New Chinese Introduction

透过两次经济危机理解商业周期

理查德·M. 埃贝林

当穆雷·N. 罗斯巴德的《美国大萧条》(*America's Great Depression*)最初于1963年出版时，当时西方的经济学界依然被始于20世纪30年代的凯恩斯革命牢牢占据。

相反，罗斯巴德却把奥地利学派的方法运用到货币和商业周期上，以解释大萧条的原因，并分析了在20世纪30年代早期应对萧条而采取的政策。实际上，这些政策极具误导性，它们的施行反而加剧并延长了衰退。

对于20世纪60年代早期大多数的经济学家来说，罗斯巴德的奥地利学派似乎同人们普遍接受的教科书并不合拍，宏观经济学方法把总产出和就业看成一个整体，并聚焦于有关其经济变化和波动的"总量"分析。同时，人们普遍相信政府可以通过使用一系列货币和财政政策工具，轻易保持经济的全面稳定和增长。

米塞斯、哈耶克和奥地利学派的货币和商业周期理论

但是，在20世纪30年代的早期和中期，奥地利学派关于大萧条的解释代表了理论和政策讨论的前沿。奥地利经济学家路德维

希·冯·米塞斯（Ludwig von Mises）先是在他的著作《货币和信用理论》(*The Theory of Money and Credit*，1912 年第一版，1924 年第二版)，后来又在他的专著《货币稳定和周期性政策》(*Monetary Stabilization and Cyclical Policy*，1928）中发展了奥地利学派理论，并解释了通货膨胀和萧条的成因。

但是，在 20 世纪 30 年代对商业周期的研讨和争论中，这一理论为世界所知，并产生影响，还要特别归功于弗里德里希·奥古斯特·冯·哈耶克（Friedrich August von Hayek）在其著作《物价与生产》(*Prices and Production*，1931)、《货币理论和商业周期》(*Monetary Theory and the Trade Cycle*，1933）以及《利润、利息和投资》(*Profits, Interest and Investment*，1939）中提出的周期理论。哈耶克在整个 20 世纪 30 年代和 40 年代都在伦敦经济学院任经济学教授，约翰·梅纳德·凯恩斯（John Maynard keynes）在 1936 年出版了《就业、利息和货币通论》(*The General Theory of Employment, Interest and Money*)，并提出了他自己的"新经济学"，而那时人们认为哈耶克是这一"新经济学"的主要对手。

米塞斯在 1949 年出版了《人的行为》(*Human Action*)，在其中他重申并完善了奥地利商业周期理论，并试图回应 20 世纪 30 年代人们对这一理论的批评。但是，到了 20 世纪 40 年代末，奥地利学派的理论很快在凯恩斯宏观经济学有关总量和平均量的理论浪潮中淹没，这一浪潮使所有其他有关通货膨胀和萧条的思考都被抛弃。

罗斯巴德的《美国大萧条》和奥地利经济学的复兴

这就是为什么要特别指出罗斯巴德的《美国大萧条》的重要性——我们现在可以看到，它代表了第二次世界大战以后奥地利货币理论传统的复兴。确实，在更早的1962年，罗斯巴德撰写了具有里程碑意义的著作《人、经济与国家》(*Man, Economy and State*)，其中有一章非常知名，他在那一章中更广泛地重述了奥地利学派的资本和利息理论，并以清晰的笔法重申了奥地利学派的理论。

但是，在《美国大萧条》中，罗斯巴德总结了奥地利学派的货币和商业周期理论，并将之同其他理论进行比较，这些理论有欧文·费雪（Irving Fisher）提出的早期的货币数量论、凯恩斯的宏观理论，以及约瑟夫·阿洛伊斯·熊彼特有关市场创新的、由企业家精神推动的周期理论。

随后，罗斯巴德解释了美国的中央银行——美联储在20世纪20年代如何通过控制货币和银行体系的信贷总量，并幻想这样会带来价格水平的稳定，从而造成了储蓄和投资的不平衡。他的行文干净利落，极具可读性。罗斯巴德继续解释了20世纪30年代胡佛政府的财政政策和干预性政策如何阻碍了必要的微观相对价格和工资的调整，以及资源和劳动的重新分配，这种调整和重新分配本应该可以在相对较短的时间内恢复美国经济的平衡和稳定。

在这个过程中，罗斯巴德让20世纪60年代的现代读者认识到了30年代和40年代一批“遗失的”文献，是米塞斯和哈耶克的著作使这些文献完善起来，同时，这些文献为罗斯巴德提供了分析框架，他从中可以展现奥地利学派商业周期理论。罗斯巴德尤其高度重视戈特弗里德·哈伯勒（Gottfried Haberler）有关“货币和商业周期”的演讲（1932）、弗雷德里克·贝纳姆（Frederic Benham）的《英国的货币政策》(*British Monetary Policy*, 1932)，莱昂内尔·罗宾斯（Lionel Robbins）的《大萧条》(*The Great Depression*, 1934)，菲利普斯（Phillips）、麦克马纳斯（McManus）和尼尔森（Nelson）的《银行业和商业周期》(*Banking and the Business Cycle*，1937)，弗里茨·马赫鲁普(Fritz Machlup)的《股票市场、信用和资本形成》(*The Stock Market, Credit and Capital Formation*，1940)、本杰明·安德森(Benjamin Anderson)的《经济学和公众福利》(*Economics and the Public Welfare*, 1946)，他在书中仔细参考了这些文献。

这些著作以及 20 世纪 30 年代出现的其他许多研究都受到米塞斯和哈耶克分析方法的启发，任何人要是对有关大萧条的奥地利学派视角感兴趣，都应以这些著作为起点，显然罗斯巴德自己正是采用了这一视角对两次世界大战之间的这一时期内所发生的大萧条提出了自己的观点。

在 20 世纪 70 年代中期，召开了一系列关于奥地利学派经济学的会议，第一次会议是 1974 年 6 月在南罗亚尔顿举办的，这些会议对奥地利学派货币和商业周期传统的复兴产生了积极影响。[1] 此后，受奥地利学派货币理论分析框架启发，并延续这一方法进行研究的文献逐渐多起来，这些文献试图说明我们在 21 世纪面临的货币和商业周期问题。[2]

凯恩斯经济学的根本错误

凯恩斯认为，必须根据一系列宏观经济总量看待经济——要把所

---

[1] 参见我的电子书《奥地利经济学与公共政策》(*Austrian Economics and Public Policy*，2016)第一章有关奥地利经济学在 1974 年 6 月召开的第一次会议和其对奥地利学派复兴的重要意义。另一件作为奥地利学派复兴的主要事件是哈耶克在 1974 年 10 月获得诺贝尔经济学奖。

[2] 参见我的电子书《货币的集中计划和国家》(2015)有关奥地利货币和商业周期理论与凯恩斯和货币主义理论的比较，以及对新出现的一批以奥地利学派理论观点为研究方法的经济学家的介绍，这些经济学家给出了一个可以替代政府和中央银行的理论，这是一种有关货币和财政体系的竞争性、私营银行业的理论。

有产出的总需求作为一个整体，把所有资源要素和财货的总供给作为一个整体，以及把在市场上买卖的财货、服务、资源的所有价格和工资的一般平均水平作为一个整体。

企业家按照通行的一般工资水平雇用所有有兴趣并愿意工作的人，并以此进行生产获取利润，但由于对生产产出的总需求是不足的，于是政府和中央银行的任务就是确保为经济体投入充足的货币以供消费。那么，最终的产品和服务价格相较于一般工资水平将有所提高，这样，商业又变得有利可图，企业家又可以雇用失业者直至重新实现完全就业。

从凯恩斯在他1936年出版的著作《就业、利息和货币通论》中最初提出这个想法，几十年来，无论是他的支持者，还是表面上他的批评者，都对他的部分论断、假说进行了修正和重述。但是经济学家使用一般宏观总量分析的框架和观点分析非充分就业问题时，依然聚焦于政府政策，并用产出水平和就业水平描述整个经济以及其中的变化。

宏观经济总量和平均数存在的问题

但是，实际上从整体上看，并不存在什么总需求、总供给、总产出和就业，这只是由经济学家和统计学家构建的统计产物，在现实中，这些并不存在：构成社会经济体系的是对个别独特商品和服务的多重需求及供给，这些商品和服务被制造出来在千差万别的不同市场上买卖。

消费者是具体而独特的，他们对不同类型的帽子、鞋子、衬衫、眼镜以及书籍或电影有着不同的需求。没有人需求“产出”，没有人仅仅创造出“就业”。当我们去市场时，我们感兴趣的是购买独特的商品和服务，这些东西能满足我们特定的、不同的需求。商人和企业家觉得雇用具有特殊技能的具体的工人是有利可图的，这些工人可以有助于制造、生产、营销和销售特定的产品，这些产品才是个人消费者的兴趣所在。

相应地，每个独特的商品和服务在市场中都具有一个属于自己的特定价格，这个市场是个体需求者以及提供给他们商品的个体供给者相互交往而确立的。

把人们需要的商品带到市场会带来营利机会，也会引起对不同的资源和原材料、不同类型机器和装备的需求，这能引导不同类型的个体技术工人或者普通工人参与到生产过程中，从而生产出那些人们需要的产品。个体商人和生产要素的个体供应商之间相互作用，产生了购买、租用或者雇佣时的价格，也就是经济体系中不同市场上的多层次价格。

奥地利学派有关市场和货币过程的宏观经济分析

宏观经济学家以及与之合作的统计学家对所有这些不同的产品、就业以及特定的价格和工资进行加总、归纳和平均化处理，形成了一系列衡量总体经济的总量数据。但是，必须清楚地认识到，这么做的话，所有市场中真实的经济关系，相对价格和工资构成的实际结构，以及由实际需求和供给组成的具有差异性的且相互关联的多样化组合便在宏观经济总量中消失了。

经济中稳定的生产和可持续的就业作为一个整体，显然需要各个不同市场中进行买卖的各种不同商品和服务在供需之间求得协调和平衡。与此同时，商人们在市场中的每个生产环节，对资源、固定设备以及不同类型的劳动者的需求必须同这些要素的供给者取得相应的协调和平衡。

要达到这样的协调、平衡，以及可持续的就业，就要通过调整价格和工资以适应市场上各种条件的变化，就要适应经济的各个组成部分之间供需的变动。换句话说，只要在供需之间，以及与之相对应的相对价格和工资结构中求得恰当的平衡和协调，就能确保充分就业，也能使获得的资源和资本得到充分有效的利用。这样，出售商品的价格就可以支付企业家和商人合理的生产成本，根据这个价格，企业家和商人就有意愿长期而持续地生产消费者需要的商品。

但是，当问题被简化为经济中的总需求、总供给，以及统计学上表现所有商品的平均价格水平，和表现所有工人工资的平均工资水平这几个宏观经济总量数据时，所有这一切都消失了。宏观总量研究方法中更为根本的错误和误解在于，它不能评价和关注货币供应量变动的实际影响，而这种货币供应量的变动必然导致价格、利润以及资源和劳动利用偏离一个较为合理的平衡，但是这种偏离是不可持续的，它会导致更严重的失业问题，尽管货币刺激意图解决这一问题。

奥地利学派理论为基础的微观动态过程提供了一个分析框架，罗斯巴德在这一分析框架中解释了美联储 20 世纪 20 年代的货币政策如何导致了储蓄和投资之间以及劳动、资本和资源配置中存在的不平衡和扭曲现象，这些现象意味着 1929 年之前的经济“繁荣”导致了 20 世纪 30 年代早期的经济萧条。

但是，罗斯巴德利用了最早由米塞斯和哈耶克阐述的观点，他提出美国政府无法使竞争性市场摆脱政府干预并充分发挥其机制，正是因此而阻止和延缓了经济复苏，这种复苏本应该更快出现，而且不应该出现 20 世纪 30 年代的高失业率和产出下降。

奥地利学派理论和 2008—2009 年的大衰退

让我们借助奥地利学派理论看一看 2008—2009 年，也就是最近这场经济萧条。

这场衰退源于美联储多年的货币管理不善，以及华盛顿采取的具有误导性的干预主义政策。在2003—2008年的5年间，美联储向金融市场释放了巨量货币。这5年里，美联储M2供应量（现金、经常账户、各种小面额存款和投资账户）上涨了40%。美联储零期限（MZM）货币指标（M2加一系列货币市场基金减去定期存款）在这5年中扩张了50%。

货币扩张和利率调控

圣路易斯联邦储备银行监测了货币扩张对名义和真实利率的影响。在这些年的大部分时间里，主要市场利率在调整掉通货膨胀影响以后，要么为0，要么为负值。从2002年年末到2005年年末，在根据通货膨胀进行调整以后（通货膨胀由消费者价格指数确定），联邦基金利率（银行据此利率提供短期资金）和一年期国债收益在0与–2%之间。

在2006年和2007年，这些参数变为正值，但是在2008年早期又变为负值。自此以后，除了2009年中短暂升为正值，这些参数一直保持为负值，有时达到–2%，甚至–4%。

被误导的房贷和补贴抵押

基于2003—2008年的美联储货币政策，银行体系向所有借款人任意提供贷款。为吸引公众贷款，这些银行不仅下调名义利率（也就是借贷成本），还降低了信誉标准。为了设法取得信贷数额，金融机构以“创新”方式把房地产抵押贷款包装成可交易金融组合，并将之兜售给投资者。这似乎降低了这些房地产次级贷款的风险，而实际上这些是房地产市场上的高风险垃圾债券。由于新产生的联邦储备货币促使房地产购买者不断推高房价，房地产价格持续增长，人们也不再担心风险。

同时，像房利美和房地美这样的由政府设立的房地产保险机构为这些不断增加的高风险抵押提供担保，它们自己所依靠的是美利坚合众国的“全部信誉和信用”。到2008—2009年，联邦政府正式完全接管房利美和房地美，它们为美国房地产市场10万亿美元信贷中的一半提供了担保。

低利率和低信贷标准也推升了消费膨胀，这导致2003—2008年之间消费信贷上涨了25%，从20万亿美元上涨到25万亿美元。由于利率维持在低水平，人们没有动力为明天而储蓄，却极大地被激励获取信贷在今天进行消费。但是，根据美国人口普查局的数据，在这5年中，平均真实利率最多只上涨了2%。人们的债务负担急剧增加。

2008年，美联储的宽松货币政策和美国政府的信用卡抵押担保机构都遇到了巨大挫折，随后在2008—2009年遭遇市场大崩溃。货币泛滥导致的低利率和信贷方式创新，进而导致资源的巨大误用和错配：太多人负担不起房贷；在后泡沫时期的氛围中，太多投资项目无法持续；在经济衰退之下，人们的财富和收入大幅度调整，太多的消费债务已经脱离了人们可以真正承受的范围。

经济崩溃以后的货币扩张和利率调控

还是美联储，它产生了过剩的货币，制造了人工泡沫，甚至用更多新造的货币造就货币泛滥。2009—2016年，美联储通过购买政府债券和巨额“有毒”抵押证券，等量增加其资产组合规模，扩大基础货币量（现金和银行体系准备金）40万亿美元。这段时间，美联储以M2和MZM衡量的货币供给相比于2008年都增加了85%，近乎使市场中人们所使用的货币供给量翻倍。

由于美联储购买美国政府债券和抵押使用于信贷目的的准备金数量大幅度上升了40亿美元，许多人预期M2和MZM会增长更多，不久，一般价格将出现更大幅度的膨胀。然而，以消费者价格指数衡量的一般价格从2008年到2016年只上涨了16%。

造成这一现象的原因是美联储对银行体系货币调控所造成的新的扭曲。2008年以来，中央银行一直为银行支付利息，使其不进行贷款。在某种程度上，成员银行发现，相比于把所有准备金全都贷给潜在贷款人，它们的超额（未贷出）准备金的利率更具吸引力（给定风险、潜在贷款人的资信状况等），其潜在营利能力更强。它们让20万亿美元这类准备金留在美联储的账户上。

从绝对值上说，吸引银行保有大量超额准备金的实际利差可能很小。但是在拥有数亿或数十亿美元的银行看来，即便很小的利差也能带来丰厚的收益。

干预政策阻碍市场再平衡

美国经济和全体美国公民无法摆脱2008年开始的经济调整过程。房地产价格被推升得过高，必须回落到更为现实的水平；一些人恰恰无法负担这些他们在泡沫时期购买的住宅；要是一开始，宽松货币政策导致的低利率，还有房地美和房利美贷款担保项目没有让他们涉足房地产市场，他们也不会陷入这般惨淡的财务困境中。

之前得到扩张的企业必须大幅度收缩，有些甚至要停业。工人们因为美联储将大量货币投向经济，获得了本来不可持续的工作，或者本来无法持久的工资，但现在他们发现自己还是失业了。

尽管政客们做出承诺，并用凯恩斯式的妄想欺骗民众，万亿美元的联邦政府救助和“刺激”计划只是延长痛苦，延缓了真正的经济复苏。在2008年布什政府任期的最后几个月里，通过政府强制购买银行股份，政府强行将资本注入银行体系，而经济将需要许多年时间才能最终扭转过来。

乔治·W.布什政府在执政的最后一年所做的，在贝拉克·奥巴马2009年执政时又一次被延续。奥巴马医保法案（美国人负担得起的医保法案，把政府健康保险和医疗保健资金覆盖到几乎每个美国人身上）是短暂的，它使人经受折磨，由于美国经济复苏成本和影响的不确定性增加，这一法案使经济复苏变得更加困难。

同时，政府对市场的管制扼杀了经济更快复苏的能力。2016年，有关联邦政府管理私营企业的记录有大约10万页行政命令、限制令和要求，相比于2008年布什政府后期只有大约8万页的联邦管理条例，这份记录大约多了20%。据估计，这要花费企业大约20万亿美元，以满足政府管理机构的要求，这比2016年美国国民生产总值的10%还多。

干预政策拖累劳动市场

在奥巴马执政的大部分时期，另一个延缓经济复苏的因素是劳动力市场参与率。2007年，可称为劳动力的人数占劳动年龄人口的66.4%。2017年，劳动力参与率下降至劳动年龄人口的62.9%，下降率超过8%。这10年，美国劳动年龄人口增加10%，但是根据劳工统计局的数据，增加的劳动年龄人口中参与劳动的人数只有4%。

这些理应存在的，且增加了的劳动年龄人口，如果他们没有为了获得收入去找工作，那么都到哪儿去了呢？奥巴马政府大幅度降低了从社会保障局获得伤残救助的要求，获得救助无须考虑年龄。达到这些较低申领要求并获得纳税人支付的伤残救助金，使不再去工作的人数从2006年的680万上升为2016年的880万，在美国各年龄段，伤残救助接受者总数上升了30%。社会保障伤残资助花费从2005年的900亿美元上升到2016年的超过1 500亿美元，增幅超过60%。

2017年8月，政府官方统计的失业率大约在4.3%的较低水平，年轻人的一般失业率为11.4%，非洲裔美国青年失业率为25.4%。此外，劳工统计局也估计了那些乐意接受全日制工作，但却从事兼职工作的人，以及那些“丧失志向的劳动者”，即他们希望能找到工作，但已经放弃尝试寻找工作的人。如果我们把这些加入到官方统计中，那么2017年的美国失业率大约为8.9%。于是，我们很难看到什么成功的就业前景，特别是为了满足奥巴马医保法案要求，雇主被迫缴纳健康保险，于是因为限制工时，那些不能找到理想全日制工作的人只能从事兼职工作。

政府支出和增加的国家债务

2008—2009年的衰退迟迟等不来更全面的复苏，因为各级政府——联邦政府、州政府和地方政府，它们的税收大约占美国国民生产总值的35%。换句话说，经济生活中每产生3美元有市场价值的产出，政府就要拿走1美元。从绝对数上说，2017年预计的190万亿美元GDP中，各级政府要拿走70万亿美元用于政府支出。

但是并不是所有政府支出都来自可获得的税收。借款，特别是联邦层面的借款，占据了很大比重。这已经大幅度增加了美国联邦政府债务。当乔治·W. 布什在2001年进入白宫时，美国联邦债务为5万亿美元。当他离开白宫时，债务翻倍至10万亿美元。在贝拉克·奥巴马在白宫执政的8年里，国家债务又一次翻倍，到他2017年1月卸任时达到20万亿美元。年度预算赤字持续增加，由于分配“权益保障”计划的实施，预计未来10年将继续增长，所以政府债务增长的趋势不会改变。

毫无疑问，美国经济还需要10年时间才能有某种形式的适当复苏，尽管一个自由市场早应该复苏了，且能够更快地复苏。

市场经济是方案

市场体系是人类繁荣的伟大推动力，它为产业和创新带来利益刺激，在过去的半个世纪里，它在全球范围内养育了数亿人口，使他们摆脱贫困。在世界上，供需的竞争过程促使数以万计的商业机构的生产活动与消费者的需求达成平衡。

在人类历史上，没有一种经济制度像开放和竞争性的自由市场那样带来如此巨大的物质和文化利益，但是如果对其运行加以干预，市场经济体系就无法发挥作用。繁重的税收、拙劣的管制、误导性的财政支出和货币体系的不当管理只会像绊脚石一样把事情弄糟。

在2008—2009年衰退开始以后，美国联邦政府和美联储能采取的最好政策是接受和承认他们过去的政策导致了人们正在经历的经济危机，随后再让市场自己重回平衡，并重新确立可持续增长和就业的基础。

当然，这需要把现代干预主义福利国家的前提条件、假设和政治劫掠的局面扭转过来，还要改变与之相应的，以美联储为形式的中央银行体系。这需要抛弃集体主义的意识形态和政策观点，这些观点确实依旧盛行，并指导着全世界的所有政府，包括美国，他们无论处理什么事情，都会以这些观点为方针。

需要澄清的是，过去10年，美国和世界其他地方所经历的不是一场“市场经济的危机”，不是什么真正自由市场的危机，而是管理和调控的经济管理体系的危机，这个体系充斥着命令和与之相应的腐败。遗憾的是，在迫近的或可以预见的未来，我们不可能看到任何这样的政府承认自己的问题，并抛弃目前的做法。

但是，与此同时，穆雷·N. 罗斯巴德对政府中央银行体系和误导性的干预政策如何导致和延长20世纪30年代的“美国大萧条”给出的解释却富有洞见，并在历史上具有重要意义。它将为中国这个正在崛起的世界经济巨人追求经济增长和维持经济稳定提供一个独特的参考视角。

这本书也有助于理解竞争性市场制度是多么重要，即便在银行和金融领域也是如此，它会为社会中的所有人带来长期的经济利益。

理查德·M. 埃贝林

2017年10月

中文版原序

Original Chinese Introduction

理解经济危机

张维迎

我们正在经历着一次第二次世界大战以来最为严重的世界性经济危机。这次危机由美国次贷危机引爆，迅速蔓延至整个金融系统和实体经济，并席卷全球，无论是发达国家还是新兴经济体，都未能幸免。

现在人们热衷于讨论的问题是：衰退是否已见底？世界经济什么时候能够走出低谷？对于经济走势，有人说是V形的，有人说是U形的，也有人说是W形的，最悲观的说法是L形的。但我认为更重要的是，我们要理解为什么会发生这次世界性的经济大衰退。最根本的问题是：这次危机是源于市场的失败，还是政府的失败？是“看不见的手”出了问题，还是“看得见的手”出了问题？对造成目前局面的不同理解和回答，不仅关系到我们的政策选择，还关系到未来走向什么样的经济体制，关系到人类的命运。

一种流行的观点把这次经济危机归结于自由市场的失灵，特别是经济自由化导致的结果。危机出现后，凯恩斯主义的经济干预政策已经开始在全世界大行其道，各国政府都在慌乱中出台各种各样的救市政策：大幅度降低贷款利率，大规模扩大银行信贷，向处于破产的金融机构和企业注入巨额资金，无节制地增加公共工程投资，刺激消费，强化监管，接管私营企业，如此种种，数不胜数。但读一读当代奥地利学派的主要代表人物罗斯巴德的《美国大萧条》这本关于20世纪30年代大萧条的经典著作，你就会真正明白，如同上次大萧条一样，这次危机与其说是市场的失败，不如说是政府货币政策的失败；与其说是企业界人士太贪婪，不如说是主管货币的政府官员决策失误；政府目前应对危机的政策与其说是在解决危机，不如说是在延缓和恶化危机。

重温奥地利学派对大萧条的解释

目前正在发生的这次危机的背景虽然与80年前发生的那次大危机的背景有所不同——特别是经济全球化和中国等新兴经济体的崛起，但也确实有许多相似的特征：危机之前，一方面，技术创新，生产率提升，经济高速增长，价格水平稳定甚至下降，似乎一切正常；另一方面，银行信贷持续扩张，流动性过剩，贷款利率低，固定资产投资强劲，股票市场和房地产市场泡沫严重，似乎难以持续。20世纪90年代开始的日本经济的长期萧条和20世纪90年代后期的东南亚金融危机发生之前都有类似的特征。

1929—1933年那场世界性的经济大萧条，有人预测到了吗？有，有两个人，而且只有两个人，尽管他们没有指出准确时间。这两个人一个叫米塞斯，另一个叫哈耶克，他们都是奥地利经济学派的领军人物，哈耶克曾获得过1974年的诺贝尔经济学奖。他们之所以能预测到1929年的经济危机，是因为有一整套科学的商业周期理论（本书第一章有详细描述）。根据他们的理论，20世纪20年代美联储实行持续的扩张性货币政策，利率定得非常低，信贷规模膨胀，最后必然导致大危机、大萧条（见本书第二部分）。为什么会这样？因为利率过低会扭曲资源配置信号，企业家开始投资一些原本不该投资的项目，特别是一些重工业、房地产等资金密集型产业，它们对利率的反应非常敏感。流动性过剩导致的股票市场泡沫会进一步助长固定资产投资热潮，导致资本品工业过度扩张，经济结构扭曲。越来越大的投资需求导致原材料价格和工资的相应上涨，投资成本上升，最后证明原来的投资是无利可图的。当政府（中央银行）没有办法像之前那样继续实行扩张性政策时，股票和房地产泡沫破灭，原来的资金沉淀在不可变现的固定资产（如厂房和房地产）中，资金突然不足，投资项目纷纷下马，银行贷款难以收回，信贷收缩，萧条由此发生。在米塞斯和哈耶克看来，任何一个经济体系中，人为造成的繁荣一定会伴随衰退。繁荣和衰退是一枚硬币的两面。他们的理论也告诉我们，判断经济是否过热，不能只看价格水平是否上涨，而主要应该看利率和信贷扩张，因为从信贷扩张到价格水平的上涨有一个时差，等到通货膨胀发生时，萧条就到来了！

与米塞斯和哈耶克不同，凯恩斯认为，大萧条是由有效需求不足导致的，有效需求不足的原因是居民储蓄太多，而企业对未来太悲观，不愿意投资！

1929—1933年的大萧条造就了凯恩斯经济学。在大萧条之后的30年代，奥地利学派和凯恩斯主义都有可能成为经济学的主流，但奥地利学派被边缘化了，凯恩斯主义获得了主流地位，统治了经济学界几十年，一直到20世纪80年代才被人们质疑。为什么凯恩斯主义能够成为主流？简单地说就是，凯恩斯主义为政府干预经济提供了一个很好的理论依据，并给予绝望中的政府希望之光：需求不足，市场失灵，解决的办法就是政府去介入市场，增加需求，从而使经济从萧条中走出来。而奥地利学派认为，萧条是市场自身调整的必然过程，有助于释放经济中已经存在的问题，政府干预只能使问题更糟。事实上，正如本书第三部分所证明的，如果不是胡佛政府的干预（包括扩大公共投资、限制工资下调、出台贸易保护主义法律等），那次危机不会持续那么长时间。任何有效率的政策都要求我们忍受眼前的痛苦，而政府总是急功近利的，不愿意忍受短期痛苦，所以政府特别喜欢凯恩斯主义。凯恩斯的一句名言是：长远看，我们都会死的。

格林斯潘在 1966 年写的《黄金与经济自由》一文中对 20 世纪 30 年代那次经济危机进行了如下解释：当商业活动发生轻度震荡时，美联储印制了更多的票据储备，以防任何可能出现的银行储备短缺问题。美联储虽然获得了胜利，但在此过程中，它几乎摧毁了整个世界的经济，美联储在经济体制中所创造的过量信用被股票市场吸收，从而刺激了投机行为，并产生了一次荒谬的繁荣。美联储曾试图吸收那些多余的储备，希望最终成功地压制投机所带来的繁荣，但太迟了，投机所带来的不平衡极大地抑制了美联储的紧缩尝试，并最终导致商业信心的丧失。结果，美国经济崩溃了。

格林斯潘 40 多年前对大萧条的上述解释与哈耶克 80 年前的解释如出一辙。遗憾的是，几十年之后，作为美联储主席的格林斯潘重复了他曾经批评的政策，导致了又一次“大萧条”。

这次危机的根源在哪里

再看我们现在面对的这次经济危机。有没有人预测过这次危机？其实也有。有个叫作彼得·希夫（Peter Schiff,《美元大崩溃》的作者）的学者型投资家，在 2006 年，甚至更早的时候，他就预测次贷危机很快会发生，美国经济会因此进入大萧条、大崩溃的阶段。同一年，国际清算银行的首席经济学家威廉·怀特（William White）撰文认为，世界性的经济危机将要发生。另外，美国米塞斯研究所的经济学家克拉斯穆尔·佩佐夫（Krassimir Petrov）2004 年就写了一篇文章，将当时的中国经济与 1920 年代美国经济的情形进行对比后，预测 2008 年之后中国会出现大萧条。这三位经济学家都被认为是奥地利学派经济学家或其拥护者，他们分析经济的理论框架来自哈耶克的商业周期理论。怀特认为，就分析当前全球经济问题而言，奥地利学派的理论更为适用。当然，也有非奥地利学派的学者提出过类似的警告。

在我看来，如奥地利学派的商业周期理论所表明的，这次危机的根源和 1929 年那次危机没有什么大的区别，都是中央银行惹的祸。美联储实行持续的低利率政策和信贷扩张，扭曲了市场信号，一方面误导了企业家过多地从事本来无利可图的资本品投资，导致原材料价格和工资的大幅度上涨，造成股票市场泡沫；另一方面，又误导消费者增加消费、减少储蓄，使得原本不该借钱的人开始借钱，原本不该买房子的人开始买房子，导致了房地产泡沫和不可持续的高消费。但社会的真实资源并没有增加。当过度投资和过度消费转变为严重的通货膨胀（物价上升）压力时，政府（美联储）不得不停止货币扩张，调高利率（如果政府继续扩大货币供给，将导致恶性通货膨胀和货币体系的崩溃）。此时，建立在沙滩上的大厦开始坍塌，股票和房地产泡沫破灭，原来的资金沉淀在不可变现的固定资产（如厂房和房地产）中，资金突然不足，投资项目纷纷下马，银行贷款难以收回，信贷收缩，萧条由此发生。次贷危机就是因为在低利率和房地产泡沫的诱惑下，不该借钱买房的人借钱买房导致的，但它是导火线，不是经济危机的根源。当利率信号被政府扭曲之后，无论金融资产还是实物资产，定价机制都失灵，比如，股票的市盈率不再是判断股票价格合理与否的合适指标，因为利润本身是扭曲的。利润是扭曲的，因为产品价格是扭曲的。产品价格是扭曲的，因为利率是扭曲的。这完全是政府和美联储的货币政策的错误，与放松金融管制无关。美国经济的高度杠杆化是美联储信贷扩张政策的结果，而不是原因。

上述由信贷扩张引发的危机发生的道理可以用米塞斯建房子的类比来说明。设想一个人准备建一栋房子，他拥有的资源（如砖块）只够建一栋小房子，但他错误地以为可以建一栋大房子，所以开始按大房子的计划施工，打了一个很大的地基。显然，他对自己的错误发现得越早越好，因为这样他可以较早地调整自己的计划，不至于造成太大的资源和劳动力的浪费。如果等资源已经用光的时候他才突然发现自己的错误，他将不得不将建了一半的房子全部推倒重来，遭受投资失误的严重损失。与这个建房子的例子不同的是，导致经济危机的错误信号是由政府发出的！由美联储发出的！

出现这次危机的另一个非常重要的原因是，美国政府对房地产市场的刺激政策和贷款担保存在问题。美国国会通过的《社区再投资法》（*Community Reinvestment Act*）和自克林顿政府开始推行的“居者有其屋”政策，严重地扭曲了住宅信贷中的商业谨慎原则。中国之所以愿意买几千亿美元的房地美（Freddie Mac）和房利美（Fannie Mae）的“两房”债券，把钱大方地借给它们，因为这是两个美国政府的担保机构。在这次危机发生的时候，房地美和房利美持有一半左右的房地产抵押贷款。有趣的是，房利美正是20世纪30年代大萧条期间美国政府建立的一个机构。如果政府不做担保，我们不会把钱借给他们。政府担保之后，放款人不再担心借款人的资信好坏和还款能力，借款人知道被担保之后也就开始放心借钱。这是政府政策导致的道德风险行为，也是东南亚经济危机发生的主要原因之一。

但是，这次危机与1929年的危机有很大的一个不同。那时的中国是一个很小的经济体，但现在中国已是世界第三大经济体。这一点是我们理解今天的经济危机必须要加进去的元素。不能理解中国经济就无法完整解释这次危机的原因；不能理解中国在世界中的地位，也就没有办法走出这次危机。

国际上有一些观点认为，这次危机是中国导致的。因为中国人不花钱就促使美国人花钱。这种观点当然是不对的，正如我们不能把东南亚的经济危机归结于美国的债权人一样。但他们提出的问题值得我们思考，而不是情绪化地反击。中国的贸易顺差与GDP的比例达到7%～8%；外汇储备在1996年为1 000亿美元，2001年为2 000亿美元，2006年为10 000亿美元，2008年达到了19 500亿美元。在国际经济体系当中，一国外汇储备如此快速的上升会给全球经济带来怎样的影响呢？假如5年前危机爆发会像今天这么严重吗？我想不会，美国人要想多花钱也花不了那么多，因为没有人给他们提供产品。如果不是中国用大幅度增加外汇储备的办法刺激廉价产品的出口，美国的物价水平早就会因为货币的扩张开始上涨，美联储就有可能更早地停止信贷扩张政策。如果我们的金融体制更自由一些，在5年前就实现汇率自由浮动，人民币的升值就会给中国企业及时敲响警钟，会让我们的企业家更多地满足国内消费品市场的需求，提升自己的产品质量，而不是一味地用廉价劳动力和廉价资源搞出口，我们就不会有那么多的贸易顺差，也不会有那么多的外汇储备，中国的货币供给增长也就不会那么快，投资规模也就不会那么大，即使美国经济出问题了，我们自己面临的困难也不会这么大！

经济危机一定是多方面行为的结果。放款的人和借款的人都有责任，这两方面离开任何一方也不行。根本的问题是什么原因导致了这样的行为方式。中国经济当前面临的困难，与其说是美国金融体制太自由造成的，不如说是中国金融体制太不自由的结果。无论哪方面，都与政府这只“看得见的手”的失误有关。

政府干预，还是市场调整

经济出了问题，饱受痛苦折磨的人们通常会求助于政府，政府也认为自己责无旁贷，必须充当救世主。

让政府通过增加信贷和扩大需求的办法把经济从萧条当中挽救出来，有没有可能呢？我抱怀疑态度。如本书第三部分所证明的，1929 年开始的危机之所以拖了那么长时间，就是因为危机开始后政府干预太多了。现在流行的观点是，1933 年罗斯福的新政挽救了美国经济，其实罗斯福没有多少新政，罗斯福的政策在他的前任胡佛手里都早已开始实施了。现有的大量证据证明，美国政府对金融机构注资、加大公共工程投资、提高关税、限制工资的调整，都是在罗斯福上任之前实行的。正是政府的救市措施延缓了市场的自身调整，使萧条持续了更长时间。1990 年以后，日本政府的救市政策的失败也说明了这一点，持续的零利率政策和大量的公共投资并没有把日本从萧条中解救出来，反而使之越陷越深！

我们今天的救市能不能成功呢？我想也可能会有短期效果。但解决问题最好的办法是什么？是市场自身的调整，政府救市的结果可能使得扭曲的经济结构进一步恶化，从而埋下更严重的隐患。政府现在采取的解决危机的措施正是导致危机发生的原因。打一个比方，现在的经济就像一个吸毒病人，医生给吸毒病人开的药方却是吗啡，缓解了短期痛苦，但最后的结果可能是病入膏肓。靠信贷和公共财政支出刺激过度的投资，不解决长期的信贷扩张政策导致的经济结构扭曲，即使短期内经济复苏了，可能用不了多久，增长也会掉下来，可能掉得更惨。

以房地产为例，我同意取消房地产市场上所有提高交易成本的政策和规定，让市场更好地发挥作用，仅此而已，我不同意政府去救市。只要交易自由了，该掉到什么价位就掉到什么价位，政府不应该干预。如果现在政府老想托市，本来1平方米应该是5 000元，如果我们非要维持在6 000元，看起来掉不下去，但始终没有人买房，房地产市场不可能发展。反之，如果我们让它一下子掉到底，掉到5 000元甚至3 000元，房地产市场会很快活跃起来。不仅是房地产，所有的行业，都是同一个道理。

政府对破产企业的拯救不仅扭曲了市场的惩罚机制，延缓了结构调整，而且常常把小问题变成大问题，因为政府只解决大问题，不解决小问题。政府的拯救措施也削弱了企业界自救的积极性，导致更多的投资行为和更多的坏账。政府投入的资金越多，资金越短缺。

现在，各国政府搞的都是凯恩斯主义的一套：刺激需求。但这在理论上是讲不通的。既然我们认为危机是由于美国人的过度消费和中国人过度投资引起的，那么怎么可能通过进一步刺激消费和投资解决危机呢？

有人说中国人只赚钱不花钱，储蓄率太高。但事实上，据世界银行的数据，在过去的十几年里，中国家庭储蓄占可支配收入的比重是在降低的，从1996年的30%以上下降到2000年的25%左右，之后没有大的变化；1996年，中国居民消费占GDP的比重是20%，到2000年只有15%，2005年是16%，远低于印度的22%。当然，中国的储蓄率确实是世界上最高的，但主要原因是企业储蓄率和政府储蓄率高，而不是家庭的储蓄率高。企业储蓄率高有一些是合理的，但也有一些是不合理的，与银行的信贷扩张有关，也与国有体制有关。国有企业为什么有那么大的投资？因为对它们而言，赚了钱不需要分红，不需要交给政府和家庭，资金成本等于零，甚至是负的（如果预期花不完的钱将来会被上收的话），不投白不投！一方面是无效的投资，另一方面居民却没钱花。这才是中国的现实。

《中国统计年鉴》分别计算了消费、投资和净出口对 GDP 增长的"贡献率"，一些评论家也经常引用这个数据。但这个统计数据很让人费解。如果按这个统计数据对过去 30 年的 GDP 增长做个回归，我们发现，"消费贡献率"和"出口贡献率"与 GDP 的增长率负相关，只有"投资贡献率"与 GDP 增长率正相关。也就是说，消费和出口的"贡献率"越大，GDP 增长越低；投资的"贡献率"越大，GDP 的增长率越高。那么，为了 GDP 的增长，我们究竟应该是刺激消费、刺激出口，还是刺激投资？

这个问题说明，凯恩斯主义的需求经济学不能给我们提供解决问题的答案。我们要知道，推动经济增长的是生产，是供给，而不是需求；是供给创造需求，而不是需求创造供给。如果刺激需求就可以发展经济，我们早就进入共产主义社会了！邓小平 1992 年的南方谈话并没有告诉我们怎样刺激需求，但是之后中国经济有了新飞跃。为什么？因为邓小平扩大了个人选择的自由，减少了政府计划。个人有了创业机会，可以经商做企业，经济自然就开始增长。这个思想在今天仍然是可用的。所以，我们应该像奥地利学派主张的那样，减少政府干预，通过产权制度和激励制度的改进刺激生产，而不是通过信贷扩张和政府投资刺激需求，把储蓄看成罪恶。这可能是最好的选择。让居民增加消费的唯一办法就是使收入增长，收入增长了，消费自然就会增加。

关于奥地利学派经济学

美国经济学家马克·史库森（Mark Skousen）把西方经济学界对市场经济的信仰划分为四个层次。第一个层次是对市场经济没有任何信仰，不相信市场经济，这是传统的马克思主义经济学；第二个层次是怀疑主义，摇摆不定，有时候信，有时候不信，这是凯恩斯主义经济学，也就是主张政府干预的经济学；第三个层次是对市场经济非常信仰，但是也认为，必要的时候，政府应该介入市场，这是芝加哥学派，如芝加哥学派的领军人物米尔顿·弗里德曼（Milton Friedman）就认为，经济萧条时期政府应采取积极的货币政策让经济走出低谷；第四个层次是对市场经济坚定不移，完全信仰，这是以米塞斯和哈耶克为代表的奥地利学派[1]。

奥地利学派对市场经济的坚定信念源于他们对市场本质的深刻理解。在奥地利学派看来，市场是一个由无数个经济个体在不确定的环境下不断收集、加工分散信息并做出有目的的行动决策的动态过程，市场总是处于不均衡状态，企业家是市场过程的主要驱动力量，而不像新古典经济学假设的那样是一种均衡状态，决策者有完全的信息。正是不确定性和不完全信息使得自由市场不仅是必需的，而且是唯一有效率的体制，政府对市场过程的任何人为干预都会扭曲价格信号，导致无效率。

奥地利学派（又称维也纳学派）的创立者是卡尔·门格尔（Carl

[1] 马克·史库森：《朋友还是对手：奥地利学派与芝加哥学派之争》，上海人民出版社，2006年。

Menger，1840—1921），他在19世纪后期任教于维也纳大学，讲授经济学。他创立的主观价值理论和边际分析使经济学发生了一场革命，成为主流经济学的重要部分和分析方法。他特别强调时间和利率在经济活动中的重要作用，由此确立了奥地利学派资本理论和宏观经济学的基础。他的学生欧根·冯·庞巴维克（Eugen von Bohm-Bawerk，1851—1914）进一步发展了他的理论，其资本和利息理论对经济增长理论产生了重要影响。这一理论认为，个人在现期消费和未来消费之间的自愿选择决定了资本品的积累，资本品的积累扩大了生产的迂回过程和技术进步，从而带来了更多的未来消费，这就是经济增长的本质所在。庞巴维克还特别强调了企业家在创造性地运用生产要素和推动经济增长中的重要作用。早期奥地利学派的另一位代表人物是弗里德里希·冯·维塞尔（Friedrich von Wieser，1851—1926），他创造性地提出了“边际效用”“经济计划”和“机会成本”等现代经济学术语；他还提出了经济增加值（Economic Value Added，EVA），这一概念为判断企业是否获得了真实利润（或是否增加了经济价值）提供了方法，在现代管理中得到广泛应用。

路德维希·冯·米塞斯（Ludwig von Mises，1881—1973）是奥地利学派第三代的代表人物，他把奥地利学派经济学带入20世纪，被认为是现代奥地利学派之父。他曾在维也纳大学讲授经济学，第二次世界大战期间被迫移居美国，过了几十年的流浪生活。米塞斯是自由市场经济的坚定捍卫者，早在20世纪20年代，他就因对计划经济发起不可调和的攻击而闻名于世。他认为，离开了自由价格和市场竞争，一个中央集权的计划经济体系不可能是一个有效率的经济体系，最后必然崩溃！米塞斯最重要的著作是1949年出版的《人的行为》。在这本现代奥地利学派的经典著作中，他提出了诸多奥地利学派的关键理论，包括方法论层次上的个人主义、理性人类行为、主观价值观、经济行为的不确定性、健全货币、有限政府等。他认为，人类行为总是有目的的，所有的经济学理论都必须从这个基本前提出发。

现代奥地利学派的另一位代表人物是弗里德里希·哈耶克（1899—1992），他是米塞斯最有名的学生。当他于1929年2月对即将发生的大危机做出预测时，引起了世界的关注，后被聘请为伦敦经济学院教授。哈耶克被认为是20世纪最伟大的自由主义经济学家和思想家之一。他对经济学最重要的贡献是其1931年出版的《物价与生产》一书。基于米塞斯早期的理论，哈耶克在这本书中解释了大萧条，完成了奥地利学派的商业周期理论。该理论认为，货币对经济活动和价格的影响是非中性的，因为经济活动由不同生产阶段组成，而不是单一产品的生产，货币由不同的人持有；当中央银行人为地增加货币供给，或人为地使货币利率低于自然利率时，必然诱导企业家将资源错误地分配于资本品的生产，人为地扰乱经济自身的结构，引起繁荣，但这种繁荣是不可持续的。当货币停止增长或利率回归到自然利率水平时，经济活动中的错误就成群结队地出现，繁荣破灭，萧条开始。1974年，哈耶克因这一理论而获得诺贝尔经济学奖。第二次世界大战之后，或许是因为凯恩斯主义的胜利，哈耶克从经济学转向了政治哲学的研究。他在第二次世界大战期间写出了经典的政治哲学著作《通往奴役之路》，其中警告说，走向福利国家和大政府的趋势会将世界各国引向“奴役之路”，人们将失去政治和经济自由。

尽管奥地利学派的经济学思想对现代经济的发展发生了重要影响，它们在20世纪经济学中三个方面（资本理论和商业周期理论、企业家精神和动态市场调整理论及社会经济理论）的突出贡献却被主流经济学丢弃了。第二次世界大战之后，奥地利学派被边缘化了。但米塞斯和哈耶克继续在美国延续着奥地利学派的思想，新一代的奥地利学派经济学家在他们的影响下继续着奥地利学派的传统，成为非主流经济学中最有影响的思想力量，其追随者遍及以美国为中心的世界各地（相比之下，奥地利国内已没有奥地利学派经济学家）。在过去几十年里，奥地利学派在美国的乔治·梅森大学、罗奥莱大学、奥本大学、纽约大学、国际清算银行等学府和研究机构有着重要影响。以米塞斯名字命名的“米塞斯研究所”（Ludwig von Mises Institute）和美国的“经济教育基金会”（Foundation for Economic Education）是传播奥地利经济学派理论和培养该学派人才的主要基地。当代奥地利学派的主要学术代表人物包括路德维希·拉赫曼（Ludwig Lachman）、亨利·黑兹利特（Henry Hazlitt）、穆雷·罗斯巴德、伊斯雷尔·柯兹纳（Israel M. Kirzner），罗格·格里森（Roger Garrison）等。诺贝尔经济学奖得主布坎南（James Buchanan）和维农·史密斯（Vernon L. Smith）都把自己看成是奥地利学派的追随者。此外，奥地利学派在政界、商界和传媒界都有一些著名的追随者，如美国共和党国会议员、前总统候选人罗恩·保罗（Ron Paul）一直以奥地利学派的思想作为自己的从政理念，他的经济顾问、著名投资家彼得·希夫也是一位奥地利学派的坚定追随者。

尽管奥地利学派游离于当今的主流经济学之外，但自 1974 年哈耶克获得诺贝尔经济学奖以来，特别是在过去 20 年里，随着苏联和东欧社会主义国家计划体制的崩溃，奥地利学派的自由市场经济学理论、企业家理论和反对政府干预经济的主张受到越来越多的关注，对政府经济政策（包括反垄断法的修改）的制定产生了重要影响。一些流行的教科书也开始介绍奥地利学派的观点。同芝加哥学派一起，奥地利学派对 20 世纪后半期自由市场理念在全世界的复活起到了举足轻重的作用。美联储前主席格林斯潘在2000年曾说道：奥地利学派使美国主流经济学思想发生了深刻的、几乎是不可逆转的影响。连一些凯恩斯主义经济学家也开始关注奥地利学派的思想（事实上，奥地利学派对凯恩斯主义宏观经济学的影响被人们忽视了。凯恩斯本人曾认可米塞斯关于名义价值有实际效果的观点）。英国《经济学家》杂志和国际清算银行自20世纪90年代以来在分析资产泡沫性通货膨胀中运用了奥地利学派的商业周期理论。特别是这次席卷全球的经济危机发生后，奥地利学派的商业周期理论再次引起广泛的关注。《华尔街日报》曾于2007年6月25日以《金融过度中，奥地利经济学复活》为题介绍了国际清算银行基于奥地利学派理论分析世界经济形势的年度报告（由加拿大籍奥地利学派经济学家威廉·怀特主持完成），该报告预测，资产泡沫预示着一场全球性的经济危机将来临。米塞斯研究所高级研究员托马斯·伍兹（Thomas E. Woods）于2009年刚刚出版的解释这次大危机的著作《大清算》（*Meltdown*）已成为最畅销的图书。

关于本书作者罗斯巴德

本书作者穆雷·N. 罗斯巴德（1926—1995）是自米塞斯和哈耶克之后现代奥地利学派最著名的代表人物，在经济学、历史、政治哲学和法律等领域都做出了杰出贡献，被认为是20世纪后半叶奥地利学派的“首席理论家”。

罗斯巴德出生于纽约的一个犹太人家庭。1956年在哥伦比亚大学获得博士学位后，立即投身于米塞斯经济学的研究。最初，他曾试图把米塞斯的《人的行为》改写成适合大学生的教科书，并得到米塞斯本人的认可。但随着这项工作的进行，他在米塞斯理论的基础上有了新的发展，最后写成了《人、经济与国家》（*Man*，*Economy and State*）的学术经典，于1962年出版。1963年，他又出版了《美国大萧条》一书。这两本著作拓展了奥地利学派的研究课题，用奥地利学派的理论全面取代了标准的新凯恩斯主义经济学。在45年的学术生涯中，他出版了大量著作，阐述自己的自由主义经济学和自由政治理念。他先与凯恩斯主义者、马克思主义者和各种流派的社会主义者争论，而后又与货币主义学派对抗。他在货币理论方面的重要贡献使"货币之谜从此不再存在"。他反对政府对经济的任何干预，拒绝米塞斯信仰的有限政府，鼓吹"无政府的资本主义"。他还创办了卡托研究院（the Cato Institute），并参与创办了米塞斯研究所。

《美国大萧条》是罗斯巴德重要的代表作，自1963年出版以来，已再版5次，印刷8次（最近一次印刷是2008年）。这本书用奥地利学派的商业周期理论对20世纪30年代的大萧条做出了全新的解释。作者用一系列历史事实证明，凯恩斯主义经济学对大萧条的解释是错误的，奥地利学派的商业周期理论才是最有说服力的；危机不是源于自由市场经济本身，也不是如货币主义学者主张的那样源于1929年后的信贷紧缩政策，而是源于20世纪20年代美联储持续的信贷扩张政策，过度繁荣必然带来经济衰退；从胡佛总统开始的一系列政府干预政策不仅没有缓解危机，反而使衰退持续了更长的时间，使衰退变成持续的大萧条，因为政府干预破坏了市场自身的调整；如果没有政府的干预，市场调整将很快结束危机，如同之前的历次危机所证明的那样。

当我们正在经历着第二次世界大战以来最为严重的世界性经济危机的时候，我建议所有经济学家、政府官员和媒体人士，甚至普通大众，都读一读罗斯巴德的《美国大萧条》，因为它有助于我们反思这次危机的真正原因，思考政府采取的政策是否恰当，也有助于未来不再犯同样的错误。

20世纪30年代的危机成就了凯恩斯主义经济学，或许这本身就是一个历史悲剧。在过去的几十年里，凯恩斯主义经济学已被以弗里德曼为代表的芝加哥学派击溃。这是人类思想史上的巨大进步。这次危机以来，凯恩斯主义经济政策又风行起来。但或许，历史将表明，这次危机后真正复活的将是奥地利学派经济学，而不是凯恩斯主义经济学。奥地利学派的商业周期理论是唯一与其一般原理（特别是市场过程理论、企业家理论和货币理论）融为一体、具有坚实的微观经济学基础，并成功预测了两次大萧条的商业周期理论。或许再过10年或20年，它将成为唯一的主流商业周期理论。当然，只有时间能够给出答案。

张维迎

2009年3月9日

于北京大学光华管理学院

致谢

acknowledgement

和大多数美国人一样，我对 1929 年的问题一直怀有很大的兴趣，几年前经济教育基金会（Foundation for Economic Education）的主席伦纳德 · E. 里德 (Leonard E. Read) 先生希望我就此问题准备一篇简短的论文，这使我第一次有机会对大萧条进行专门的研究。我非常感谢里德先生，正是他的这一要求才促成我完成此书。在写就那篇文章以后，我对这一问题的研究中断了几年，而忙于撰写其他著作。此时，我得到了理查德 · C. 科纽尔 (Richard C. Cornuelle) 先生的鼓励。他现在就职于自愿福利基金会（Foundation for Voluntary Welfare），我开始将原来的文章进行扩写，使它成为现在的样子，这次扩写影响很大，它改变了我最初的思路。我特别要感谢埃尔哈特基金会（Earhart Foundation），没有他们的帮助，本书是无法完成的。

我最应该感谢的是路德维希 · 冯 · 米塞斯教授，是他创立了有关商业周期的不朽理论，而正是通过运用这一理论，我才能对神秘的 1929 年大萧条的成因进行解释。在米塞斯教授对经济学做出的所有伟大贡献中，他的商业周期理论当然是最重要的几项之一。不夸张地说，所有有关经济周期的研究，如果不以他的理论为基础，就不会获得任何成果。

当然，本书若有差错，应由我一人承担。

第五版序言

Introduction 5

1929 年 9—10 月的华尔街暴跌以及随之而来的大萧条是 20 世纪最重要的事件之一，是它们引发了第二次世界大战，尽管这并非不可避免，而且这些事件使人们对市场和资本主义体系效用的信心被摧毁，它被用来说明为什么苏联的计划经济制度能够长期存在。确实，我们可以认为，直到 20 世纪 80 年代末，大萧条在情感和理性上产生的影响始终没有从人们的脑海中抹去，但是之后，随着苏联的计划经济制度走到尽头，整个世界都开始认识到市场具有无可替代的重要性。

尽管历史学家们认识到了这些事件的重要性，但是却不能说明为什么这场萧条是如此剧烈，而且持续了那么长的时间，这些问题对于现代的历史编纂者来说就像是一个谜。首先，无论怎么说，华尔街股市下跌本身并没有什么了不起的。只是在 1920 年经历低迷之后，银行家和政府促使通货膨胀，这使美国经济开始迅速扩张。所以，矫正过程必然出现，而且确实出现了矫枉过正的现象。实际上，1929 年 6 月，经济已经停止扩张，股票市场不可避免地体现了现实经济领域中的这一变化。

1929 年 9 月 3 日，大牛市实际上已走到了尽头，当聪明的股票投机商从休假中归来时，他们很快看到了那些基础经济数据，并陷入困境，后来的反弹只是大熊市的一个小小的插曲。10 月 21 日的那个星期一，股票下跌的消息迅速传来。在之前的那个星期六，电报里传来征收保证金的要求，投机商们开始认识到，他们的储蓄甚至房地产将要失去了。10 月 24 日的那个星期四，股票垂直下跌，没有一个人买，由于不能满足保证金要求，他们的账户被强行平仓。这样，到 10 月 29 日，黑色星期二到来时，第一次有人抛出那些正在上涨的好股票，以尽量增强自身的清偿能力。

至此，这些都可以被解释，也应该可以被预计到。这次股市的纠正过程必然是严厉的，因为华尔街当时的投机行为是史无前例的。1929 年，1 548 707 人在美国 29 家股票交易所拥有账户。在 1.2 亿人口中，接近 0.3 亿户家庭积极参与股市交易，有 100 万的投资者可以被称为投机者。此外，在这些人中，接近三分之二，也就是 60 万人在用客户保证金炒股。也就是说，他们在利用那些他们并不拥有，也不能轻易用于生息的资金。

在保证金交易增多并带来危险的同时，投资信托公司猛增成为牛市后期的特征。传统上，股票价格一般大约是股票收益的 10 倍。在收益较高的保证金交易中，股票收益率也只有 1% 或 2%，而贷款购买这些股票所付的利率则达到 8%～10%，远远高出保证金交易中的股票收益率。这说明任何利润都只能出自资本收益。这样，尽管美国无线电公司从来没有分红过，但它的股票指数却在 1928 年从 85 点上升至 410 点。到 1929 年，一些股票的价格是其收益的 50 倍。股票市场的繁荣只能依靠于资本收益的提高，而现在它却成了一种金字塔式交易的形式。到 1928 年年底，每天都会有一家新的信托投资公司进入股市，而且几乎所有这些公司进行的都是倒金字塔式操作。它们自己设想出一套精明的投资方式，以此产生一种“高杠杆作用”，这是1929年的新名词，这样就确保了股票市场表面的增长，但作为股市增长的基础，真实的经济增长却相当小。比如，用一笔500美元的投资而成立的联合创办人公司，到1929年，其名义资产达到686 165 000美元，而正是名义资产决定了股票价格。另一个信托投资公司，其股票市场总市值达到10亿美元，但是它的主要资产是一家电力公司，而这家公司在1921年的资产只有600万美元。这些信托公司的资产几乎全都令人怀疑，它们的投机行为造就了股市的繁荣，但一旦股市暴跌，“高杠杆作用”的影响将会发生反向作用。

所以，当人们从白日梦中醒来时，必然遭受苦难。我们也不必惊讶，到1929年10月24日，华尔街的11位著名人士相继自杀。这场骤然而起的恐慌在11月13日平息下来，此时股票指数从452点下跌到224点。那确实是一场严厉的调整过程，但是我们也应该记得，1928年12月股指曾达到245点，只是高出21点罢了。商业和股票交易的低迷，从根本上说，是由经济调整带来的。调整必然十分剧烈，但是如果经济能进行自我调整，这样的状况就不会持续很长时间。这时，政府、商业社团和公众要做的只是忍耐。1920年的萧条只自我调整了一年就结束了。如果美国经济从根本上说是健康的，那么为什么1929年的萧条要持续那么长的时间？如果萧条能使经济获得自我调整的机会，如果在1930年年底，经济能够获得这样的机会，就像之前发生的每一次萧条那样，信心将会重新树立起来，世界性的低迷也不会再次发生。

相反，股票市场触发了末日的来临，它将整个国家带向毁灭，接着，整个世界也陷入了灾难。在最初发生恐慌时，纽约时报工业指数跌到了224点，而到1932年7月8日，已经跌到58点。世界上最大、效率最高的钢铁制造企业美国钢铁公司，其股票指数在1929年股市崩盘前曾上涨至262点，而现在只有22点；世界上管理最完善、最成功的制造集团之一通用汽车，其股票指数从73点下跌到8点。这些下跌是灾难性的，但这也反映了现实经济中的状况：工业生产指数在1929年8月曾经为114点，到1933年3月为54点，下跌超过一半；而耐用品制造指数下跌了77%，接近五分之四；商业建设总值从1929年的87亿美元下降至1933年的14亿美元。

在整个大萧条期间，失业率从3.2%上升至1933年的24.9%，接下来的一年达到26.7%。3 400万的男人、女人和儿童根本没有任何收入，这一数据还排除了那些遭受巨大损失的农民家庭。城市居民收入大幅度下降，大学关门或倒闭，营养不良发生率达到20%，这些情况在美国以前的历史上从来没有出现过，即便在早期殖民时期也没有过。

而在整个工业世界，情况就是这样。这是历史上最严重的、持续时间最长的一次衰退。事实上，没有哪个国家让经济自然恢复。比如，法国直到20世纪50年代中期以前，经济一直没有恢复到1929年时的状况，要说世界经济完全获得拯救，也是通过战争和为战争而做的准备才实现的。第一个重新振奋起来的经济体是德国，1933年1月，希特勒的纳粹统治开始了，德国立刻展开了振兴军事力量的计划。在一年的时间里，德国实现了充分就业，没有其他国家做到这一点。英国在1937年重整武备，因此失业率开始逐步下降，但当1939年9月3日战争爆发时，失业率还处在历史的最高水平。正是在这一天，华尔街翘首以待军火交易的进行能带来利润，而美国也终于加入战争，所以股票价格回到了1929年的水平。

对于这个灾难性的故事，我不认为哪位历史学家可以令人满意地解释这一切。为什么这次萧条那么严重？那么漫长？直到今天我们还不真正回答。依我看来，最能令我们满意的答案是穆雷·N. 罗斯巴德提出的。半个世纪以来，凯恩斯及其门徒提供的那些传统的、正统的解释认为，资本主义制度不能实现自救，政府做得实在太少了，当市场因为自身的错误而丧失功效时，政府没能挽救它。多年以后，特别是凯恩斯主义自身饱受非议之时，这样的分析看起来越来越缺乏说服力了。

而罗斯巴德在 1963 年提供了他的解释，这轻易地推翻了传统的想法。他认为，华尔街股市下跌之所以那么严酷，并不是因为充满了劫掠的资本主义体系没有得到限制，而是因为政府始终通过扩张信贷、进行通货膨胀的方法使繁荣人为地延续下去。股票市场持续下跌，实体经济直线下落，并不是因为政府干预得太少，而恰恰是因为它干预得太多了。在一系列有关于此的文章中，罗斯巴德是第一个提出这一观点的。他认为，20 世纪 20 年代的时代精神就是让政府去计划、去干预、去安排、去刺激经济，到了 30 年代更是如此。这是第一次世界大战残留下来的思想，而胡佛总统正是因为在战争中成功地执行了救济计划才获得了世界范围内的声誉，他也因此在整个 20 世纪 20 年代成为管理经济问题的高层官员，直到 1929 年他正式入主白宫。胡佛是一个天生的计划者、干涉者、安排者和激励者。

20 世纪 20 年代，胡佛的商务部是唯一在人员和权力上稳步扩张的联邦政府机构，他也始终敦促哈定总统和柯立芝总统在管理经济问题上采取更积极的立场。作为政府中真正的保守派，柯立芝曾经抱怨说："在 6 年的时间里，那个人总是给我一些不诚恳的建议——每一条都很糟糕。"当胡佛最后入主白宫时，他执行了他提给柯立芝的建议，首先为已经过热的经济注入更多的信贷，随后，当泡沫爆裂，他通过自己的权力，竭尽全力组织政府拯救经济。

感谢罗斯巴德，我们现在认识到，胡佛—罗斯福时期其实是一个连贯的整体，新政中大多数的“改革”措施实际上都是在胡佛那些或真或假的解决方案的基础上进行拓展和强化，富兰克林·德拉诺·罗斯福（Franklin Delano Roosevelt）政府相对于赫伯特·克拉克·胡佛（Herbert Clark Hoover）政府只有两个重要的不同：在管理公共关系上更加成功，并花费了更多纳税人的金钱。在罗斯巴德的眼里，正是胡佛—罗斯福时期的政策才使经济衰退更加严峻，正是他们的政策使得经济萧条一直延续到 20 世纪 30 年代末。大萧条不是资本主义的失败，而是过度积极的国家造成的失败。

我想，不会因为我过于深入地探讨了罗斯巴德的观点，而影响了读者的兴味。这本书是一项智慧的杰作，从头至尾，留给我们的是一个一以贯之的主题，一个无可挑剔的逻辑推理过程，以及丰富的例证和雄辩的论说。我们知道，在经济史著作中，很少有这样生动而贴近生活的作品，它极具说服力地为我们上了许多课，而这些对我们现今的生活仍然适用。它是一座有趣而神秘的知识宝藏，我希望读者们还能认真阅读书中的每一处注脚，其中的许多引文相当精彩，这些引文都出自 75 年前那个伟大而愚昧的时代。这本书能再出一版没有什么可以惊讶的。对于那些成功甚至有些华丽的时代来说，它就像一张试纸，而我则非常荣幸受到邀请为新一代的读者介绍此书。

保罗·约翰逊

1999 年

第四版序言

Introduction 4

好像本书每次再版都与经济周期相配合。第二版出版的时候，通货膨胀造成了 1969—1971 年的经济衰退，第三版出版的时候，严重的通货膨胀导致了 1973—1975 年的经济萧条。1973—1975 年的萧条是 20 世纪 30 年代以来最严重的一次，而现在，我们的经济又陷入了一场萧条之中，它同样是由通货膨胀引起的，这次萧条就严重程度而言，并不逊于 1973—1975 年的那次经济紧缩，甚至可能比它更剧烈。

我们在第三版序言中曾经提到，我们感到混乱和思想上的绝望，而现在这种感觉更加强烈了。人们普遍承认，凯恩斯主义从理性上来说是错误的，过去的凯恩斯主义者要求在萧条时期增加税收，这一观点现在已被我们修正，但是，对于这一观点的变化，许多人认为不值得注意，更不要说去解释这种变化了。

人们之所以普遍地感到迷惑，部分原因在于，当前出现的经济萧条十分严重，这场 1981—1983 年的萧条是紧接着 1979—1980 年的经济衰退以后迅速出现的，尽管 1980—1981 年出现了经济恢复，但它不仅短暂而且时断时续，如果说这场萧条是从 1979 年开始的，那么短暂的复苏也只不过是一首插曲。生产已经多年停滞，汽车行业的情况糟糕，失业率达到 20 世纪 30 年代以来的最高点。

相对于 1973—1975 年的萧条，1981—1983 年的萧条有一个显著的特点，经济思潮和政策已经不再倾向于集体主义式的计划，而是转向了所谓自由市场政策。里根政府开始鼓吹所谓大幅度削减预算和税收，但实际上这一切却掩盖了税收和支出的大幅度增加，对美国历史而言，里根总统正在实现最高的赤字和最大规模的预算。如果说，凯恩斯主义者和现在的里根政府都要求增加税收以减少赤字，那么我们就会发现，当这届政府在当政早期辩称政府赤字并不重要时，那些守旧的古典自由派经济学家和凯恩斯主义者一样显得十分古怪。向公众出售债券来弥补赤字并不会引起通货膨胀，尽管这从理论上来说确实成立，但我们同样应该认识到，巨额赤字既会给美联储带来巨大的政治压力，使之将债券货币化；还会削弱私营投资，耗尽私人储蓄，并将之用于那些非生产性的政府项目，而政府的这些无用功只是在浪费，还会使下一代人面对更高的税款。

“里根经济政策”的两项重要特征就是高额赤字和高得惊人的利率。赤字是有害的，它通常会引起通货膨胀，通过增加税收来解决这些问题，就好像把病人射杀来医治疾病一样。首先，从政治上说，较高的税收使政府获得更多的资金用于开支，这样开支以及赤字可能进一步提高。另外，削减税收带给国会和政府巨大的政治压力，它们必须同时削减开支。

更直接地说，如果有人宣称，对于消费者—纳税人来说，增加税收比提高物价会好一点，这样的说法是荒谬的。如果产品价格因为通货膨胀而上升，消费者确实很倒霉，但是至少他还可以享受到产品带给他的服务。但是，如果政府为了阻止价格上升而增加税收，消费者却将一无所得。他损失了他的金钱，而且没有得到任何服务，他得到的只有政府要员发布的命令，而他们还需要由他来供养。如果其他情况都一样，价格上升通常总是好于税收。

而最后，如我们在本书中指出的，通货膨胀并不是由于赤字，而是由于美联储增加货币供给量造成的。所以，也可以这样说，高税收对通货膨胀并没有产生影响。

赤字应该消除，但是只能通过削减政府开支来消除。如果税收和政府开支同时削减，那么政府税收和开支给私营企业和个人的生产活动造成的负担将被减轻，这一结果是十分有益的。

这把我们带向了一个新的经济学观点，这一观点出现时，本书的上一版本才刚刚出版，这些新的理论就是“供给学派的经济学理论”以及拉弗曲线。供给学派指出，税收削减可以刺激工作、储蓄和生产，然后他们只是强调了早为古典学者和奥地利学派所熟知的一条真理。但是，问题在于，尽管供给学派要求大幅度削减所得税，但它们也建议维持现有的政府开支水平，这样，私营企业和个人的负担仍然存在，而这是由于生产性私营企业的资源转向没有任何意义的政府开支而引起的。

拉弗曲线与供给学派类似，只是它还认为，所得税税率的下降会增加政府的收入以及政府从高级生产领域中获得的税收，这样可以平衡预算。但是，这样一个过程要持续多少时间，拉弗和他的支持者却很少论及，而且也没有证据说明税收会充分提高以至平衡预算，甚至也没有证据证明税收必然会因此提高。比如，如果政府现在要将所得税税率提高 30%，难道有人会相信税收总收入会下降？

有人会问，为什么财政政策的主要目标是追求政府税收最大化？一个更健康的目标应该是使税收最小化，让资源回到公众手中。

无论如何，拉弗曲线几乎没有从里根政府的政策操作中得到验证，算上那些里根计划最初决定削减的税收，即使所得税税率的削减被夸大，但由于社会保障税的提高，以及税档潜升（纳税档次的提升）的影响，这些削减也实际上被抵消了。当通货膨胀悄悄提高了人们的名义工资（但是实际工资并没有提高）时，税档潜升就出现了，而纳税人的税率也就自动提高了。

人们一般认为，走出萧条的经济复苏还没有到来，因为利率还维持在高水平，其速度和通货膨胀的速度是一样的。弗里德曼货币学派的支持者认为，“实际”利率（名义利率减去通货膨胀速度）通常保持在 3% 的水平。所以，当通货膨胀从 12% 大幅度减缓至 5%，或者更少时，货币主义者便信心十足地预测，利率将大幅度下调，这也将刺激周期性的经济复苏。但是，实际利率却一直高于 3% 的水平。这是怎么一回事呢？

答案在于，人们的期望完全是主观性的，它不能通过机械式的制表或回归分析来实现。在经历了数十年漫长而严酷的通货膨胀之后，美国公众已经习惯于期待长期而更加深入的通货膨胀。在严重的萧条期出现的短暂喘息和政治宣传都不能改变人们的这种期待了。一旦人们一直抱有这种对通货膨胀的期待，这种期待中的通货膨胀会使得利率始终处于较高的水平，在相当长的时间内，利率也就不会下跌了。

当然，里根政府知道对通货膨胀的期待必须被逆转，但是他们错在过于依靠宣传，而没有考虑实际问题。确实，我们可以认为里根的所有经济政策把税收和支出搞得一团糟，而这些政策背后的那些经济学家，他们则在美联储和财政部的控制下，打算逐步减少货币增长。混乱的政策是想改变人们对通货膨胀的期待；渐进主义则想在使经济免受衰退或萧条之苦的前提下消除通货膨胀。弗里德曼及其支持者从没有认识到，要清算通货膨胀下的繁荣带来的不良投资，经济衰退就不可避免，而这正是奥地利学派的洞见。结果，弗里德曼及其支持者的渐进主义要把经济安全地导向一种不会造成衰退的反通货膨胀进程，这反而与他们批判的凯恩斯异曲同工。弗里德曼及其支持者带给我们的是暂时的反通货膨胀，而另一场严重的萧条也即将发生。

这样，货币主义就陷入了两种选择之中。美联储要想充分减缓货币增长的速度，就会不可避免地引起经济衰退，但是要想一劳永逸地结束通货膨胀，这一做法所产生的效果又过于微弱，而且也过于缓慢。剧烈而迅速地萧条可以清算先前的繁荣留下的不良投资，但是我们没有那么做，我们经历了一场迟迟不去的漫长衰退，它使我们受尽折磨，并使生产力和经济的增长长时期地趋于停滞。怯弱的渐进主义使我们陷入最糟糕的境地中：持续的通货膨胀加上严重的经济衰退、高失业率以及长期的停滞。

是什么造成了长期的衰退和停滞？这正是市场要研究的地方。对通货膨胀的期待是数十年来通货膨胀的必然结果，通货膨胀还使利率在实际利率的基础上上升了。结果，由来已久的低利率措施——美联储扩大货币供给和信贷——将不会长久，因为这只会增加人们对通货膨胀的期待，造成利率上升，而不是下降。我们已经明白一点，政府所做的每一件事都不会达到预期；所以，我们的结论必然是：政府应该无为而治，也就是，政府应该不再对货币和经济进行判断，让自由市场自行运转。

对于渐进主义来说，一切都太晚了。在英国，奥地利学派的主将哈耶克就在批评撒切尔政府糟糕的渐进主义时，阐述了唯一的解决方法。要走出现在的这场萧条，唯一办法就是“急刹车”，阻止货币性通货膨胀。这样，不可避免的经济衰退将十分剧烈，但它会十分短暂，而且，自由市场将迅速自行复苏，而且这种复苏不会再造成错误。给通货膨胀来个急刹车，这种做法尽管剧烈，但却值得信赖，它会真正改变美国公众对通货膨胀的期待。因为这样的急刹车是真正可以信赖的，所以美国的货币机构也必然要动一次彻底的手术，这与德国当年使用房地产抵押马克颇为类似。在德国，正是房地产抵押马克的运用，才最终使1923年那场濒于失控的通货膨胀走到了尽头。使美元重新可以用黄金重量衡量，并从此解除这种货币的国有化特性，这是一项重要的措施。这也将必然导出另一项政策，就是禁止美联储降低准备金标准，或者从此禁止其购买任何资产；最好撤销美联储，政府从此与货币供给毫无瓜葛。

但是，这样的事情从没有发生过。在短暂地涉足黄金问题之后，总统任命了美国黄金委员会，这个委员会满是弗里德曼的支持者，他们提出的准命令货币的想法正是受到凯恩斯主义者的启发。从表面上看，我们会觉得里根的经济政策出自古典自由派和供给学派，但实际上它却是货币主义和凯恩斯主义的财政主张相混合的产物，所以它注定不能医治由通货膨胀导致的萧条，不能解决商业周期的问题。

但如果里根的经济政策注定会失败，那么将会发生什么情况呢？我们会像许多人说的那样，重蹈20世纪30年代大萧条的覆辙吗？确实有许多不祥的预兆存在，由于里根的经济政策不能使利率长期处于一个较低的水平，这限制了股票市场的发展，自20世纪60年代以来，股票市场陷入了长期的困境中，震荡越来越激烈。债券市场已经接近崩溃。房地产市场的发展很快就停止了，因为抵押贷款的利率太高，许多可收财款都存在这样的情况。失业率每过10年都要升高，而现在已经达到了大萧条以来的最高点，没有一点改善的迹象。在第二次世界大战以来的30年间，通货膨胀促使经济日益繁荣，但经济中的不良投资和难以忍受的巨额债务（债务来自消费者、私房业主、商业和国际借贷）也大量出现。最近数十年，商业实际上是依靠通货膨胀来清偿债务的，但是如果“反通货膨胀”的进程（通货膨胀的减轻发生在 1981 年和 1982 年的上半年）持续下去，这些债务该怎么办呢？随着时间的推移，破产和严重的萧条很可能会发生。破产率已经达到了 20 世纪 30 年代以来的最高点。储蓄机构面临的问题是，它们必须向其存款人支付高额的利息，而它们从长期抵押贷款中获得的收入却很低，这将导致破产，或者使这些机构被迫进入准破产进程，其他的储蓄机构则会为新的负担所累。而商业银行尽管受到联邦储蓄保险公司半个世纪的保护，但它们现在也开始受到影响，过去 10 年的不良贷款把它们拖垮了。

国际方面的情况更糟。在信贷大扩张时期，美国的银行轻率地将膨胀的美元借贷给国外那些资信不良的政府和机构，特别是执行计划经济的政府和第三世界国家，这样便造成了高风险。看来里根政府并不想取消 1980 年的《储蓄管制法案》，这样美联储可以无限制地购买大量的外国通货（或其他任何资产），还可以把准备金标准降低为零。换句话说，美联储可以无限制地增加货币、扩大信贷。为了帮助波兰政府，美国拒不宣布其已破产，这样，美国的纳税人（或者美元的持有人）将无限期地替人付款，这就是一种不祥的信号。因为，要帮助国外的债务人和拥有债权的美国银行，只有通过大规模的通货膨胀才能办到。

因为里根执行的是渐进主义的经济政策，所以美国的经济不可能发生一场足以清算所有债务的经济衰退，这样美国经济只可能面对两种选择：要么再经历一场 1929 年式的大萧条，通货大幅度紧缩，以此清算所有债务；要么由美联储执行一次大规模的通货膨胀。无论表面上是否支持硬通货币，从里根经济政策的怯懦和含混中，我们可以很清楚地看到它究竟选择了什么：大规模扩大货币和信贷，使通货膨胀率达到两位数甚至更高，这使得利率越来越高，经济恢复也不再可能。民主党的政府也许还会更狂热地进行通货膨胀。我们也许不会再经历一场 1929 年式的大萧条，但是通货膨胀会促发大规模的萧条。直到现在，奥地利学派主张的硬通货币、金本位制度、撤销美联储和自由放任的方案仍受到许多人的漠视，经济学家、政客和公众，他们认为这种方式严厉而苛刻。但是，凯恩斯主义者和弗里德曼式的新凯恩斯主义者带给我们的只有漫长的通货膨胀、经济停滞、高失业率以及因通货膨胀而起的萧条，与此相比，奥地利学派的政策是恰当而令人满意的。也许，这场现在正在发生和将来可能发生的经济灾难会使美国公众不再相信江湖郎中的秘方，转而接受奥地利学派的思路和政策。

穆雷 · N. 罗斯巴德

斯坦福，加利福尼亚州

1982 年 9 月

第三版序言

Introduction 3

通货膨胀现在使美国陷入了大范围的萧条。1969—1971 年，通货膨胀曾引发萧条，在之后不久的 1973 年 11 月，更加严重的通货膨胀再度把美国引向萧条，1974 年秋，萧条的程度变得十分严重。从这时开始，物质生产大幅度下降，连反弹也没有出现，失业率达到近 10%，在一些主要工业领域，失业率甚至更高。自 20 世纪 30 年代以来，这次萧条是最严重的一次，一些政治经济学研究机构拼命要给它加上一番乐观的解释，而这些解释无非着重于两点：（1）有关失业率的相关统计并不充分；（2）1929 年开始的那次萧条比现在的情况更糟。第一种辩解没有错，但是却无关紧要；无论统计数据有多么糟糕，失业率在一年的时间（1974—1975 年）里从 6% 上升到 10%，这足以说明问题有多么严重。确实，20 世纪 30 年代的经济情况可能更糟，但是那可是美国历史上最严重的一次萧条；如果以 1929 年之前的经济指标来看，现在我们经历的这场萧条已经足够严重了。

面对这场由通货膨胀引起的萧条，美国的经济学家发现他们所珍爱的理论——这些理论在 20 世纪 30 年代以后被采纳和运用——从根本上来说是错误的，也是悲剧性的。在 40 年的时间里，在教科书上，在经济杂志和政府经济顾问们的演说中，政府可以轻易地摆脱通货膨胀或萧条。我们被告知，只要施展一些财政政策和货币政策，政府就可以使经济发生“良好的转向”，商业周期将消失，无通货膨胀的繁荣将持续进行下去。经济机构已经不需要去玩弄术语、公式和图表，在这一时期，它们始终坚持认为如果经济看起来进入衰退，政府就需要展开它的财政和货币政策——抽空货币，把它花费到经济中去，以消除衰退；反之，如果经济出现通货膨胀，政府所需要做的就是向所有的财政和货币政策叫停——让货币和支出行为远离经济，以消除通货膨胀。这样，政府的经济计划者就可以冒着失业率升高的危险，打着衰退或通胀的困难，刺激经济，使之精确而谨慎地发展。但是，如果经济同时遭受严重的通货膨胀和萧条，政府该怎么办？传统的经济学理论又该告诉我们怎么办呢？现在，我们自行任命的领路人——大政府，是不是可以一边加大油门，一边又急刹车呢？

当他们的希望和计划遭受到毁灭性的打击，当他们发现自己的理论发生了错误时，美国的经济学家们陷入了迷茫和绝望。他们惊呆了，不知道接下来该做些什么，甚至不知道如何解释眼前发生的经济混乱。在行动上，他们能做的一切就是换掉加速器，立刻急刹车，心中默默祈求某些零件还能管用（比如，福特总统在1974年要求增加所得税，而刚过了几个月，他又要求降低所得税）。传统的经济理论完全崩溃了。此外，在美国的所有研究生院，有关商业周期的课程被“宏观经济学”取代。经济学家现在必须面对这样一个现实，商业周期确实存在，而人们却没有办法理解它。一些经济学家、工会领袖和商人对自由市场经济感到绝望，实际上他们已经要求在美国进行一场彻底的改革，使经济集体化：著名的机构有国家经济计划发起委员会，其经济学家有瓦斯利·列昂捷夫（Wassily Leontief），工会领袖有伦纳德·伍德科克（Leonard Woodcock），商业领袖包括亨利·福特二世。

在失望的荒沼中，只有一个学派的经济思想可以描绘现在的这种混乱局面，这一学派的理论可以极具说服力地解释这些情况，它还可以告诉我们如何走出困境，当然，这种方法绝不是抛弃自由企业，转而采纳集体化的计划方式，数十年的政府干预已经将自由企业的体系拖垮，而只有这种方法可以重建这一体系。这一学派的理论就是本书中的奥地利学派理论。奥地利学派的观点认为，长期的通货膨胀是因为货币供给量持续而漫长地增长造成的，而这又受到联邦政府的控制。自从 1913 年美联储建立以来，美国货币供给和银行信贷就完全置于联邦政府的管理之下。1933 年，美国放弃了国内的金本位制度。1968—1971 年，用于国外交易的美元的金本位基础也被放弃，这样，联邦政府的这种管制得到进一步增强。因为金本位被抛弃了，美联储及其控制的银行也就没有必要将美元兑换成黄金了，这样，美联储就可以扩大纸币供给量以及银行的美元数量，这足以令它心满意足。越是那么做，价格也就上升得越高，而经济则陷入混乱，人民的收入因为通货膨胀而下降，他们身陷贫困。

奥地利学派的理论揭示了通货膨胀并非政府扩大货币和信贷供给量的唯一恶果。这种扩张扭曲了投资和生产的结构，它使资本品行业对不良项目过度投资。通过一个众所周知的事实，我们可以了解这种扭曲。在每个繁荣时期，资本品价格的上升幅度总是大于消费品价格的升幅。然后，商业周期中的衰退期就不可避免了，因为衰退是必不可少的修正过程，通过这种修正，市场将清算繁荣期的那些不良投资，将资源重新从资本品行业引向消费品行业。通货膨胀下的扭曲，其持续的时间越久，衰退所造成的调整过程也就越艰难。在衰退期，相对于消费品价格，资本品的价格将下跌，于是通过这种方式资源的转移得以完成。在1974—1975年的萧条中，我们看到这种情况发生了，工业原材料价格急速下跌，下跌幅度也非常大，而批发物价则保持不变，最多是小幅下调，消费品价格却还在继续上升——总之，这就是通货膨胀下的萧条。

如果奥地利学派的理论是正确的，那么政府又应该做些什么呢？首先，要治愈漫长而又可能失控的通货膨胀只有一种方法：停止通货膨胀，也就是美联储停止扩大货币供给量的操作，美联储不能降低准备金规定，也不能在公开市场购买任何资产。通货膨胀的问题不在于"商业"垄断，不在于工会的煽动，不在于投机活动的猖獗，也不在于消费者的"贪婪"，而在于政府自身的伪造行为合法化了。政府是社会中唯一拥有权力进行伪造活动——制造新货币的机构。一旦它习惯使用这样的权力，我们将继续遭受通货膨胀，甚至通货膨胀的失控可能最终摧毁通货。至少，我们必须要求政府停止使用权力进行通货膨胀。但是因为所有存在的特权都将被利用，甚至被滥用，结束通货膨胀的一个更为稳妥的方法是完全剥夺政府进行伪造的权力：要么通过立法禁止美联储进一步购买任何资产或降低准备金率；要么是更直接一点，废除美联储。在1913年以前，没有这样一个中央银行体系，我们还是很好地活着，没有经历什么严重的通货膨胀和经济萧条。更为重要的改革是重回金本位制度——货币所依据的不是政府的印钞机，而是市场本身生产出的商品。1933年，联邦政府借口紧急措施，将公众的黄金没收充公；而这一紧急措施一下就实行了40年，但那些属于公众的黄金离我们的距离还是那么遥远。

避免萧条的方法其实非常简单：禁止美联储利用权力扩大货币和信贷，这样就可以阻止通货膨胀了。如果我们陷入萧条，就像现在这样，唯一应该采取的合理措施就是避免政府对萧条进行干预，使萧条的调整过程能尽快自行完成，然后重建一套健康和繁荣的经济体系。在20世纪30年代政府大规模干预经济之前，所有的经济衰退都是很短暂的。例如，1921年的萧条虽然严重，但很快就过去了，尽管商务部部长胡佛自己倾向于干预，但他没能说动哈定总统立刻这么做；当哈定总统决定进行干预时，萧条已经结束，繁荣到来。1929年10月，当股票市场发生崩盘时，胡佛已经是总统了，他迅速展开了大规模的干预行动，市场自身的调整悄然止步，然后胡佛—罗斯福新政就为我们带来了一场漫长而严重的大萧条，直到第二次世界大战到来，我们才获得拯救。在任何萧条的危机中，自由放任——政府严格遵守不干预政策是唯一可以确保经济快速复苏的方式。

在迷茫和绝望的时刻，奥地利学派为我们解释了盛行于我们经济领域中的病症，并为它开出了处方。抛弃自由经济，转而通过进行集体经济计划的方式，建立集权主义那难以运转的体系，这样的主张十分极端，与之相比，奥地利学派开出的处方一点也不逊于它，甚至更令人难以接受。但在内容上，奥地利学派的主张却与之截然相反：只有结束政府对经济的干预，特别是结束政府对通货膨胀的推动、对货币供给的管理，以及对任何萧条期自发调整过程的干预，我们才能战胜现在和将来的经济危机。在一个崩溃的时代，仅仅亡羊补牢是不够的；我们必须彻底摆脱政府对经济的规划，使政府完全远离货币供给和经济领域，这样才能实现以企业为主导，真正自由而无阻碍的市场经济。

穆雷·N. 罗斯巴德

帕洛阿尔托，加利福尼亚州

1975年5月

第二版序言

Introduction 2

本书第一版出版已过去数年了，经济学家们觉察到商业周期又重新出现了。在 20 世纪 60 年代，我们许诺，只要政府执行凯恩斯主义和其他复杂的政策，商业周期就会消失，这让人想起 20 世纪 20 年代，当时人们也是这样宣称新时期来到了。这场萧条大约是从 1969 年 11 月开始的，人们很容易就能感觉到它的影响，在写作此文之时，这场大规模的萧条还没有让人看到任何恢复的迹象，如果有人提醒说，商业周期依然存在，那么这刺耳的话语也告诉我们这场萧条应该是有益的。

现在的这次经济衰退，其特征是消费品价格在整个衰退期发生持续大幅度上涨，这令人惊奇，更让人无法高兴。在传统意义的周期中，价格在经济衰退期或萧条期下跌，尽管这样一个时间令人忧郁，但价格下跌总是受人欢迎的，消费者可以借机获得实惠。然而，在现在这场经济衰退中，这一良机却并不存在，经济衰退和通货膨胀造成的恶果，消费者只能一并承受。

不管是完备的凯恩斯主义理论，还是今天的“货币主义”学派，它们都没能预测出“通货膨胀下的经济衰退”这一现象，也没能对其进行合理的解释。而本书涉及的奥地利学派的理论不仅能解释这是如何发生的，而且还告诉我们这是经济衰退的普遍趋势。因为正如奥地利理论所示，衰退的本质是一种经济的自行调整，它清算了繁荣期造成的经济扭曲——特别是资本品这些高级生产领域的过分扩张和消费品行业的投资不足。资本品的价格相对下降，而消费品的价格则相对上升，这是市场重新将资源从资本品行业引向消费品行业的一种方法。高级的资本品生产领域已经过度膨胀，而且还伴随着大量的不良投资，许多企业会破产，而相对价格和工资会收缩，这就使土地、劳工和资金这些资源流向了消费品行业；接着，一个能对消费者需求发生有效反应的体系重新建立起来，而这对于无干预的市场来说是必需的。

总之，在衰退期，相对于生产资料产品的价格，消费品价格总是在上升。这一现象之所以从没被人注意，是因为在过去的历次衰退中，物价发生了普遍下跌。例如，如果消费品价格下跌了 10%，而水泥的价格也下降了 20%，就没有人会担心萧条期还存在“通货膨胀”；但是，在这个例子中，相对于生产资料产品的价格，消费品价格实际上上涨了。在衰退期，物价普遍下跌是因为经济紧缩必然导致货币和银行的通货紧缩。但是，在最近几十年里，政府通过扩张信贷和银行准备金，严格阻止了货币性的通货紧缩，货币供给量下降的现象已经在人们的记忆中黯淡了。然而，由于政府消除了通货紧缩的影响，即使是在经济衰退期，普遍的物价下跌也不可能出现了。结果，在衰退期，消费品和资本品之间的调整便不会在轻度的通货紧缩中进行。消费品的价格仍旧会相对上升，但现在由于缺少了普遍性的通货紧缩，消费品价格的上升就非常明显了。政府阻止货币性通货紧缩，这也使公众无法从衰退中获得生活成本下降的实惠。政府对通货紧缩的干预给我们带来了通货膨胀下的萧条，而这并不是我们所欢迎的。

由于重新强调了商业周期，20 世纪 60 年代后期出现的“货币主义”的芝加哥学派在米尔顿·弗里德曼的领导下，成为凯恩斯主义的重要对手，而凯恩斯主义强调的是补偿性财政政策。在凯恩斯主义以前，经济学强调货币在商业周期中的重要作用，而芝加哥学派重新回到了这些主张上，从本质上讲，它只是重新强调了欧文·费雪（Irving Fisher）和拉尔夫·霍特雷爵士（Sir Ralph Hawtrey）在 1910—1920 年间提出的“纯粹货币”理论。遵从 19 世纪英国古典经济学家的方式，货币主义者对“物价水平”与个别物价的浮动进行了严格的区分；人们认为货币因素确定了前者，而特定商品的供求关系则决定了后者。所以，对于货币主义者来说，货币因素不会对相对价格的变化产生重要的或者说系统性的影响，它也不会使生产结构扭曲。因此，尽管货币主义者认识到货币供给和信贷的增加会引起普遍物价水平的上涨，但他们却忽视了这样的事实，即必须通过经济衰退来清除先前繁荣期带来的扭曲和不当投资。所以，货币主义者也就不能给出一套有关商业周期成因的理论。商业周期的各阶段之间似乎已并不存在联系。

此外，在费雪和霍特雷的问题上，货币主义坚持将维持一个稳定不变的价格水平视为一个伦理学和经济学的主张。周期的本质被认为是价格水平或升或降的运动。因为价格水平是由货币因素决定的，所以货币主义者坚持认为，如果政府保持价格水平不变，那么商业周期就会消失。比如，弗里德曼在他的《美国货币史（1867—1960）》中，就仿效他的老师，对本杰明·斯特朗大加赞赏，因为在 20 世纪 20 年代斯特朗始终维持批发价格水平不变。对于货币主义者来说，由斯特朗发动的货币和银行信贷的扩张，并没有造成什么不良影响，也没有导致繁荣和衰退交替的商业周期；相反，大萧条是斯特朗去世后所执行的通货紧缩政策造成的。这里，尽管费雪（芝加哥学派的货币主义者）和奥地利学派都把目光投向了货币在大萧条及其他商业周期中所起的重要作用，二者对萧条成因的探讨以及由此提出的政策结论却是截然不同。对于奥地利学派来说，20 世纪 20 年代的货币性通货膨胀不可避免地造成了经济萧条，美联储在 20 世纪 30 年代继续进行了进一步的通货膨胀，这使得这场萧条进一步加剧（不良投资也得以继续存在）。而芝加哥学派却没有认识到是什么原因使得先前的繁荣在后来走向了经济衰退。他们赞成 20 世纪 20 年代维持价格水平稳定的政策，而且相信只要美联储在萧条期间进一步扩大货币供给，萧条就会被迅速治愈。

长远来看，在不受货币扩张干扰的自由市场经济中，当商品以及服务的生产能力和产量不断提高时，价格水平必然逐步下调。无论何时，奥地利学派都主张避免货币性通货膨胀，只有这样才能确保自由市场继续发展，并消除商业周期造成的破坏。通过货币和信贷的持续扩张，芝加哥学派可以达到维持价格水平稳定的目的，但就像在 20 世纪 20 年代一样，这在不经意间会造成繁荣和衰退交替的商业周期，而在过去的两个世纪中，人们已经领教了商业周期所能造成的巨大破坏。

穆雷 · N. 罗斯巴德

纽约，纽约州

1971 年 7 月

第一版序言

Introduction 1

1929年，美国遭受了严重的伤害。美国人的思想所经历的打击是巨大的。而其原因也十分清楚。一般来说，经济萧条总是持续一两年；物价大幅度下跌，信贷极度收缩，不良资产被清算，失业人口暂时增加，而随后经济复苏迅速到来。1920—1921年的萧条和以往类似，1899—1900年和1910—1912年的两次萧条几乎没有引起人们的注意，而1907—1908年和1819—1821年发生的萧条尽管很严重，但是它们都迅速地结束了。[1]然而开始于1929年的大萧条却持续了11年。

除了时间长度惊人，给人们留下深刻记忆的还有这是场十分严重的萧条，失业率长期居高不下。尽管从物价下跌和货币紧缩的强度来说，并非没有萧条可以与这次匹敌，但是失业问题如此严重，持续时间如此之长，这样的情况倒是第一次，这也足以令人惊恐。之前，即便在萧条最严重的时期，美国的失业人口比例也从没有达到过10%；

---

[1] 1873—1879年的萧条比较特殊。首先，这是一场轻度的萧条；其次，由于货币收缩，内战前的金本位制度重新恢复，所以价格大幅度下跌。有关这场并不严重的萧条，特别是其制造业的情况，参见O.V. Wells, The Depression of 1873-79, *Agricultural History* 11 (1937):240.

但是在1931年却达到了20%，而直到第二次世界大战到来，失业人口比例一直高于15%。

国家经济研究局划分年代的方法和有关商业周期的方法论已经为人们普遍接受，如果我们运用这些方法研究和解释萧条，就必然陷入迷茫。对“繁荣”和“萧条”时期的研究从本质上来说十分重要，而国家经济研究局却不再对此进行研究，现在它只关心“扩张”和“紧缩”。根据国家经济研究局划分年代的方法，它选出一个月作为顶部或底部，然后将每个历史时期割裂，并将其归入“扩张期”和“紧缩期”。这样，它们被分别归入这两个集合，对于这个集合来说，它们只是其中状态相同的多个单位，而它们各自的重要性或严重性就此被抹杀。这样，国家经济研究局就不能意识到20世纪20年代是一个经济长期繁荣膨胀的时期，它强调只有1923—1926年发生的萧条才能引起人们注意。另外，我们可以接受国家经济研究局和其他所有观察者的看法，大萧条在1932—1933年达到底部。但是，我们不能接受这样一个臆造的方法论，如果使用这种方法论，我们就会将1933—1937年归入经济膨胀期，而实际上它却处在一个持续萧条的时期内。由于失业率始终保持在15%之上，我们就不能认为1933—1937年这一时期是“繁荣期”。萧条依然在延续，即使这一时期的萧条从强度上说小于1933年。[2]

大萧条的主要影响在于，美国人开始普遍接受这样的观点，即“自由放任的资本主义”必须受到批判。经济学家和不懂经济学的公众普遍认为，在20世纪20年代，资本主义得到广泛的重建，而悲剧性

---

[2] 即使就其本身而言，1929—1933年的萧条中的“紧缩”阶段也十分漫长，情况也非常严重，特别是就失业问题而言。

的萧条则说明旧时的自由放任主义已经不能再起任何作用了。在 19 世纪，自由放任下的资本主义总是使人们感到不稳定，总是招致萧条；而现在，它更糟糕，人们已经对之忍无可忍了。政府必须稳定经济，消除商业周期。今天，一大批人认为资本主义几乎应该受到永久审判。如果制定货币财政政策的管理层和那些稳定论者不能将资本主义体系从又一场严重的萧条中拯救出来，这批人将最终转而支持社会主义。对于他们来说，这又一次的萧条是一条最后的证据，它说明对资本主义制度即使进行改革和启蒙也无济于事。

但是，如果仔细分析，这种普遍的反应完全不能自圆其说。实际上，这样的反应基于一个未经证实的假设，即商业周期是普遍的，经济萧条是特殊的，而它们的产生都是因为自由市场和资本主义经济的内在缺陷。如果我们假设，商业周期起源并蕴含于自由市场，那么这样的想法从表面上来说是对的。但是，这样的假设是错误的，它并不是基于事实，而仅仅是因为信仰。卡尔·马克思是第一个坚持认为商业危机源于市场本身的人。20 世纪，无论他们实际上的观点有多么不同，几乎所有的经济学家——米切尔主义者、凯恩斯主义者、马克思主义者或其他人都信服于这一观点。在解释这一现象时，他们有着各自不同的成因理论，或者如米切尔主义者那样，他们根本就没有什么有关萧条成因的理论；但是，他们却全都相信，商业周期起源于资本主义体系的内在缺陷。

但是，还有一种完全不同的经济学思想传统，这一传统只有少数经济学家认识到了，而公众则几乎对此全然不知。这种思想认为，货币性干预导致市场出现混乱，这才是商业周期和经济萧条的原因所在。其货币理论认为，银行系统使货币和信贷扩张，这才出现了繁荣和衰退相交替的现象。英国通货学派的古典经济学家们在 19 世纪早期第一次提出了这一主张，当时的理论框架还很初步，之后，在20世纪，路德维希·冯·米塞斯完善了这一理论。尽管在19世纪早期，这一理论在美国和英国非常流行，但人们并不认为货币学派的主张应属于商业周期理论之列，而将之归入另一领域——国际贸易理论。今天，当我们完全了解了这一货币理论后，就不应讥笑它过于简单。因为，从本质上说，如果理论很简单，或者它只将现象归结为一种原因，科学是不会因此而认为这些理论存在是错误的；相反，如果其他情况相同，科学则更喜欢简单而不是复杂的理论。科学总是在寻找统一的“唯一原因”，以此解释复杂的现象，当唯一的原因被找到，科学将给人们带来快乐。如果理论是错误的，必须对其错误本身进行批驳；不能因为这一理论只提供了唯一的原因，也不能因为这一理论提供的这一原因外在于自由市场，就对其进行批判！唯一有效的检验是查看这一理论的论证过程是否存在错误。

本书所依据的是米塞斯理论对商业周期的解释。[3] 第一部分阐述了米塞斯的理论，并批驳了一些重要的观点，这些观点之间各不相同。我们只对这一理论进行了简短的说明，详细的阐述可以参看其他著作。这一理论有关政府政策的分析，我们也进行了详细的介绍，这些分析与盛行的观点截然不同。在第二和第三部分，我们运用这一理论对美国1929年萧条的成因进行了解释。注意，我并不主张运用历史事实“检验”理论的真实性。相反，我认为，经济学理论不能用历史的或统计上的事实加以“检验”。这些历史事实非常复杂，科学实验中的物理事实可以被隔离，而历史事实却是不可控制的，所以它们不能用来“检验”理论。许多原因要素总是联系在一起，这样才形成了历史

[3] 必须强调的是，本书若有不当之处，路德维希·冯·米塞斯不应对此负责。

事实。成因理论对于这些历史事实来说是先验的，只有它可以用来分离和查明各种原因是否产生了作用。[4] 比如，假定锌的价格在一定时间内发生上涨。我们就要问：为什么会上涨呢？在我们就此进行调查前，我们可以找出各式各样的成因理论。这样，我们认识到，价格上涨可能由于一个或多个原因：对锌的需求增多，锌的产量下降，货币供给普遍增加导致的对所有商品的货币性需求增加，对货币的普遍需求减少。那么我们怎么才能知道，哪个特定理论可以运用到这个特定的案例中呢？我们只要查看事实，然后确定哪个理论适用就可以了。但是，一个理论是否适用于给定的案例，都与这一理论的是否正确没有关系。我们在对一个时期进行调查后发现，锌产量确实减少（或者根本没有减少）了，但这并不能论证或推翻这样的理论，即在其他情况不变的条件下，锌产量的减少将使其价格上涨。所以，经济史学家的任务就是从经济学理论家的“武器库”中，找出一个最能适用于特定历史事实的理论。而唯一可以检验理论的是查看理论的前提和推理的逻辑关系是否正确。[5]

现在那些主流的经济学方法论学者——实证主义者则仿效研究

[4] 这里绝不是否认经济理论的最终前提，比如行动的基本公理源自经验中的现实。但是，经济学理论对于其他的历史事实来说，是一种先验的知识。

[5] “人的行为学”的方法论与盛行的观点不同。有关这一方法的介绍以及相关参考文献，可以参见 Murray N. Rothbard, In Defense of “Extreme *A Priorism*”, *Southern Economic Journal* (January, 1957): 214–220; 同上 , Praxeology: Reply to Mr. Schuller, *American Economic Review* (December, 1951): 943–946; 同上 , Toward A Reconstruction of Utility and Welfare Economics, in Mary Sennholz, ed., *On Freedom and Free Enterprise* (Princeton, N.J.: D. Van Nostrand, 1956), pp. 224–262.

奥地利学派主要的方法论著作有 : Ludwig von Mises, *Human Action* (New Haven, Conn.: Yale University Press, 1949); Mises, *Theory and History* (New Haven, Conn.: Yale University Press, 1957); F.A. Hayek, *The Counterrevolution of Science* (Glencoe, Ill.: The Free Press, 1952); Lionel Robbins, *The Nature and Significance of Economic Science* (London: Macmillan, 1935), Mises,*Epistemological Problems of Economics* (Princeton, N.J.: D. Van Nostrand, 1960); and Mises, *The Ultimate Foundation of Economic Science* (Princeton, N.J.: D. Van Nostrand, 1962).

物质世界的科学家，他们倾向于使用假想的前提来给出结论，只要得出的结论能通过检验就行，从而根据检验推出这些结论是正确的。另外，制度主义者却要搜寻越来越多的事实资料，他们几乎完全抛弃了理论。这两种做法都是错误的；理论不可能从成堆的统计报表中自己飞出；统计数据也不能用来检验经济学理论的正确性。

当我们评价政治政策的好坏时，这样的想法也适用。假如有一种理论可以保证某种特定的政策可以医治萧条，接受这一理论的政府就会将这一政策付诸实施。可是这一理论却没有取得成果。此时，这一理论的批评者和支持者都会立刻对它进行解释。批评者认为，政策的失败说明这一理论是错误的。支持者认为，政府并没有按照理论要求的那样去做，所以失败了，所以必须更有力地执行这一政策。现在的问题在于，从经验上说，没有可行的方法在这两种说法中选出正确的一项。[6] 经验性的“检验”该如何解决这样的争端呢？政府如何才能理性地抉择下一步计划呢？显然，对纯理论的领域进行考察是解决这一问题的唯一方法，也就是，检验互不相同的理论前提，以及论证整个过程。

这种对方法论的思考也体现在本书中。其目的在于描绘和展现导致美国 1929 年大萧条的各项原因。我并不打算对这一时期的整个经济历史进行描述，所以没有必要将所有可能的经济统计数据收集起来。我只是把焦点集中在各项原因要素上，我描述了这些原因要素是如何产生的，如何使问题越来越严重的，又如何导致萧条的。我希望这些分析能对将来研究 20 世纪 20 年代和 30 年代的经济史学家有所

---

[6] 与之类似，如果经济得以恢复，支持者就会宣称，这一理论获得了成功，而批评者则坚持认为，政府政策产生了有害的影响，尽管经济开始复苏，但经济恢复的时间很漫长，而且人们也要深受痛苦，如果换一种措施，也许不会是这种情况。这两个观点，我们又如何抉择呢？

帮助，希望他们能通过本书构建他们自己的体系。

对商业周期的研究不应该仅仅是对一个时期的所有经济记录进行的一次调查，但是这一点通常被忽视。比如，国家经济研究局就将商业周期理解为一个时期内所有经济活动的集合。基于这样的假设（尽管国家经济研究局对提出一个先验的理论不屑一顾，但这同样是一个先验的假设，一个未加证明的假设），国家经济研究局研究了整个时间序列中它可以找到的所有有关扩张和紧缩的统计数据。所以，从本质上说，国家经济研究局对商业周期的考察就是研究某一时期内统计数据的历史。如果是运用米塞斯理论和奥地利学派的方法，而不是运用国家经济研究局采纳的制度学派的方法，那么得出的结论就完全不一样了。现在问题变成了要突出那些原因要素，考察一系列因果关系，把与经济周期有关的部分从复杂的经济世界中分离出来。

让我们以 20 世纪 20 年代的美国经济为例。这一时期的经济由两种互不相同的要素混合而成，从本质上说，它们是矛盾的。一方面，美国确实经历了一场真正的繁荣，这是由于大量储蓄的存在和对生产性能较高的资本进行大量投资；另一方面，我们也遭受了信贷扩张，这导致不良资本的增加，最后不可避免地引发经济危机。这就是两项最主要的经济要素，大多数人将发现其中一项是“好的”，而另一项是“坏的”，它们各自独立，但是最终历史是它们相互作用的结果。物价、生产和贸易指数体现了它们所产生的综合影响。我们清楚地记得，我们的经济学家、金融领袖和政治领袖在这场大繁荣中是多么得意与自满，其实他们已经犯下了错误。对这些错误进行研究，我们可以正确地理解那些赞颂者当时的言辞，他们竟然预言将来经济中存在的错误是非常小的。尽管这些赞颂者直到 1929 年还在为我们的经济体系高唱颂歌，但我们也不能过分地嘲笑他们。因为他们头脑中确实以为，这场繁荣是由高储蓄和高投资带来的真正的繁荣，从这一点来说，他们是正确的。他们之所以发生了严重的错误，是由于他们忽视了第二项因素，也就是信贷扩张所带来的危险。本书主要探讨的对象，是这一时期经济中那些导致周期形成的各个方面，当然你也可以认为本书主要探讨的还是那些错误性的要素。

在许多历史学著作中，篇幅的限制要求研究对象必须是一个明确的历史时期。在本书中，我们探讨的主要是 1921—1933 年的历史。1921—1929 年是一个繁荣期，而它之后则紧跟着大萧条。这里，我们就要寻找那些在 1929 年以前就存在的原因要素，正是这些原因导致了大萧条的产生。1929—1933 年是大萧条的紧缩时期，从时间长度和严重程度来说，这场紧缩是非同寻常的。面对这段时期，我们所要揭示的是什么原因使危机加剧并使之持续了那么长的时间。

当然，在其他综合性研究中，一般来说，人们还要把 1933—1940 年的历史也包括进来。但是，这一时期对我们来说已经太熟悉不过了，对它的研究也更为广泛。

1921 年以前的历史也有值得我们注意的地方。许多作者在第一次世界大战期间以及战后的几年找到了大萧条的根源，有些人怀疑，在 1920—1921 年的经济衰退中，清算活动并没有充分进行，这一点导致了后来的萧条。但是，即便清算活动进行得很充分，在后来的萧条中，货币或价格为什么又萎缩至繁荣前的水平了呢？所以，我们的研究从 1921 年秋天开始，此时是 1920—1921 年的周期底部，我们发现在这一较早的时期，信贷扩张开始使生产扭曲（也许因此而使不良资产在繁荣开始前就未得到清算）。针对 1920—1921 年和 1929—1933 年这两次萧条，我们分别比较这两次萧条中政府所实施的公共政策以及它们持续的相对时间。我们的研究不需要延伸至更早的时期，因为严格说来，这对于我们的讨论并无太多意义。

写作此书的最主要原因在于，经济学家对 1929 年经济萧条的研究实在太少。很少有著作专门论及 1929 年的经济情况。为了弥合这一鸿沟，本书试图从正确的人类行为理论出发，详细地告诉人们，究竟是什么导致了 1929 年的经济萧条。[7]

穆雷 · N. 罗斯巴德

[7] 只有以下著作对 1929 年的经济萧条进行了真正有价值的研究，它们是：Lionel Robbins, *The Great Depression*(New York: Macmillan,1934)，但他的研究比较简短；C. A. Phillips, T. F. McManus, and R.W. Nelson, *Banking and the Business Cycle* (New York: Macmillan, 1937); Benjamin M. Anderson, *Economics and the Public Welfare* (New York: D. Van Nostrand, 1949), 尽管该书只研究经济萧条，但它却揭示了 20 世纪的经济史。此外，人们对托马斯 · 威尔逊 (Thomas Wilson)《收入的波动和失业》(3rd ed. ,New York: Pitman, 1948) 评价过高，此书提供了对萧条的“官方”解释，最近我们还看到了约翰 · K. 加尔布雷思对股灾前股票市场的研究 *The Great Crash*, 1929(Boston: Houghton Mifflin, 1955)，应该说他的研究是粗浅的。斯利希特、熊彼特和戈登也比较简单地涉及了 1929 年的大萧条，但这些研究并不令人满意。以上就是关于 1929 年大萧条的全部专著了。还有许多讨论对这一问题略有涉及，特别 20 世纪 30 年代后期出现的“成熟经济学”。有关这场大萧条和美联储的问题，亦可参见 O. K. Burrell, *The Coming Crisis in External Convertibility in U.S. Gold*, *Commercial and Financial Chronicle* (April 23, 1959): 5, 52–53.

目录

Contents

Section 1　商业周期理论

早期研究商业周期的理论家将眼光聚集在危机和萧条上，这是非常正确的，因为正是这些词困扰着经济学家，使他们极度难堪，这让他们简直就像一个经济学的门外汉，这些词正是亟待我们去解释的。

Section 2　通货膨胀下的繁荣：1921—1929 年

运用历史统计学的方法“检验”经济理论的有效性，这一方法对于经济研究产生了不良的影响。我们已经设法说明对于经济学来说，这是一种完全错误的方法，理论只能在先验的理论基础上被证实或证伪。经验事实可以在基本定理的层面上进入到理论中，它与今天经济学家经常使用的历史统计学的“事实”是无关的。

Section 3　大萧条：1929—1933 年

经过漫长的时间，我们终于明白：大萧条的错误并不在于自由市场经济，而应该归咎于政客、官僚和那些“先进”的经济学家。而且，对过去或将来发生的任何一次萧条来说，情况都会是这样。

Section 1

商业周期理论

BUSINESS CYCLE THEORY

早期研究商业周期的理论家将眼光聚集在危机和萧条上，这是非常正确的，因为正是这些词困扰着经济学家，使他们极度难堪，这让他们简直就像一个经济学的门外汉，这些词正是亟待我们去解释的。

第一章
关于周期的积极理论

The Positive Theory of the Cycle

通货膨胀时期，其特征是货币供给量的增大和不当投资的增多；当信贷扩张停止，同时人们发现了明显的不当投资时，危机也就到来了；萧条的恢复时期，这是一个必要的调整过程，经济回复到一个最有效率的运作方式上，并能满足消费者的需求。

对商业周期的研究，必须基于一个令人满意的周期理论。不加“预判”而只关注成堆的统计数据，这是没有意义的。周期发生在经济世界中，所以一个有效的周期理论必须与普遍的经济学理论相结合。然而，这两种理论的结合，即使是尝试性的结合，也显然只是一种例外，它并不是经济学中的常规。近 20 年来，经济学已经很糟糕地被分割成一系列密不透风的部分——在其各个领域之间没有任何联系。只有在熊彼特和米塞斯的理论中，周期理论才与普遍的经济学结合成一个整体。[1]

大多数研究周期问题的专家都认为将周期问题与普遍的经济学相结合是不可能演绎出来的，而且这种方式也过于简单，所以他们不采纳这种方法，也因此（有意无意地）摒弃了经济学本身。如果一个人

[1] 许多新凯恩斯主义者也提出了周期理论。这些理论不是与普遍的经济学的理论相结合，而是与凯恩斯整体理论（这种理论具有一定的片面性）相结合。

炮制出一套周期理论，这理论与普遍的经济学几乎无所关涉，那么普遍的经济学则必然是错误的，它在解释重要的经济学现象时也就显得全然无用了。不说别人，单是那些制度主义者——这些纯粹数据的收集者便很欢迎这样的结果。然而，即便是制度主义者，他们有时也必须运用理论进行分析并提出建议；实际上，他们总是将直觉和洞见等混杂在一起进行研究，而这种混杂物是将各种理论领域中的成分毫无系统地拼凑在一起。极少有经济学家认识到米塞斯关于商业周期的理论正是这样的一种理论：它实际上与经济学体系中的具有普遍性的理论紧密结合。[2] 事实上，米塞斯的理论通过对银行信贷扩张的研究，对干预自由市场所造成的必然结果进行了经济学的分析。米塞斯理论的追随者在捍卫自己主张的过程中显得过分谦逊。他们通常宣称：在对商业周期进行合理解释的众多理论中，这种理论只是其中的一种，同时每种周期都适合用一种特定的理论解释其成因。这里，与在其他领域中一样，米塞斯的追随者错误地采取了折中主义的态度。由于米塞斯的理论根源于普遍的经济学，所以它是唯一能够正确解释周期现象的理论。如果我们不想抛弃普遍的经济学理论，那么对于那些不能与普遍的经济学相结合的理论，我们必须将其抛弃。

商业周期与商业波动

首先，区分商业周期和普通的商业波动显得很重要。我们生活的社会中充满了持续的变动，这种变动事先不能被准确预知。人们试图

---

[2] 比如，在戈特弗里德·哈伯勒的著名论述中，有许多这方面的知识。参见 Gottfried Haberler, *Prosperity and Depression* (2nd ed.,Geneva, Switzerland: League of Nations, 1939).

尽量准确地预报变动，但是这种变动不能被简化成一种科学。企业家忙于预测市场的变化，包括供给和需求的情况。越是能够成功获取利润的企业家，对未来的预测也就越准，而不成功的预测者只能半途而废。所以，自由市场上那些成功的企业家也是那些最善于对未来商业环境进行预测的人。但是，这种预测从来不是完美的，对未来的判断是否精确，也将一直成为判断一个企业家好坏的标准。如果事情不是这样，那么在商业活动中也就不会有什么利润和损失了。

就这样，变动在经济的各个领域内持续不断地发生着，包括消费者口味的变化，时间偏好的变化以及因时间偏好所产生的投资与消费比例的变化，劳动力在数量、质量和地点上的变化，自然资源的发现或耗尽，技术变化对生产能力的改变，各种天气条件对农作物的影响等。所有这些变动都是任何经济体系中的典型特征。事实是，我们很难想象一个没有变动的社会，在这个社会里，每个人日复一日地重复着完全同样的工作，没有任何经济数据发生变动。而且即使我们能够想象出这样的一种社会，我们也要想想，人们是否愿意在这种状况下生活。

所以，期待每种商业活动都趋于“稳定”，就好像从没有发生过变动，这种想法是荒谬的。实际上，使波动变得“稳定”或者说“消除”波动，这都是根除理性的生产活动。我们进行一个简单的假设，如果一个地区每 7 年遭遇一次蝗灾，那么，每 7 年人们就要开始为灭蝗做准备：生产灭蝗设备，雇用接受过训练的灭蝗专家等等。显然，灭蝗业每 7 年要经历一次“繁荣”，而其他 6 年将面临“萧条”。那么，如果人们为了使灭蝗业得到“稳定”，坚持每年生产同样多的机器，也不管这些机器会不会生锈，会不会被人废弃，这样就能管用了？在为了“稳定”这样的口号下，难道人们就必须在需要机器之前就生产机器？在需要人手之前就雇用他们？或者，在需要机器的时候却要延期生产它们？如果人们需要更多的汽车，而不再需要那么多的房子的时候，为了稳定的目的，难道他们就必须仍然购买房子而不能购买汽车？正如F. A.哈珀博士在《为何工资上涨》中所说：

> 这类商业波动在我们日常生活中随时可能发生。比如，一年中的不同时节，草莓的丰收都可能产生猛烈的市场波动。难道我们就应该在暖房中生产足够多的草莓使得整年的草莓业都能获得稳定？[3]

因此，我们可以知道特定的商业波动随时在发生。没有必要求助于任何特定的“周期理论”去解释这些现象。它们只是经济学数据变动的结果，它们也完全可以通过经济学理论得到解释。然而，许多经济学家将普遍的商业萧条归咎于由“建筑业的萧条”或者“农业的萧条”导致的疲软。但是特定行业的衰退不能导致普遍的萧条。数据的变化可能同时导致一个领域内生产活动的增加，另一个领域内生产活动的减少。这里，我们还不能解释普遍的商业萧条——这才是真正的“商业周期”现象。假设因为消费者口味的变化和技术的改变，使得人们对农产品的需求转向了对其他商品的需求。许多人认为，因为农场主将购买更少的商品，而那些在向农场主提供商品的行业中工作的人也将随之减少购买，以此类推，农业的萧条将导致普遍的萧条。这种说法显然是不恰当的。这里忽视了一个事实，人们生产消费者所青睐的商品，那么他们也将生意兴隆，而他们的需求也将增多。

---

[3] F. A. Harper, *Why Wages Rise* (Irvington-on-Hudson, N.Y.: Foundation for Economic Education, 1957), pp. 118–119.

商业周期的问题是关于普遍性的繁荣与萧条的问题；它并不探究特定行业中发生的这类问题，它也不想弄清楚是什么因素导致特定行业中的相对繁荣和低迷。一些经济学家，如沃伦（Warren）和皮尔逊（Pearson）或者杜威（Dewey）和达金（Dakin），曾经相信并不存在普遍的商业波动，他们认为普遍的变动只是各种经济活动中不同行业发生周期性波动造成的，这些周期有着不同的时间长度。从某些方面来说，不同的周期（比如 20 年的建筑业周期，或者 7 年的灭蝗周期）确实存在，但是它们对于普遍的商业周期研究，特别是商业萧条研究来说，并不重要。我们试图要解释的是具有普遍性的经济繁荣和商业中的不景气现象。

要考虑具有普遍性的商业变动，那么我们首先想到的是，这些变动都是通过普遍的交易媒介——货币进行传播的。货币把所有的经济活动串联在一起。如果一种价格升高，而另一种价格走低，我们就可以认为需求从一种行业转向了另一种行业；但是，如果所有的价格都同时升高或者同时降低，那么一定是货币领域发生了一些变化。只有像货币的需求或者货币的供给这些因素发生变化，才会引起物价变化。货币供给量上升，而对货币的需求保持不变，那么美元所体现的购买力将会下降，也就是说，价格会普遍上升；相反，货币数量的减少将会引起价格的普遍下跌。另外，如果对货币的需求普遍上升，而货币供给量不变，那么美元所体现的购买力就会上升（价格会普遍下跌）；而对货币需求的减少将引起价格的普遍上涨。所以，价格的总体变化是由货币的供给和需求决定的。货币供给包括社会中所存有的货币数量。总之，对货币的需求也就体现在人们持有现金余额的意愿上，同时通过人们对在交易中获得货币的渴望，以及人们是否热衷于以现金余额的方式保有货币，我们也可以了解这种需求。在一个经济体内，商品的供给是促成社会对货币需求的一个因素；商品供应量增加，而其他因素保持不变，那么对货币的需求也会增加，从而使物价下跌。随着单位货币所体现的购买力的上升，对货币的需求也会逐步降低，因为这时每一美元都比以前变得更有效用。相反，较低的购买力（这时价格也较高）意味着每一美元的效用更小，需要更多的美元才能买到与以前一样的东西。

当货币的数量和需求相互之间保持平衡，也就是当人们愿意以现金的形式持有现有的货币量时，美元的购买力将保持恒定。如果人们对货币的需求超过了货币的数量，货币的购买力将会上升，直到需求不再过剩和市场出清；相反，人们对货币的需求低于货币供给时，会降低美元的购买力，也就会使物价上涨。

然而，从“货币关系”的视角来看，商业中的普遍波动仍不能告诉我们任何线索以使我们能解释神秘的商业周期。确实，普遍商业中的任何周期现象都是通过货币关系进行传播的，这种关系就是货币数量和货币需求之间的关系。但是普遍商业中的这些变动却很难用来说明问题。比如，如果货币供给量增加，或者货币需求下降，物价就会上升；但是为什么这会造成“商业周期”呢？特别是，为什么它会带给人们萧条？早期研究商业周期的理论家将眼光聚集在危机和萧条上，这是非常正确的，因为正是这些词困扰着经济学家，使他们极度难堪，这让他们简直就像一个经济学的门外汉，这些词正是亟待我们去解释的。

问题：一连串的错误

现在，在本质上指明特定行业或者普遍的商业中存在的波动，这种方法还不能为我们解释萧条这一现象。有关萧条的理论需要面对的主要问题是：为什么突然之间发现了一连串普遍性的商业失误？这是任何周期理论都要回答的。商业活动就那么进行着，大多数商业机构获取着丰厚的利润。突然之间，在没有任何警示的情况下，商业环境发生了变化，大量的商业机构蒙受了损失；人们突然间发现这些机构在商业预测上犯了许多严重的错误。

现在关于企业家精神的普遍看法是恰当的。企业家主要从事着商业预测。他们在现在进行投资并支付成本，期望将来通过把商品卖给消费者或者那些在经济生产结构中生产相对较低级财货[4]的企业家来获得回报。能力较强的企业家，他们在判断消费者和其他生产者需求的时候，往往比较准确，并能因此获得利润；而那些能力较差的企业家则会蒙受损失。所以在市场中，那些成功的有远见的企业家总是得到锻炼，并获得利益和发展，而那些无用的企业家则被市场所淘汰。通常，在任何一段时间里，只有一部分人遭受损失，大多数人要么不赔不赚，要么获得利润。那么，当几乎所有的企业家突然间遭受损失时，我们又如何解释这种奇怪的危机现象呢？简而言之，一个国家中所有精明的企业家怎么会同时犯下这样的错误？为什么人们会在顷刻间发现他们的这些失误呢？这就是周期理论需要解释的主要问题。

如果有人回答说是经济数据发生了突然的变化，这显然是不合理的。问题毕竟发生在企业家预测未来商业变化的活动中，而且有些变

---

[4] 根据卡尔·门格尔的原理，商品或财货对人们的欲望满足保持着较远或较近的关系，能较直接满足人们欲望的是较低级财货，反之，则是较高级的财货。利用较高级的财货，人们可以生产出较低级的财货，以便更直接地满足人们的欲望。从低级财货到高级财货就构成了生产结构。需要注意的是：goods，一般在奥地利学派著作中被翻译成“财货”，门格尔在《国民经济学原理》中指出：“一物要成为财货，换句话说，一物要获得财货的性质，必须具备下列四个前提：（1）人类对此物的欲望；（2）使此物能与人类欲望的满足保持着因果关系的物的本身属性；（3）人类对此因果关系的认识；（4）人类对于此物的支配，即人类事实上能够获得此物以满足欲望。”参见门格尔《国民经济学原理》。庞巴维克也指出，commodity 指劳动产品。由于本书读者未必熟悉奥地利学派的思想，为了尊重读者的语言习惯，本书中并未将 goods 全部翻译成“财货”。——译者注

化来得非常突然。为什么企业家的预测会错得这样离谱？

商业周期中还有一个一般特征需要解释。众所周知，资本货物生产行业的波动总是比消费品行业的波动要大。资本货物行业——特别是那些生产原材料，从事建筑、生产设备的行业在经济繁荣期的扩张速度更加快，而在萧条时期所受的打击也最猛烈。

需要我们解释的第三个特征是，经济繁荣时期，一个经济体内的货币数量也增加了。反之，在大多数但不是所有情况下，萧条时期的货币数量下降了。

解释：经济繁荣与萧条

在一个纯粹自由而没有干预的市场中，是不会出现一连串的错误的，因为训练有素的企业家不可能同时做出错误的判断。[5] 对市场进行货币干预造成了“繁荣—衰退”的周期模式，特别是银行对商业信贷的扩张。一些货币被花费在消费领域，剩下的被储蓄起来，也可以被用来投资到高级的资本生产和各级别的生产中。消费—储蓄—投资的比例是由人们的时间偏好决定的。时间偏好也就是人们对现在的满意程度与对将来的满意程度的比值。人们越是不喜欢现在，那么他

---

[5] 齐格弗里德·巴奇（Siegfried Budge），在《理论国民经济学的基本特征》（*Grundzüge der Theoretische Nationalökonomie*，Jena，1925）中引证了西蒙·S. 库兹涅茨（Simon S. Kuznets），在“Monetary Business Cycle Theory in Germany,” *Journal of Political Economy* (April, 1930): 127–128. 中的观点。库兹涅茨写道：

> 在自由竞争的环境下……市场……依靠供给和需求……就[不]会引起商品生产的不平衡，这种不平衡会导致整个经济体系的紧缩……只有当价格体系不再将自身完全依托于自由竞争的运作，这个关键性要素时，这种不平衡才可能产生，这样一些武断的影响也就产生了作用。

库兹涅茨站在自己经验主义和反因果关系的立场上，批判奥地利经济学理论，并错误地认为这种理论是“静态”的。

们的时间偏好值也就越低，这样纯利率也就越低。纯利率是由社会中的所有个人的时间偏好决定的。投资与消费的比值较高可以反映出时间偏好较低，此时生产结构以及资本结构需要更长的时间来构筑。另外，时间偏好较高，纯利率就较高，而投资与消费间的比值也就会降低。市场中最后的利率是由纯利率加上或者减去企业风险和购买力成分而得出的。企业风险的变动程度引出了一系列利率，而不是一个单一的利率，而购买力成分则是每一美元所体现的购买力的变动，同时它也体现了企业家在价格变动中所处的特有的位置。而最关键的问题就是纯利率。这一利率首先体现在"自然利率"上，或者就是我们一般所说的变动的"利润率"，这个变动的利率通过信贷市场的利率得以体现，信贷市场的利率就是由变动的利润率决定的。[6]

那么，当银行印制新的货币（无论是印纸币还是增加银行存款），并把它投向商业领域时，会发生什么情况呢？[7] 新的货币流入信贷市场并降低了信贷利率。这就好像为了投资而使储蓄的资金增加了，它们的效果是一样的：用于投资的资金供给明显增加，而利率降低。总而言之，商人被银行的通货膨胀所误导，他们以为储蓄资金的供给要高于它实际的数量。现在，当储蓄资金增加时，商人就会对"更为长期的生产过程"进行投资，也就是资本结构变长了，特别是对于那些"较高级的财货"，那些远离消费者的生产领域。商人拿着他们新得来的资金，抬高了资本价格和其他生产者的商品价格，这就促使投资由

---

[6] 这就是利率的"纯时间偏好理论"，我们在如下著作中找到这一理论：Ludwig von Mises, *Human Action* (New Haven, Conn.: Yale University Press, 1949); Frank A. Fetter, *Economic Principles* (New York: Century, 1915), Frank A. Fetter "Interest Theories Old and New," *American Economic Review* (March,1914): 68–92.

[7] 银行有不同的业务，包括储蓄和贷款以及人寿保险，它们都可以通过对商业领域的信贷扩张来制造新的货币。在下文中我们将进一步讨论货币与银行业的问题。

"低级"（接近消费者）的财货向"高级"（远离消费者）的财货生产转移——从消费品行业向资本货物行业转移。[8]

如果这是由时间偏好的真实下降和储蓄的上升造成的，那么一切都没有问题，被重新延长的生产过程大致可以得到维持。但是这种转移是由银行信贷扩张造成的。不久，新的货币从商业贷款人手中渗透到生产的各环节——工资、地租和利息中。现在，我们只能认为是时间偏好的变化，除此之外我们还能说明什么呢？人们将会忙着以原有的投资—消费比例来花费自己已增加的收入。总而言之，人们会急于重新确立原有的均衡状态，需求会从高级财货重新转移到低级财货上。资本货物行业将会发现他们的投资发生了失误，他们以前认为可以牟利的产品不能带来收益，因为他们企业的消费者缺乏消费需求。生产高级财货被证明是一种浪费，同时不当的投资必须得到清偿。

人们比较喜欢这样解释危机，即危机是源于消费不足，也就是消费者不能以一个可以让生产者获利的价格进行消费。但是这种解释对于资本货物和非消费品来说并不适用，这些行业在萧条时受到的危害往往又是最严重的。企业对高一级财货的需求降低，这是因为需求又逐渐受到旧有的消费—投资比例的支配。

总之，商人受到银行信贷膨胀的误导，对高级的资本货物进行过度投资，而这类财货的生产要得以顺利维持，就必须伴随着较低的时间偏好以及大量的储蓄与投资；一旦通货膨胀渗透到大多数人民生活中，旧有的消费—投资比例就被重新确立起来，同时对高级财货的商

---

[8] 关于生产结构的问题，以及它与投资和银行信贷的关系，参见 F. A. Hayek, *Prices and Production* (2nd ed., London: Routledge and Kegan Paul, 1935); Mises, *Human Action;* and Eugen von Böm-Dawerk, "Positive Theory of Capital," in *Capital and Interest* (South Holland, Ill.: Libertarian Press,1959), vol. 2.

业投资就显得多余而浪费。[9] 商人由于信贷扩张以及由此导致的自由市场利率的改变，做出了错误的选择。

所以，“繁荣”中充斥着浪费而错误的投资。正是在这个时期，人们犯下了许多错误，而这应归咎于银行信贷扩张扰乱了自由市场。当消费者重新确立了符合他们要求的消费—投资比例时，“危机”到来了。事实上，在“萧条”时期，经济对在繁荣时期的浪费和失误做出调整，并重新确立起能满足消费者要求的有效服务体系。这种调整包括清偿浪费性投资。有些浪费性的投资被全部弃置（就像美国西部的鬼城，它建于1816—1818年的繁荣期，而在1819年的经济恐慌时期被弃用），有些被移为他用。经济学原理不会顾惜过去犯下的错误，但是现存的资本可以在它的运作下发挥最有效的作用。总之，对于那些可以自由表述其想法的消费者来说，自由市场以最大的功效满足他们的要求，这里也包括公众对在现在消费和在将来消费之间进行取舍后的消费要求。通货膨胀下的繁荣降低了这种功效，并扭曲了生产结构，它不能再为消费者提供合理的服务。危机意味着通货膨胀造成的扭曲濒临结束，在萧条中，经济重新为消费者确立起了有效的服务体系。简而言之，这一点非常重要，萧条是一个“复苏”的过程，萧条的结束宣告一切重回正常，经济恢复了最好的功效。因此，萧条远不是充满邪恶的灾难，在繁荣带来了扭曲之后，萧条使经济恢复正常，这是必要而有益的。所以，繁荣需要“衰退”。

很显然，新的货币从商业渗透到生产的各个环节只需要很少的时间，那么为什么所有的经济繁荣都持续了很长时间才走到尽头

[9] “通货膨胀”在这里的定义是货币供给量的上涨，而不包括货币金属的增加。

呢？原因在于银行出面挽救了商业。借贷机构考虑到要生产出消费品行业所需要的生产要素还需要一个很长的过程，加上他们发现自己的开销在上升，而他们的资金却发生了短缺，于是就再次求助于银行。如果银行进一步扩张信贷，他们就可以拯救借款人。新的货币再一次进入商业领域，借款人就可以再次购买那些远离消费品行业的生产要素。简而言之，持续的银行信贷扩张总能使借款人逃脱消费者对他们的惩罚。这里，我们已经看到危机和萧条究竟是什么了，它们是由高效率的经济体中的消费者发动的一场恢复性的运动，它们终结了繁荣带来的扭曲。显然，如果信贷扩张的程度越大，持续时间越长，那么繁荣持续的时间也就越长。当银行信贷扩张停止时，繁荣也随之停止。很明显，如果繁荣持续的时间越长，错误投资带来的浪费也越多，那么必要的萧条进行调整的时间也越长，而萧条的程度也越剧烈。

这样，在商业周期中的各个时期，银行信贷扩张都产生了影响：通货膨胀时期，其特征是货币供给量的增大和不当投资的增多；当信贷扩张停止时，人们发现了明显的不当投资，危机也就到来了；在萧条的恢复时期，这是一个必要的调整过程，经济回复到一个最有效率的运作方式上，并能满足消费者的需求。[10]

那么，什么才是萧条—复苏的本质特征呢？正如我们曾经所说的，浪费的项目要么必须被弃置，要么尽可能地发挥其作用。低效的机构因为人为的经济繁荣而得益，它们必须被清偿，或者缩小它们的

---

[10] 奥地利学派的周期理论解决了一个古老的经济学问题，这个经济学问题就是货币数量的变化是否会影响利率。奥地利学派的周期理论支持“现代”观点，认为货币数量的上升会降低利率（如果是在一开始进入信贷市场的时候）；另外，它又支持古典派的观点，从长远来看，货币数量不会影响利率（或者只有在时间偏好变化时才能起到这样的作用）。实际上，萧条—再调整的过程使市场重新确立了自由市场利率，这是人们所需要的。

债务，或者将借款交还给债权人。生产资料的价格必然下跌，特别是在那些高级的生产领域中，这里包括资本货物、土地和工资率。正如经济繁荣的标志是利率的下跌，也就是各个生产领域之间的价格差异（“自然利率”或者变动的利润率）以及贷款利率的下跌，萧条—复苏则包含了利率差异的上升。实际上，这个时期意味着高级财货的价格相对于消费品价格的下跌。不仅特定的机器价格一定会下跌，资本总体的价格也会下跌，比如股票市场的缩水和房地产价值的下跌。实际上，这些价值的缩水程度远甚于这些资产的获利，这彻底地反映出利息收益率的普遍上涨。

由于生产要素会从高级的生产领域向低级的生产领域转移，萧条中“令人不快”的失业也不可避免，但比起生产领域中其他大的变动所引起的失业，它的程度不一定是最大的。实际上，由于大量的破产，重大失误被揭露，失业问题会加剧，但是它只是暂时的。调整的速度越快，解决失业问题的速度也就越快。如果人们将工资率保持在一个较高的水平，并阻止其下跌，那么失业将超越“令人不快”的程度而更加严重地一直持续下去。自由市场中的工资率可以满足对劳动的需求，也能将劳动全部售出，如果工资率超过自由市场的水平，劳动者将会长期失业。实际工资率和自由市场工资率的差异程度越大，那么失业问题也就越严重。

萧条的次要特征：通货紧缩引起的信贷收缩

以上是萧条最核心的特征。此外，萧条的次要特征也有待揭示。在萧条时期，并不需要通货紧缩。通货紧缩开始于通货膨胀结束之时，货币在这个时期并没有发生进一步的变化。然而，通货紧缩总是就这样开始了。起初，以银行信贷扩张的方式，通货膨胀发生了；现在，借款人的金融困难和破产使得银行开始退缩并收缩信贷。[11] 在金本位制度下，另有一个原因可以解释信贷收缩，那就是由于黄金流向国外，银行要结束通货膨胀。由于惧怕黄金外流所带来的威胁，他们被迫收缩未偿还的信贷。进一步讲，一系列商业破产使得人们对银行进行质疑；而银行由于自身已濒临破产，无力应付这些问题。[12] 因此，由于实际发生的银行挤兑，以及银行因担心挤兑的发生会收缩其信贷资产，货币供给也将收缩。

另一个具有普遍性的次要特征就是对现金的需求增加。这种“争夺流动性”是多种因素导致的：（1）因为萧条和通货紧缩，人们期望价格下跌，这样他们就可以持有更多的现金而花更少的钱购买商品，因此他们一直等待价格下跌；（2）由于银行和商业债权人的催缴，借款人希望偿还他们的债务，于是他们变卖自己的其他资产以换取现金；（3）一系列商业损失和破产使得商人对投资非常谨慎，这种状况将持续到清偿过程结束。

---

[11] 许多人认为：在萧条时期，商业机构发现没有可获利的机会，商业对信贷的需求锐减，于是信贷和货币供给就收缩了。但是这一论述忽视了这样的事实，只要银行愿意，它们可以购买债券，通过加大它们的投资来补偿缩小了的信贷，这种方式仍可以维持货币供给量。通缩压力总是由银行而不是由商业借款机构造成的。

[12] 银行“自身濒临破产”是因为它们发行了过多的现金栈单（如今以“存款”的形式体现，它可以在需要的时候兑换成现金），超过了它们拥有的现金数量。这样，银行很容易因银行挤兑而造成损失。银行挤兑不像其他商业破产，因为它们只包含了存款人对其合法财产的要求权，而银行对这些财产是没有所有权的。所以“自身濒临破产”是“部分储备”的银行体系的主要特征。正如弗兰克·格雷厄姆 (Frank Graham) 所说：

> 银行在试图实现内在矛盾的贷款目标，或者说它们试图大幅度增加对现金的要求权，同时还仍然宣称现金可以在需要的时候被兑换，这种尝试是荒谬的……就好像一个人吃掉蛋糕还试图在将来享用它……所谓的可兑换性只是一种错觉，人们必须指望现金不被过多地兑换。

Frank D. Graham, “Partial Reserve Money and the 100% Proposal,” *American Economic Review* (September, 1936): 436.

由于货币供给量的减少，加上对货币需求的增加，大多数萧条总会伴随着物价下跌。然而，物价下跌是由萧条的次要特征，而非固有特征造成的。几乎所有的经济学家都对这种作为次要特征的通货紧缩和物价下跌忧心忡忡，这些人中甚至包括那些认为萧条的调整过程应在不受任何干预的情况下进行下去的经济学家，他们确信通货紧缩和物价下跌在无形中会加重萧条的严重程度。这种观点是不正确的，这些过程不仅不会使萧条更严重，反而会带来一些实际的好处。

对“囤积”的普遍敌视是毫无道理的。首先，没有一个标准来界定“囤积”。通常，人们对此是这样理解的：A 确定 B 只需要一定的现金，而 B 所持有的现金余额多于这些现金。毫无疑问，这里没有一个客观标准来确定究竟现金余额增加到什么时候才算是“囤积”。第二，我们已经看到，货币需求的增长是人们的需求和估价行为的结果；在萧条时期，由于人们对商业清偿感到恐慌，同时又期待物价下跌，这会促进货币需求增长。那么到什么程度这种估价行为可以被认为是“不合理”的呢？物价下跌可以使这种对现金的需求得到满足；因为较低的价格意味着同样的现金余额将拥有更大的功效，对于商品和服务也将产生更大的“真实”的要求。简而言之，人们期望增加真实的现金余额，这个欲望现在通过物价下跌被满足了。

进一步而言，一旦清偿和调整的过程结束，对货币的需求就会再度下降。因为清偿的结束将驱散人们预期中对破产的不确定性，同时借款人对现金的争夺也因之结束。让价格迅速无阻碍地下跌，物价（使之适应已经变化了的货币关系），特别是高级财货价格的下跌（对繁荣时期不当投资的调整）都将使调整的过程加快结束，同时使人们不再担心进一步的衰退。所以，无论是主要的还是次要的各种调整，其调整完成得越快，对现金的需求也将越快减少。这自然也就是普遍的经济学所谓的“恢复正常”。

无论是增加了的“囤积”还是物价的下跌，都不可能阻止主要的萧条—调整过程。主要的调整，其重要特征是生产资料价格的下跌幅度比消费品价格的下跌幅度更大（或者更准确地说，相比低级财货价格下跌的幅度，较高级财货的价格下跌幅度更大）；如果所有价格都一定程度地下跌，那这不会阻碍主要的调整过程。还要指出的是，经济学爱好者和许多专业经济学家都有这样一种观念，他们认为价格下跌会使商业衰退。这并不必然正确。对于商业而言，重要的不是价格的变动，而是销售价格和成本之间的价格差异（“自然利率”）。比方说，如果工资率下跌的幅度大于产品的价格，那么就会刺激商业活动和就业。

在许多经济学家眼里，货币供给量的紧缩（通过信贷收缩）和“囤积”一样糟糕。即使是米塞斯理论的追随者，也对通货紧缩抱怨万分，并认为通缩不会产生什么有益的结果。[13] 但是，通货紧缩中的信贷收缩大幅度加快了调整的过程和商业恢复的步伐，这些都没有被认识到。正如我们知道的那样，调整包括了重新恢复至符合人们需要的消费—储蓄模式。而如果时间偏好本身发生了变化，也就是说储蓄增加而消费相对减少，那么调整的过程也就大致完成了。简而言之，更多的消费并不能对萧条起到什么有益的作用，而相反，这时候需要的是减少消费，增加储蓄（以及与之相伴随的投资的增加）。由于会计错觉的存在，价格的下跌促使储蓄增加，消费减少；而企业核算是以原始成本记录资产价值的。众所周知，物价的增长扭曲了会计记录：看

---

[13] 在金本位的国家（比如 1929 年大萧条时期的美国），奥地利学派的经济学家认为信贷收缩是为保留金本位而要付出的必然代价，但是没有人考虑到通货紧缩的过程本身会起到什么补救性的作用。

起来巨大的“利润”其实只能用来在现在重置价格较高的资产。因而，在通货膨胀时期，商业“利润 ”被过分夸大了，消费量也显得很大，而如果排除会计错觉的影响，其实消费并没有这样大幅度增加，如果没有关于这一参考变量的有关知识，也许资本可以被等价折旧。在通货紧缩时期，会计错觉则起到了相反的作用：那些表面上的损失和资本折旧对于商业机构来说也许恰恰意味着利润，因为资本的重置成本将缩小。过分夸大损失反而会限制消费、催生储蓄；当一个人将对商业进行一项附加投资时，他可能会认为他只是在重置资本。

信贷收缩对加快恢复经济还有另一项有益的作用。我们已经看到，通过降低市场的价格差异（“自然利率”和变动的利润率），信贷扩张对自由市场造成了扭曲。相反，信贷紧缩则从反方向对自由市场再度进行扭曲。通货紧缩中的信贷收缩的首要作用是降低商业领域中的货币供给量，特别是在高级的生产领域中。这将降低对高级生产领域的生产要素的需求，降低这些生产要素的价格及其收益，同时提高了价格差异和利率。简单来说，这会促使生产要素又从高级的生产领域向低级的生产领域转移。但是这表明在信贷扩张之后，信贷收缩加快了市场调整的过程。在促使经济重新确立自由市场的各要素的比例关系时，信贷收缩比其他任何手段都更有效。

可能有人会对此产生异议，如果说信贷紧缩可以弥补繁荣时期犯下的失误，那这种弥补就不会过度吗？信贷紧缩就不会对经济产生矫枉过正的影响吗？过度弥补的情况确实存在，信贷紧缩发生的时候，它会引起利率上升并超过市场所应有的水平，同时投资也跌至市场应有水平之下。但是由于紧缩不会引起实质上的不当投资，它也不会带来任何令人痛苦的萧条和调整阶段。如果商人误认为可用于投资的资本很少，而实际情况却不是这样，那么随后也不会产生浪费性的投资，更不会有持续性的损失。[14] 进一步讲，信贷紧缩也会很自然地受到更严厉地限制——其影响不会超过前面所说的通货膨胀造成的影响。[15] 而信贷扩张就不会面对那么多限制。

政府应对萧条的政策：自由放任

如果政府希望萧条尽快结束，经济重新走上正常的繁荣之路，它应该采取什么措施呢？首要的也是最明确的措施是不要干预市场调整的过程。政府对市场的干预会耽搁调整的过程，干预的程度越大，那么萧条持续的时间也越长，其程度也越可怕，同时重新走上完全恢复之路也越难。政府干预会加剧萧条，并使之无限期地继续下去。这时，政府的抗萧条政策（这些政策可能在今天被更为广泛地应用）起了适得其反的作用。实际上，政府可能采取多种方法阻碍市场调整，如果将其一一罗列，我们就会发现这些方法好像是政府“反萧条”的有力武器。这些阻止调整过程的方法如下：

（1）阻止和拖延清偿行为。向濒临破产的商业机构提供信贷，并要求银行进一步向这些机构提供贷款等等。

（2）进一步通货膨胀。进一步的通货膨胀阻止了必要的价格下跌，这样耽搁了调整同时延长了萧条的进程。进一步的信贷扩张产生

---

[14] 一些读者会想：信贷紧缩造成了对低级财货生产领域的过度投资以及高级财货生产领域的投资不足，这种结果与信贷扩张完全相反，那么为什么信贷紧缩不会导致不当投资呢？奥地利学派对于生产结构的分析可以给出答案。是投资低级财货还是高级财货，这里没有一个绝对的选择。任何投资的增长都会包含对高级财货投资的增长，这也就必然延长了生产结构。经济中投资的减少只会降低高级财货资本。这样信贷紧缩就会引起对低级财货的过度投资，但是这样确立起来的生产结构是最短的。

[15] 在金本位的经济体中，信贷收缩受到黄金数量的限制。

了更多的不当投资，在萧条末期，这些投资仍然需要被清偿。市场利率必要的上涨也受到政府“低利率政策”抑制。

（3）保持较高的工资率。在萧条时期，人为地保持工资率会引起长期的大规模失业。进一步讲，在萧条时期，价格普遍下跌，保持相同的货币工资率等于抬高了实际工资率。面对下降的商业需求，保持工资率会加重失业问题。

（4）阻止物价下跌。使价格高于市场应有的水平会造成商品滞销，并带来更大的剩余，这就阻止了经济向繁荣的回归。

（5）刺激消费并阻碍储蓄。我们已经知道更多的储蓄加上更少的消费可以加快恢复的进程；而更多的消费和更少的储蓄将使已储蓄资本的短缺进一步加剧。通过“食物券计划”[16]和发放救济金，政府可以刺激消费。它还可以通过高税收抑制储蓄和投资，特别是对于富人、公司和不动产而言。事实上，税收和政府支出的增加会抑制储蓄和投资，同时刺激消费，因为所有的政府支出全都是消费。[17]一些私人资金可能会被用于储蓄和投资，而所有的政府资金则全作消费之用。经济中任何政府规模的相对扩大，都会引起社会结构中消费—投资模式开始偏向消费，同时萧条的进程也被延长。

（6）救助失业。任何救助失业的行为（通过失业保险、救济金等形式）都将无限期地耽搁失业问题的解决，同时阻碍工人向可提供

[16] 食物券由美国政府发给贫困家庭，使之可以免费或者折价购买食物。——译者注

[17] 近年来，特别是在那些关于“未发展国家”的文献中，对政府“投资”的讨论比比皆是。然而这里并不存在着投资。投资的定义是，支出不能直接满足支出者的需求，但是可以满足其他人及最终消费者的需求。人们制造机器不是服务于企业家，而是服务于最终的消费者，他们可以回报企业家。但是政府需要从私人手中获得资金；这些资金的花费可以满足政府官员的需要。政府官员强制地使生产从满足消费者需求转向满足他们的需求；所以他们的开支纯粹是用于消费，并不具备任何“投资”意义（当然，在某种程度上说，政府官员并没有认识到这点，他们的消费实际上是浪费开支）。

就业机会的行业转移。

这些措施拖延了恢复的进程，加重了萧条。然而，这正是政府政策中最著名的措施，我们也将看到，在1929—1933年的萧条时期，美国政府正是采用了这些政策，而许多历史学家认为那时的美国政府奉行的是“自由放任”主义。

因为通货紧缩可以加速恢复的进程，政府应该鼓励，而不是干预信贷收缩。在一个金本位的国家，比如1929年的美国，阻止通货紧缩会引起更为不幸的后果。通货紧缩增加了银行系统的准备金比例。同时在公众和同样实行金本位的国家中，银行的信誉得以维持。因担心金本位崩溃，银行挤兑会加快，这是政府希望避免的情况。即使是在银行挤兑中，通货紧缩还有其他的意义，这往往被人忽视。银行和其他商业机构一样，都不能逃避偿还债务的责任。银行挤兑是对银行的惩罚，对此进行干预将使银行成为一个拥有特权的群体，它们无须偿付债务，这也会导致后来的通货膨胀、信贷扩张和萧条。同时，正如我们主张的那样，如果银行自身存在破产的可能，那么银行挤兑就只是揭示了这种可能。对经济来说，银行挤兑彻底肃清了部分储备的银行系统，并有利于银行系统的创新。这样的肃清过程使公众清楚地认识到部分准备金银行体系存在的危险，并在将来免受其害，这些是任何学术理论都做不到的。[18]

所以，在萧条时期，健康的政府政策最重要的原则就是不要对调整过程进行干预。那么政府能做一些有助于调整进程的实际工作吗？一些经济学家提出政府应规定工资率下调以刺激就业，比如全面削减10%的工资。但是自由市场的调整会对任何全面的政策起到反向的作

[18]　后文我们将对部分准备金银行业进行更深入地探讨。

用。并不是所有工资都需要削减；各种价格和工资需要进行调整的程度也各不相同，这只能由自由和不受干预的市场决定。[19] 政府干预只会进一步扭曲市场。

政府唯一可以做的就是：它应该大幅度降低它对经济的影响力，削减其开支和税收，特别是税收，它干扰了储蓄和投资。降低政府的税收开支水平会自动使社会结构中的储蓄—投资—消费比例偏向储蓄和投资，这样就使经济回复繁荣的时间大幅度缩短了。[20] 税收使储蓄和投资承受重负，减轻税收会降低社会的时间偏好。[21] 进一步而言，萧条时期经济紧张。削减税收，或者减少干预的自由市场管制，都会刺激健康的经济活动；增加税收，或者加大这种干预将进一步使经济陷入萧条。

总之，萧条时期正确的政府政策就是严守自由放任的信条，包括大幅度削减预算，并积极鼓励信贷收缩。多年以来，这样的计划都被传统的经济学家认为是“无知的”“反动的”，或者是“粗鄙的”。但是对于那些希望尽快并尽量彻底地结束萧条的人来说，这才是经济科

---

[19] 参见 W.H. Hutt, “The Significance of Price Flexibility,” in Henry Hazlitt,ed., *The Critics of Keynesian Economics* (Princeton, N. J.: D. Van Nostrand, 1960),pp. 390–392.

[20] 我要感谢雷 · C. 黑普尔二世先生，他向我指出了这一点。

[21] 政府是否可以在任何情况下通过增加税收来增加投资—消费的比值呢？即使这么做，也不能只对消费征税（哈里 · 冈尼森 · 布朗教授对此有深入的研究）；我们可以看到在自由市场上，表面上对消费征税都是对收入征税，除了伤害消费也减少了储蓄。如果我们假设，相比富人来说，穷人将自己收入中更多的部分用于消费，我们就可以说对穷人征税将在资金上补助富人，这项税收可以增加储蓄—消费的比例，并因此给萧条带来有益的影响。但是另一面，穷人的时间偏好值不一定比富人大，同时富人得到政府的补助，他们也可以把它当成意外横财消费掉。此外，哈罗德 · 卢贝尔坚持认为由收入分配的变化而对社会消费产生的影响是可以忽略的，即使确实穷人将用去自己收入中更多的部分进行消费。

参见 Harry Gunnison Brown, “The Incidence of a General Output or a General Sales Tax,” *Journal of Political Economy* (April, 1939): 254–262; Harold Lubell, “Effects of Redistribution of Income on Consumers' Expenditures,” *American Economic Review* (March, 1947): 157–170.

学能给他们的最明确的答案。[22]

当信贷扩张停止时，萧条就开始了，也许有人会反对这一点。为什么政府不无限期地将信贷扩张继续下去呢？首先，通货膨胀下的繁荣持续得越长，必要的调整过程也将会更令人痛苦，更加严重。其次，经济繁荣不会无限期地持续，因为最后公众会对政府永久性的通货膨胀政策产生警觉，当美元开始贬值时，他们会用货币大量购买商品。这就造成了“失控”或者恶性通货膨胀，历史对此已经很熟悉了，特别是在现代世界这样的事情比比皆是。[23] 无论如何，恶性通货膨胀比任何的萧条都更糟：它摧毁了通货——经济的命脉；它使中产阶级和所有“靠固定工资生活的人们”破产；它引起了浩劫。此外，它最终导致了失业，降低了生活水平，因为当赚来的钱以小时计地贬值，工作就没有任何意义。人们花费更多的时间抢购商品。所以，为了避免这样的劫难，信贷扩张有一天必须停止，这就会产生萧条。

阻止萧条

显然，人们宁愿预防萧条的发生，也不愿意承受萧条。如果在萧条时期，政府的正确政策就是自由放任，那么它应该做些什么来预防萧条的发生呢？因为信贷扩张必然导致随后的萧条，所以政府正确的做法应该是从一开始就阻止任何可能导致通货膨胀的信贷扩张。然而这项政策的实施非常困难，因为政府自身就是导致通货膨

[22] 归根到底，倡导任何一种政府政策必须依靠一套道德原则。本书并不打算谈论任何道德问题。那些希望延长萧条的人，无论出于怎样的动机，对政府的这些干预措施，都会理所当然地给予狂热的支持，而那些希望增加政府手中权力的人也会那么做。

[23] 应对过度通货膨胀的传统方法，参见 Costantino Bresciani–Turroni, *The Economics of Inflation* (London: George Allen and Unwin, 1937).

胀的因素，同时它也总是逐步地诱发、鼓励和引导通过通货膨胀而使经济繁荣。政府成为导致通货膨胀的因素，是因为几个世纪以来它控制着货币系统。拥有印制货币（包括“印制”银行存款）的权力就打开了国家收入之源。通货膨胀是一种税收的形式，因为政府可以凭空制造新的货币，并用它来购买个人手中的资源，而这些个人是被禁止有类似的“伪造”行为的，否则他们会受到严惩。对于政府官员和他们身边的获利群体，通货膨胀是税收的一种令人满意的代替品。普通的公众很容易忽视这种微妙的替代，同时政府也尽量使公众忽视这一点。政府将物价上涨归咎于普通公众或者那些他们不喜欢的人，比如商人、投机者和外国人，而实际上物价上涨就是通货膨胀的必然结果。只有采纳健康的经济学主张才能使公众发现责任究竟在谁身上——在政府身上，但这种主张很少被接纳。

确实，如果私营银行发行的针对本币（无论是黄金还是政府纸币）的债权超过了它们可兑换的现金数量，就会导致货币供给量的增加。银行的存款等于现金栈单，银行承诺在消费者需要的时候可以凭栈单从银行的金库中提出他们的现金。“部分准备金银行体系”发行了不可能被兑换的栈单。但是米塞斯指出，私营银行自身不可能大量增加货币供给量。[24] 每家银行都可能发现，它们发行的那些不能被兑付的，或者说“虚假”的栈单（不能兑换现金）很快转手到了其他银行的客户手中，而那些银行会要求这家银行兑换现金。所以，银行的不兑现客户是有限的，其发行的虚假栈单影响也是有限的。所有的银行可以聚集在一起达成共识并以同样的比例扩大货币供给量，但是这

[24] 参见 Mises, *Human Action,* pp. 429–445, and *Theory of Money and Credit* (New Haven, Conn.: Yale University Press, 1953).

种共识几乎不能达成。在很大程度上，公众使用银行存款或者纸币兑换本币，这也对银行产生限制。银行还会受到其客户信用的限制，他们可能因某一时间发生的银行挤兑而遭受重创。

部分准备金银行系统应被视为欺骗并加以禁止，然而政府却并没有这样做，它反而走上了相反的道路，逐步消除了自由市场的禁忌并支持银行信贷扩张，同时它将自己置于通货膨胀的领导者的位置。政府以各种方法提升公众对银行的信心，并鼓励公众使用纸币和银行存款以代替黄金（特别是非法的黄金），它将各个银行置于统一管辖之下，这样它们可以一起扩大货币供给量。为了完成这个目标，中央银行机制诞生了，美国在 1913 年设立了美联储以承担中央银行的职能。中央银行将黄金集中到一起，并存放在政府的金库中，这样就夯实了信贷扩张的国家基础：银行一致将准备金存入中央银行以代替自己储备黄金。[25] 通过中央银行的设立，每家私营银行都不再需要制定自己的黄金准备策略；所有的银行被捆绑到一起，接受中央银行的管理。此外，中央银行向陷入困境的银行宣称它是“最后可以求助的借款人”，这样就大幅度提高了人们对银行体系的信任度。每个人都默默相信政府不会同意其机构——中央银行倒闭。中央银行，即使是金本位国家中的中央银行，一点都不需要考虑其公民对黄金需求的变化。只有当黄金流向国外（这些国家自然不是中央银行的顾客），才会引起忧虑。

政府确保美联储对银行进行控制的方法是：（1）授权美联储对现钞发行进行垄断；（2）迫使国家银行加入美联储，同时将它们的

[25] 当黄金——正式的银行准备金被转移到新成立的中央银行后，后者只会保存部分准备金，这样信贷总量的基础和货币供给就扩大了。见 C. A. Phillips, T.F.McManus, and R.W. Nelson, *Banking and the Business Cycle* (New York·Macmillan, 1937), pp. 24ff.

法定准备金存入美联储的账户；[26]（3）为准备金和银行存款（公众持有的货币）之间的准备金率确定最小值。美联储的设立直接降低了现有的准备金率标准。[27]这样美联储可以通过控制两项要素以控制货币数量：银行的准备金数量以及法定准备金标准。美联储可以控制银行准备金数量（下文我们将对其方法进行讨论）；同时政府也可以规定法定准备金率，但是很自然这种控制货币供给量的方法，其实施效果并不好，因为银行可以持有“超额准备金”。诚然，有了最后可以求助的借款人，通过最大化自己的资产和存款额，银行可以在满足法定准备金率的情况下最大限度地发放信贷。

对于不受管制的私营银行，其经营活动会受阻于狭窄的限制条件，相比受制于中央银行的管理，它引起通货膨胀的程度也相对较小，[28]阻止通货膨胀最有效的方法是废除部分准备金银行体系，同时使黄金准备金 100% 地对应于所有纸币和存款。是选择银行卡特尔，使之有所约束，还是选择一个可能存在的“自由”的银行？米塞斯教授认识到黄金货币对于自由银行业在经济学上所具有的特殊优点，他选择了后者，因为如果放弃 100% 的黄金货币，而选择政府对银

---

[26] 许多“州银行”以爱国的要求和提供免费服务为由，被劝说加入美联储。即使那些没有加入美联储的银行，也受到了该系统的管制，因为这样它们可以获得纸币，它们将准备金存放在成员银行中。

[27] 1913 年以前平均准备金标准估计大约是 21%。在 1917 年中期，美联储初具规模，规定的平均准备金率是 10%。菲利普斯等人估计美联储本身具有的通货膨胀因素所造成的影响，会使银行系统的扩张能力提高 3 成。这样，这两个因素（内在通货膨胀，以及有意降低准备金标准）共同作用可以将美国银行系统的潜在货币数量扩大 6 成，这就是美联储设立结果。参见菲利普斯等人的《银行业和商业周期》第 23 页以后。

[28] 美国内战前，“野猫银行”的恶名源于两个原因，而这些原因都与政府而不是自由市场有关：（1）自 1814 年有银行业以来，以及后来每次发生恐慌时，州政府都认可银行继续运作、发行和收缴贷款等，而这些贷款未必能被兑换成现金。总之，银行在运作中享有特权而不必偿付其债务。（2）禁止跨州的支行存在，加上交通不便，这阻止了银行可以准时向异地银行兑换纸币。

行业的管理，这样政府根据通货膨胀主义者的偏见，会改变准备金标准。[29] 但是 100% 的黄金准备金标准不会成为政府的又一种行政管制；这是广大自由主义者合法杜绝欺骗的一种手段。除了绝对的和平主义者，每个人都承认对个人和财产的公然侵犯是违法的，在具普涉性的法律之下运作的机构，应该保护个人与财产免受侵害。自由意志者提倡自由放任，他们相信政府应该是唯一可以使自己免受任何侵害的机构。当有人有意不履行交易契约，但却拿走了别人的财产时，欺骗等于偷窃。银行对不存在的黄金发行栈单就是一种欺骗，因为这样，财产的拥有者不可能全部获得对其财产的要求权。所以禁止这样的事情发生并不意味着政府对自由市场的干预；这种对财产的保护是普遍而合法的，它使财产免受侵害，[30] 这正是自由市场所需要的。[31]

那么，20 世纪 20 年代的美国政府应该采取什么样的正确政策呢？政府应该做些什么以避免经济崩溃呢？最好的政策就是废除美联储，同时确立起 100% 黄金准备金的货币系统。然而政府没有那么做，它本应该废除美联储并不再插手管理私营银行，如果这些银

[29] Mises, *Human Action*, p. 440.

[30] 有人打了这样一个比方，银行希望人们不会同时兑换其财产，就好像工程师在建桥的时候会想到这样一条原理，这个城市里的每一个人不可能同时穿过这座桥。但是这是完全不同的两个问题。人们穿过大桥只是在寻求一种服务，他们不像银行存款人那样拥有对财产的合法所有权。对于那些盗用别人钱财而又从来没被抓住的人，一个更为恰当的比方也许能使我们提防他们。当偷窃或欺骗发生的时候，罪案也就发生了，而不是在人们发现了偷窃和欺骗时，它才发生。

[31] 自由主义的法律体系可能将“一般存储凭证”（以此仓库可以向存储人归还所有相同性质的商品）视为“特定存储凭证”，“特定存储凭证”就像载货清单、当票和船坞仓库存货凭单等一样，它确立了对特定的专用物品的所有权。如 W. 斯坦利·杰文斯（W. Stanley Jevons）所说：“任何对不存在的商品的让渡和分配都是不能生效的，这是法律的一项普遍原则。”参见 W. Stanley Jevons, *Money and the Mechanism of Exchange* (London: Kegan Paul, 1905), pp. 207–212. 为了更好地讨论部分准备金的问题，参见 Amasa Walker, *The Science of Wealth* (3rd ed., Boston: Little, Brown, 1867), pp. 126–132, esp. pp. 139–141.

行不能兑换它们的纸币和存款，那么就应该让它们及时破产，尽管破产是严酷的。政府没有采取这样强硬的措施，反而给予了美联储生存的空间，那么政府做了些什么呢？政府本应该高度警觉，不支持、不允许任何可能导致通货膨胀的信贷扩张发生。但我们却看到，美联储并没有对货币进行完全控制，因为它不能强迫银行把准备金借给它，但它确实对银行系统拥有绝对的反通货膨胀控制权，因为它有权力任意降低银行准备金，所以它因此也可以迫使银行停止扩张信贷，甚至在必要的时候使其收缩信贷。通过降低银行准备金的数量或者提高准备金标准，不管是在 20 世纪 20 年代还是现在，联邦政府都已经能够控制像储蓄银行、储蓄贷款协会和人寿保险公司这样的货币制造者，但是任何由这些地方产生的信贷扩张都会由于商业银行所承受的通缩压力而抵销。这是非常正确的，其原因有以下两点：（1）商业银行存款形成了货币基础，而其他金融机构要在此基础之上拓展信贷业务；（2）商业银行存款是货币供给中最活跃的流通部分。基于美联储和它在控制国家货币上的绝对权力，联邦政府必须为自 1913 年以来的任何通货膨胀负责。银行不可能独自引起通货膨胀；只有在联邦政府和它的美联储管理机构的支持和默许之下，信贷扩张才有可能发生。银行几乎成了政府的抵押品，从 1913 年开始情况就是这样的。由信贷扩张以及随后的萧条造成的任何罪责，都必须由联邦政府独自承担。[32]

[32] 一些作者叫嚣道：美联储是成员银行拥有的，这只是合理的想象而已。实际上，这只意味着必须因为美联储给予的援助而支付税款。如果私营银行真的拥有美联储，那为什么美联储的官员要由政府任命，“拥有者”难道在政府的立场驱使下被迫“拥有”联邦储备委员会？所以美联储只能被称为政府机构。

奥地利学派理论中有关商业周期的诸问题

充分利用的“假设”

在讨论其他商业周期理论之前，一些问题和长久以来的误解需要被澄清。米塞斯教授曾经反驳过两个典型的误解：（1）早期的奥地利学派理论“假设”存在着“充分利用”，而在信贷开始扩张，同时未被利用的要素出现时，该理论就不能对此做出说明了；（2）奥地利学派理论将繁荣时期描述为一个“过度投资”的时期。关于第一点，引起失业的要素要么是劳动，要么是未被利用的资本品。通货膨胀只是将未被利用的劳动要素投入工作中，它们的拥有者坚持要求自己的实际工资要高于自由市场所能提供的工资；然而，生活费用的提高掩饰了实际工资的降低，他们只能愚蠢地接受了现实。至于闲置的资本品，将它们全部投资到早先的经济繁荣之中，这是没有任何希望的，而它们可能长期或者永远也不可能投入到能获得利润的生产中。信贷扩张表面上可以使边际资本重新带来利润，但这也将是不当投资，而当繁荣过去，这时更大的失误将显现出来。这样，无论是否存在未被利用的要素，信贷扩张都会导致商业周期。在未被利用的要素存在的情况下扩张信贷，这将产生更多的扭曲和不当投资，虽然会迟滞经济恢复并使经济繁荣得以延续，但将来的恢复也必然让人更难以承受。可被利用的要素应该被更有价值地使用，尽管它确实不可能在顷刻间转变成未被利用的要素（因为未被利用的要素将被投机性地闲置或者错误地用作投资，而不是有效地利用），其他一些补充性生产要素转变成了未被利用的要素，这些要素将被不当投资与浪费。此外，由信贷扩张造成的其他扭曲性影响仍然存在，一场纠正这种新的扭曲的萧条将不可避免。[33]

“过度投资”还是不当投资

第二个误解因为哈伯勒著名的《繁荣与萧条》(*Prosperity and Depression*)而广为流传，它将米塞斯对繁荣的描述称为“过度投资”理论。[34] 米塞斯智慧地揭示这种理解的错误所在。米塞斯指出：

> 只有当人们可以得到额外的资本财货供给时，额外的投资才具有可能性……萧条本身不会引起消费的减少，反而会引起消费的增加，它不能得到更多的资本财货以进行新的投资。信贷扩张下的繁荣，其本质不是过度投资，而是在错误的行业进行投资，也就是不当投资……其规模，已不能使可得到的资本财货的数量满足它的需要。他们的计划没有考虑到资本财货供应的不足……信贷扩张的结束将使这些错误不可避免地显现出来。因为生产补充性生产要素的工厂缺乏，有些工厂不能开工；有些工厂生产出的产品销售不完，因为消费者更希望购买其他商品，而这些商品却生产不足。
>
> 观察者只注意了那些显见的不当投资，却忽视了它们之所以成为不当投资只是因为其他工厂的缺乏，这些工厂在生产补充性生产要素时是必不可少的，同时这些工厂在生产公众所急需的消费品时也不可或缺……一直以来，整个企业家阶层都像是主宰万物的设计

[33] 参见 Mises, *Human Action,* pp. 576–578. 哈耶克教授在对奥地利理论著名而精妙的阐述中，很早就说明了这一理论是如何被充分运用到这样的情况中的，即在失业和未被利用的因素存在时发生了信贷扩张。参见 Hayek, *Prices and Production,* pp. 96–99.

[34] Haberler, *Prosperity and Depression,* chap. 3.

师……他们过分估计了可得到的设备[35]供给的数量……他们把生产的根基打得太大……只是随后他们才发现缺乏设备以完成整个生产结构。显然我们这些主宰万物的设计师并没有过度投资，而是进行了不适当的投资。[36]

一些批评者坚持认为只要繁荣能持续的时间足够长，这些生产过程最终将被完成。但是这样理解问题过于片面。问题在于，信贷扩张只将可得到的资本引向高级的生产领域，而很少将之导向低级的生产领域。一个不被干预的市场能确保一个互补的生产结构和谐地发展；银行信贷扩张阻碍了市场发挥其作用，同时生产的进程原本可以带来平衡的生产结构，现在也因之被破坏。[37]繁荣持续的时间越长，扭曲和不当投资的程度也越深。

银行：积极还是消极

20世纪30年代，在美国和英国有许多人对米塞斯的商业周期理论产生了兴趣，但是这种兴趣很快就被对“凯恩斯革命”的狂热冲淡了。米塞斯的支持者误解了一个重要的问题：米塞斯认为周期的产生是因为银行系统受到了干预，而他的追随者却认为多数银行显得很消

---

[35] 在《人的行为》原文中此处为material，在那些罗斯巴德没有引用的部分里，米塞斯在阐明生产过程中发生矛盾时，将企业家的行为类比成建造楼房，material在这个类比中指建筑材料，在翻译过程中，因为米塞斯的类比涉及广泛性，故将之翻译成“设备”。——译者注

[36] 参见Mises, *Human Action,* pp. 556–557. 米塞斯同时反驳了一个古老的观点，即繁荣的特征是将“流动资本”不当地转变成“固定资本”。如果事实如此，那么危机将揭示出流动资产的稀缺，同时将抬高工业原料等的价格。然而在危机时，这些工业原料却显得过多，也就是说，以“流动资本”和“固定资本”的形式，资源被不当地投资到高级生产领域。

[37] 对这些生产进程的进一步讨论，参见Ludwig M. Lachmann, *Capital and Its Structure* (London: London School of Economics,1956).

极，它们的错误在于没有足够迅速地提高它们的利息收费。[38] 这些追随者认为基于这样或那样的原因，“自然利率”可能上升，同时银行也毕竟不是万能的，如果只是保持其旧有的利率，它们就可能在不经意间导致周期的产生，因为它们所坚持的利率现在已经低于自由市场的利率水平了。

在捍卫米塞斯“反银行”的立场时，我们必须首先指出，因为“投资机会”中出现的进展让人琢磨不透，所以自然利率或者“利润率”不可能突然上升。自然利率上升是因为时间偏好上升。[39] 但是银行又怎样迫使市场利率低于自由市场利率呢？只要扩张它们的信贷就可以了！要避免商业周期，那么，银行就不必成为万能的；它们只需要抑制信贷扩张。如果银行那么做，那些源自它们自己资产的贷款将不会扩大货币供给，这些贷款将和其他储蓄一样成为自由市场利率的决定因素。[40]

哈耶克确信米塞斯的理论在某种程度上是不完善的，因为该理论的解释是出于外因的——因为它将商业周期的产生归结为干预行为在起作用，而不是市场本身的原因使然。这一论述很难让人理解。对于事件过程的分析要么是正确的，要么是不正确的；对于任何分析的检验都在于其真实性上，而不在于它是讨论外因还是讨论内因。如果事

---

[38] 在这一问题上“支持银行”的立场，参见 F. A. Hayek, *Monetary Theory and the Trade Cycle* (New York: Harcourt, Brace, 1933), pp. 144–148; Fritz Machlup, *Stock Market, Credit, and Capital Formation* (New York: Macmillan, 1940), pp. 247–248; Haberler, *Prosperity and Depression*, pp. 64–67. 另外，看看米塞斯的简短评论，*Human Action*, pp. 570, 789n.; and Phillips et al., *Banking and the Business Cycle*, pp. 139ff.

[39] 这些追随者的错误在于，当他们解释利息时，他们没有接受弗特和米塞斯纯粹时间偏好理论中关于利息的部分，而是固守于折中的“生产力”因素。见本章注解 [6] 的参考书目。

[40] 米塞斯指出 (*Human Action*, p. 789n.)，如果银行仅仅降低其贷款的利息收费，是不会使它们的信贷扩张的，它们将让债务人受惠，不会造成商业周期。

件过程确实由外因引起，那么这样的分析能够揭示事实；同样的问题就可以使用外因分析的方法。因为这是一种关于这样或那样的理论，它就应该具有特别的特点，这种想法是错误的。

周期的重现

另一些常见的批评认为米塞斯理论可以解释任何繁荣—萧条的周期，但是它不能解释另一相似的商业周期现象——这些周期不断地重现。为什么当一个周期结束，又一个周期就开始了呢？米塞斯的理论其实解释了这种重现的现象，一种假设认为周期中某种神秘的过程会导向另一周期，而不会趋向一个平衡的状态，这种认为周期是自发的假设看起来熟悉，但未被证明，米塞斯不让我们接受这种观点。这种关于自发性的假设与一般规律相违背，一般认为经济将趋向平衡，与此相反，米塞斯的理论首次成功地将商业周期理论融入经济理论整体结构的设计中。银行总是试图尽可能地扩大信贷，而政府也总是支持并怂恿它们那么做，正是因为这一事实的存在，周期才会重现。银行的利润来自信贷扩张，只要它们可以，它们就会尽可能扩大信贷，直到它们被阻止。[41] 政府自身也是诱发通货膨胀的因素。当受到国内和国外黄金枯竭的合力影响时，银行才会被迫停止信贷扩张，而在萧条时期，黄金枯竭、对破产的恐惧会迫使银行收缩信贷。当暴风雨过去，复苏到来时，银行和政府又会肆意扩大信贷，并将之进行下去，所以商业周期就会不断重现。

---

[41] Walker, *The Science of Wealth*, pp. 145ff.; 也可参见 p. 159.
银行总是以增加货币发行量和储蓄的方式，增加它们的贷款。它们发行得越多，赚得也越多。这就是动力所在，它驱使混合（部分储备的）货币持续扩张直到可能到达的最高限制。只要能这么做，银行总是增加它们的债务，只有不得已时，它们才会收缩债务。

黄金变动和周期

在有关商业周期的一个重要问题上，米塞斯对自己一贯的观点产生了怀疑，尽管他不希望这样。米塞斯在他的《人的行为》中首先考察了自由市场经济体系的规律，随后他分析了对自由市场进行强制性干预的多种形式。他承认自己曾考虑在有关干预的部分中讨论商业周期理论，不过他还是在关于自由市场的章节中讨论了这些问题。他这么做，是因为他相信假如在物价上涨出现之前，黄金进入了贷款市场，那么繁荣—衰退的周期也可能是黄金货币的增加造成的。实际上，这种周期性影响涉及的潜在范围极为有限：黄金供给受到黄金开采的限制，在物价和工资率受到影响之前，只有少量的新黄金进入贷款市场。一个重要的理论问题仍然存在：难道在一个 100% 黄金准备金的经济体制下，也可能在某种程度上存在繁荣—萧条的周期？难道自由市场也会遭受商业周期的侵害，尽管程度有限？信贷扩张和新的黄金涌入贷款市场，二者之间存在关键性的区别。市场可以反映出人们自主的时间偏好模式，而信贷扩张则扭曲了这种市场反应；而黄金流入则体现了自主的时间偏好模式。如果不考虑由黄金变动引起的收入、分配的持续变化，在黄金的增加对价格体系所产生的影响完全体现出来以前，时间偏好值会暂时下跌（另外，时间偏好值也可能暂时上升）。这种下跌会引起储蓄资金的增加，而一旦新货币对物价的影响完全显现出来，储蓄资金的增加就会停止。这就是米塞斯所阐发的问题。

可能存在这样的情况，人们预计储蓄一开始会增加，随后又会下降。也可能存在其他的情况，自由市场上的时间偏好会发生突然的变化，先下跌，后上升。后一种变动无疑会导致“危机”和对不当投资暂时性的调整，但是这更应该被称为不规则的波动，而不是商业周期的规律性过程。此外，企业家通过训练可以对变动进行估计并避免失误。他们可以处理不规则的波动，当然他们也能够应付由黄金流入而产生的影响，这是可以被大致估计出来的。对信贷扩张造成的局面，他们是不能预测的，因为信贷扩张篡改了他们借以做出准确判断的信息，扭曲了利率，对资本的计算也不能进行了。当黄金流入经济体中时，这种篡改就不会发生，企业家正常的预测能力也可得以完全施展。所以我们必然得出这样的结论，我们不能为自由市场的任何过程都贴上“商业周期”的标签。消费者口味的变化、资源的改变等都会引起不规则的波动，有时也会造成累计损失。而规律性的、系统性的扭曲才是“商业周期”的特有现象，它会在一连串的商业失误和萧条中结束，而它只能是对自由市场的银行体系进行干预造成的。[42]

[42] 对国际黄金流动的类似分析，参见 F. A. Hayek, *Monetary Nationalism and International Stability* (New York: Longmans, Green,1937), pp. 24f. Also see Walker, *The Science of Wealth,* p. 160.

第二章

凯恩斯主义者对米塞斯商业周期理论的批判 [1]

Keynesian Criticisms of the Theory

凯恩斯对失业的描绘基于工人中持续存在的“货币幻觉”，也就是，工人相信通过工会和政府，他们可以保证工资率不会下跌，由于较高的物价而导致的实际工资率的下跌，他们也可以接受。政府的通货膨胀带来了实际工资率的下降，但人们却期望以此来解决失业问题。

凯恩斯主义者要求米塞斯的追随者对储蓄和投资的特征加以明确。凯恩斯主义者认为，储蓄和投资是两个完全单独的过程，它们分别由不同的人来参与，而这些人之间是没有关系的；因此，“古典”理论对储蓄和投资的区分是不合理的。储蓄从消费性支出的消费流中“漏”了出来，投资从支出的其他地方涌了出来。对于凯恩斯主义者

[1] F. A. 哈耶克曾对 J. M. 凯恩斯早期的《货币论》(*Treatise on Money*) 进行了（由于被他之后的作品《通论》的光芒所掩盖，所以此书相对被人淡忘）正确而彻底的批判，这些批判对后期的书籍也很适用。哈耶克指出凯恩斯简单地假定零利润就足够维持资本了，而低级生产领域的利润加上高级生产领域的相同损失将缩小资本结构；凯恩斯忽略了生产的各级领域；忽视了资本价值的变化，忽视了企业家和资本家各自的特点；认为资本结构的更替是理所当然；忽视了各生产领域的价格差异就是利息产生的原因；同时他最后也没有认识到商人要面对的问题不是投资消费品还是投资资本品的问题，而是投资的资本品是否会在或远或近的将来产出消费品的问题。总之，哈耶克发现凯恩斯并不懂得资本理论、利率理论，特别是庞巴维克的利息理论，这一批评在凯恩斯对米塞斯利息理论的评论中被证实了。参见 John Maynard Keynes, *The General Theory of Employment, Interest, and Money* (New York: Harcourt, Brace, 1936), pp. 192–193; F. A. Hayek, “Reflections on the Pure Theory of Money of Mr. J.M. Keynes,” *Economica* (August, 1931): 270–295; and idem, “A Rejoinder to Mr. Keynes,” *Economica* (November, 1931): 400–402.

来说，政府的工作就是相应地刺激投资，同时抑制储蓄，这样支出就会增长。

储蓄和投资紧密相连，不可能一边鼓励这个，一边抑制那个。除了银行信贷，投资只可能来源于储蓄（我们已经看到如果投资是因为获得银行信贷的财政支持，那将会发生什么）。不仅消费者要直接储蓄，那些身为独立商人和公司的拥有者的消费者也要储蓄。但是难道储蓄就不能被“囤积”起来？这样引出问题显得做作，同时也容易产生误解。一个人可能有以下几种方式来安排自己的货币财产：

（1）将钱用于消费；（2）用于投资；（3）增加现金余额或者减少先前的现金余额。凯恩斯主义者矫揉地假设，他首先决定用多少钱消费，而不用于消费的被称为“非消费”储蓄，接着他要决定多少钱用来投资，多少钱被“漏掉”用于储蓄（当然，这是新凯恩斯主义者而不是凯恩斯主义者的正统主张，后者表面上排斥“囤积”，而实际上又认可了它）。这是一个十分刻意的方法，它也让人们确信了丹尼斯·罗伯逊（Dennis Robertson）所说的，凯恩斯主义者不能“同时考虑超过两方面的事情”。[2] 显然，我们每个个体从 3 个角度来思考收入分配这同一个问题。此外，他在分配中还要考虑两项用途：他的时间偏好决定了消费和投资的分配（在现在花钱还是在将来花钱）；他的货币效用决定了他将持有多少现金余额。为了在将来有资源可供投资，他必须节制消费并储蓄资金。这种节制就是他的储蓄，所以储蓄和投资往往是相当的。这两个概念可以交替使用。

每个人不同的评值行为最后整合成了社会的时间偏好率，以及

---

[2] Dennis H. Robertson, “Mr. Keynes and the Rate of Interest,” in *Readings in the Theory of Income Distribution* (Philadelphia: Blakiston, 1946), p. 440. 亦参见 Carl Landauer, “A Break in Key-nes’s Theory of Interest,” *American Economic Review* (June, 1937): 260–266.

社会对货币的需求。如果人们对现金余额的需求增加，我们不能将之称为“储蓄漏进了储藏室”；我们只能说货币需求增加了。总的说来，现金余额总量的上升只会引起货币供给总量的上升，因为二者在本质上是相似的。但是美元的价值上升，可以引起实际现金余额的上升。如果美元的价值可以不受限制地上升（物价不受限制地下跌），那么对美元需求的上升就不会引起任何分配行为，萧条也不会加剧。凯恩斯的学说武断地认为在储蓄上升（或下降）的同时投资资金会相应地下跌（或上升）。但是这并不正确。对货币的需求与人们采取的时间偏好比例没有丝毫联系，所以，囤积的增加可能是因为消费的减少，也可能是因为投资的减少。总之，储蓄—投资—消费的比例是由每个人的时间偏好决定的，支出与现金余额的比例是由他们对货币的需求决定的。

“流动性陷阱”

凯恩斯主义者解释萧条的最后武器就是“流动性陷阱”。准确地说，这并不是对米塞斯的批评，凯恩斯主义者认为通货膨胀可以“治愈”萧条，而在为这一观点辩护的过程中，“流动性偏好”就是最后的防线。凯恩斯主义者宣称“流动性偏好”（对货币的需求）可能一直很高，以至于利率不能下跌到足够低的水平以刺激充足的投资，使经济走出萧条。这一观点认为利率是由“流动性偏好”确定的，而不是由时间偏好决定的；同时它再次认为储蓄和投资之间不存在任何关系，它们之间的关系只能通过利率表现出来。但是，情况恰恰相反，问题不是储蓄和投资各自独立影响利率。实际上，储蓄、投资和利率全都同时决定于市场上个人的时间偏好。流动性偏好则与此无关。凯恩斯坚持认为如果萧条时期货币的“投机性”需求增加，这会导致利率的上升。[3] 但是事情并不必然如此。囤积的增加要么来自以前被消费的资金，要么来自以前被投资的资金，还有就是这两者合力的结果，而若是两者合力的结果，旧有的消费—投资比例是不会发生变化的。如果时间偏好不发生变化，那后一种选择将被人采纳。所以，利率只取决于时间偏好，根本不取决于“流动性偏好”。实际上，如果储蓄的增加主要来自消费，那么对于现金需求的增加将会引起利率下跌，因为时间偏好值下降了。

凯恩斯主义者强调流动性陷阱，他们将其认为是加剧萧条和导致持续失业的有力因素，在金融危机时，人们期望利率升高，他们要为此储蓄货币，而不去购买债券，这样也不会像低利率时那样，因储蓄货币而蒙受损失。正是这个“投机性囤积”构筑了“流动性陷阱”，凯恩斯主义者希望它可以说明流动性偏好和利率之间的关系。但是，由于凯恩斯将利率简单地看作是贷款合同的价格，他们被误导了。正如我们所说，关键性的利率是自然利率——市场上的“利润离差”。因为贷款只是投资的一种形式，贷款利率只能粗浅地反映出自然利率。那么，人们希望提高利率，这又到底意味着什么呢？它意味着如果工资和其他生产资料的价格下降的速度快于消费品价格下降的速度，人们就可以依靠这提高市场的纯收益率，而这不需要什么烦琐的解释。投资者期望工资和其他生产要素的价格下降，因此他们也会拖延对生产要素的投资直到价格下跌了为止。这是根据价格变动而采取的老式的“古典”投机方式。这种期望并不会带来麻烦，实际上它加

[3] 凯恩斯对萧条时期利率与流动性偏好的描述可见《就业、利息和货币通论》（许毓枏译，北京：商务印书馆，第2版，1983），第273页。——译者注

快了调整的步伐。正如所有的投机都促进经济向适当的水平调整，这种期望也会加速工资和其他生产要素价格的下跌，加速恢复，并以同样快的速度恢复到正常的繁荣中。所以，“投机性囤积”不是萧条时期的恶魔，它实际上刺激了更快速地恢复过程，这是受人欢迎的。[4]

那些聪慧的新凯恩斯主义者，比如弗兰科·莫迪利亚尼（Franco Modigliani），承认只有一个“无穷大”的流动性偏好（对货币需求不加任何限制）将妨碍经济向自由市场中的充分就业回归。[5] 但是，正如我们所看到的，对货币的大量投机性需求加快了调整的进程。此外，货币需求不可能是无穷大的，因为人们必然总是以某种水平持续消费，无论他们在期待什么。因为他们必须持续消费，他们也必须持续生产，这样才会有调整和充分就业，而无须顾及囤积的程度如何。凯恩斯主义者错误地将囤积和消费相比照，这是由于他们忽视了对超过两方面的因素进行同时考察，以及他们错误地相信囤积只会减少投资，而不会减少消费。

在有关凯恩斯主义和价格——工资弹性的一篇才华横溢的文章中，赫特教授指出：

对货币资产的需求弹性无穷大，我们从来没有承认过有十分类似

---

[4] 引起工资下跌的平衡性影响，我们将在下一节中做更多的讨论。

[5] 对凯恩斯的体系最毁灭性的攻击有时来自那些友好但又严厉的新凯恩斯主义的著作，比如 Franco Modigliani, “Liquidity Preference and the Theory of Interest and Money,” in Henry Hazlitt,ed., *The Critics of Keynesian Economics* (Princeton, N.J.: D. Van Nostrand, 1960),pp. 131–184; Erik Lindahl, “On Keynes’ Economic System,” *Economic Record* (Mayand November, 1954): 19–32, 159–171. 正如赫特所说：

> 1936 年以后，凯恩斯带来的显见的革命，却正在经历一场反向的革命，而这是那些对他十分忠诚的批评家在不经意间发动的。这场革命给予我们这门科学的恩惠能否弥补它所毁坏的东西，这是将来的经济学史家所要回答的问题。

参见 W. H. Hutt, “The Significance of Price Flexibility,” in Hazlitt, *The Critics of Keynesian Economics.*, p. 402.

的情况存在，我认为，这是因为普遍的期望这样设想，要么在不久的将来能够获得有限的物价等级，要么价格逐步下跌以至于对消费行为累计性的持续拖延已经不会有利可图。

但是即使这种不可能产生的需求确实发生了：

如果一个人可以严肃地将这种情况想象成货币资产实际价值总额的膨胀，以及物价灾难性的下跌，那么他也可以同样合理地（和同样过分地）设想，随着这种情况的出现，价格也将相应地持续变动。也就是说，我们可以想到随着人们对物价变动的期待，价格迅速下跌，但是它不会跌至零，而同时对资源的充分利用也会始终持续下去。[6]

工资率和失业

诡辩的凯恩斯主义者现在也承认，凯恩斯关于“就业不足均衡理论”并不能真正运用（如我们一开始所相信的那样）到自由和无干预的市场中：实际上，它假设工资率刚性下降。“古典”经济学家一直认为失业的产生是由于人们不让工资率随意地下降；但是在凯恩斯的理论中这一假设被埋葬在与之无关的成堆公式中。然而这一假设确实存在，并且十分关键。[7]凯恩斯对失业的描绘是基于工人中持续存在的“货币幻觉”，也就是，工人相信通过工会和政府，他们可以保证工资率不会下跌，然而由于较高的物价而导致的实际工资率的下跌，他们

[6]　参见 Hutt, “The Significance of Price Flexibility,” pp. 397n. and 398.

[7]　参见 Modigliani, “Liquidity Preference and the Theory of Interest and Money,” and Lindahl, “On Keynes’ Economic System,” pp. 397n. and 398.

也可以接受。政府的通货膨胀带来了实际工资率的下降，但人们期望以此来解决失业问题。在人们热切关注生活费用指数的时代，这种愚蠢的行为是不可能发生的，这里我们也不必重复通货膨胀会给我们带来的多种恶果。[8]

很奇怪的是，即使那些接受一般价格理论的经济学家，一旦将这一理论符合逻辑地运用到工资问题上，也就是劳动服务价格上，他们就不知如何是好了。比如边际生产力理论，它可以严格地运用到其他生产要素中，但是，当讨论工资问题时，我们就读到了“不确定范围”和“议价”。[9] 与之类似，许多经济学家也乐于承认，自由市场价格将可以使所有商品得以售出，将任何的商品价格保持在市场标准之上，这会造成未售商品的积压，但是在涉及劳动的问题时，他们就不再承认这样的规律了。如果他们宣称“劳动”是一般商品，削减工资将因此挫伤购买力，他们必然首先回答说：市场上不会出售“一般劳动”；正是一些特定的劳动的价格通常被保持在较高的位置，从而从事这种劳动的人就会失业。确实，人为的高额工资涉及的范围越广，可能造成的失业人数也就越多。比如，如果只有一些行会由于受到工会或者政府的压力，将其行业内的工资率抬高至自由市场工资率之上，那么许多更换工作的工人就要转向较贫穷的行业，并在那里找工作。如果是这样的话，剩下的工人的工资就会上涨，但这样做的代价是，其他行业的工资率就更低，同时生产要素将被普遍地不合理配置。固定工资涉及的范围越广，那么更换工作的机会也越少，失业持续的时间将越长，其程度也越深。

---

[8] 参见 L. Albert Hahn, *The Economics of Illusion* (New York: Squier, 1949), pp. 50ff.,166ff.

[9] 实际上，在只有两三个人生活的孤岛上，不确定范围会显得更广泛；而在人越多、越先进的经济体系内，这种范围会变窄。对于劳动合同而言，没有附加的特定范围。

在自由市场上，工资率可以自行调节，这样也就不会存在非自愿的失业，也就是，所有想工作的人都可以获得就业。通常，只有政府、工会或者两者合力，才能使工资率高于实现充分就业时的工资率。而有时，高工资率之所以得以维持是自愿选择（尽管这种选择总是忽视其后果）或者是代替自愿选择的强制手段使然。这是可能发生的，比如，商业机构或者工人自己被劝服相信将工资率人为地保持在高水平是一项应尽的义务。这种想法就是我们这个时代失业的基础，而在1929年的大萧条时期，情况尤其如此。比如，工人被劝服相信遵守工会的秘诀是多么重要，这些秘诀是在“不越过罢工纠察线”的问题上或者在不削减工资率上，工会要统一一致。工会几乎总是通过暴力来完善这一秘诀，但是不能不承认它的影响是很大的。无论是工会内还是工会外的工人，他们都受到这一秘诀的约束，以至于即使是失业他们也会拒绝工资率下跌。如果他们真那么做了，那么我们只能得出这样的结论，他们是自愿失业的，而让他们结束失业的方法就是要劝服他们：工会的秘诀从道德上来说是荒谬的。[10] 作为献身工会的结果，这些工人自愿失业了，很可能此时他们也没有完全明白他们的想法和行动会造成什么样的结果。大多数人通常都忽略了经济学真理。很可能，他们一旦发现他们的失业正是他们献身工会的结果，也许这种献身行为便会很快消亡。

工人和商人被错误的观点劝服，他们相信人为抬高工资率是有好处的。这一点对1929年的大萧条起了重要的影响。早在20世纪20年代，“大”商人就为一些“开明”而“进步”的思想动容，其中一条就是错误地坚持美国的繁荣是由于支付了高工资造成的，而不是其

---

[10] 如果要争论现在的作家是否相信这秘诀在道德上是荒谬的，我们的这一结论就没有很大意义。

他什么方法。就好像其他国家之所以生活水平较低是因为他们的商人愚蠢地拒绝将他们的工资率抬高四五倍。而在萧条时期，商人已经接受了降低工资率会削弱“购买力”（消费）并使萧条加剧的讲法（这一主张后来被凯恩斯主义者挪用并加以粉饰）。商人承认自己犯了错误，他们要为失业负责，但是正如我们指出的那样，他们要负责并不是因为他们的行为“自私”而“贪婪”，而恰恰是因为他们努力去“负责”。考虑到政府用哄骗和威胁加深了这种错误的信念，政府应为失业承担主要的罪责。

凯恩斯主义者的论述认为工资率的下跌将无助于失业问题的解决，因为这大大削弱了购买力并夺走了人们对工业产品的需求，我们应该怎么来应对这一问题呢？这一论述可以从多个层次来回答。首先，当萧条时期物价下跌时，实际工资率不仅保持稳定而且有可能上升了。如果这可以提高购买力并有助于失业，那为什么还要宣传让货币工资率大幅度上升呢？假如政府规定了一个最低工资法，那将会发生什么呢？为什么并不对这样的方法大加宣传？

显然，这一规定的影响将是大量的失业并使生产的车轮完全停滞。除非货币供给增加使雇主可以应付这些工资的增长，但是这样的话，实际工资率根本没有上涨！如果说因为工资率既是企业家的支出又是工人的收入，那么这一方法将产生“更深远的影响”的话，这也不能成为一个恰当的答案。问题在于自由市场的工资率恰恰可以将工资——支出和收入调节至完全就业的位置。任何其他的工资率都将扭曲经济形式。[11]

[11] 最高工资管制盛行于第二次世界大战之前以及此前几个世纪，它造成了经济体系内人为的劳动力短缺，而最低工资管制则造成了相反的结果。

凯恩斯的论述将工资收入与工资率混为一谈——他并不长于经济文献，这使他只能含混地谈论工资问题，而对工资率和收入并未详述。[12] 实际上，工资收入等于工资率乘以赚得收入所需的时间。如果工资率的单位是美元每小时，那么工资率将等于工资总收入除以工作的总小时数。另外，工作的小时数和工资率都对工资收入总数产生影响。这里我们认为工资率的下跌会引起就业总人数的增加；如果总工时能足量增加，它也能引起工资单总体数额的增加，也就是工资总额的增加。工资率的下降并不必然导致工资收入总数的下降；实际上，事情可能正相反。至少，它会吸收失业人口，这一问题正是我们要讨论的。我们举一个例子，假如我们仔细分析这一问题（尽管并不能十分彻底），并假设雇主发放给工人的工资来源于一个数额固定的“工资基金”。显然，工资率的下降使得同样的工资基金可以发放给更多的人。这里不需要假设工资总额的下降。

确实，并不存在一个数额固定的工资基金，但是却存在着一个固定的“资本基金”，商人以此支付所有的生产要素的花费。从根本上说，资本品是不需要什么花费的，因为它的花费就在于工资和地租（还有利息，它作为时间的价格渗透到经济中）。所以，经营的固定基金在任何时候都用于工资、地租和利息。劳动和土地是永远的竞争者。在经济中由于生产对各个要素的决定影响并不是固定的，工资率的广泛削减，会使得经营者将购买劳动以代替土地，此时，与土地相比，劳动比以前更具有吸引力。结果，工资总额不会保持不变，它会上涨，因为这种替代影响使得经营者更倾向于投资劳动，而不是土

[12] 参见 Hutt, “The Significance of Price Flexibility,” pp. 390ff.

地。对劳动的总需求也因此具有了“弹性”。[13]

然而，假设最不可能发生的“糟糕事”发生了，对劳动的需求被证明是无弹性的，也就是说，由于工资率的削减导致了工资总额的下降。那么会发生什么呢？无弹性只可能是由于商人期望工资率进一步下跌，所以他们延期投资。为了满足这种投机的愿望，就应该使工资率尽可能快地下跌。工资率迅速跌回自由市场的水平，这向商人揭示了工资率已经在最大限度上下跌了。这不仅不会使商人继续等待投资劳动的机会，还会刺激商人立刻投资，以免工资率再度上涨。通常我们认为投机行为是因为其本身的独特性质才具有了经济上的指示性，这种想法应该加以避免；经济的预言家如果越精明，他们的投资就会越大，而他们的投资也会更加刺激市场中自然的平衡力量，而不是耽搁它。因为在投机中犯的任何错误都将直接伤害商人自己。投机本身是不能长久的；它从根本上说完全依靠自然供给和消费需求的潜在能力，它可以促进对这些能力的调节。对于一种商品，如果商人在总量上投资过度，滞销商品的积压就会带来损失和迅速的惩罚。相似的是，如果商人等待过久而未投资购买劳动，那劳动“短缺”就会加剧，商人将只能按照“真实”的自由市场工资率抬高价格。在我们记忆里，企业家被训练成对市场能进行准确预测，只有在政府或银行的干预行为扭曲了市场“信号”，并使他们远离潜在供给和需求的真实情况，他们才会犯错。在此，欺骗只可能是干预行为造成的。在先前的干预停止之后，我们将讨论如何回归自由市场。

---

[13] 各种经验性的研究都坚持认为对劳动的总需求在萧条时期是具有很强的弹性的，但是我们的论述并不依托于此。参见 Benjamin M. Anderson, “The Road Back to Full Employment,” in Paul T. Homan and Fritz Machlup, eds. *Financing American Prosperity* (New York: Twentieth Century Fund, 1945), pp. 20–21.

如果工资率的急速下跌能结束对劳动购买的抑制，并产生反向的作用，那么工资率缓慢迟钝的向下运动将使问题更严重，因为它会使工资永远高于市场的水平，并使失业一直延续下去；它会加剧对劳动购买的抑制，并因此渐渐使失业问题进一步加剧。

第二，无论这样的投机行为是否发生，都没有理由解释为什么失业不能快速地结束。如果工人不再因为工会的压力和劝说，坚持要求一个最低劳动价格，那么失业将消失，即使工资总额已经下跌。

图 1-1 揭示了这样的过程：横轴代表劳动力数量；竖轴代表工资率；D_LD_L 是劳动力总需求曲线；*IE* 是社会中的劳动力总量曲线，也就是谋求工作的劳动力总供给。劳动力供给由垂线 S_LS_L 代表，而不是通常使用的正斜供给曲线，因为不考虑由工资率下降造成的工时的削减，更重要的是我们讨论的问题是非自愿失业而不是自愿失业。那些希望削减他们工时的人，或者当工资率下降就退出工作的人，不能

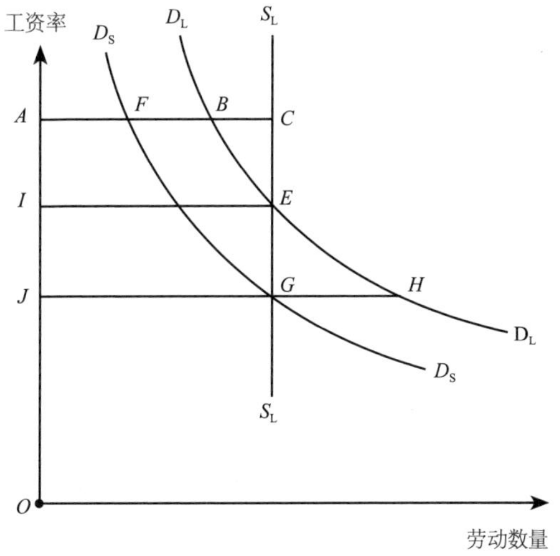

图 1–1 工资率和失业

被认为给社会造成了“失业问题”，所以我们在这里将他们排除。

劳动力供给曲线 S_LS_L 和劳动总需求曲线 D_LD_L 的交点就是自由市场中的工资率，即点 E 或工资率 I。劳动力数量 IE 将充分就业。然而，如果由于强制或劝诱，工资率保持刚性而不会下落至 A 以下，劳动力供给曲线就发生了变化：它超过水平线 AC，一直垂直向上，形成 CS_L。新的劳动力供给曲线没有与劳动力需求曲线交于 E，而是交于 B。这个均衡点就确定了最小工资率 A，只有 AB 段所表示的工人能就业，而 BC 段表示的工人就失业了。显然，医治失业的良方是消除人为的支持，不再让劳动力供给曲线与 AC 相交，而是让工资率下跌，直至充分就业平衡达到为止。[14]

现在，批评者会问：如果投机可以加速调整的过程，难道它就不会矫枉过正？这时，“劳动的投机性需求”可以看成是 D_SD_S，相比较“真实”的需求曲线，投机性需求在每一相同工资率上都会购买较少的劳动。这会发生什么呢？绝不是失业，而是充分就业，只是此时的工资率位于较低的水平 J。现在，当工资率下跌并低于潜在的市场水平，真实的劳动需求就超过了劳动力供给；在这个新的“平衡”工资率之下，需求的差额就是 GH。这种真实需求给了企业家巨大的压力，他们意识到差额的存在，并抬高工资率以应对由低工资导致的“劳动力短缺”。投资是一种自我更正，而不是自我恶化的行为，工资率被提高至潜在的自由市场工资 I。

如果投机无论如何也不会带来什么问题，甚至当工资率可以任意下跌时，它也起到好的作用，那么只要工资维持在自由市场水平之上，就会加重失业的痛苦。如果在萧条时期将工资保持在较高水平

---

[14] 参见 Hutt, “The Significance of Price Flexibility,” p. 400.

或者只是让工资缓慢而勉强地下跌，就会使商人预期工资最终准能下跌。这样的投机降低了劳动力总需求曲线，使之达到 D_SD_S。但是由于劳动力需求局限始终被 *AC* 横向相截，到达平衡时的工资率被进一步左移至 *F*。同时，被雇佣的劳动力数量下降到了 *AF*，而失业的劳动力数量则增加为 *FC*。[15]

这样，即使工资总额下降，任意降低工资率也能将使非自愿失业问题迅速解决。凯恩斯将就业总数和对产品的货币性总需求联系在一起，这内在地假设了工资率刚性向下；因此它也不能用来批评使工资率任意下降的政策。但是即使充分就业能够得以维持，难道需求的下跌就不会使商业进一步陷入萧条？对此，我们有两点回答。我们始终假设在社会中现存的货币数量是确定的，货币没有消失。就此而言，货币性支出总额也不会下降。如果工资总额下降，那么一些其他的因素将上涨：比如，企业家或投资者持有的货币。实际上，货币供给总额确定，只有货币的社会需求增加，货币支出总流量才会下降。换句话说，只有"囤积"的数额增加，才会这样。但是在我们看来，囤积的增加、货币的总需求增加都不会给社会带来灾难。出于萧条的不确定性以及为了应付萧条所需，人们希望增加他们的实际现金余额，而在现金总额确定的情况下，只有降低物价，他们才可能做到这一点。所以，囤积是会使物价全面下跌，但无论如何也不会使商业陷入萧条

[15] 需要注意的是，在图 1-1 中，S_LS_L 在到达横轴之前，停了下来。实际上，这条直线停在了能够提供最低生活收入的工资上。低于这个工资率，没有人再愿意工作了，因此，在自由市场中，劳动力供给曲线确实被横向截于最小生活收入点。对于投机性抑制因素来说，它们不可能将工资率减小到这个生活水平，原因有 3 个：(1) 投资性抑制因素总会导致囤积，而这会在多方面降低价格，同时降低达到平衡时的工资率，但不会降低此时的实际工资率，实际工资率是与生活水平相对应的，(2) 在这个生活水平到达前，企业家就会认识到他们的投机行为过了头；(3) 在高度发展的资本主义经济中，工资率大幅度高于生活水平，这是更可能实现的。

的泥潭。[16] 正如我们已经指出的那样，商业的收益性就在于生产要素和出售价格的价格差异上，而不在于普遍物价水平之上。[17] 因此，货币性支出总额的减少和增加与商业的普遍收益性并无关联。

最后，凯恩斯的论述认为相比于地主和企业家，赚取工资者将他们收入中的更多部分用于消费，所以工资总额的下降会带来灾难，因为消费会减少而储蓄会增多。首先，这并不总是正确。它假设：（1）劳动者相对“贫穷”，而非劳动者则相对富有；（2）与富人相比，穷人将他们收入中的更多部分用于消费。第一个假设并不必然正确。通用汽车的总裁毕竟也是个“劳动者”，而米奇·曼特尔（Mickey Mantle）也是如此；[18] 另外，也有很多地主、农场主和零售商很贫穷。通过调控赚取工资者和其他人的关系去调控穷人和富人关系（如果我们确实需要调控的话）是拙劣和无效的。第二个假设是常见的，但不必然正确，正如我们在前文已经看到的那样，我们已经认识到卢贝尔的经验性的研究说明了富人和穷人之间收入的再分配不会对社会的消费—储蓄比例起到明显的影响。但是我们这里还是暂时将我们的反驳放到一边，姑且承认工资总额的下降会使社会的消费—投资比例转向储蓄，从而减少消费。那会怎样呢？这样所产生的影响会让我们高度褒扬。因为正如我们所见，任何

[16] 工资率维持在自由市场水平之上，这将挫伤投资，并在损害储蓄—投资比例的情况下增加囤积数额。投资—消费比例的下降将进一步加剧萧条。使工资率任意下降将扩大投资，并使投资—消费比例重回先前的水平，这也会再次刺激经济恢复。参见 Frederic Benham, *British Monetary Policy* (London: P.S. King and Son,1932). p. 77.

[17] 有人坚持认为价格水平的下跌会挫伤商业机构，因为它会加重固定货币性债务的负担。然而，一家机构的债权人和股东一样都是该机构的拥有者。在债务问题上，股东可能还相对拥有更少的权益（作者此处即指机构破产时，债权人将优先分配剩余价额。——译者注）。债券持有人（长期债权人）是完全不同的一类拥有者，这就好像优先股股东和普通股股东各自行使不同的所有权利一样。债权人存钱并将之投资于一家企业，这和股东做的一样。所以物价自身的变动不会给商业带来任何或好或坏的影响；债权拥有人和债务拥有人只是按不同的比例分配他们的收益（或者损失）。这就是内部拥有者的争论。

[18] 米奇·曼特尔为美国 20 世纪五六十年代著名的棒球运动员。——译者注

倾向储蓄而远离消费的社会的时间偏好的转移都会加速复苏的到来，同时萧条时期漫长的调整过程也不再需要了。任何从消费向储蓄的转移都会帮助经济的恢复。所以，尽管工资率削减确实导致的消费下降令人担心，但萧条会被飞快地医治。

最后一点："劳动力数量"的多余是由人为的高工资率引起的，它是一种工作时间数量的多余。这意味着实际的失业工人人数增加，被雇用工人的工时减少，这两种情况单独或同时出现。如果一定数量的工作时间是多余的，工人会被完全解雇，或者更多的工人会发现他们的工作时间减少了，同时他们的工资总额也相应减少。在萧条时期，后一种方案通常被采用，它被称为"散播工作"。事实上，它只是在分散失业。情况并不是在大多数的工人充分就业的同时其他工人失业，而是所有工人都未充分就业。广泛地采纳这种方法会人为地使工资处于一种持续不变的状态，而这是荒谬的，因为没有人能真正从高工资率中受益。如果每周工资率相对较低，那么每小时工资率一直保持在较高水平又有什么作用呢？此外，工时缩减方案会使未充分就业一直持续下去。失业的大量存在会给人为的高工资率带来巨大压力，同时被雇用工人之间又会产生过度竞争。向大多数未充分就业者提供保障会减轻这种压力——而这也正是为什么工会会喜欢这一方案的主要原因之一。在许多例子中，要求缩短工时的人自然也会要求保持较高的每小时工资率；这样就可以"使每周税后实得工资保持不变"；这种对较高实际工资率的要求当然是无理的，它总伴随着生产的削减和进一步的失业。

减少工时以"分享工作"也会使每个人的实际工资率减少，同时降低普遍的生活标准，因为生产水平不仅会降低，而且会明显缺乏效率，同时工人的生产能力也会显得不足。这会进一步加大人为保持的工资率和自由市场工资率之间的差额，从而进一步加剧失业问题。

第三章

对萧条的其他解释：批判

Some Alternative Explanations of Depression : A Critique

除了伊甸园，没有普遍的“生产过剩”存在。

每次危机的特点都是投资不当和储蓄不足，而不是消费不足。

由于通货膨胀对价格的影响，信贷扩张产生的只是不当投资，而不是“过度投资”。

即使所有的现有技术都被利用，仍有无限的投资机会存在，因为仍有许多需求没有得到满足。

通货膨胀导致市场利率扭曲，这才使企业家犯下一连串的错误。

一些经济学家倾向于认为奥地利学派的理论“有时”能够解释周期性的繁荣和萧条，但是他们又说其他的一些例子可以被其他理论解释。但是，正如我们在前文指出的那样，我们相信这种说法是错误的，我们坚持认为奥地利学派的分析是商业周期和与之类似的现象的唯一解释。的确，由于政府对市场采取的行动和干预，特定的危机才可能迅速到来。所以，当美国内战使得其原棉产量削减，英国的棉纺织业遭受了危机。税收的迅速提高使得产业陷入危机，人们对投资的要求被挫伤，随后危机就迅速到来了。或者人们突然不再信任银行，并触发了具有通缩性的银行挤兑。一般而言，银行挤兑只会发生在萧条已经将信任削弱之后，这正是 1929 年所发生的真实情况。这些例子都不是成系列的周期性事件，它们只是危机，并不包括之前的繁荣。它们总是易于辨认，而不能揭示导致危机的潜在奥秘。当 W. R. 斯科特（W. R. Scott）在研究现代社会早期的商业记录时，他发现了如下对商业周期原因的当代解释：饥荒、瘟疫、查理一世对黄金的掠夺、战争中的损失和银行挤兑等等。事实上，这些明显的灾难并不能解释现代的萧条，在研究对1929年和其他所有萧条的更深层的原因性理论中，它们起不到任何作用。在这些理论中，只有米塞斯的理论符合要求。[1]

普遍的生产过剩

人们喜欢用“生产过剩”来解释萧条。它基于人们的常识，人们观察到危机的特征是未出售的商品、工厂过度的生产能力和未获得雇佣的劳动力。难道这不意味着“资本主义体系”在繁荣时期生产得“太多”，直到最后大型的生产工厂超出了自身的能力？难道萧条不是一个停滞的时期，膨胀的工业设备处于等待之中，直到日益减少的商业活动清除了多余的生产并使存货能够售出为止？

无论是否为人接受，这种解释都是彻头彻尾的胡说。除了伊甸园，没有普遍的“生产过剩”存在。只要任何的“经济”需求没有得到满足，人们就会一直需要生产，这种普遍的需求满足不可能发生，在1929年，这种需求达到满足的点当然不可能达到。但是，这些理论家也许会反驳：“我们并没有说所有的需求都停止了。它们仍然存在，但是人们缺乏货币来满足他们的需求。”可是若干货币总是存在，即使是在最严峻的通货紧缩时期。为什么这些货币不能用来购买这些“生产过剩”的商品呢？没有理由可以解释为什么自由市场中的物价不能充分下跌以使市场出清，可提供的所有商品得以售出。[2] 如果商

[1] 斯科特对韦斯利的论述参见 Wesley C. Mitchell, *Business Cycles: The Problem and its Setting* (New York: National Bureau of Economic Research, 1927),pp. 75ff.

[2] 参见 C. A. Phillips, T. F. McManus, and R.W. Nelson, *Banking and the BusinessCycle* (New York. Macmillan, 1937), pp. 59–64.

人选择将价格抬高，那他们只是在对市场价格即将发生的上涨的时期进行投机；简言之，他们正在对存货进行自愿投资。如果他们希望售出他们“剩余”的存货，他们只需要使他们的价格下跌到足够低，这样就可以卖出他们所有的产品了。[3]但是他们就不会遭受损失吗？当然，但是这时我们的讨论就转向了另一个问题。我们没有发现生产过剩，我们现在看到了产品的出售价格低于它们的生产成本。但是因为人们在预计了未来的出售价格后决定成本，这就意味着企业家买进成本的价格过高。这个问题于是就不再与“总体需求”和“生产过剩”有关，而是与成本—价格差异相关了。为什么企业家会犯下这样的错误，成本花费会高于出售的价格，而出售价格又被证明是合理的呢？奥地利学派的理论解释了这一连串错误以及过度的成本开销；而“生产过剩”理论却没能这样做。实际上，只有特定的而不是普遍的商品存在生产过剩。由信贷扩张引起的不当投资从那些应该产生利润的行业转向了那些被证明不能带来利润的行业（出售价格低于成本的行业）。所以与消费需求相关的特定商品生产过剩，而其他的特定商品生产不足。

消费不足

“消费不足”理论非常受欢迎，但一直以来它只属于“下层经济学”，就某种意义来说，这种情况一直持续到它被上帝般的凯恩斯拯救为止。它断言在繁荣时期发生一些事情——一些论点认为这时产生

[3] 在凯恩斯的理论中，“总体均衡”只有通过两条途径可以达到：利润和损失，也就是“无意识”投资或者从存货中收回投资。但是无意识投资并不存在，因为价格总可以被足够降低以使存货可以售出，只要人们希望这样。

了太多的投资和太多的生产，另一些论点认为收入中的大部分流向了高收入阶层，这就导致了消费需求不足以至他们不能购买生产出的产品。于是，危机和萧条接踵而来。在这个理论中存在着许多错误。首先，只要有人存在，一定的消费水平就能持续下去。即便突然间人们的消费减少而囤积增加，他们也必须以最小的额度消费。只要消费消失，那囤积也不可能得以维持，一定水平的消费将持续进行，因此消费需求的货币流也将继续。没有理由可以说明，在一个自由市场中，各种生产要素价格和消费品价格不能自行适应人们的需求水平。因此，在向新的消费水平转变的过程中，损失只是暂时的。如果人们预期准确，也许就根本不会有什么损失。

企业家的任务正是预测消费需求，没有理由可以说明他们不能像进行其他预测那样预测消费需求，并根据这种预测调整生产结构。消费不足理论不能解释危机时发生的一连串错误。那些支持这种理论的人通常坚持认为繁荣时期的生产超越了消费需求；但是因为我们没有斩断六欲，所以对进一步生产的需求总是存在，同时一个无法回答的问题产生了：为什么成本价格那么高，以至于以当前的价格出售产品不能获利？生产性机器的增多是因为人们需要这样，是因为人们期待着未来生活水平的提高。所以，坚持认为生产通常会超过消费需求是荒谬的。

在消费不足理论的一种变体中，可以找到这种致命错误的根源，即认为在繁荣时期相对收入向利润和高收入阶层转移。由于富人被假定比穷人消费得少，所以他们中的大多数没有足够的“购买力”买回增长的产品。我们已经认识到：（1）至少，富人消费得更少，经验性的研究对这个问题进行了质疑；（2）繁荣时期，并不必然存在相对收入由穷人向富人的转移。但是即便接受这些假设，我们也不要忘了企业家和富人也要消费，同时储蓄等于对生产资料的需求。储蓄变成投资之后，就如消费一样，它对生产结构的维持是同样必要的。这里我们会被误导，因为国民收入核算只处理净回报。即使是“国民生产总值”，在某种意义上说它也不是实际意义上的总值；只有持久性投资被包括在内，而存货交易总额被排除在外。消费不足论者假设，资本被投资并以生产的形式涌入市场，而其作用已经结束，这是不正确的。与之相反，要维持较高的生活水平，生产结构——资本结构必须被持续地“延长”。当越来越多的资本被追加投资并被用来维持高度进步的经济，越来越多的资金也必然被用来维持和重置这个扩大了的生产结构。这需要较高的储蓄总额，必须继续这样的储蓄，并把它投资到每一高级的生产领域。这样，零售商就会继续向批发商进行购买，而批发商又会向更大的中间商进行购买，等等。所以，增加储蓄并不是浪费；相反，它们对于维持高度进步的生活水平至关重要。

消费不足论者断言生产的扩大会对经济产生长期的萧条性影响，因为价格将趋向下跌。但是价格下跌并不会带来不景气；相反，由投资和生产能力的增加而引起的物价下跌可以反映出单位成本的下降，所以收益性根本没有受到任何伤害。价格下跌只会将较高的生产能力带来的成果分配到所有人的手中。所以，如果防止通货膨胀，经济发展的自然过程就是通过资本的增加和生产能力的提高使物价下跌。货币工资率也将趋于下降，由于工作业务的增加，这使得一定数量的货币供给需要在更多的生产领域中发挥作用。但是货币工资的下跌幅度比之消费品价格的下跌幅度要小，这样在整个经济领域中经济发展将带来较高的实际工资率和较高的实际收入。与消费不足理论所设想的正相反，货币和信贷的膨胀可以防止“价格水平”下跌，但这只会造成商业周期，并带来灾难。[4]

如果消费不足理论可以有效地解释任何危机，那么萧条应发生在消费品行业中，该行业的剩余商品将积压，同时至少相对的繁荣将发生在生产资料行业。但是，通常我们认识到的是，在萧条时期是资本品行业，而不是消费品行业遭受更大的损害。消费不足理论不能解释这一现象，而米塞斯理论可以精确的解释它。[5] 每次危机的特点都是不当投资和储蓄不足，而不是消费不足。[6]

加速原则

在面对生产资料行业波动为什么会大于消费品行业这一问题时，消费不足论者只有一种方法可以解释这一现象，这就是加速原则。加速原则基于这样一个不争的事实，所有生产最终都要为消费服务。它继续阐述说，不仅生产资料商品的需求有赖于消费需求，而且消费者的需求又对投资产生了一种倍数杠杆效应，使投资扩大并加速。在加速原则的证明过程中，首先必然要假设一个单独的机构或行业：比如，假设一个机构每年生产一种商品的数量是 100 个单位，在生产过程中，需要同一型号的机器 10 台。同时它进一

---

[4] 我们经常碰到这样的论述，认为货币供给必须增加“以赶上商品供给的增加”。但是商品和货币完全不是一回事，所以将它们联系在一起是没有任何意义的。让货币和商品匹配也是不能实现的。

[5] 奥地利学派对消费不足理论的重要批判，参见 F. A. Hayek, “The ‘Paradox’ of Saving,” in *Profits, Interest, and Investment* (London:Routledge and Kegan Paul, 1939), pp. 199–263. 哈耶克指出了消费不足论者福斯特（Foster）和卡钦斯（Catchings）的资本、利息和生产结构理论中的弱点。也参见 Phillips, et al., *Bankingand the Business Cycle*, pp. 69–76.

[6] 凯恩斯的方法强调支出不足而不单单强调消费不足；关于“囤积”，凯恩斯将储蓄和投资进行两分，同时凯恩斯对工资和失业也进行了两分法的分析，见上注。

步假设消费者需要并购买这 100 个单位。此外，每台机器的平均寿命是 10 年。这样，为了维持平衡，这个机构每年购买一台新机器，同时报废一台旧机器。现在假设，对这个机构的产品的消费需求增长了 20%。消费者现在希望购买 120 个单位。如果我们假设资本产出比例不变，对于这一机构来说，它现在需要 12 台机器。所以这年它多买了两台机器，总共购买了 3 台机器，而不是 1 台。这样 20% 的消费需求增长就引起了 200% 的机器需求的增长。所以，加速论者说，经济中消费需求的增长将大幅度加大资本品需求的增长，资本品需求的加大与资本的耐久性成正比。显然，资本品的耐久性越强，该商品每年的重置需求水平就越低，扩大效应也就越强。

现在，假设在接下去的一年，消费需求仍然保持 120 个单位。这个机构对机器的需求又会是怎样的情况呢？对于机构而言，除了重置必需的机器，他们再也不需要其他新机器了。这一年只需要一台机器；所以机构对机器的总需求发生了逆转，由前一年的 3 台到这一年的 1 台。这样，消费需求不变会引起资本品需求 66.66% 的下降。将这一原则延伸到整个经济中，其消费需求的单独增长会引起对固定资本需求更为剧烈的增长，首先固定资本需求的增长会大大超过先前的增长比例，随后这种需求又会严重地加速下跌。这样，加速论者就说，繁荣时期消费需求的增长会导致对资本品的强烈需求。然后，当消费需求的增长逐渐趋缓，这种低速增长本身就会触发资本品行业的萧条。在萧条时期，当消费需求下降，繁荣时期产生的不可避免的“生产力剩余”便充斥在经济中。加速原则不能给出一个完整的周期理论；但是它通常被作为周期理论的重要成分之一加以使用，特别是它可以解释资本品行业的剧烈波动。

表面上加速原则十分合理，而实际上它却满是错误。我们首先要指出的是，这种理论中，每年一台机器的重置模式表面上明确无误，它假设了先前的 10 年间，该机构每年追加投资一台机器；简而言之，这种理论假设在先前的 10 年中，该机构已经连续快速地扩张了，[7] 而这是令人高度怀疑的。加速原则所描述的这种平衡状态实际上非常奇怪；同样值得高度怀疑的是，在该理论中，只有在经历了先前 10 年的扩张之后，繁荣和萧条才会发生。当然，也很可能该机构一下子购买了所有 10 台机器——对于这一机构来说，这样假设更符合当前所说的平衡状态。如果事情是这样，那么该机构的重置需求将每 10 年发生一次。起先看上去，这只会支持加速原则。毕竟，既然重置分母很小，那么需求的扩大量就会很大。但是这也只是表面上支持了该理论。因为每个人都知道，现实生活中，按照事情“正常”的发展，即便经济会因为每 10 年的投资暴涨而被时常打断，对资本的需求也不可能为零。总体而言，在自由市场上，投资需求总是在近乎静止的状态中或多或少地保持恒定。而如果大体上市场可以排除这样急速的波动，对于加速原则中设想的相对缓和的波动，它又为什么不能排除呢？

此外，在加速论者的这个例子的核心之处，有一个重要的错误，是由 W. H. 赫特发现的。[8] 我们已经认识到消费需求增长了 20%，但是为什么两台增加的机器要在一年中购买？在这一年发生了什么要使人们那么做呢？只要我们仔细分析，我们就会发现，即使是在这个例

[7] 或者这种扩张发生在先前的数个 10 年中，在这之后该机构或者整个经济都陷入了缓慢而静止的状态中。

[8] 对加速原则的出色批评，参见 W. H. Hutt, “Coordination and the Price System” (unpublished, but available from the Foundation for Economic Education, Irvington-on-Hudson, New York, 1955) pp. 73–117.

子本身的范围内，年也是一个十分随意而并不切题的单位。我们不妨把周作为时间的阶段。这样我们将证实，在第一周消费需求（它毕竟持续变动）增长了 20%，从而第一周对机器的需求增加了 200%（甚至可能是无穷大的增长，如果在第一周没有重置行为发生），接着下 1 周的需求下降了 66.66%（或是无穷大），随后才稳定下来。一周从来没有被加速论者使用过，因为这样的例子显然不能运用到实际生活中，现实生活中，这样巨大的波动不会出现在两周时间内，这种理论当然也就不能用于解释普遍的商业周期。但是 1 年和 1 周是同样随意的。实际上，只有机器的寿命是唯一可供选择而不显随意的时间段（如 10 年）。[9] 在 10 年的时间中，机器需求先前是 10 台，而在现在和将来的 10 年里是要加上多出的两台，即 12 台：简而言之，在这 10 年里，机器需求的增长与消费品需求的增长始终保持着相同的比例，也就是没有任何衍生作用产生。因为商业购买和生产都发生在一个计划时段中，这个时段涵盖了设备的寿命，所以没有理由假设自由市场不会相应平稳地对生产做出计划，而加速论者的模型制造出的不规律的波动也不存在。实际上，认为需求的增长要求机器生产立刻增长，这是没有合理性的；与之相反的是，企业家严格地根据预期的收益性选择时机，使对机器的储蓄和投资增加，这样才保证了未来消费品生产的增长。[10]

加速理论还有一些错误的假设。比如，它假设资本产出比例不变，这就忽视了经常存在的替代可能，不同生产要素集约工作的程度大小等。它还假设资本可以被精细划分，这忽视了这样的事实，投资

[9] 这里，不只是生产新机器所需要的时间问题，更为广泛的课题是，投资时段的选择，范围。但是这提醒我们，加速论者犯了又一个错误：新机器的生产几乎是在瞬间完成的。

[10] 加速论者习惯性地将消费和消费品生产混淆在一起，当他们谈及两者之一时也必涉及另一个。

是“波形的”，而且是不连续的，特别是对固定厂房设备的投资。

然而，加速原则中还有一个更严重的致命错误，其机械的模型所体现出的刻板可以反映出这点。对于价格体系和企业家精神，这一理论没有丝毫涉及。考虑到企业家根据价格体系对市场中所有生产进行管理，加速原则对这方面的忽视就会让人十分惊异了。很难想象，任何经济理论在其思考过程中完全忽视价格体系，人们该怎样严肃地对待它。消费需求的变化会改变消费品价格，但是这种反应被遗忘了，这种理论夹杂着货币性的和物质性的概念，而不提价格变化，这是没有出路的。任何企业家在对一种商品进行追加投资的时候，都要根据其价格关系做出判断，也就是根据其出售价格及其生产要素价格的差异做出判断。这些价格差异在生产的每个领域都相互关联。比如，如果货币性消费需求增长，这一信息可以通过产品价格的提高传递给消费品的生产者。如果出售价格和购买价格的价格差异上升，这一商品的生产将受到刺激。如果生产要素的价格上涨快于出售价格，生产就会削减；而如果两种价格发生同样的变化，这就不会对生产产生任何影响。在谈论生产的过程中忽视价格，这样的理论是全然无效的。

除了忽视价格体系，加速原则对于企业家的观点具有机械论色彩，人们在此看不到任何希望。企业家的作用是投机，通过自己的判断估计不确定的未来。但是加速原则认为企业家只能盲目而机械地对当前的数据（立刻成为过去的数据）做出反应，而不能估计未来的数据，一旦我们的观点能够成立，很显然，在一个没有干预的经济中，企业家应该能够预见到设想中的需求削减，并对投资做出相应地安排。如果企业家能够大致预见到所谓的“加速原则”，那么即使设想中的投机需求下降会导致那些行业的商业活动下降，它也不会带来萧条，因为它不必然也不一定会为商人带来损失。即使我们接受加速原则中的其他理论，它也只能解释波动，而不能解释萧条——不能解释企业家所犯下的一连串错误。如果加速论者认为由于企业家没能预测商业变动，这才犯下了错误，那么我们必然要问，他们为什么不能预测出变动呢？在米塞斯的理论中，企业家不能准确预测是由于政府的干预活动干扰了市场“信号”。但是，在加速原则中没有政府干预，按其所说，它针对的是一个没有干预的市场。此外，这种理论比米塞斯理论易于掌握。它并不复杂，而且如果它确实正确，显然，对于所有企业家来说，在接下去的 1 年里，投资需求将要大幅度削减。他们和其他人的事务要相应地安排一下，因而就不会有普遍性的萧条或巨大的损失出现。这样，我们假设的对灭蝗设备 7 年一度的投资也只会在一两年内非常繁忙，而随后的年份将急剧下降。但是这并不必然产生萧条，因为这些变化事前都会被考虑到，而且人们会对此做出安排。实际上，每个人都可以预见它，而企业家之所以能走到他们现在的地步，就是因为他们具有预见的能力。加速原则不能解释对企业家的错误。[11]

加速原则最为重要的错误之一是它从单独的机构或行业跳跃到整个经济之上，这完全不合理。这个错误与大量的英美经济学理论所犯下的错误如出一辙，这些理论都只关注两部分领域——单独的机构或行业，以及经济整体。这种关注方式是个致命的错误，因为它遗漏了最为重要的部分——经济中各个部分之间的关系。只有普遍的经济学理论才是正确的，这一理论体系从不以部分或孤立的案

[11] 另一种理论“蛛网定理”也假设企业家只是盲目地对市场做出反应而不是投机并成功地预测未来。

例，或全面的集合体，或这两者的混合为基础。[12] 在加速原则中，对这个机构产品的需求增长 20% 是怎么发生的呢？一般来说，在一个领域中的消费增长 20% 必然意味着在其他领域中的消费下降 20%。在加速原则中，从个体向整体的跳跃当然是十分错误的，因为消费或者投资领域不可能发生全面的繁荣。如果整个经济发生了 20% 的增长，那又怎样获得增长所必要的资金呢？我们不能只是假设消费领域的增长；更重要的问题是：增长怎样获得资金支持？要保证这样的增长，经济中的其他部分又会发生怎样的普遍变动呢？加速论者从来没有想到这个问题。我们暂时把货币的供给和需求的变动放在一边，消费的增加只能是由储蓄和投资的减少引起。既然储蓄和投资总额必须下降以保证消费总额的上升，那么对消费增加的反应也就不可能是投资的增加；相反，它必然减少。加速原则从来没有面对过这样的问题，因为它深深地忽视了经济学研究的是人类事务中手段—目的原理的运作。由于人们的六欲未断，所有的资源都是稀缺的，这些资源都必须分配到社会中所有个人都最为急迫需要的地方。这是经济学的唯一问题，这意味着对于所有个人来说，都要获得价值较大的商品，而放弃价值较小的商品。只有通过减少储蓄和投资的总额，现在消费总额的扩大才能实现。简而言之，是现在消费还是将来消费，人们必须做出选择，而选择了现在消费，代价就是将来的消费，反之亦然。但是加速原则完全而又不幸地忽略了这个问题。

---

[12] 英美经济学在这一点上做得很不够。马歇尔的体系停留在部分的“工业”理论中，而现代经济学家则将之进一步支离并运用于孤立的机构之上。为了弥补这一缺陷，凯恩斯主义者和后来的经济体系将经济置于一个全面的集合体进行讨论。只有米塞斯和瓦尔拉斯的体系才真正具有普遍性，他们将自己的理论以互相关联的个人交易行为为基础。瓦尔拉斯的方案并不实际，它只是对难以实现的（尽管很重要）平衡体系的数学分析。

使投资和消费一同上升的唯一方法是扩张信贷，而这会引起通货膨胀，加速论者经常简略地暗示这个先决条件的存在。但是这样就会毁掉整个理论。这意味着加速理论不可能被运用到自由市场之上。如果这一条件存在，那么将意味着这只是政府的特征而不是自由放任的资本主义的特征。但是，即使我们接受信贷扩张的必要性，也不能拯救加速原则。因为，加速原则提出的例子只与物质和现实的条件相关。它假设生产单位的增长是对消费增长的反应。但是如果消费增长是纯货币性的，那么无论是消费品还是资本品的价格增长都与任何物质生产的变化无关，这样加速影响就根本不存在了。简而言之，货币供给可能有 20% 的增长，这会引起消费和投资——确实是在所有数量上都增长 20%，但是各类实际数量和价格关系都没有发生变化，无论是按照实际条件或是货币性条件来看，投资扩大也不存在。我们要附带指出的是，如果投资或消费的货币性增长来源于囤积的减少而不是货币性膨胀，这里所说的一切仍然有效。

可能有人会反驳说通货膨胀不会也不可能使经济中各部分的数量成比例地增加，而这也是通货膨胀的主要特征。准确地说是这样的。但是如果按照这个思路延伸下去，我们又将彻底而坚定地回到奥地利的商业周期理论中，而加速原则无可挽回地失败了，奥地利理论精确地研究了造成通货膨胀的信贷扩张，市场对消费—投资比例的调整被它扭曲。[13] 而实际上加速论者坚持认为企业家受到消费

---

[13] 加速论者在解释周期时存在的另一个错误是，该理论强调耐用资本设备会造成显著的波动。事实上，正如前文所述，繁荣的特征不是不适当地着重于对耐用资本环节。实际上，那些诸如工业原材料的非耐用品，它们的价格波动与固定资本品一样强烈。这种波动发生在生产资料产品行业（这是奥地利理论所强调的），而不只是在耐用生产资料产品（这是加速论者强调的）上。

增长的诱惑，从而过分扩大了长期投资。但是奥地利理论揭示了，由于通货膨胀对价格的影响，信贷扩张产生的只是不当投资，而不是“过度投资”。企业家对高级领域进行了过度投资，而对低级领域则投资不充分。投资总额受到了可获得的储蓄供给总额的限制，同时普遍的消费增长意味着储蓄的减少，进而导致投资总额的减少（而不是像加速原则认为的那样，投资增加，甚至成倍增加）。[14] 此外，奥地利理论揭示了通货膨胀导致市场利率扭曲，这才使企业家犯下一连串的错误。[15]

“投资机会”的缺乏

经济学家中有一种普遍的趋势，就是将萧条归咎于“投资机会”的缺乏或“饱和”。在繁荣时期投资机会向人们打开，而人们也相应地对此加以利用。然而，不久这些投资机会就消失了，接着萧条跟随繁荣而来。萧条将一直持续，直到投资的机会重新出现。是什么带来了所谓的“机会”？汉森教授在其著名文章中罗列的原因要素具有典型性，他将20世纪30年代的萧条归咎于投资机会的缺乏，而这种缺乏又是由人口增长率不足、新资源的缺乏和技术创新不充

---

[14] 参见 Hutt, “Coordination and the Price System,” p. 109.

[15] 加速原则还认为资本品所谓的衰退趋势会引起消费品行业活动的衰退。然而，即使根据这种主张，只有在一个特定的，同时几乎从没有被认识到的假设下才会产生这样的情况，这个假设就是消费品的销售在商业周期中呈现出正弦曲线的特点。其他可能的曲线则根本不会导致这样的情况。

关于加速原则，亦参见 L. Albert Hahn, *Common Sense Economics* (New York: Abelard–Schuman, 1956), pp. 139–143; Ludwig von Mises,*Human Action* (New Haven, Conn.: Yale University Press, 1949), pp. 581–583; and Simon S. Kuznets, “Relation Between Capital Goods and Finished Products in the Business Cycle,” in *Economic Essays in Honor of Wesley C. Mitchell* (New York:Columbia University Press, 1935), pp. 209–267.

分造成的。[16] 这种论点的重要性远远超过了汉森的“停滞”理论，该理论认为那些因素在将来会产生持久性的影响，使经济趋向萧条。由于停滞理论的反驳者默默地接受了汉森的原因理论，而且只是在经验上争辩道：这些因素的作用可能比汉森所认为的更大。[17] 所以，这些因果关系本身并未受到什么挑战。这一学说进行了广泛地假设，但并未仔细地证明。

这些原因类别来自何处呢？研究表明它们来源于瓦尔拉斯体系的平衡条件，该理论假设了一个恒定而平稳循环的经济，其中喜好、技术知识和资源都是已知的。只有这些已知条件发生变化，一系列的变化才会发生。如果认为新的净投资对于萧条或是繁荣很关键，而且也知道新投资在平衡的状态中为零（只有足够的投资被用于重置和维持资本），那么很容易就得出到最后只有已知条件的变化才能引发新的投资。人口和自然资源都符合瓦尔拉斯的“资源”类别。那么，汉森的重要遗漏就当然是喜好了。而遗漏了喜好就足以破坏整个理论构架。因为是时间偏好（社会的“喜好”，现在消费和将来消费之间的比例）决定了个人储蓄多少和投资多少。遗漏了时间偏好就遗漏了决定储蓄和投资的关键要素。

新的自然资源相对来说并不是重要的一项，它很少被人强调。我们惯于听到这样的说法，“关闭边疆”将对开放的土地带来有害的影响，但是在 20 世纪 30 年代以前，边疆已经关闭很久，而没有带来任何不良情况。[18] 事实上，物质空间本身不能保证一定存在可获利的投

---

[16] Alvin H. Hansen, "Economic Progress and Declining Population Growth," in *Readings in Business Cycle Theory* (Philadelphia: Blakiston, 1944), pp. 366–384.

[17] 例如 George Terborgh, *The Bogey of Economic Maturity* (Chicago: Machinery and Allied Products Institute, 1945).

[18] 奇怪的是，许多担心者并没有要求联邦政府放弃保留政策，保留政策永久性地封闭了上百万英亩的公有土地。现今，外太空大概可以提供足够的“疆域”。

资机会。人口增长经常被认为是引起繁荣或萧条的重要因素，但是人们却很难知道为什么。如果人口数量低于最佳状态（每人都拥有最大的实际工资），它的进一步增长拓展了劳动分工，从而保证了投资能增加生产能力。但是，只有通过更多的投资才能做到这一点。而人口增长能刺激经济，则是不可能的，同时这也是我们即将讨论的问题。一个论题认为人口增长刺激对住宅建设的需求。但是需求源于购买力，而购买力最后又源于生产，婴儿的增加遇到了问题，人们没有能力生产足够的商品，并因此对房屋提出有效需求。但是即使人们需要更多的建筑，这也只会减少经济中其他领域的消费需求。如果因为人口增长（而且没有特别的原因可以解释为什么会这样）而使总需求上升，这会引起储蓄和投资基金的下降，但是反过来则不可能。

技术也许是这些所谓的原因要素中最需要强调的。熊彼特的周期理论使许多经济学家都强调技术创新的重要性，特别是在那些新兴的行业中；于是，我们听到了铁道业的繁荣和汽车行业的繁荣。一些伟大的技术创新诞生了，投资的领域打开了，同时繁荣就在眼前。对这一领域的充分开发耗尽了繁荣，而萧条随之而来。这里，相关的错误是忽视了这样的事实，即技术尽管至关重要，但它只与投资间接而不是直接相互关联。在这一点上，我们再次认识到，为什么是米塞斯的理论，而不是瓦尔拉斯的理论能对此做出解释。奥地利理论告诉我们，投资总不能满足利用现存技术可能需要的最大金额。所以，“技术知识”不是投资真正的限制条件。只要环顾我们身边，就可以理解其中的真实性；在投资可能投向的每个行业中，总有一些机构不能使用最新的设备，它们仍然在运用着较旧的方式生产。这一事实说明对于投资有着比技术创新更为严苛的限制。后进国家可以派送许多工程师去学习“美国的技术知识”，但是这不会为这些国家带来大量的投资以显著提高生活水平。简而言之，它们需要的是储蓄，这是限制投资的因素。[19] 而储蓄又受到时间偏好的限制，也就是现在消费和将来消费之间的比。投资总会延长生产过程，因为较短的过程首先需要得到发展，较长而未被利用的过程更具生产能力，但是由于时间偏好，它们未被利用。比如，因为没有获得足够的储蓄，投资未被投向更好的新机器上。

即使所有的现有技术都被利用，仍有无限的投资机会存在，因为仍有许多需求没有得到满足。即使不能建造更好的钢铁厂，许多钢铁厂还是要被建造，以制造更多现在生产的消费品。新技术提高了生产能力，但是对于创造投资机会来说它不是关键所在；投资机会总是存在，它们只受制于时间偏好和可获得的储蓄。更多的储蓄，也就会有更多的投资以满足那些尚未饱和的需求。

正如加速原则一样，"投资机会"理论也全然忽略了价格体系。价格和成本再一次消失了。实际上，由于成本高于资本品销售所得出的价格，这才带来了萧条中的困难；由于成本高于销售价格，商人顾及损失而当然不愿意投资。所以，问题就在于成本的刚性。在自由市场中，是价格决定成本，而不是相反，这样最终价格的削减也能降低生产要素的成本，也就降低了生产成本。繁荣时期成本价格被抬得太高，现在到了危机时期，人们才发现这个价格已经超过了销售价格，危机时投资机会的失败根源就在于此。繁荣时期具有通货膨胀特征的信贷扩张造成了价格过高，而这是错误的。要在萧条时期重新获得投资机会，就要保证成本——生产要素价格迅速下跌，这样才能重新产

[19] 储蓄，而不是货币扩张。比如，后进国家不能通过无限制地发行纸币和增加银行存款来实现自身的工业化。那样只能带来通胀失控。

生可以带来利润的价格差异，特别是在那些资本品行业。简而言之，工资率占据了生产要素成本的大部分，工资率应该随意而迅速地下跌，以重新恢复投资机会。这等于在自由市场上重建一个较大的价格差异（较高的自然利率）。所以，奥地利学派的方法可以解释投资机会问题，而其他理论则是错误或者是不切题的。

对特定行业的讨论得出的结论与技术机会学说相类似，它同样不切题。它通常认为特定行业，比如建筑业或者汽车业在繁荣期特别兴旺，而由于这些特别行业存在衰退因素，随后萧条就发生了。但是，这里混淆了单独而特定的行业存在的波动和普遍性的商业周期。当需求由一个领域转向另一个领域，一个或几个行业的衰退会因为其他行业的扩张而抵销。所以，关注于特定行业不能解释普遍性的商业繁荣和萧条——特别是像美国一样的多行业国家。[20] 谈论诸如建筑业会不会经历 20 多年的“漫长周期”这样的问题是不切题的。

熊彼特的商业周期理论

除了奥地利学派的理论，约瑟夫·熊彼特的理论也根植并融合于普遍经济学理论，它也因此而引人注意。[21] 很不幸，该理论的基础是瓦尔拉斯的普遍经济学，而不是奥地利学派的，这从一开始就注定如此。在讨论平衡时，熊彼特假设了利率为零，这是他独创的分析要

---

[20] 一些小国为市场生产一项商品，其经济财富当然会受到该行业发生事件的控制。

[21] 熊彼特的纯粹理论出现在他著名的《经济发展理论》(*Theory of Economic Development,* Cambridge, Mass.: Harvard University Press,1934)，最早出版于 1911 年。它后来看起来就像是“第一近似值”（英文 first approximation 为行话，意指错误很多——译者注），该书的详尽描述则实际上就像是对失败的忏悔，同时它的论述中又带来了大量新的错误。而后来的版本则组成了他二卷本的《商业周期》(*Business Cycle*, 2 vols, New York: McGraw-Hill,1939)。

素。像汉森一样，熊彼特并不认为喜好是一个积极能动的要素，并将之摈弃，同时他也将新资源搁置在一边。由于时间偏好被忽视，平衡时的利率为零，现实世界中利率的正值只说明了利润为正值，而利润接下来又只决定于剩下的变动要素：技术创新。熊彼特认为，这些创新从银行信贷扩张中获得资金支持，所以熊彼特至少承认银行信贷扩张与繁荣和萧条的产生之间存在着至关重要的联系，尽管他对此关注甚少。创新成系列地发生在一些特定行业内，这就产生了繁荣。当创新性的投资自身耗尽，投资造成的产量增长，使产品充斥着市场并摧毁了较陈旧的机构和行业，繁荣就结束了。在一系列创新结束的同时，陈旧的机构突然面临了很多困难，失败风险普遍增高，这带来了萧条，而当旧有的和新兴的机构最后使自身适应于新的环境之后，萧条才结束。

这一论述存在以下错误。

（1）没有解释为什么陈旧的和新兴的机构都没有做出准确的预测，为什么困难不能被预计和估测。[22]

（2）实际上，新兴行业中一系列创新的发展需要很长的时间，而创新带来的该行业产量的增加则需要相对较少的时间。但是该理论假设产量的增加发生在一系列创新产生作用以后，否则，就不会有繁荣或衰退了。

（3）正如上文所述，时间偏好和利率都被忽略了，同时被忽视的是这样一个事实，是储蓄而不是技术对投资起到限制性的作用。[23] 所

[22] 自然，熊彼特的“纯粹模型”明确地假设了一套完善的知识，这样企业家不可能犯下错误。但在熊彼特模型中，这确实是自相矛盾的假设，因为在纯粹模型中，萧条的原因是风险的增加、陈旧的企业突然出现了问题等，直到这些情况得到缓解，创新才会重新产生。

[23] 熊彼特明智地认为自愿储蓄只会带来经济增长而不会引起商业周期。

以，信贷为投资所提供的资金不只是投向了创新，资金也可以供给更大的投资，并投向已知的生产过程。

（4）这一理论假设繁荣时期发生的一系列创新具有周期性。但是没有理由可以进一步说明这种古怪的系列创新。相反，创新、技术进步是持续地发生在多数，而不是少数的机构中。此外，一系列的创新意味着企业家能力也存在周期性，这个假设显然是不合理的。而创新是商业研究和发展程序中的一环，创新需要的资金也会堆积到机构的研究发展部门头上，它不是只会给企业带来利润。[24]

（5）熊彼特关于企业家地位的观点通常被认为是他最重要的贡献——十分狭隘和片面。他只是认为企业家进行创新，为创新建立了新的机构等。实际上，企业家在不断工作，他们一直在根据将来不确定的需求和供给环境进行调整，包括创新的影响。[25]

以他后期的观点，熊彼特认识到不同的特定创新会产生不同的周期，在不同的"酝酿时期"，创新会充分利用他们的机会直到新产品的产量达到最大程度。所以，他修改了他的理论，并假设在一个经济中有 3 个单独而相互影响的周期：一个大约 3 年的周期、一个大约 9 年的周期和一个大约 55 年的周期。但是，这个多层周期的假设毁掉了普遍的商业周期。所有经济过程都在市场上相互作用，所有的过程交织在一起。周期发生在整个经济中，繁荣和萧条都是普

---

[24] 参见 Carolyn Shaw Solo, "Innovation in the Capitalist Process: A Critique of the Schumpeterian Theory," *Quarterly Journal of Economics* (August, 1951):417–428.

[25] 克莱门斯和杜迪曾针对库兹涅茨的批评为熊彼特辩护说一系列的创新体现了企业家的一系列能力，而这里正好可以来反驳他们。克莱门斯和杜迪认为这些能力只是进行创新和建立新的机构。参见 Richard V. Clemence and Francis S. Doody, *The Schumpeterian System* (Cambridge, Mass.: Addison Wesley Press, 1950), pp. 52ff; Simon S. Kuznets, "Schumpeter' s Business Cycles," *American Economic Review* (June, 1940): 262–263.

遍性的。价格体系将所有活动融合和串联在一起。假设一些完全密封的“周期”，各周期都在同步运作，同时它们之间的相互融合又是商业活动的产物，这个假设既没有合理性又不切实际。所以多层周期的构架完全放弃了熊彼特早期的模型，而其本身又给早期的模型带来了严重的错误。[26]

性质信贷说

在所有进行深入探讨的理论中，只有奥地利学派或者米塞斯的理论发现了繁荣中的问题。其他理论都褒扬了繁荣，而萧条则被视为先前繁荣的倒退，它带给人不快。奥地利学派和熊彼特的理论则认为，繁荣时期开始的进程不可避免地导致了萧条。但是熊彼特则认为“第二波”的通货紧缩是灾难性的，同时令人不安，他将其纯粹模型中的繁荣—萧条视为资本主义经济发展中必须付出的代价。所以，只有奥地利学派的理论坚持认为通货膨胀下的繁荣完全是灾难性的，并且认为整个萧条过程对于排除繁荣带来的扭曲是必要的。然而，各种“性质信贷”学派也认为通货膨胀下的繁荣不可避免地带来了萧条。所以，他们与奥地利学派一致认为繁荣在它开始时，就应该加以阻止，同时让萧条的清算过程在无限制的条件下进行下去。可是，在关于萧条的原因分析，以及防止繁荣和萧条的特定方法上，它们之间也有很大的不同。

性质信贷理论中最让人尊敬的一支是古老的银行学派学说，它

---

[26] 熊彼特也将“第二波”添加到他的纯粹模型上进行讨论。这一波重视了普遍的通货膨胀、价格投机等等，但是这些讨论没有什么特别的地方可以算是熊彼特所独有的见解，如果我们将纯粹模型和多层主张都摈弃，那熊彼特的理论就完了。

在19世纪盛行，并一直持续到20世纪30年代。它代表了过去流行的“健康的银行业”传统，在较早的货币银行学的教科书中都具有显著的位置，在20世纪20年代，它的先锋人物是两位著名的经济学家：大通银行（Chase National Bank）的本杰明·安德森博士（Dr. Benjamin M. Anderson）和《商业日报》（*Journal of Commerce*）的编辑、哥伦比亚大学银行学系的H. 帕克·威利斯博士（Dr. H. Parker Willis）。这一思想流派现在已经衰微，该流派认为当银行信贷扩张被引入错误的信贷种类，它只会产生通货膨胀，这类错误的信贷不同于自偿性的短期信贷，自偿性信贷可以从“实际商品”中获得偿还的资金，它的借款人在信誉上不会有任何问题。银行在这样的资产上进行信贷扩张不会引起通货膨胀，因为人们认为这一信贷只是对合法的“商业需求”的反应，货币供给根据生产的增加而增长，当商品被出售，货币供给就会减少。所有其他类型的信贷——无论是长期信贷、房地产、股票市场或是向不稳定的借款人出借的信贷，都被认为会带来通货膨胀，它们会造成萧条—衰退的景象，对于清算繁荣时期造成浪费的通货膨胀来说，萧条是必要的。由于20世纪20年代的银行信贷大量投入到在银行学派看来是不健康的资产中，这些理论家和奥地利学派的学者们一起反对20世纪20年代的银行信贷膨胀，并对即将到来的萧条提出警告。

然而，银行学派所强调的并不正确。银行信贷扩张的重要特征是新的货币在数量上投向了商业借贷，而与商业信贷的种类毫无关系。短期的“自偿性”贷款和长期贷款一样都会造成通货膨胀。另外，商业的信贷需求可以通过向自愿储蓄借款而得到资金；没有很好的理由解释为什么短期信贷就可以通过银行通货膨胀获得资金。银行不只是消极地等待商业机构对信贷发生需求；相反地，这些需求可以根据银行控制的利率而变化。最关键的一点是，新的货币注入了商业机构。无论哪种商业贷款，货币都将渗透到整个经济中，而它所造成的影响正如奥地利学派分析的那样。之所以说不用考虑信贷的类别，我们可以通过这样的事实知道，如果商业机构想获得资金进行长期投资，它们可以间接但有效地从银行获得资金，正像它们可以直接获得贷款一样。一个机构可以简单地停止使用其自有资金投资短期项目而向银行借贷。这笔借贷来的资金可以被用于进行长期投资。银行不可能阻止资金以这种方式被间接使用。所有信贷在市场上都是相互关联的，各种信贷也不可能相互独立。[27] 即使它们之间没有关联，那么做也会失去任何经济学意义。

总之，“自偿性”和任何其他种类的贷款一样都会招致通货膨胀，而该理论唯一的优点在于它间接地在数量上抑制了银行信贷，银行也不能找到那么多符合它们喜好的贷款。自偿性信贷也并不能够较迅速地收回资金，因为短期信贷的借期可以延续并重新借贷到其他地方，这样贷款的借期被延长，其延续时间和“长期”信贷借期相当。银行学派的强调重点削弱了它带给 20 世纪 20 年代的有益影响，因为正是这一学派的强调作用，使人们普遍太过看重信贷的类别——特别是股票市场，而忽视了流通货币的数量。

另一些评论家认为一些信贷类别特别令人担忧，这些评论家比强调信贷性质的银行学派更具危险性。银行学派反对数量上的通货膨胀，这样的通货膨胀渗透入有严格限制的自偿性资产以外的所有资产

[27] 在 20 世纪 20 年代晚期，由于受到性质信贷学说的影响，当银行试图切断信贷资金流向股票市场时，市场仍然可以向非银行膨胀的资金进行借贷，而这些膨胀的资金也正是多年来银行信贷扩张造成的。关于性质信贷理论家的错误以及他们对股票市场的观点，参见弗里茨 · 马克卢普 (Fritz Machlup) 的杰出研究，他是那时奥地利学派的首席理论家。参见 Machlup, *The Stock Market, Credit, and Capital Formation* (New York: Macmillan, 1940).

中，而其他评论家则对数量毫不关心，他们只关注一些特别的资产类型，比如房地产或股票市场。在20世纪20年代，股票市场成了替罪羔羊，许多理论家要求对股票贷款进行限制，而对“合法的”商业贷款则并不在意。人们普遍认为股票市场“吸食”了资本信贷，它们本可以用来满足“合法的”工业或农业需要。自民粹党人盛行于世，同时自凡勃伦（Thorstein Veblen）使“金融”和“产业”的错误区分合法化以来，“华尔街”一直是人们的众矢之的。

“吸食资本”的说法现在已经减少，但是仍有许多经济学家攻击股票市场。显然，股票市场是对产业进行投资的渠道。如果某人A购买了新发行的证券，那么这些资金被直接用于投资；如果他买了已上市的股票，那么股票价格的上涨可以促使机构进一步发行股票；资金会转入证券投机商B手中，他继而可以消费或将这些资金直接用于投资。如果这些钱被B直接用于投资，那么股票市场又一次将储蓄变为投资；如果B将这些钱用于消费，那么他的消费或者说动用储蓄的行为恰好抵销了A的储蓄，净储蓄总额没有发生变化。

20世纪20年代，许多人顾及证券经纪人贷款，对经纪人贷款数量的增加被作为股票市场吸食信贷的证据。但是，只有在委托人售出股票后向他要回现金时，经纪人才需要贷款，若非如此，经纪人只要记账根本不需要现金。而当委托人需要现金时，他已经售出股票，撤离股票市场了。因而，经纪人从银行贷款的数额越大，资金离开股票市场，而不是进入市场的程度也越大。20世纪20年代，高额的证券经纪人贷款说明股票市场作为产业获得储蓄资金以用于投资的渠道，其作用非常大。[28]

[28] 关于这一问题，参见Machlup, *The Stock Market, Credit, and Capital Formation*.。一个经纪人可以借钱向另一个经纪人进行支付，但是总体而言，经纪人内部交易相互抵消，而经纪人贷款总额只反映了经纪人和消费者之间的关系。

在繁荣和萧条中，股票市场经常发生显著的波动，这没有什么可吃惊的。我们已经看到奥地利学派的分析向我们揭示了资本品行业中幅度更大的波动。而股票则是资本品的所有权单位，正如资本品的价格在繁荣时期上升一样，资本的所有权价格也会上升。[29] 信贷扩张使得利率下跌，这提升了股票的资本价值，而现时的和预期的营业收益的上升又会进一步加强这种提升作用。繁荣时，对较高未来收益的预期当然会使股票价格比其他价格上涨得更多。所以，股票市场不是一个独立的部分，它并没有游离于产业体系之外，事实上它也并没有搅乱产业体系。相反，股票市场反映了商业世界的“实际”发展。股票市场交易人不应受到后来的那些批评家如此尖刻的批评，他们对此反驳道：在 20 世纪 20 年代晚期，股票市场的繁荣只是对他们“投资美国”的写照；他们的错误在于相信 20 世纪 20 年代的繁荣是自然的和永久性的，而不是人为奏响的通向灾难的序曲，这个错误是具有普遍性的。这个错误并不只属于股票市场。

在最近的繁荣期中，人们喜欢找的替罪羊是消费者分期付款信贷。人们认为针对消费者的分期付款信贷在某种程度上更易引起通货膨胀，也更不健康。但是，事实恰好相反。分期付款信贷不比任何其他的贷款更会招致通货膨胀，而且它的危害远比商业贷款（包括按理说“健康”的那些贷款）小得多，因为它不会引起繁荣—衰退的周期。信贷市场上，商业信贷的扩张会带来通货膨胀，米塞斯的分析将商业周期的成因追溯到此。正是商业信贷的扩张过分刺激了对高级生产领域的投资，向商业传递了有关可获得储蓄数量的错误信息等等。但是消费者贷款是针对消费者的，它不会带来不良的影响。因为它刺

[29] 房地产价值也经常会这样变化，房地产的资本所有权单位的变化就是土地价格的变化。

激了消费而不是商业开支，它不会造成繁荣—衰退的周期。不必对这类贷款担心，说来奇怪，人们对它的忧虑超过了任何其他贷款。

过分乐观和过分悲观

另一个流行的理论将商业周期归因于“过分乐观”和“过分悲观”相互交替的心理波动。这一观点忽视了这样的事实，市场具有调节功能，它会奖赏那些正确的预测，而惩罚那些糟糕的预测。企业家并不依赖于他们自己的心理状况，他们的行动有赖于对利润和损失的客观测试。获得利润说明他们的决定被证明是正确的，而损失则说明他们犯了严重的错误。客观性的市场测试阻止了在心理上犯下错误。此外，多年来，市场上成功的企业家一定是配备精良而能做出准确预测，并且在分析市场环境时判断正确的人。在这样的条件下，假设整个企业家群体会发生错误是荒谬的，除非在相当长的时间内，市场的客观现实被扭曲了。这样的扭曲将阻碍市场的客观“信号”，并误导大量的企业家。米塞斯的周期理论对这类扭曲进行了解释。另外，没有理由解释为什么普遍的过分乐观会突然转向过分悲观。实际上，如熊彼特指出的那样，在萧条突发很长一段时间以后，商人通常还保留着那顽固而又无丝毫理由的乐观情绪。[30] 所以，商业心理源自而不是导致了客观的商业情况。经济预期是可以自我更正的，而不是自我恶化的。正如巴希克教授指出的那样：

商人可以预计出衰退，他可以削减生产清单，但是他会为所接

[30]　参见 Schumpeter, Business Cycles, vol. 1, chap. 4.

受的订单生产出足够的商品；一旦他对衰退的预期被证明是错的，他将重新建立他的生产清单……整个商业周期的心理理论显然倒置了实际的因果关系。预期更应该说是源自而不是造就了客观环境。商人在扩张的同时预见到他的扩张会带来利润，因为他看到的环境证实扩张是正确的……不是乐观的心理波动造就了好时光，而是好时光总是把乐观的情绪带给他们。另外，萧条到来，不是因为任何人都失去了信心，而是因为基本的经济力量发生了变化。一旦让支撑繁荣的真实力量崩溃，多年来的繁荣培养出的乐观情绪将不会继续下去。具有典型性的是，低迷时期开始之后，信心将会消失。[31]

[31] V. Lewis Bassic, "Recent Developments in Short-Term Forecasting," in *Short-Term Forecasting, Studies in Income and Wealth* (Princeton, N.J.: National Bureau of Economic Research, 1955), vol. 17, pp. 11–12. Also see pp. 20–21.

Section 2

通货膨胀下的繁荣：1921-1929年

THE INFLATIONARY BOOM: 1921–1929

运用历史统计学的方法“检验”经济理论的有效性，这一方法对于经济研究产生了不良的影响。我们已经设法说明对于经济学来说，这是一种完全错误的方法，理论只能在先验的理论基础上被证实或证伪。经验事实可以在基本定理的层面上进入到理论中，它与今天经济学家经常使用的历史统计学的“事实”是无关的。

第四章

导致通货膨胀的因素

The Inflationary Factors

在一个拥有纯粹自由市场的社会中，生产能力的提高使商品供给增加，同时使价格和成本降低，并使得越来越多的消费者能享受到较高生活水平带来的成果。但是这一趋势被用来稳定物价的货币性通货膨胀抵消了。稳定物价从过去到现在一直是许多人想要达到的目标，但是，它阻止更多的人以较高的生活水准生活，而自由市场应该可以带给人们这些成果；同时它也造成了商业周期中的繁荣与萧条。

在探讨1929年大萧条这一课题时，多数作者都犯了一个严重的错误，他们运用历史统计学的方法“检验”经济理论的有效性，可是总体而言，这一方法对于经济研究起了不良的影响。我们已经设法说明对于经济学来说，这是一种完全错误的方法，理论只能在先验的理论基础上被证实或证伪。经验事实可以在基本定理的层面上进入到理论中，它与今天经济学家经常使用的历史统计学的“事实”是无关的。读者在一些学者的著作中，可以了解到对这一认识论的详细说明，这些学者捍卫了这一方法，他们中为我们所熟知的有米塞斯、哈耶克和罗宾斯（Robbins）。这里有足够的理由说明统计学不能说明任何东西，因为它只反映了众多诱发力量的运作。比如，如果因为在繁荣时期开始时，利率本可以不被调低，就“反驳”奥地利学派关于繁荣起源的理论，这显然没有涉及问题的关键。这只能说明其他的因素——也许是风险的增加，或是对物价上涨的预期都足以提高利率。但是奥地利学派的分析仍然是有效的，无论其他因素是否起到了作用。重要的是，利率相比信贷扩张没有发生时应该出现的情况确实相对较低。从理论分析中，我们知道这确实是每一次银行信贷扩张造成的；但是当运用统计学时，我们会一筹莫展，因为我们不能用它去估计利率应该达到怎样的数值。统计学只能记录过去的事实，不能描述可能发生而未被认识清楚的事件。

同样，对于那些视通货膨胀为物价上涨的人来说，20 世纪 20 年代通货膨胀下的繁荣使他们困惑。在那一时期，物价总体保持稳定，要么在很长的时间里只稍微下调一点。但是我们必须认识到，在 20 年代有两个重要的因素可以影响物价——货币性的通货膨胀使得价格上升，生产能力的提高则使成本和物价下降。在一个拥有纯粹自由市场的社会中，生产能力的提高使商品供给增加，同时使价格和成本降低，并使得越来越多的消费者能享受到较高生活水平带来的成果。但是这一趋势被用来稳定物价的货币性通货膨胀抵销了。稳定物价从过去到现在一直是许多人想要达到的目标，但是，它阻止更多的人以较高的生活水准生活，而自由市场应该可以带给人们这些成果；同时它也造成了商业周期中的繁荣与萧条。如果价格超过了在一个自由无干预的市场中所应达到的水平，就可以认为通货膨胀下的繁荣开始了。这再次说明了，统计学不能揭示诸多诱因是如何运作的。

如果让我们来写 1921—1933 年的经济史，我们就要在统计数据和历史事件构筑的框架内，对所有的诱因分别加以解释。比如我们通过各种价格分析，一方面要确定信贷扩张的影响，另一方面又要确定生产能力上升的影响。我们将分析所有其他变化着的经济因素（比如农产品需求的变化、新兴产业的需求变化等），它们都对生产活动有所影响，我们就要沿着它们去重现商业周期的全过程。但是我们在这本书中的任务就简单得多了，本书只是探明那些具有特定周期性特征的因素，它们是如何运作的，展现周期在经济繁荣中是如何产生又是如何延续的，展现市场自我调节的作用是如何被抑制的，萧条又是如何因之而加剧的。由于政府及其控制的银行体系应该对经济繁荣（及因之而产生的萧条）负有全责，又由于政府对萧条的加剧在很大程度上也负有责任，我们就必须集中分析政府对经济进行的这些干预行为。一个不受束缚的市场不会产生繁荣和萧条，而当萧条是由先前的干预造成的时候，它也会迅速地扫清萧条，特别是它还能解决失业。由此，我们的思考不会过多集中在市场的研究，而主要研究政府在造成和加剧萧条过程中的错误行为。

货币供给的定义

货币是商品交换的一般媒介。在此基础上，经济学家将商业银行中基础通货与活期存款的供给定义为货币。以下这些已成为支付的手段：黄金、纸币（在美国主要为联邦储备券），抑或是在银行凭支票领取的存款。然而，这个定义还是不充分。从法律上说，只有 20 世纪 20 年代的黄金和现在诸如联邦储备券这类政府发行的货币可称得上是标准货币或法定货币。活期存款可被当作货币使用只是因为人们认为它是最佳的货币代替物，换言之，它们随时可以按照相同的票面代替货币。因为每个持有者相信他能根据票面价值将活期存款兑换成法定货币，所以这类存款作为现金的等价物流通这一点没有疑义，而且他们与货币一样适于支付活动。如果一个银行失去信用，这个银行垮了，那么其活期存款也就再也不能被视为货币的等价物了。所以，货币等价物的最显著特征在于人们确信，它可以在自己需要的任何时候等价地兑换成货币。然而，根据这个定义，活期存款绝不是货币唯一的代替物，尽管它是最为重要的一种。从广义上说，它们并非货币供给的唯一组成部分。[1]

最近几年，越来越多的经济学家将银行定期存款也纳入他们对货币供给的定义中。因为在需要时，定期存款也可以等价地兑换成货币，所以它也可被视为货币。反对者则认为：（1）在将存款兑换成现金之前，银行根据法律有 30 天等待期限的规定，所以从严格意义上说这类存款不能按需兑换成货币；（2）定期存款不是一种真正意义上的支付方式，因为它不易兑换。我们不能通过开支票而使用它，存款所有人必须在提款时出示存折。可是这些考虑微不足道。因为，实际上 30 天的法律规定是失效的，它从未实施过，如果它真的实施，将会立刻发生一场毁灭性的银行挤兑。[2] 人们那么做，就好像他的定期存款都可以在需要时被兑换一样，银行则支付存款，正如他们兑换活期存款一样。个人提款所必须要做的事情只是个技术问题，你可能需要多花上一点时间跑到银行去提款，而不能通过写支票就了事，可是两种程序在实质上是一样的。在这两种情况下，货币支付的来源正是

---

[1]　参见 Lin Lin, "Are Time Deposits Money?" *American Economic Review* (March,1937): 76–86. 林指出活期和定期存款都可以被等价地转换成现金，而且公众也是那么认为的。亦参见 Gordon W.McKinley, "The Federal Home Loan Bank System and the Control of Credit," *Journal of Finance* (September, 1957): 319–332, 以及同上 , "Reply," *Journal of Finance* (December, 1958): 545.

[2]　纽约联邦储备银行总裁乔治・L.哈里森 (George L. Harrison) 在 1931 年证实任何遭受挤兑的银行都必须根据需求支付其活期和储蓄存款。任何执行 30 天期限的要求都可能招致州或者通货监理官立刻关闭该银行。哈里森认为："就现实和本质而言，这些 [定期] 账户都是按需兑换的存款。"查尔斯・E. 米切尔 (Charles E. Mitchell)，花旗银行总裁同样认为："商业银行不会动用权力拖延对这些存款的支付。"而且，实际上，1931—1933 年严重的银行挤兑同时发生在定期存款和活期存款身上。参见 Senate Banking and Currency Committee, *Hearings on Operations of National and Federal Reserve Banking Systems,Part I* (Washington, D.C., 1931), pp. 36, 321–332; and Lin Lin, "Are Time Deposits Money?"

银行存款。[3] 二者进一步的区别在于银行向定期存款支付利息却不向活期存款支付，而货币自然是无息的。但这忽略了这样的事实，在我们调查的这一时期，银行的确在向活期存款支付利息，而且一直持续到 1933 年它被宣布为非法为止。[4] 很自然，向定期储蓄支付高额利息可以吸引储户将注意力转向准备金要求较低的存款种类上。[5] 这一过程使一些经济学家将商业银行的定期存款与互助储蓄银行的定期存款区分开，因为商业银行可以直接从这些款项转移中获利。但是，当活期存款储户在银行清户并将钱款转至储蓄银行时，互助储蓄银行也同样可以获利。所以，在两类定期存款之间并无实际区别；它们都被认为是货币替代品，在这两种情况中，实际上的未清存款数额是存放在金库中现金的好几倍，而未清存款减去金库中的现金部分，余下的就被用在贷款和投资中，这部分会扩大货币供给。

为阐明储蓄银行如何扩大货币供给量，我们假设琼斯要把自己的钱从一家商业银行的支票账户转入了一家储蓄银行，他写了一张 1 000 美元的支票给他的一个储蓄账户。对琼斯而言，他只是在这家储蓄银行中拥有了一个 1 000 美元的户头，以代替在商业银行里的那

[3] 此外，定期存款经常被直接用于支付。个人可以从银行获得银行本票，直接将之作为货币使用。即使 D. R. 弗伦奇 (D. R. French) 否认定期存款是货币，他也承认一些机构将定期存款用作"广泛而特定的支付手段，比如在告知银行后可用于税收"。参见 D.R. French, "The Significance of TimeDeposits in the Expansion of Bank Credit, 1922–1928," *Journal of Political Economy*(December, 1931): 763. Also see Senate Banking–Currency Committee, *Hearings*, pp. 321–322; Committee on Bank Reserves, "Member Bank Reserves" in Federal Reserve Board, *19th Annual Report, 1932* (Washington, D.C., 1933), pp. 27ff; Lin Lin, "Are Time Deposits Money?" and *Business Week* (November 16, 1957).

[4] 参见 Lin Lin, "Professor Graham on Reserve Money and the One Hundred Percent Proposal," *American Economic Review* (March, 1937): 112–113.

[5] 正如弗兰克・格雷厄姆指出，认为定期存款既是一种完全流动的资产，又是一种生息投资，这是想兼得鱼和熊掌。这个评论可以推广到活期存款，储蓄贷款股份以及人寿保险公司推保协议上。参见 Frank D. Graham, "One Hundred Percent Reserves: Comment," *American Economic Review* (June, 1941）: 339.

个支票账户。但是，储蓄银行现在在商业银行中则拥有了一个属于它自己的价值 1 000 美元的支票账户，它可以将这些钱借贷或投资给一些商业企业。其结果是，现在有效货币供给是 2 000 美元，而先前只有 1 000 美元——1 000 美元以储蓄存款的形式被持有，另 1 000 美元被借贷用于工业生产。因此，在货币供给的诸形式中，储蓄银行和商业银行的定期存款总额应增加到活期存款总额中。[6]

当我们将定期存款也认作是货币供给的组成部分，我们的视野会更加开阔。然后，所有对按需转换成现金的要求权都可以算是货币供给的组成部分，同时只要现金准备金低于 100% 时，货币供给量就会增大。在此情况下，储蓄与贷款协会股份（在 20 世纪 20 年代主要是住宅贷款协会）、信贷协会的股份与储蓄存款以及人寿保险公司的现金退保责任都应算作货币供给的组成部分。

我们几乎可以认为储蓄与贷款协会也在对货币供给产生影响，它们与储蓄银行（除了二者都非常重视抵押贷款）的区别只体现在一点上，即它们从股份而非从储蓄中获得钱款。但是这些股票可以按需（任何规定都是失效的）根据票面价值兑换成纸币，所以它们可被视为货币供给的组成部分。在 20 世纪 20 年代，储蓄与贷款协会获得长足地发展。信贷协会也在很大程度上从这些可兑换的股份获得资金，可是在那段通货膨胀下的繁荣时期内，它在货币供给量的扩大过程中所起的作用十分微小，它的财产总和在 1929 年只有 0.35 亿美元。需加注意的是，它在 1921 年获得了波士顿慈善家爱德

[6] 参见 McKinley, "The Federal Home Loan Bank System and the Control of Credit," pp. 323–324. 关于那些经济学家，无论他们把不把定期存款包括在货币之内，参见 Richard T. Selden, "Monetary Velocity in the United States," in Milton Friedman, ed., *Studies in the Quantity Theory of Money* (Chicago;University of Chicago Press, 1956), pp. 179–257.

华·法林（Edward Filene）的资助，并得以真正运作起来。

人寿保险退保责任则最易引起争议。然而，无可否认，我们可以假设它在需要时可根据票面价值兑换，这样，按照我们的标准，它可视为货币供给的组成成分之一。在我们看来，退保责任与上述诸项的主要区别在于：舆论宣传的态度都旨在尽量阻止保险客户兑换现金，而人寿保险公司几乎不将其财产以现金形式保存——大约只保存其财产的 1% ～ 2%。如果考虑到人寿保险公司的政策性准备金总量，以及少量未偿还的保单贷款，那么退保责任所需的现金可根据统计学原理被约估出来，因为保险客户向保险公司借钱所凭借的保单，它不能立刻退款。[7] 人寿保险公司现金退保值在 20 世纪 20 年代猛涨。

确实，对于这些货币供给的组成成分而言，活期存款最易于兑换，因此也最易用于支付活动。但是，这只是一个形式问题，正如金条并不比金币缺少货币的意义，而只是与之相比较少用于交换活动一样。人们将自己的活动账户建立在活期存款上，而将较少流动的资金储备放在定期账户、储蓄账户或其他账户上；但是，他们也可按需要迅速将现金转移，将其从一个账户转至另一个账户上。

货币供给的膨胀：1921—1929 年

一般以为，20 世纪 20 年代的大繁荣是在经历了 1 年或更长时间

---

[7] 在麦金利对此问题的最后阐释中，他接近于承认从广义上说，人寿保险保单的现金退保值是货币供给的一部分。Gordon W. McKinley, “Effects of Federal Reserve Policy on Nonmonetary Financial Institutions,” in Herbert V. Prochnow, ed., *The Federal Reserve System* (New York: Harper and Bros., 1960), pp. 217n., 222. 今天，政府储蓄债券也该包括在货币供给中。此外，抚恤基金不是货币供给的一部分，它只能被储蓄或投资，不能根据需要随时兑换，同样共同基金也不能算，即使现代的各种“开放式”基金也不能根据票面价值兑换，而是根据市场上的股票价格兑换。

的萧条之后，大约于 1921 年 7 月开始，1929 年 7 月结束。虽然著名的股票市场暴跌发生于 1929 年 11 月，但是生产与商业活动从这一年的 7 月开始下降。表 4-1 描绘了这个国家的货币供给总量，从 1921 年 6 月 30 日的 453 亿美元之后每半年进行一次统计的结果，包括货币供给总量及其主要组成成分的数额统计。[8] 在整个繁荣时期内，我们发现货币供给增加了 280 亿美元，这 8 年的增幅为 61.8%，平均每年增长 7.7%，这样的增幅是非常大的。银行总储蓄上升 51.1%，储蓄和借贷股份上升 224.3%，人寿保险保单准备金净增长 113.8%。主要的增长发生在 1922—1923 年、1924 年后期、1925 年后期以及 1927 年后期。正如我们准确预测的那样，增长状况于 1929 年上半年达到稳定，此时银行存款下降，货币供给总量则几乎保持不变。在商业周期中，商业贷款引起了通货膨胀，20 世纪 20 年代的经验为我们提供了很好的例子。货币增加不会发生在流通货币领域，在这一时期开始时，这部分的货币总量为 36.8 亿美元，结束时为 36.4 亿美元。货币扩张发生在货币代替品身上，这是信贷扩张的结果。只有数量非常小的信贷扩张是由政府买卖证券而引起的：大部分都是私人贷款与投资（经济学意义上，以公司证券形式进行的投资正如银行借贷报告书中所谓“贷款”的短期信贷一样，它们也是对商业的贷款）。银行持有的美国政府证券在这一时期从 43.3 亿美元上升至 55.0 亿美元，与此同时，人寿保险公司持有的政府证券则从 13.9 亿美元降至 13.6 亿美元。储蓄与贷款协会的贷款几乎都投向了私人房地产项目，而非政府项目。所以，只有 10 亿美

[8] 储蓄和贷款股份以及人寿保险准备金的数据只有每年年底的数据较为可靠：年中的数据是作者根据插补法估算的。严格地讲，国家的货币供给量等于以上数据减去储蓄和贷款协会以及人寿保险公司所持有的现金和活期存款数额。后者的数据是不能得到的，但是缺少了这些数据并不会过度影响结果。

表 4-1　美国 1921—1929 年货币供给总量

单位：10 亿美元

日期	银行外通货	调整后的活期存款	定期存款	调整后的存款总额	储蓄和贷款资本	人寿保险保单净资本	货币供给总量	每年较前一年的变动幅度（%）
	（1）	（2）	（3）	（4）	（5）	（6）	（7）	（8）
1921 年 6 月 30 日	3.68	17.11	16.58	37.79	1.85	5.66	45.30	***
1922 年 6 月 30 日	3.35	18.04	17.44	39.00	2.08	6.08	47.16	4.1
1923 年 6 月 30 日	3.74	18.96	19.72	42.75	2.42	6.62	51.79	9.8
1923 年 12 月 31 日	3.73	19.14	20.38	43.50	2.63	6.93	53.06	6.1
1924 年 6 月 30 日	3.65	19.41	21.26	44.51	2.89	7.27	54.67	6.1
1924 年 12 月 31 日	3.70	20.90	22.23	47.08	3.16	7.62	57.85	11.6
1925 年 6 月 30 日	3.57	21.38	23.19	48.32	3.48	8.06	59.86	7.1
1925 年 12 月 31 日	3.77	22.29	23.92	50.30	3.81	8.48	62.59	9.2
1926 年 6 月 30 日	3.60	22.00	24.74	50.57	4.09	8.96	63.62	3.3
1926 年 12 月 31 日	3.83	21.72	25.33	51.12	4.38	9.46	64.96	4.2
1927 年 6 月 30 日	3.56	21.98	23.46	52.23	4.70	9.98	66.91	6.0
1927 年 12 月 31 日	3.70	22.73	23.37	54.08	5.03	10.50	69.61	8.1
1928 年 6 月 30 日	3.62	22.26	28.53	54.68	5.39	11.05	71.12	4.4
1928 年 12 月 31 日	3.59	23.08	28.68	55.64	5.76	11.60	73.00	5.2
1929 年 6 月 30 日	3.64	22.54	28.61	55.17	6.00	12.09	73.26	0.7

注：列（1）中，银行外通货包括金币、国库通货、联邦储备券和各种低级通货；银行持有的通货照样被排除在外，因为它要被用作准备以随时支付未偿还的货币供给部分。列（3）中，定期存款包括邮政储金制度中商业和储蓄银行的账户。列（4）包括以上（3）项之和加上可以忽略的美国政府存款数额，这样得到了存款总额和外在通货。列（5）是储蓄和贷款协会的股份资本。列（6）是人寿保险公司保单准备金的少量保单贷款。列（7）是货币供给总量，即将列（4）、（5）、（6）相加。列（8）给出了列（7）中每年数据较前一年的变动幅度。通货和存款的统计数据见《银行业和货币统计数据》（*Bankingand and Monrtary Statistics*, Washington, D. C.:Federal Reserve Board, 1943) 第 43 页之后各处，存贷款数据见《美国历史统计 ,1789—1945》(*Historical Statistics of the U.S.*, 1789–1945，Washington, D.C.: U.S. Deptartment of Commerce, 1949) 第 175 页，人寿保险的数据见《人寿保险年鉴》（*Life Insurance Year Book*）。

元的新货币不是周期性造成的，它们代表了以政府证券形式进行的投资；在较早几年，1921—1923 年发生的货币增长几乎都可被忽略。

银行贷款中另一个非周期性产生的形式是消费者信贷，但在 20 世纪 20 年代银行对消费者的贷款总量增加了最多不过几亿美元。大量消费信贷的增加是来自非货币性机构。[9]

正如我们所见，通货膨胀并非货币供给总量的增加；在这些货币供给中并不包括标准商品单位黄金的增加，这些增加的货币是不能兑换黄金的。在讨论 20 世纪 20 年代的经济时，许多人认为黄金引起的通货膨胀，这意味着，美国黄金供给的增加自然会引起货币性扩张。然而，联邦及国库储备的黄金总量在 1921—1929 年中只增加了 16.6 亿美元。对于货币性扩张总量——美元的通货膨胀来说，这只是非常微小的一部分。

表 4-2 美元要求权总量和黄金准备金总量

单位：10 亿美元

	美元要求权总量	黄金准备金总量	不可兑换的美元总量
1921 年 6 月	44.7	2.6	42.1
1929 年 6 月	71.8	3.0	68.8

注："美元要求权总量"就是表 4-1 中的"货币供给总量"减去未偿还通货，后者属于不可兑换黄金准备金的美元，黄金准备金包括金币、金券、银元和银券。"黄金准备金总量"等于官方统计的黄金准备金数据减去未兑付金券的价值，同时等于联邦储备银行官方统计的"准备金总量"。因为金券被认为必然可以 100% 地兑换黄金，这部分从我们的"美元"总量中减去。标准白银和对标准白银的要求权由于不能成为对黄金的要求权所以也被排除，而金币是黄金和对黄金的要求权。见《银行业和货币统计数据》(*Banking and Monetary Statistics*, Washington, D. C.: Federal Reserve System，1943)，544-545、409 和 346-348 页。

表 4-2 将美元的要求权总量（包括美国政府控制下的银行系统和其他货币发行机构提供的）与中央银行持有的黄金准备金总量（黄金

[9] 关于为何银行不愿意在这一时期向消费者贷款，参见 Clyde W.Phelps, *The Role of the Sales Finance Companies in the American Economy* (Baltimore,Maryland: Commercial Credit, 1952).

供给总量能保证黄金可以在需要时被兑换）进行比较。美元总量与黄金准备金总价值之间的差等于已发行伪造黄金栈单的数量，也体现了银行业系统濒临破产的程度，尽管在法律上它还未破产。我们对繁荣时期开始时及结束时的一系列数据进行了比较。

不可兑付或者说“伪造”美元总量在 8 年的时间里从 421 亿美元上升到 688 亿美元，上涨幅度为 63.4%，而黄金准备金才上升了 15%。所以，我们认为修正后通货膨胀的程度远比我们先前估计的由黄金流入而造成的通货膨胀程度来得高。因此，黄金流入丝毫没有引起通货膨胀。

通货膨胀的产生 Ⅰ：准备金标准

是什么导致 20 世纪 20 年代货币供给膨胀了 63％？由于流通领域的货币根本没有增加，所以整个货币扩张发生在银行存款和其他各类货币信贷中。货币供给中最为重要的成分是商业银行的信贷基础。因为虽然储蓄银行、储蓄和贷款协会、人寿保险公司可以扩大货币供给，但它们必须在一个基础上扩大货币供给，而这个基础正是商业银行系统的存款。其他金融机构的债务可兑换成商业银行存款和通货，而所有这些机构将其准备金保存在商业银行中，而这些商业银行则成为其他货币生产者的信贷基础。[10] 适当的联邦政策

[10] 正如麦金利所说：

> 正如商业银行准备金的最后来源是联邦储备银行的存款债务一样，非银行类机构准备金的最后来源是商业银行的存款债务。货币供给是……两个颠倒的金字塔，其中一个在另一个的顶部。联邦准备金就是低层金字塔的基础，而通过控制他们拥有的存款债务的数量，联邦储备委员会不仅影响了商业银行的存款债务，而且影响了所有机构的存款债务，只要这些机构以商业银行的存款债务作为现金准备金。

参见“The Federal Home Loan Bank,” p. 326. Also see Donald Shelby, “Some Implications of the Growth of Financial Intermediaries,” *Journal of Finance*(December, 1958): 527–541.

则可以加紧对商业银行的货币限制以抵销其他领域的信贷扩张；在萧条期，这是一项更为彻底的改革措施，它使得所有这类机构完全服从于 100% 的现金准备金规定。[11]

那么是什么因素导致了商业银行的信贷扩张呢？因为银行过去和现在都必须根据它们的存款保留最小百分比的准备金，这样就可能有 3 种因素导致商业银行信贷扩张：（1）准备金规定的降低；（2）准备金总额的增加；（3）最小法定准备金超出部分的耗尽。

很不幸，关于超额准备金的问题在 1929 年以前没有相关的统计数据。但是，一般认为在大萧条前超额准备金并不存在，因为银行总是试图将法律允许可供贷款的准备金全部借出。1929 年的数据证实了这样的判断。[12] 我们可以放心地打消这样的念头，即造成通货膨胀是由先前超额准备金的耗尽引起的。

然后，我们可以转为另外两个因素。显然，任何降低准备金规定的举动都会产生超额准备金，进而造成多种银行信贷膨胀。然而，在 20 世纪 20 年代，成员银行准备金规定却根据如下法规保持不变：中心储备城市银行（位于纽约和芝加哥）的准备金率为 13%（活期存款准备金），城市储备银行为 10%，乡村银行为 7%。无论是哪种类型的银行，成员银行规定的定期存款准备金率都只有 3%。这些比率从未改变。然而，准备金率并不一定在较低的准备金比例上变动，将财产从一种存款形式转移到另一种也非常重要。所以，如果存款从纽

[11] 人们可能会绝望地问：如果按设想，“储蓄”机构（储蓄银行、人寿保险公司、储蓄和贷款协会等等）必须服从 100% 的准备金规定，那么一个自由至上的社会会允许怎样的储蓄呢？回答是：真正的储蓄，比如一个投资机构发行的股份、债券的出售、其他债券或者对储蓄者的期限票据，这些会根据未来的某一数据而下跌。这些真正的储蓄基金将被投资到商业企业中。

[12] *Banking and Monetary Statistics*, pp. 370–371.1929 年列出的超额部分平均大约为 0.4 亿美元，大约为准备金余额的 2%。

约大规模转向乡村银行，农村地区较低的准备金规定就可以为全面而大规模地提供保证。总之，简而言之，货币从一种银行转移到另一种银行，或是从活期转向定期，或者从定期转向活期都会引起经济中有效总准备金规定的变化。所以我们必须调查20年代有效准备金规定可能发生的变化。

在成员银行的活期存款这一类中，由于法律原因，根据地理位置进行分类显得非常重要。将财产从乡村银行转至纽约和芝加哥的银行，有效的准备金规定将提高，并限制货币膨胀；相反，准备金规定则会降低，并加剧通货膨胀。表4–3显示了1921年6月和1929年6月各地区成员银行活期存款的总量，以及每一时期内各地区活期存款占存款总量的百分比。我们看到乡村银行活期存款所占的百分比在这20年下降了，从34.2%下降到31.4%，与此同时，两类城市银行所占百分率则上升。所以，有效准备金规定的变化是抑制通货膨胀的，因为城市银行的准备金规定比乡村银行的高，很明显，活期存款在地理上的转移并没有刺激通货膨胀。

成员银行存款和非成员银行存款之间的关系又如何呢？1921年6月，成员银行存款占活期存款总量的72.6%；8年后则占总量的72.5%。那么成员银行与非成员银行间的相对重要性没有发生变化，二者都得到了几乎同等程度地扩展。[13]

---

[13] *Banking and Monetary Statistics*, pp. 34 and 75. 存款总量为“调整后的活期存款”加上美国政府存款。存款由成员银行向非成员银行转移，这会导致有效准备金规定的降低，同时增加了超额准备金和货币供给，因为非成员银行使用成员银行存款作为它们的准备金基础。参见 Lanchlin Currie, *The Supply and Control of Money in the United States* (2nd ed., Cambridge,Mass.: Harvard University Press, 1935), p. 74.

表 4-3　成员银行活期存款

单位：10 亿美元

日期	中心储备城市	储备城市	乡村	总计
1921 年 6 月 30 日	5.01	4.40	4.88	14.29
1929 年 6 月 30 日	6.87	6.17	5.96	19.01
				百分比
1921 年 6 月 30 日	35.7	30.8	34.2	100.0
1929 年 6 月 29 日	36.1	32.5	31.4	100.0

注：《银行业与货币统计数据》(*Banking and Monetary Statistics* ,Washington, D. C.: Federal Reserve System, 1943)，第 73、81、87、93、99 页。这些存款额由官方“美国政府”存款加上“其他活期”存款。它们大约等于“净活期存款”。我们可以从“调整后的活期存款”中了解货币供给量，我们同时也广泛使用这些数据，但它们并不按地理分类划分。

对活期存款与定期存款的关系的研究将使我们收获颇丰，表 4-4 将二者进行了比较。

表 4-4　活期与定期存款

单位：10 亿美元

日期	活期存款	定期存款	活期存款占总存款的百分比（%）
1921 年 6 月 30 日	17.5	16.6	51.3
1929 年 6 月 29 日	22.9	28.6	44.5

这样，我们看到在 20 世纪 20 年代，活期存款与定期存款间的相对重要性发生了巨大的变化：1921 年，活期存款占存款总量的 51.3%，而到 1929 年下降至 44.5%。定期存款的相对扩张表明美国银行有效的准备金规定下降了，这一下降很重要，因为按规定银行活期存款需保存约 10% 准备金，而定期存款只需保有 3%。因此，活期存款向定期存款的相对转移成为引起 20 世纪 20 年代大幅度货币膨胀的重要原因。尽管从 1921—1929 年活期存款量上

升 30.8%，定期存款量上升不少于 72.3%。

在这一时期，定期存款包括商业银行存款和互助储蓄银行的存款。互助储蓄银行只有定期存款，而商业银行当然还要提供国家的活期存款供给。究竟在多大程度上由活期存款向定期存款的转移是人们蓄意为之，当我们想问这样的问题，我们就要考虑商业银行定期存款扩张的程度，以获取答案。因为正是商业银行可以直接吸引顾客将其活期账户上的金额转向定期账户，这进一步减少了所规定的准备金数额，并放松其准备金以使各种信贷进一步扩张。首先，商业银行定期存款量大约是互助储蓄银行存款量的两倍。更重要的是，这一时期商业银行定期存款扩张了 79.8%，而储蓄银行只扩张了其存款量的 61.8%。很明显，商业银行首先发生活期存款向定期存款的移动。

定期存款量的增加并非偶然。在美联储确立之前，根据法律，国家银行不能向定期存款支付利息，可支付利息的定期存款只限于一些不太重要的州银行和储蓄银行。《联邦储备法案》使得国家银行向定期存款支付利息成为合法。此外，在美联储确立之前，银行被规定要保留最小的定期存款准备金，与活期存款的最小准备金是相同的。而《联邦储备法案》将规定的定期存款准备金比例下调了近一半，由 5% 下降至 1917 年的 3%。这对银行产生了强烈的刺激，使之尽力将其活期存款款额转移到定期存款上。

表 4-5 定期存款

单位：10 亿美元

日期	储蓄银行	所有商业银行	成员银行	中心储备城市银行	储备城市银行	乡村银行
1921 年 6 月 30 日	5.5	10.9	6.3	0.4	2.1	3.8
1929 年 6 月 29 日	8.9	19.6	13.1	2.2	4.8	6.8

20世纪20年代，在一些地方，定期存款非常踊跃，而且定期存款最不可能被误解为无意义“储蓄”，正是在这些地方，定期存款量大量增加。表4-5显示了各类定期存款记录。最不活跃的定期账户在储蓄银行里，而最活跃的则在大城市的商业银行中。请记住这一点，以下是各类银行在整个时期中存款的增幅。

储蓄银行：	61.8％
商业银行：	79.8％
成员银行：	107.9％
乡村银行：	78.9％
城市储备银行：	128.6％
中心储备城市银行：	450％

从中，我们发现在20世纪20年代支取活动最活跃的定期存款，其存款额上升幅度恰恰是最大的，这一特点适用于所有类型的银行，最为活跃的中心储备城市银行账户上的存款上升了450％。[14]

通货膨胀的产生Ⅱ：准备金总量

两项因素可引起银行的通货膨胀——有效准备金规定的变化和联邦储备银行的准备金总量发生的变化。表4-6精确地给出了20世纪20年代中这二者的力量对比。

---

[14] 关于20世纪20年代的定期存款，参见Benjamin M. Anderson, *Economics and the Public Welfare* (New York: D. Van Nostrand, 1949), pp. 128–131; also C.A. Phillips, T.F. McManus, and R.W. Nelson, *Banking and the Business Cycle* (New York:Macmillan, 1937), pp. 98–101.

表 4-6 成员银行准备金和存款

单位：10 亿美元

日期	成员银行准备金	成员银行存款	存款与准备金的比例
1921 年 6 月 30 日	1.60	18.6	11.6：1
1925 年 6 月 30 日	2.17	25.5	11.7：1
1929 年 6 月 29 日	2.36	29.4	12.5：1

注：成员银行准备金是法定成员银行存放在美联储的准备金总量，排除备用现金（它在整个时期始终稳定地保持在 5 亿美元）；是成员银行存款包括活期和定期的。

很明显，这一时期前 4 年的货币增长量高于后 4 年的增长量。在前半期，成员银行使货币供给量上升 69 亿美元，升幅为 37.1％，后半期只上升 39 亿美元，升幅为 15.3％。显然，前 4 年的货币增长并不是由于准备金投入市场造成的，因为存款与准备金的比例一直保持在约 11.5：1 的水平上。1921—1925 年，准备金总量上升了 35.6％，同时成员银行存款量上升了 37.1％；后 4 年，准备金只增加了 8.7％，而存款量增加 15.3％。这些差异体现在存款与准备金的比例的变化上，它从 11.7：1 增至 12.5：1，这样准备金中每一美元所负载的存款数额变大了。准备金数额成倍增加，最后达到 23.6 亿美元，而最初存款与准备金的比例为 11.6，如果准备金率不变，存款数额会是 274 亿美元。所以，1929 年 6 月成员银行存款的 294 亿美元中，274 亿美元可以解释为准备金总量同比例变化所得的数目，而余下的 20 亿美元则是准备金比例变动所产生的。通过这，我们可以判断出这一时期准备金规定的变化是多么重要。总之，在 108 亿美元的增长中，20 亿美元是准备金变动引起的，占增长总额的 18.5%，而余下的 81.5％则归之于准备金总量的上升。

所以，造成 20 世纪 20 年代通货膨胀的主要原因是银行准备金总量的上升，这造成了成员银行与非成员银行信贷的扩张，非成员银行将其准备金存入成员银行中。准备金总量上升 47.5%（从 16 亿美元上升至 23.6 亿美元），这正可以解释货币供给总量 62%的增长（从 453 亿美元上升至 733 亿美元）。由于政府控制银行系统，这区区 7.6 亿美元的准备金上升竟然如此有力，它使得货币供给量增加了近 280 亿美元。

那么，又是什么引起了准备金总量的上升呢？寻求这个问题的答案正是我们的主要目的，我们要找出那个因素，是它引起了通货膨胀下的繁荣。我们将所有为人所知的与通货膨胀有关的因素列出，但是我们要特别关注一下是否它们会被美联储或财政部的管理机构控制。那些不受控制的因素起因于大众，受控制的因素根源于政府。

这里有 10 种能影响银行准备金增减的因素。

（1）货币性黄金存量。事实上，这是唯一引起准备金数量上升的不可控制性因素——其数量增加会引起准备金总量发生同样程度的增加。当有人将黄金存入商业银行时（他在 20 世纪 20 年代尽可以这样做），该银行将把黄金存入联邦储备银行，同时那儿的准备金数量也增加了那么多。虽然黄金流动也发生在国内交易中，但它主要在国际交易中进行。货币性黄金存量的减少也会使银行准备金发生等量的减少。它的变动由公众决定，所以无法控制，尽管从长远来看，联邦政策会对其流向发生影响。

（2）美联储购买的财产。这是可使准备金显著上升的一个可控制因素，它被美联储管理机构完全控制。一旦美联储要购买资产，无论这资产是什么，它可以向银行或者公众购买。如果它向一家（成员）银行购买，在购买资产时，作为交换，它许诺将增加这家银行的准备金。显然，准备金上升的幅度和联邦资产上升的幅度是一样的。此外，如果美联储向公众中的一位购买的话，它将开一张自己的银行体系内的支票给这个个人出售者。这个个人拿着支票，并将之存入银行，这样这家银行的准备金将上升，上升额度等于美联储资产的增加额度（如果这个出售者决定收取现款而非存款，那么流通领域的货币增加，将抵销已造成的准备金增加，这是一个下降因素）。

这些资产中并不包括黄金，黄金并不属于这些财产之列，它已在第一项（货币性黄金存量）中列出，它可以存入联邦储备银行，但联邦储备银行并不购买黄金。主要购买的财产为票据和美国政府证券。在公开市场运行中，美国政府证券可能是最受欢迎的一项；美联储购买证券使银行准备金增加，而卖出则使之减少。买入票据过去是一种承兑汇票，美联储根据补贴政策将之全部购买，这就使这种票据在美国重新诞生。一些专家以为买入票据属于不可控制因素，因为美联储会宣布一个利率，并以此利率购买所有提供给它的承兑汇票。然而，没有法律迫使美联储采纳这项允许无限制购买的政策：因此，它的产生必然源自美联储的政策，并受其控制。

（3）美联储贴现的票据。这类票据并不能被购买，它是对成员银行的贷款。它们是再贴现票据，并根据银行借据向银行提供。很显然，这一因素导致准备金增加；可它们并不像其他导致准备金增加的方法那样受银行欢迎，因为它们必须偿还给美联储。但当它们尚未被偿还时，它们与其他类型资产一样，会有效地使准备金增加。实际上，贴现票据可以明确而迅速地借贷给处于困境中的银行，因此它是使银行摆脱困境的一种有效的方法。专家们通常将贴现票据归入不可控制的因素，美联储经常以银行的合格资产为担保向其提供借贷，并且以一给定利率无限量地提供这类贷款。联邦储备制度决定这一再贴现利率，并以低利率刺激银行借贷，这当然是事实，但人们经常认为联邦储备制度只能以这种方式控制这一因素。但《联邦储备法案》并不强迫，而只是授权美联储向成员银行借贷。若这些管理机构想以通货膨胀扮演“最后借贷人”的角色，并挽救困境中的银行，他们自己就可以那么做。即使它那么想，它完全能在任何时刻拒绝向银行借贷。所以，任何贴现票据的增加都决定于联邦储备管理机构的意愿。

另外，成员银行自身已在很大程度上控制了准备金贷款的偿还速度。当银行处于繁荣期时，它们通常对联邦准备局的负债将减少。管理机构能强迫银行以较快的速度偿还负债，可它们已决定任意地向银行提供贷款，并通过改变再贴现收费对其施加影响。

我们要尽我们所能将可控制因素和不可控制因素区分开来，所以我们最好将任何贴现票据的扩张视为政府可控制的因素，而将其减少视为不可控制因素，因为这取决于银行。当然，偿还行为在一定程度上也取决于先前所欠债务的数额，可以说这样的区分已是最为合理的了。所以，我们必须采纳这种方法，即使它可能把历史记录变复杂。这样，如果贴现票据在这大约 3 年的时间里增长了 2 亿美元，我们便会说可控制的因素导致准备金增长了 2 亿美元，如果我们认为这 2 亿美元就是所有的记录。而从另一方面看，如果我们将记录按年份分开，也许第一年，贴现票据数额上升了 5 亿美元，第二年却下降了 4 亿美元，而最后一年则又上升了 1 亿美元。当我们逐年分析的时候，这 3 年可控制的准备金上升总量为 6 亿美元，不可控制的准备金下降数量为 4 亿美元。我们会看到，如果将这些记录区分得越精细，这些记录的变动幅度越大。在这种变动中，政府控制了其上升因素，而下降因素则不可被控制，它受到银行作用的影响。也许解决这问题的最好办法就是将最重要时期内的记录进行区分。将所有贴现票据的变动都归于政府控制，并在此基础上将研究进行下去，这似乎可以使问题简单化，但这样做歪曲了历史记录，是不能为人接受的；如果这样做，那么我们就要感谢美联储在20世纪20年代早期削减了成员银行的债务，而事实是，这样的债务削减在很大程度上取决于银行自身。

所以，我们可以将贴现票据分为两类：新贴现票据（可控制的上升因素）和票据偿还（不可控制的下降因素）。

（4）其他美联储信贷。这部分在很大程度上具有浮动性，它或者是美联储暂时未收的银行支票。这是一种向银行提供无息借贷的形式，因而美联储可以控制它并使准备金上涨。在20世纪20年代，它的重要性可以忽略。

（5）银行外流通领域中的货币。这是导致准备金下降的主要因素——它的上升使得准备金总量发生相同程度地减少。公众手中拥有的货币总量，以及人们是否愿将纸币兑换成银行储蓄的形式决定了这一因素的增减。所以，它是非控制性因素，由公众决定。

（6）待偿付的国库通货。增加的未偿付国库通货被存入美联储的国库存款账户中。当它用于政府支出时，货币将流向商业银行的准备金。国库通货因而是可使准备金增加的因素，它被财政部（或根据联邦的条例）控制。它最主要的形式是银券。可以100%的兑换成银条和银元。

（7）国库库存现金。任何国库库存现金的增加都来自银行准备金，而当国库现金减少，并被使用到经济中时，准备金就会增加。因此，它是减少准备金的因素，并且它受到财政部的控制。

（8）美联储的国库存款。这一因素与国库库存现金非常类似：美联储存款的增加来自银行准备金，而减少意味着更多的货币增加到经济中，同时使银行准备金膨胀。所以，这是一项为财政部控制的减少准备金的因素。

（9）美联储的非成员银行存款。这一因素与美联储的国库存款非常类似。非成员银行存款金额的上升会导致成员银行准备金的下降，因为非成员银行存款额的增加意味着货币从成员银行流向其他的账户。它的下降则使成员银行准备金增加。这些存款主要来自非成员银行、外国政府及其银行。这是使准备金下降的因素，但它不受政府控制。

（10）美联储的未花费资本基金。它们是美联储的资本基金，但是还未用于购买资产（主要是银行建筑物和运作开销）。这些资本来自商业银行，如果未被花费，它就退回为准备金。这一项通常被人们忽略不计，很显然它受到美联储管理机构的控制。

综上，影响成员银行准备金变动的要素如下：[15]

上升因素

货币性黄金存量 ……………………………………不可控制

美联储购买的财产 …………………………………可控制

　买入票据

　美国政府证券

美联储的贴现的票据 ………………………………可控制

其他美联储信贷 ……………………………………可控制

待偿付的国库通货 …………………………………可控制

下降因素

银行外流通领域中的货币 …………………………不可控制

国库库存现金 ………………………………………可控制

美联储的国库存款 …………………………………可控制

[15] 美联储信贷这一为人熟知的类别，它包括购买的美联储资产和贴现票据。

美联储的非成员银行存款 ……………………………不可控制

美联储的未花费资本基金 ……………………………可控制

票据偿还 ………………………………………………不可控制

对1921—1929年这一时期进行全面考察并不能精确地告诉我们在准备金总量变化波动的背后什么是其主要原因。在一段时间内，准备金总量持续上升。而在各种因素中又存在着持续波动，在任意的时段内一些因素上升而另一些则下降，而且不同的时段由不同的因素主宰。表4–7和表4–8描绘了在20世纪20年代各种力量对准备金总量变化的影响。表4–7将1921—1929年分为12个时段，并在每个时段中揭示了各原因要素的变动以及由此产生的成员银行准备金的变动。表4–8将表4–7中的数据转变成月均数据，这样就可以比较各个时段间的相对变动比例。

1921年6月30日，成员银行准备金总计16.04亿美元，8年后达到了23.56亿美元。在这12个时段中，不可控制因素导致准备金下降10.4亿美元，而可控制的准备金上升了17.9亿美元。就二者而言，不可控制因素导致通货紧缩，而很明显，美联储有意加速了通货膨胀的进程。借口说20世纪20年代只是一个“黄金通货膨胀的时代”，而美联储并没有主动抑制这一膨胀，这必然是错误的。黄金从不是主要问题，在任何一个时段，它都没有成为导致准备金增加的主要原因。

在这12个时段中，不可控制因素在其中7个时段中是下降的，而在5个时段中是上升的；可控制因素则在其中8个时段内呈上升趋势，而在另4个时段内下降。在可控制因素中，买入票据在其中9个时段中成为导致准备金变动的关键因素，政府证券在其中7个时段中为关键因素，贴现票据在其中5个时段中为关键因素，国库通货在其中 3 个（前 3 个）时段中是关键因素。每种可控制因素都导致准备金在所有 12 个次时段中做或正或负的变动，如果不计数学符号的正负，将每个时段内准备金变动的绝对值相加，我们发现政府证券的影响是最大的（总体变动数额在 22.4 亿美元），买入票据略低于它（21.6 亿美元），它们之后是新的贴现票据（15.4 亿美元）。[16]

在这 8 年时间中，一开始贴现票据总计 17.5 亿美元，买入票据为 0.4 亿美元，美国政府证券为 2.59 亿美元，未偿还国库通货总计 17.5 亿美元，货币性黄金存量为 30 亿美元 ，流通领域中货币量为 46.2 亿美元。

表 4–7 和表 4–8 由以下诸项构成：贴现票据、买入票据。美联储持有的政府证券和其他信贷构成了美联储信贷。美联储信贷变化（除贴现票据净减少外），加上国库通货、国库现金、美联储的国库存款以及美联储未花费的资本基金的变动值构成了成员银行准备金可控制的变动值。货币性黄金存量、流通领域中的货币和其他美联储存款构成了不可控制的变动值，与可控制的变动值相加得出银行准备金的变动值。体现下降因素实际变动的数学符号与这些因素对准备金所产生的影响是相反的，这样 1921—1929 年流通领域中货币下降了 1.65 亿美元，在表中就应该在准备金变动中加上 1.65 亿美元。

任何对历史时期的划分多少总会有些武断。但之所以采取表 4–7 和表 4–8 中的划分方式，是因为作者相信这一方式最能充分反映出 20 世纪 20 年代几个最重要的时段的情况，这些次时段间的历史数据

---

[16] 新的贴现票据影响准备金变动总值，即在表 4–7 中将贴现票据一项中，所有正值的数据相加。罗斯巴德在前文已说明，贴现票据的增加是新的贴现票据的产生，这是准备金产生影响的可控制因素，而在表 4–7 中所有成负值的数据意味着票据偿还，这是影响准备金的不可控制因素。——译者注

表 4-7 在 1921—1929 年的 12 个时段中，各项因素及准备金的变动

单位：100 万美元

因素	Ⅰ. 1921 年 6 月—1922 年 7 月	Ⅱ. 1922 年 7 月—1922 年 12 月	Ⅲ. 1922 年 12 月—1923 年 10 月	Ⅳ. 1923 年 10 月—1924 年 6 月	Ⅴ. 1924 年 6 月—1924 年 6 月	Ⅵ. 1924 年 11 月—1925 年 11 月	Ⅶ. 1925 年 11 月—1926 年 10 月	Ⅷ. 1926 年 10 月—1927 年 7 月	Ⅸ. 1927 年 7 月—1927 年 12 月	Ⅹ. 1927 年 12 月—1928 年 7 月	Ⅺ. 1928 年 7 月—1928 年 12 月	Ⅻ. 1928 年 12 月—1929 年 6 月
美联储信贷	−996	305	−186	−388	355	235	−60	−268	532	−222	376	−409
贴现票据	−1 345	212	266	−550	−92	446	2	−248	140	449	23	−19
买入票据	100	132	−67	−168	277	45	−36	−151	220	−230	327	−407
美国政府证券	278	−101	−344	339	153	−242	−41	91	225	−402	13	−12
其他信贷	−28	62	−40	−9	17	−14	14	39	−22	−39	10	30
国库通货	115	93	47	14	5	−43	9	12	3	−2	8	7
国库现金	−43	16	2	4	0	5	−2	13	−4	7	−1	−2
国库存款	−16	48	−29	−3	6	−2	0	14	7	−6	1	−13
美联储的未花费资本基金	56	6	−6	21	3	−15	−20	−3	−5	−28	−19	−26
货币性黄金存量	554	100	238	321	39	−130	76	107	−201	−266	28	183
银行外流通领域中的货币	487	−393	−112	80	−203	8	23	175	−157	302	−272	227
其他存款	1	−2	6	0	−6	−4	1	4	2	−3	2	−1
可控制的准备金	462	468	−171	198	461	180	−74	16	564	−251	364	−423
不可控制的准备金	−303	−295	132	−149	−262	−126	100	38	−356	33	−242	390
美联储成员银行准备金	157	173	−39	49	199	54	26	54	210	−220	122	−33

表 4-8　在 1921—1929 年的 12 个时段中，各项因素及准备金的月均变动

单位：100 万美元

因素	Ⅰ. 1921 年 6 月—1922 年 7 月	Ⅱ. 1922 年 7 月—1922 年 12 月	Ⅲ. 1922 年 12 月—1923 年 10 月	Ⅳ. 1923 年 10 月—1924 年 6 月	Ⅴ. 1924 年 6 月—1924 年 11 月	Ⅵ. 1924 年 11 月—1925 年 11 月	Ⅶ. 1925 年 11 月—1926 年 10 月	Ⅷ. 1926 年 10 月—1927 年 7 月	Ⅸ. 1927 年 7 月—1927 年 12 月	Ⅹ. 1927 年 12 月—1928 年 7 月	Ⅺ. 1928 年 7 月—1928 年 12 月	Ⅻ. 1928 年 12 月—1929 年 6 月
美联储信贷	−76.6	61.0	−18.6	−48.5	71.0	2.0	−5.5	−29.8	112.4	−31.7	75.2	−68.2
贴现票据	−103.5	42.4	26.6	−68.8	−18.4	37.2	0.2	−27.6	28.0	64.1	5.0	−3.2
买入票据	7.7	26.4	−6.7	−21.0	55.4	3.8	−3.3	−16.8	44.0	−32.9	65.4	−67.8
美国政府证券	21.4	−20.2	−34.4	42.4	30.6	−20.2	−3.7	10.1	45.0	−57.4	2.6	−2.0
其他信贷	−2.2	12.4	−4.0	−1.1	3.4	−1.2	1.3	4.3	−4.4	−5.6	2.0	5.0
国库通货	8.8	18.6	4.7	1.8	1.0	−3.6	0.8	1.4	0.6	−0.3	1.6	1.2
国库现金	−4.0	3.2	0.2	0.5	0	0.4	−0.2	1.4	−0.8	1.0	−0.2	−0.3
国库存款	−1.2	9.6	−2.9	−0.4	1.2	−0.2	0	1.5	1.4	−0.9	0.2	−2.2
美联储的未花费资本基金	4.3	1.2	−0.6	2.6	0.6	−1.2	−1.8	−0.3	−1.0	−4.0	−3.8	−4.3
货币性黄金存量	42.6	20.0	23.8	40.1	7.8	−10.8	6.9	11.9	−40.2	−38.0	5.6	30.5
银行外流通领域中的货币	37.5	−78.6	−11.2	10.0	−40.6	0.7	2.1	19.4	−31.4	43.1	−54.2	37.8
其他存款	0	0.4	0.6	0	−1.2	−0.3	0.1	0.4	−0.4	−0.4	0.4	−0.2
可控制的准备金	35.5	93.6	−17.1	24.8	92.2	15.0	−6.7	1.8	112.8	−37.3	72.8	−70.5
不可控制的准备金	−23.3	−59.0	13.2	−18.6	−52.4	−10.5	9.1	4.2	−71.2	4.7	−48.4	65.0
美联储成员银行准备金	12.1	34.6	−3.9	6.1	39.8	4.5	2.4	6.0	42.0	−32.6	24.4	−5.5

差异非常大，这一点仅通过对整个历史时期进行评价是体现不出来的。以下描述了各时段中的独特特点。

Ⅰ. 1921 年 6 月—1922 年 7 月（数据均为月末统计情况）。贴现票据从 1920 年开始下降，并从 1921 年 6 月的 17.51 亿美元继续加速下降至 1922 年 8 月的 3.97 亿美元达最低点。准备金信贷总量亦下降至 1922 年 7 月达最低点，流通领域中货币的情况与之相同，于 1922 年 7 月达最低点。因此我们选择 7 月为此时段的最后一个月。

Ⅱ. 1922 年 7 月—1922 年 12 月。准备金信贷总量大幅度上升，于 12 月达顶点，准备金总量的情况与之相同。贴现票据在 11 月达顶点。

Ⅲ. 1922 年 12 月—1923 年 11 月。贴现票据继续上升，在 10 月达顶点。而其间，美国政府证券则大幅度下降，至 10 月达到整个时期中的最低点 0.92 亿美元。这个时段构筑了整个时期的低谷形态。

Ⅳ. 1923 年 11 月—1924 年 6 月。贴现票据突然下降，7 月达谷底。准备金信贷总量于 6 月达谷底。

Ⅴ. 1924 年 6 月—1924 年 11 月。自 1923 年 10 月以来一直呈下降趋势的贴现票据仍然继续下降，1924 年 11 月达谷底。同月，美国政府证券上升至顶点。货币性黄金存量在 1924 年 11 月达顶点。买入票据在 1924 年 12 月达顶点，准备金信贷总量与准备金总量的情况与之相同。

Ⅵ. 1924 年 11 月—1925 年 11 月。贴现票据在 11 月再度上升并达顶点。美国政府证券在 11 月达谷底，准备金信贷总量在 12 月达顶点。

Ⅶ. 1925 年 11 月—1926 年 10 月。美国政府证券在 11 月达谷底，贴现票据在同月则达顶点。这两项因素在这一时期呈无意义的徘徊状态。

Ⅷ. 1926 年 11 月—1927 年 7 月。买入票据在 7 月降至谷底，贴现票据于 8 月达谷底。准备金信贷总量于 5 月达谷底。

Ⅸ. 1927 年 7 月—1927 年 12 月。12 月，美国政府证券上升至顶点，贴现票据、准备金信贷总量和准备金总量与之情况相同。

Ⅹ. 1927 年 12 月—1928 年 7 月。买入票据于 7 月达谷底，与之情况相同的有美国政府证券、准备金信贷总量与准备金总量。在 8 月，贴现票据达顶点。

Ⅺ. 1928 年 7 月—1928 年 12 月。买入票据于 12 月达顶点，准备金总量与之相同，与此同时，在 11 月，贴现票据与准备金信贷达顶点。

Ⅻ. 1928 年 9 月—1929 年 6 月。我们研究的整个时期结束了。

通过研究这些次时段和其中的变化，我们现在可以准确分析 20 世纪 20 年代货币性通货膨胀的全过程了。

对于第Ⅰ时段（1921 年 6 月—1922 年 7 月），粗略地看，我们也许会相信严重的黄金流入是导致通货膨胀的主要原因，而美联储只是没能充分抵销黄金流入带来的不良影响。然而，进一步深入分析后发现，银行以飞快的速度偿还其借贷以至不可控制因素下降 3.03 亿美元。如果政府不采取任何行动，那么成员银行准备金将下降 3.03 亿美元。可是，政府却主动地使准备金增加了 4.62 亿美元，并产生了净增长 1.57 亿美元（取整造成了减法差异）。准备金增长的主要渠道是购买美国政府证券（2.78 亿美元）、国库通货（1.15 亿美元）以及买入票据（1.00 亿美元）。

第Ⅱ时段（1922 年 7 月—1922 年 12 月）中我们可以看到准备金膨胀的速度很快。准备金在Ⅰ时段中平均每月增长 0.12 亿美元，而现在每月增长 0.35 亿美元。不可控制因素再次下降了 2.95 亿美元，但是可控制因素的急剧上升抵销了这种下降效果。可控制因素上升中包括贴现票据（2.12 亿美元）、买入票据（1.32 亿美元）以及国库通货（0.93 亿美元）。

在第Ⅲ和第Ⅳ时段（1922 年 12 月—1924 年 6 月）我们看到通货膨胀近于停滞。实际上第Ⅲ时段（1922 年 12 月—1923 年 11 月），准备金稍微下降（平均每月 600 万美元），而在第Ⅳ时段则小幅上升。同时，银行存款则几乎持平，成员银行活期存款保持在 135 亿美元左右。然而在这一时期，存款总额和货币供给总量上升相对较多，这一增长是由于银行将存款转至定期存款而造成的（1923 年 6 月—1924 年 6 月活期存款上升 0.45 亿美元，而定期存款上升 15 亿美元）。货币供给总量上升 30 亿美元。1923 年 5 月—1924 年 7 月发生了一次不太严重的小规模萧条，这正是经济对通货膨胀速度放缓的反应。

在第Ⅲ时段准备金略微下降是由出卖美国政府证券（–3.34 亿美元）和票据持有量的下降（–0.67 亿美元）引起的。这确实是一种减少，也正抵销了不可控制因素 1.32 亿美元的上涨。如果不是美联储增加了贴现（2.26 亿美元），如果国库通货没有上升（0.47 亿美元），准备金下降产生的效果可能更为显著。

但是，第Ⅳ时段（1923 年 11 月—1924 年 6 月）开始重复第Ⅰ时段的情况，通货膨胀重新开始。这一时期不可控制因素下降 1.49 亿美元，然而可控制因素上涨 1.98 亿美元，将非控制因素下降的数额抵销。可控制因素上升是由政府证券的大量买入（3.39 亿美元）造成的，这时政府证券的月均购入量是 20 世纪 20 年代最大的（月均 0.424 亿美元）。

第Ⅴ时段是这一时期以来，准备金膨胀速度最快的一个时段，增长到顶峰时超过了此前 1922 年后期达到的顶点。准备金每月增长 0.398 亿美元。这一次通货膨胀又是蓄意的，当不可控制因素下降 2.62 亿美元时，它又被人为的 4.61 亿美元的上涨抵销了。导致通货膨胀的主要因素是买入票据（2.77 亿美元）和美国政府证券（1.53 亿美元）。

在之后的 3 个时段内，通货膨胀的速度大幅度放慢，但它仍在继续。1924 年 12 月 31 日—1927 年 6 月 30 日，准备金上升 7.5 亿美元；所有银行调整后的活期存款存量上升 11 亿美元。而同期定期存款却上升 43 亿美元，这有力地证明了银行的能力，正是银行吸引顾客将其存款从活期存款转向定期存款，与此同时储蓄和信贷股份以及人寿保险公司准备金也上涨了 43 亿美元。1926 年，货币供给量的膨胀率明显地放慢了，这也就引起了 1926 和 1927 年间出现了又一次不算严重的经济萧条。

第Ⅵ时段（1924 年 11 月—1925 年 11 月），不可控制因素使准备金减少，可这种趋势又一次被可控制因素导致的准备金上升所抵销；对准备金上升起作用的因素是贴现票据（4.46 亿美元）和买入票据（0.45 亿美元）。

第Ⅶ时段（1925 年 11 月—1926 年 10 月）是自第Ⅲ时段以来，不可控制因素第一次使准备金上升。但是，与上一次相反，这次美联储没有充分抵销这些因素的影响，尽管通货膨胀程度非常小（每月只有 240 万美元）。

在第Ⅷ时段（1926 年 10 月—1927 年 7 月），通货膨胀的程度仍很小，但是令人不安的是，联邦继续使货币膨胀，而并没有阻止膨胀的进程；可控制与不可控制因素都在使准备金增加。这应归咎于美国政府信贷（0.91 亿美元）和其他信贷（0.30 亿美元）的影响。

第Ⅸ时段（1927 年 7 月—1927 年 12 月），通货大量而迅速地膨胀，膨胀数额已超过了之前在 1922 年后期以及在 1924 年所达到的高峰。准备金月平均增长率在 1927 年后期达 0.420 亿美元。不可控制因素再次下降，却又一次被可控制准备金的大量上升抵销，这一上升是由买入票据（2.20 亿美元）、美国政府证券（2.25 亿美元）和贴现票据（1.40 亿美元）的上涨造成的。

20 世纪 20 年代，第Ⅹ时段是（准备金）大幅度紧缩的时期。不可控制因素上升，但可控制性因素大幅度上升，将之抵销。贴现票据上升（4.09 亿美元），但是美国政府证券（−4.02 亿美元）和买入票据（−2.30 亿美元）的下降造成了通货紧缩。准备金下降了超过 2 亿美元，使得成员银行活期存款下降大约 6 亿美元。而定期存款上升超过 10 亿美元，人寿保险公司准备金上升 5.5 亿美元，这样从 1927 年末到 1928 年中期，货币供给总量大幅度上升，上升额达 15 亿美元。

由于繁荣在这几年仍在持续，繁荣的动力仍在增加，如果要避免大萧条的发生，美联储就必然要加大其通货紧缩力度。正如我们所见，1928 年前半期的准备金紧缩还不足以抵销存款款额向定期存款转移及其他原因造成的货币供给量的上升。而在 1928 年后半期美联储恢复了通货膨胀计划，这是灾难性的。在第Ⅺ时段，不可控制因素造成准备金下降，这一趋势被蓄意的正增长抵销（可控制因素 3.64 亿美元的上升对比不可控制因素 –1.22 亿美元的下降）。这次罪责当归于买入票据，它上升了 3.27 亿美元，而其他所有准备金财产只是略微上升。整个 20 世纪 20 年代，第Ⅺ时段的买入票据月均增长幅度最大（0.654 亿美元）。

在最后的第Ⅻ时段中，形势明显发生了急转。不可控制因素上升 3.9 亿美元，但被不到 4.23 亿美元的可控制的准备金下降抵销，买入票据下降 4.07 亿美元，占了下降数额的绝大部分。准备金总量下降

0.33 亿美元。成员银行活期存款在 1928 年 12 月达到顶点后下降约 1.80 亿美元。活期存款总量下降 5.40 亿美元。

相比第Ⅹ时段的通缩，这一时段中的通货紧缩所产生的影响应该更大，但为什么这种情况没能产生呢？迄今为止，我们无法回答这个问题。确实，比较前一阶段的 2.28 亿美元，这一时段准备金总量只下降了 0.33 亿美元。成员银行存款下降得更少（1.80 亿美元，而前者为 4.50 亿美元），活期存款总量下降程度则大致相同（5.40 亿美元比 4.7 亿美元）。然而，主要的区别在于：在第Ⅹ时段，定期存款上升 11 亿美元，这保证了全国通货和存款总量上升了 6.00 亿美元的存款额。可在第Ⅻ时段，定期存款实际上下降 0.70 亿美元，而远非上升。存款总量也因此下降 5.1 亿美元，与此同时，货币供给总量略微上升，这是由人寿保险准备金继续上升造成的。定期存款再也没有像 1923 年和 1928 年那样对经济产生帮助，货币供给总量只是从 1928 年末的 730 亿美元上升到 1929 年中期的 732.6 亿美元。1921 年 6 月以来，货币供给量第一次停止上升，并几乎保持恒定。20 世纪 20 年代的大繁荣此时已过去，同时大萧条已经开始。然而，直到 11 月份股票市场最后发生暴跌，这个国家始终没有发现这一变化。

国库通货

在较早的 1921—1923 年，国库通货的上升对通货膨胀起到巨大的作用。国库通货发生巨大变化，这非同寻常，然而正如我们所见，在 1921—1929 年余下的时间中这样的情况确实发生了。国库通货在 1921—1923 年的增长令人吃惊，而其增长中几乎全是银券，银券以 100% 代表了国库持有的银条（在第Ⅰ—Ⅲ时段，国库通货的

2.25 亿美元的上升中，2.11 亿美元为银券）。1918 年，《皮特曼法案》应战时之需，准许美国政府向英国出售白银，结果使得国库白银存量以及可以 100% 兑换这些白银的银券数额下降。然而 1920 年 5 月，为了履行《皮特曼法案》规定的责任，按照已上涨的每盎司 1 美元的价格购买银条直至存量再度饱和，国库开始购买银条，这一购买方案是对国内银矿开采者的补贴，而它使银行准备金膨胀。这项白银购买政策实际在 1923 年中期已结束。为履行威尔逊政府的责任，财政部被迫根据《皮特曼法案》从事白银购买活动。哈定政府本可以取消《皮特曼法案》，但这届政府没那么做。所以可以说白银购买政策令这届政府蒙羞。[17]

贴现票据

我们已经看到贴现票据在刺激通货膨胀中起到了重要作用。在 1923 年、1925 年和 1928 年，美联储卖出政府证券，并至少在 1923 年和 1928 年减持承兑汇票，这些举措是反通货膨胀的，此时，贴现票据却帮助了银行。这时，贴现票据继续推动了通货膨胀。人们认为美联储起的作用是“最后的借贷者”，而问题就在这里，美联储差不多总是消极地等待银行前来申请，然后给它们贴现。但这就是美联储采取的政策，尽管这一政策可以在任何时候被改变。美联储只需要通过确定或改变再贴现利率就可以使自己对这些贴现产生影响。

大量贴现包括再贴现商业票据（包括商业的、农业的和工业的）

---

[17] 关于皮特曼法案（Pittman Act），参见 Edwin W. Kemmerer, *The ABC of the Federal Reserve System* (9th ed., Princeton, N.J.: Princeton University Press, 1932), pp. 258–262.

以及预支银行期票，预支款须以美国政府证券为抵押。在1921—1929年这个时期开始时，贴现的法定最长还款期是90天，而农业票据的贴现期可以达到6个月。1923年3月，国会又将农业票据的这一特权延长至9个月，而美联储也被授权向新成立的所有联邦中期信贷银行持有的农业票据进行再贴现。更重要的是，联邦储备委员会改变其初衷，它原打算对首次借贷的借款人进行细致的信贷分析，而现在却要看贴现银行是否具有明显的清偿能力，或直接帮助困境中的银行脱离困境。[18] 这一放松政策使得再贴现的数量大大增加。

如果美联储要通过调整再贴现利率使贴现情况得以改变，那么它当然应该将这一利率调整到"罚息"的位置，即让该利率足够高以至于银行将会因为从这里借贷而蒙受损失。比如，如果一家银行可以从它的贷款和投资中获得5%的利息，美联储就要设定一个高于5%的再贴现利率，比如8%，那么银行只有在十分紧急的情况下才会借款，而那时正是它极度需要准备金之时。另外，如果再贴现利率低于市场利率，银行则会十分乐于借款，比如以4%利率借入并以5%利率再次借出。为限制银行贴现，那么，必然要在市场上采取一项永久性的罚息。

在20世纪20年代早期，有一种重要的意见认为联邦储备委员会应该根据英国中央银行的传统维持罚息，但不幸的是，这一意见的支持者只是希望此利率施于最低收益贷款——主要是商业票据。这一罚息并无多大效果，因为银行可以贴现并向较危险的贷款人提供信贷，然后从中得利。一个真实有效的罚息则会保持再贴现利率

[18] 参见 H. Parker Willis, "Conclusions," in H. Parker Willis, et al., "Report of an Inquiry into Contemporary Banking in the United States" (typewritten ms., New York, 1925), vol. 7, pp. 16–18.

高于所有银行贷款利率。

在早先的几年，关于在主要商业证券之上设立并不严重的罚息这一提案，政府内部也分歧重重。3 个主要的货币权力中心为财政部、联邦储备委员会和纽约联邦储备银行，在我们所研讨的整个时期中，他们在权力、政策上都存在着分歧。首先，美联储的领导者希望设立罚息，而财政部反对这一意见：例如，联邦储备委员会在 1920 年年度报告就许诺要设立罚息。[19] 然而，到 1921 年中期，美联储开始衰弱了，联邦储备委员会主席哈定（W. P. G. Harding）由于政治原因改变了自己的看法。纽约联邦储备银行总裁本杰明·斯特朗（Benjamin Strong），这个有力的领导者也在同时转变了他的想法，结果，从那时起罚息的主张再也没有被提及。

关于贴现政策的另一个问题是美联储是否应该持续地向银行提供借贷，还是只在紧急时刻提供借贷。[20] 虽然反通货膨胀主义者一定会对二者都不满意，但持续借贷的政策毕竟会造成更大程度的通货膨胀，因为它持续地刺激了货币膨胀。美联储的最初的意见是进一步促进持续的信贷，但在 20 世纪 20 年代早期，他们倾向于只提供紧急信贷。确实，在 1922 年 11 月的会议上，美联储管理机构认可了纽约联邦储备银行官员皮埃尔·杰伊（Pierre Jay）的建议，联邦储备委员会只提供季节性的和紧急的信贷与通货，同时由于阻止信贷膨胀的必要性，这一建议也要受到限制。然而，1924 年初期，美联储放弃了这一条例，其在 1923 年年度报告就支持了下文中的灾难性政策：

[19] 参见 Seymour E. Harris, *Twenty Years of Federal Reserve Policy* (Cambridge, Mass.: Harvard University Press, 1933), vol. 1, pp. 3–10, 39–48.

[20] 上引书，第 108 页及以下诸页。

当商业社团的需求超过了属于它们自己的独有资源，商业银行就转向了美联储，美联储是它们的源泉。美联储在商业扩张期供给按人们的需要追加信贷，而在商业的衰退期让松弛的经济再度高速运转。[21]

如果说美联储在繁荣期要拓展信贷，而在萧条时期，显然美联储的政策不加掩饰地提升持续而永久的通货膨胀。

最后到 1926 年早期，皮埃尔·杰伊自己也放弃了他的信条，“紧急信贷”的意见已成为过去。

在整个 20 世纪 20 年代，美联储不仅始终使再贴现利率低于市场利率，并持续提供贷款，在再贴现利率必须上升时，它还延误了上升。例如在 1923 年和 1925 年，美联储否决了限制信贷的计划，并阻止再贴现利率上升，这种情况一直维持到很晚，同样在 1928 和 1929 年，利率都没有足够抬高。[22] 之所以这么做，原因之一在于美联储希望为商业提供“足够的”信贷，同时它担心提高利率会伤害“合法商业”。当美联储建立之时，财政部部长威廉·G. 麦卡杜（William G. McAdoo）宣布一项政策，使联邦储备委员会在整个 20 世纪 20 年代和大萧条期间继续借贷：

《联邦准备金法案》的主要目的是改变和加强我们的银行系统，商业和农业企业需要扩大信贷资源，信贷资源几乎将自动存在，并使利率低得足以刺激、保护和繁荣各种合法商业。[23]

---

[21] Federal Reserve, *Annual Report, 1923,* p. 10; 转引自同前注书，第 109 页。

[22] 参见 Phillips, et al., *Banking and the Business Cycle,* pp. 93–94.

[23] Harris, *Twenty Years,* p. 91.

通过激励合法的伪造货币，并将这些政府认可的货币借贷给受优惠的商业和农业企业，这样，美国就开始实施给20世纪带来灾难的通货膨胀政策，结果就是随后的萧条。

早在1915年和1916年，多位联邦储备委员会理事就敦促银行向美联储申请贴现，并要求扩大信贷，通货监理官约翰·斯凯尔顿·威廉斯（John Skelton Williams）敦促农民借贷并持有手中的粮食以谋取高价。战后，这项政策被充分地延续下去。20世纪20年代，通货膨胀开始时，联邦储备委员会发布公告称只要在法律允许的范围内，美联储将为农业收割和市场运作进一步提供信贷。而且在1921年早期，财政部部长安德鲁·梅隆（Andrew Mellon）私下力劝美联储应刺激商业并降低贴现利率；记录说明他的建议受到了充分关注。联邦储备委员会理事詹姆斯（James）在1926年向其同事表示美联储的目标正是“服务于国家的农业、工业和商业”，没有人坚决反对他。同样在1926年，奥利弗·M. W. 斯普雷格（Oliver M. W. Sprague）博士作为美联储的经济学家和一位有影响力的建议者，建议不能马上提高再贴现利率，因为自1921年以来商业已开始自发运作，而正是那一年联邦准备金信贷很容易就可以得到。商业当然不能衰退。[24] 由于担心高额利率不能充分适应商业的需求，美联储在1928年和1929年出台的贴现政策是软弱的。

低贴现率的通货膨胀政策是哈定政府和柯立芝政府重要而显著的特征。在上任以前，哈定总统便敦促降低利率，在他当选之后又反复宣称打算降低贴现利率。1924年10月24日，约翰·卡尔文·柯立芝（John Calvin Coolidge）总统在其著名的选前演说中许诺会继续保持低

---

[24] Oliver M.W. Sprague, “Immediate Advances in the Discount Rate Unlikely,” *The Annalist* (1926): 493.

利率，还表示“降低贴现率已经成为这届政府的一项政策”。两位总统所任命的联邦储备委员会成员都是倾向于这一政策的。[25] 战争金融公司主席尤金·迈耶（Eugene Meyer）警告各银行，如果它们不向农业贷款机构进行贴现，它们就在“损害公众的利益”。[26] 尽管诸如纽约商人协会主席等人就向农场主提供美联储信贷一事警告了柯立芝，但其他人则要求进一步的通货膨胀：内布拉斯加州众议员建议以 1.5% 的利息向农场主提供中期国库券，参议员马格纳斯·约翰逊（Magnus Johnson）强烈要求最高再贴现利率为 2%，国家农民劳动党要求所有银行国有化。他们普遍要求向产业提供低息和足够的信贷，同时美联储的政策还要考虑到帮助英国避免由其自身货币政策而带来的恶果，这样就导致美联储始终力图避免提高贴现利率。在 1928 年后期和 1929 年，美联储显然出于需要通过具有性质信贷学说色彩的“道德劝说”渡过难关。道德劝说是在试图确保向“合法”的产业提供足够信贷的同时，拒绝向“非法”股票市场投机者提供这一信贷。正如我们所见，这些隔离信贷市场的做法必定会遭受自我失败，为两种在法律上差不多的商业活动贴上不同的道德标签是有危害性的。

道德劝说出现在 1929 年 2 月美联储致多家联邦储备银行的信中，这封著名的信警告这些联邦储备银行，许多成员银行已经越出它们的

[25] 参见 H. Parker Willis, “Politics and the Federal Reserve System,” *Banker's Magazine* (January, 1925): 13–20; 同前, “Will the Racing Stock Market Become A Juggernaut?” *The Annalist* (November 24, 1924): 541– 542; and *The Annalist* (November 10, 1924): 477.

[26] 1921 年前是战争金融公司的鼎盛时期，当时国会扩大了授予该公司的贷款权力，并将之重组，使之可以向农业合作社提供资本贷款。此外，联邦土地银行系统在 1916 年向农业协会提供抵押贷款，借贷重新开始，更多的国库资本基金被授权使用。最后，国会中的农业集团促使国会通过了 1923 年农业信贷法案，以此法案建立了 12 个政府性质的联邦中期信用银行，它们可以向农业协会提供贷款。参见 Theodore Saloutos and John D. Hicks, *Agricultural Discontent in the Middle West,1900 1939* (Madison: Univ-ersity of Wisconsin Press, 1951), pp. 324–340.

权力进行投机性贷款，并建议对联邦准备金信贷的投机行为进行限制，但同时美联储仍然要求保证对商业活动的信贷。美联储的举措回避了纽约联邦储备银行的要求，纽约联邦储备银行曾一再要求将再贴现利率从5%升至6%，而这项无力的措施直到1929年后期才得以实施。尽管在1927年，纽约银行在所有机构中是引发通货膨胀较严重的一个，之后纽约银行采取了一项比较敏感的政策：普遍信贷限制，例如提高再贴现利率，而此时，在这个特别危险的时期——1929年，联邦储备委员会则因为相信性质信贷学说而犯下了错误。联邦储备委员会竟然要求纽约银行为凡是商业用途的申请可以任意接受，并提供足够的款额。[27] 离任后的本杰明·斯特朗一直认为指定银行贷款的用途是不可能的，他指出问题出在贷款数量上而不是贷款的性质上。纽约银行不断强调这一观点，并拒绝遵从联邦储备委员会的指示，它重申不应关注银行贷款的问题，而更应注意到准备金和存款的问题。[28] 纽约银行拒绝听从联邦储备委员会要求履行道德劝说，于是联邦储备委员会在5月1日写了一封信，信中列出一些成员银行的名单，这些银行向美联储持续借贷，同时又提供了“太多”股票贷款，联邦储备委员会要求纽约银行对它们进行相应地处理。在5月11日，纽约银行断然拒绝了这一要求，重申银行有权向股市提供贷款，同时也没有办法决定哪种贷款是投机的。6月1日，联邦储备委员会屈服了，它

---

[27] 参见 Harris, *Twenty Years,* p. 209.

[28] 纽约花旗银行总裁查尔斯·E. 米切尔由于所谓的反对联邦储备委员会政策并阻止道德劝说政策，受到了多年的埋怨，他在股市危机将至之时插手向股市提供贷款。但是，现在我们知道米切尔和纽约其他主要的银行都只是遵照纽约美联储总裁和整个联邦储备委员会的意见行事，显然美联储甚至都没有勇气维持它深信的原则。参见 Anderson, *Economics and the Public Welfare,* p. 206.

放弃了道德劝说政策。然而，直到 8 月它才提高了再贴现利率。[29]

除了遭到纽约银行的拒绝，道德劝说政策的失败还源于其自身，因为非银行出借人取代了银行出借人，但却使用来自银行的基金向股票市场提供贷款。这一必然的结果使信贷性质论者感到惊奇和迷惑，而股市则继续令人欣喜的高涨。[30]

股票市场贷款不会比其他任何形式的贷款更糟，道德劝说错误地回避了对信贷数量加以限制的必要，而政府对于某种贷款形式的特殊支持则在两方面显得很重要：（1）政府鼓励某一类型的信贷易导致银行信贷总量的膨胀；（2）过度刺激这一特定类型的信贷，会使得萧条时期的调整过程变得更加困难。因此，对于政府在 20 世纪 20 年代刺激股票市场的重要事例，我们必须仔细研究。尽管不像准备金和货币供给量的上升那样重要，这种特别的扶持也会刺激货币数量的增加，同时也会造成股票市场特殊的扭曲现象，这在萧条时会带来更大的麻烦。

对股市膨胀的一条重要扶持措施是美联储的政策使同业拆借利率（以此银行向股票市场提供贷款）特别低。在美联储建立之前，同业拆借利率通常都远远超过 100%，但是美联储建立后，同业拆借利率

---

[29] 参见 Charles O. Hardy, *Credit Policies of the Federal Reserve System* (Washington, D.C.: Brookings Institution, 1932), pp. 122–138. 劳伦斯 · F. 克拉克 (Lawrence E. Clark) 博士，H. 帕克 · 威利斯的追随者，他认为当时的纽约联邦储备银行主席盖茨 · 麦加拉 (Gates McGarrah) 先生之所以反对道德劝说是因为他自己也忙于股票市场投机，并为此从事银行借贷。可是，如果这是理由，麦加拉就根本不会力谏抬高再贴现利率，而事实与此恰恰相反。如果真按克拉克所说，那麦加拉会反对所有抑制通货膨胀的主张。参见 Lawrence E. Clark, *Central Banking Under the Federal Reserve System* (New York:Macmillan, 1935), p. 267n.

[30] 美联储前主席 W. P. G. 哈定对道德劝说政策进行了彻底地批评。然而，可能由于财政部部长梅隆的坚持，这项政策一直在实施，而梅隆却极力反对提高再贴现利率。见 Anderson, *Economics and the Public Welfare*, p. 210.

从没有超过 30%，甚至很少超过 10%。[31]

导致股市膨胀的一项重要原因是伸缩性汇率政策使得通知贷款利率（由银行贷款给股票市场）保持在很低的位置。在美联储确立之前，通知贷款利率经常超过 100%，然而自它建立伊始，这项利率就从未超过 30%，即使 10% 也很少超过。纽约联邦储备银行与纽约证券交易所紧密合作，同时在后者的建议之下，同业拆借利率被银行控制在这样低的水平。纽约联邦储备银行还一直向华尔街的银行提供贷款以调节同业拆借利率。

另一个推动股票市场繁荣的方法是一系列激动人心的公众演说，一旦股市出现衰退迹象，这些演说就被用来刺激进一步的繁荣。在这种意义上柯立芝总统和财政部部长梅隆就是“华尔街斗牛士的助手”。[32]1927 年 1 月，当股市的繁荣开始衰退时，财政部部长梅隆又重新使股市上升。接着在 2 月股市大涨，3 月趋于稳定，随后梅隆宣布财政部打算于次年 9 月以 3.5% 的准备金兑换券偿还 4.25% 的自由公债。他预计利率会降低（准确地说，这是由于随后的货币性膨胀而造成的），并敦促在市场上使用这一低利率。这一声明使股票价格在 3 月再度上升。3 月后期，繁荣又呈衰弱之势，之后梅隆再一次保证实行低贴现利率，同时他描绘了低利率贷款将给人们带来的美好前景。他说：“我们拥有充足的低利率信贷，这足以应付所有可能发生的经济事件。”股票继续上扬，但是在 6 月小幅下跌。这时，柯立芝总统出面充当了救星，他激发了每个人的乐观主义精神。股市也因此

[31] 参见 Clark, *Central Banking,* p. 382. 同业拆借利率在 1928 年很少超过 8%，在 1929 年很少超过 10%。参见 Adolph C. Miller, “Responsibility for Federal Reserve Policies: 1927–1929,” *American Economic Review* (September, 1935).

[32] Ralph W. Robey, “The Capeadores of Wall Street,” *Atlantic Monthly* (September, 1928).

再次强劲反弹，只是在 8 月表现较糟，那是因为柯立芝总统宣布他将不再竞选连任。在进一步反弹以及接下来发生的萧条之后，柯立芝曾首当其冲地发表了极度乐观的言论。此外，梅隆和柯立芝大声宣告一个永远繁荣的“新时代”带来了，这乐观的言论再次为股市注入了活力。《纽约时报》（*The New York Times*）在 10 月 16 日宣称华盛顿成为大多利好消息的源头，这表明人们越来越依赖于华盛顿为股市注入强心针。

买入票据——承兑汇票

表 4-7 和表 4-8 揭示了买入票据在 20 世纪 20 年代的巨大影响。尽管美国政府证券买卖受到公众更多的关注，但买入票据至少也与贴现票据同样重要，而事实上它更加重要。1921 年和 1922 年买入票据引起准备金信贷大规模膨胀，在 1924 年的通货猛增中，它比政府证券的重要性都突出，而在 1927 年的通货猛增中，它与政府证券同等重要。此外，在 1928 年下半年，买入票据单独刺激了通货膨胀。

这些买入票据全都是承兑汇票（其中几乎都是银行承兑汇票），而在所有美联储的政策中。美联储对于承兑汇票的政策是最为奇怪，同时又是最为不合理的。如同债券一样，承兑汇票在公开市场上买卖，并为银行提供准备金，而这些银行又无任何责任偿还这项准备金（就像贴现的形式一样）。另外，尽管美联储在买卖政府证券时拥有自由，但在买卖承兑汇票时这种自由由于其自身原因而受到束缚。美联储坚持将承兑汇票的利率设定在低位，这样带来了资金，并在这个国家中完全生造了一个完整的承兑汇票市场，同时美联储承诺会购买所有以确定低的利率出售的票据。[33] 美联储在美国创造了一个人为的承兑汇票市场，并为它提供了大量资金，同时购买以人为的低利率出售的所有票据。从两个方面讲，它都是一项不可饶恕的政策：它造成了巨大的通货膨胀，同时它牺牲了大众的利益却给小部分人带来了特权。

在欧洲，承兑汇票长久以来被当作货币的一种形式广泛使用，而美国的承兑汇票市场非常狭小，同时，美联储为这个市场带来了资金，这使美联储成为承兑汇票最主要的买家。[34] 这完全是一个美联储制造的市场，它只用于国际贸易或者纯粹的国外交易中。1928—1929年，银行通过承兑汇票贷款避免了向美联储直接贷款，这就是利用了美联储的这个市场和很低的承兑汇票利率。当美联储买入承兑汇票，银行为获得准备金而付出的代价比通过贴现的代价要少，而且也不必偿还。因此，1929 年承兑汇票在通货膨胀中的作用是显著的，同时它使得美联储限制信贷的努力化为乌有。

除了在自己的账户上持有承兑汇票，美联储还充当了国外中央银行的代理人买了大量的承兑汇票。进一步说美联储在国外账户购买承兑汇票时的利率比在自身账户购买时还要低，这样就为与国外政府交易提供了更多的资金。这些承兑汇票还不属于“买入票据”，但它们经美联储背书核准，这些背书在危机时期成为美联储的负担；1931 年的情况就是这样。美联储的这些承兑汇票购自成员银行、非成员银

[33] 借款人把承兑汇票出售给承兑汇票经纪人或者“承兑汇票银行”，它们转而将这些票据出售给最后的投资者——这里，当然是美联储。

[34] 这样，在 1927 年 6 月 30 日，全美未偿付的银行承兑汇票中，有超过 26% 被美联储用其自身账户持有，另外 20% 也被美联储用其国外账户（外国的中央银行中）持有。于是，美联储持有了所有银行承兑汇票中的 46%，同样的持有比例还出现在 1929 年 7 月。参见 Hardy, *Credit Policies*, p. 258.

行和私营的承付所——国外账户中购买的票据全来自私营经纪人。[35]

第一次大规模投资承兑汇票是在 1922 年，与此同时，联邦储备委员会允许纽约联邦储备银行自行调节承兑汇票政策。美联储持有的承兑汇票从 1 月份的 0.75 亿美元上升至同年 12 月的 2.72 亿美元。尽管美联储一直将承兑汇票的购买利率保持在低于再贴现利率的水平，可是作为美国最重要的承兑汇票银行家，同时也是美国美联储的缔造者之一的保罗・沃伯格（Paul M. Warburg）却仍然希望降低承兑汇票购买利率。[36] 另外，财政部副部长 S. 帕克・吉尔伯特（S. Parker Gilbert）对这偏袒某些人利益的利率表示反对，但是，美联储继续对购买承兑汇票进行扶持，纽约银行在很大程度上是这一政策的始作俑者。[37] 的确，只是在 1929 年上半年，美联储部分放弃了其财政扶持的政策，至少使承兑汇票购买利率高于再贴现利率，这样，美联储就大幅度削减了承兑汇票的持有量。事实上，承兑汇票的减持几乎是 1929 年准备金的下降的唯一因素，而在这一年，20 世纪 20 年代的通货膨胀也走到了尽头。

为什么美联储要在这个国家重新制造承兑汇票市场，并且不同寻常地对之进行巨额的资金扶持？唯一合理的解释集中在保罗・沃伯格所起的影响上。沃伯格曾是德国的投资银行家，后来来到美国成为库恩・罗伊比公司的合伙人，又是美国美联储的创始人之一。他工作多年，将中央银行体制引入在当时被认为是十分落后的美国银行体制中，然而这一工作是值得怀疑的。第一次世界大战后以及 20 世纪 20 年代的这段时间，沃伯格始终担任极具影响力的联邦顾问理事会的主席，该机构由法

---

[35] 参见 Senate Banking and Currency Committee, *Hearings On Operation of National and Federal Reserve Banking Systems* (Washington, D.C., 1931), Appendix,Part 6, p. 884.

[36] 参见 Harris, *Twenty Years,* p. 324n.

[37] 美联储中一半的承兑汇票都被纽约联邦储备银行持有；更重要的是，几乎所有的承兑汇票买卖都是纽约银行完成的，然后再以一定的比例分配给其他储备银行。参见 Clark, *Central Banking,* p. 168.

定的银行家组成，他们为美联储提供政策意见。美联储扶持承兑汇票市场的最大受惠者显然就是沃伯格。从1920年纽约国际承兑汇票银行建立开始，沃伯格就担任这家世界上最大的承兑汇票银行的委员会主席。同时，他担任了重要的威斯廷豪斯承兑汇票银行和其他几家承付所的董事。他还是成立于1919年的美国承兑汇票理事会的创建者和该理事会执行委员会的主席。沃伯格从20世纪20年代的承兑汇票政策中受益匪浅，不能不说这与他在美联储中的主导作用有关。可以肯定的是，再也没有别的理由可以充分说明为何要采纳这种奇特的承兑汇票政策。确实，沃伯格曾宣称正是他成功地说服了美联储放宽对承兑汇票交易的核准规定，确定扶持利率，并以此利率购买所有出售的承兑汇票。[38] 最后需要指出的是，沃伯格是本杰明・斯特朗的密友，而本杰明・斯特朗作为纽约银行的管理者，始终热衷于承兑汇票的资金扶持政策。[39]

联邦政府在《联邦准备金法案》设立之后就逐步扩大了承兑汇票市场的范围。在这之前，国家银行被禁止购买承兑汇票。该法案制定以后，国家银行可以购买对外贸易中的承兑汇票，但最多只能使用其资产和盈余的50%进行购买。随后该法案的修正案将这个限额提高到资产和盈余的100%，然后又提高到150%，同时，其他类型的承兑汇票——“美元汇票”和国内承兑汇票也被允许购买。然而，在英国就严格规定承兑汇票交易必须附有单据，以表示出明确的货物

---

[38] 参见沃伯格1923年1月19日就任美国承兑汇票理事会前的主席演说。见 Paul M. Warburg, *The Federal Reserve System* (NewYork: Macmillan, 1930), vol. 2, p. 822. 当然，沃伯格本打算扩大资金扶持。即使沃伯格在1929年3月对通货膨胀提出警告，但这不能说明什么，他同时哀叹：我们“没有能力发展一个遍及全国的票据市场”。*Commercial and Financial Chronicle* (March 9, 1929): 1443–1444; also see Harris, *Twenty Years*, p. 324.

[39] 参见 Lester V. Chandler, *Benjamin Strong, Central Banker* (Washington,D.C.: Brookings Institution, 1958), p. 39 各处。只是因为沃伯格和J. P. 摩根公司的亨利・戴维森 (Henry Davison) 的坚持，所以斯特朗接受了纽约银行的职位。

流向。联邦储备委员会也曾试图对承兑汇票加以类似的限制，然而在 1923 年，迫于纽约储备银行的压力，它同意“金融票据”不必附加单据。1921—1922 年，纽约储备银行和其他储备银行被赋予了更大的权力，它们从此可以购买纯粹的国外承兑汇票，而且许可中的汇票偿还期由 3 个月上升至 6 个月。1923 年，作为农业信贷计划的一部分，美联储将再贴现农业承兑汇票所能允许的还期提高至 6 个月。[40]1927 年，票据即便是在货物脱手后开出也被认为是有效的。[41]

在至关重要的 1928 年和 1929 年，由于限制放宽，代表国际间货物流向或仓储的纯粹国外承兑汇票在美联储持有的承兑汇票中突然显得十分重要，而之前美联储持有纯粹的国外承兑汇票的数额却几乎为零。特别是在 1929 年下半年，国外承兑汇票的购买使得所有阻止经济膨胀的尝试都落空了。1928 年，先前采取的限制信贷的办法已经开始逐步遏止通货膨胀。但在 8 月，美联储有意改变了它在承兑汇票市场上的货币紧缩政策，联邦储备委员会授权各联邦储备银行大量购买承兑汇票以满足信贷需求。[42] 这一政策上的转变在很大程度上是因为：选举年带来的要求降低信贷利率的政治压力，同时人们担心欧洲国家奉行的高利率政策会影响美国，这两个原因占了主导作用。但除此之外，还有一个与国外承兑汇票市场有关的特殊原因。

与旧有的承兑汇票形式相比，纯粹的国外承兑汇票代表了待出售的库存货物，而非那些由特定的卖家发送给买家的货物。[43] 买

[40] 参见 H. Parker Willis, “The Banking Problem in the United States,” in Willis, et al., “Report of an Inquiry into Contemporary Banking in the United States,” pp. 1, 31–37.

[41] 参见 A.S.J. Baster, “The International Acceptance Market,” *American Economic Review* (June, 1937): 298.

[42] 参见 Charles Cortez Abbott, *The New York Bond Market, 1920–1930* (Cambridge, Mass.: Harvard University Press, 1937), pp. 124ff.

[43] 参见 Hardy, *Credit Policies*, pp. 256–257. 也见 *Hearings, Operation of Banking Systems,* Appendix, Part C, pp. 852ff.

入大量的承兑汇票正是为未出售的存货提供资金，而这些存货来自中欧国家，特别是德国。[44] 德国承兑汇票持有量的增大又是怎样造成的呢？作为美国经济大规模膨胀所引致的结果，国外公债的发行扩大了国外放贷。而美国的经济膨胀在 1924 年开始，并于 1928 年中期达到顶点。这是美国的信贷扩张，特别是低利率政策所导致的，而低利率政策的起因则是信贷扩张。正如我们即将在下文看到的那样，这些问题都是美联储管理机构有意为之所至。德国是在经济膨胀时期向美国市场借贷的主要借贷人之一。德国当然缺少资金，其资金被战争掠夺，而后又被它那毁灭性的通货膨胀政策洗劫，资金短缺的情况在 1923 年后期达到顶点。然而，如人们所知，在美国发行的德国公债并未给德国带来资金。这些贷款主要是提供给德国地方和中央的政府机构，而非德国的私营企业。这贷款甚至使德国的资金更加稀少，这是因为在对生产要素的争夺中，现在，地方政府比私营企业更有竞争力。[45] 对于巨大的信贷，许多德国要员，特别是德国国家银行行长贾尔玛·沙赫特（Hjalmar Schacht）博士深知发行大量信贷所导致的危害，他和美国战争赔款代表 S. 帕克·吉尔伯特敦促纽约金融界停止对德国地方银行进行信贷。[46] 然而，美国的投资银行家却垂涎于借贷给外国政府所

---

[44] 美联储也购买英币汇票以帮助英国，比如在 1929 年后期购买 0.16 亿美元，在 1927 年夏购买了 0.10 亿美元。见 Hardy, *Credit Policies,* pp. 100ff.

[45] 对德国大量信贷开始于 1924 年的“道斯贷款”，这是对道斯计划的一种修补，以 J. P. 摩根为首的投资银行辛迪加将 1.1 亿美元贷款借给德国。

[46] 沙赫特在 1925 年亲自去了纽约，并就此事向银行施压，他以及吉尔伯特和德国财政部官员以同样的口气向纽约的银行发电报。大通银行从事证券业务的分行同意了这些请求。参见 Anderson, *Economics and the Public Welfare,* pp. 150ff. 亦参见 Garet Garrett, *A Bubble That Broke the World* (Boston: Little,Brown, 1932), pp. 23–24, and Lionel Robbins, *The Great Depression* (New York:Macmillan, 1934), p. 64.

能获得的巨额佣金，他们向国外派出成百的代表敦促那些未来的借贷者在美国市场发行公债。而他们主要将注意力集中在德国人身上。[47]

向国外借贷的浪潮在 1928 年中期以后才突然扭转。在美国，利率提高的同时股票交易急剧膨胀，这使资金从购买国外公债转向国内的股票。在随后的 1928 年和 1929 年，德国经济问题的严重性使得向国外放贷急剧减少。结果，当发现自己的客户已无力在美国市场上发行新的债券，德国的银行用承兑汇票的形式向美国借贷以支付德国货仓里那些未出售的棉花、铜、面粉和其他形式商品的运送费用。[48] 那些充当了外国银行代理商的美国银行则将大量的外国（大多来自德国）承兑汇票卖给了其他美国银行和美联储。[49] 这样就可以解释为什么美联储所持有的德国承兑汇票会增加。

1928—1929 年常见的其他形式承兑汇票代表了国内待出口的棉花和小麦，同时外汇票据则向南美国家提供了美元。1929 年早期，由于预见到美国政府将向糖征收较重的关税，便出现了大量的承兑汇票以对从古巴进口的糖进行资金扶持。[50]

美联储——实际上主要是纽约银行，尽管对承兑汇票市场在资金上进行扶持，但它还只是对一些大的承付进行资金扶持。它拒绝

---

[47] 在 1925 年后期，来自美国 14 个不同投资银行的代表在德国恳请德国的各州政府和市政府前来贷款。参见 Anderson, *Economics and the Public Welfare*, p. 152. 亦见 Robert Sammons, "Capital Movements," in Hal B. Lary and Associates, *The United States in the World Economy* (Washington, D.C.: U.S. Government Printing Office,1943), pp. 95–100; and Garrett, *A Bubble That Broke the World*, pp. 20, 24.

[48] 参见 Clark, *Central Banking*, p. 333. 早在 1924 年，联邦储备委员会就建议用美国承兑汇票信贷为出口德国的棉花提供资金支持。

[49] 参见 H. Parker Willis, *The Theory and Practice of Central Banking* (New York:Harper and Bros., 1936), pp. 210–212, 223.

[50] *Hearings, Operation of Banking Systems*, pp. 852ff.

向商业机构直接购买承兑汇票，而坚持从作为中间商的承兑汇票经纪商那里购买承兑汇票，这样就有意地在资金上扶助了经纪商。进一步说，它从为数不多的资本超过100万美元的经纪商手上购买承兑汇票。另一项特惠政策美联储根据回购协议增加承兑汇票的购买。根据程序，纽约银行同意从一些大的、为人们公认的承兑汇票经纪商那里购买承兑汇票，而这些经纪商可以在15天时间内购回承兑汇票，价格为回购日的固定价格。回购协议规定回购数量可以是承兑汇票持有量的1/10至2/3。[51] 所有这些都证实了我们对沃伯格所起作用的假设。

总之，美联储同意向承兑汇票经纪商提供实际上的同业拆借，同时对为这些经纪商带来资金的利率并未加以限制，在美联储赋予这些经纪商特权时，并没有考虑到这些机构并不是美联储的成员。实际上，作为非美联储成员的私营机构，这些经纪商甚至不发布任何公告。纽约银行对自己在政策上的倾向恪守着绝对的隐秘，这种警惕非常可疑，它甚至拒绝向国会调查委员会提供一份清单，以说明它从哪些经纪商手中购买了承兑汇票，它也不愿出示一份目录以说明购买的国外承兑汇票属于哪些国家。当然，由于他们对待国会调查委员会的态度，纽约银行的官员也从未受到过表彰。[52]

美国政府证券

成员银行准备金在20世纪20年代主要经历了3次上涨，第一次

---

[51] Clark, *Central Banking,* pp. 242–248, 376–378; Hardy, *Credit Policies,* p. 248.

[52] *Hearings, Operation of Banking Systems,* Appendix, Part 6, pp. 847, 922–923.

在 1922 年，第二次在 1924 年，第三次在 1927 年下半年。在每次上涨中，美联储购买政府证券都起到了主导性的作用。“公开市场”买卖政府证券只是在 20 世纪 20 年代才成为美联储货币管制的关键要素。这一进程是这样开始的，1921 年 11 月—1922 年 6 月，美联储将其持有的政府证券提高了 3 倍（10 月末其持有量为 1.92 亿美元，到第二年 5 月为 6.03 亿美元）。这样做并不是要降低利率或者增加货币供给量，当时人们对这二者的关系了解得很少，这么做只是为了增加美联储的收入。但没想到买入政府证券竟带来了通货膨胀。[53] 人们在这以后才吸取了这个教训。

如果说对于 1922 年的货膨胀政策而言，美联储管理机构不应付有责任，那么在动机上，不能说他们是无辜的。因为有证据说明通货膨胀的结果正是美联储最欢迎的。作为摆脱 1920—1921 年的萧条并刺激恢复的手段，通货膨胀看起来理所当然，它可以增加生产，解决就业。联邦储备委员会理事阿道夫·米勒（Adolph C. Miller）尽管在后来坚定地反对通货膨胀政策，此时他在国会听证会上却为通货膨胀辩护。当时美联储的代表性意见体现在哈罗德·L. 里德（Harold L. Reed）教授后来的辩白中，里德教授满意地写道，银行信贷“正被充分地利用起来，当消费者的货币工资迅速增长时，为他们准备商品的速度也会一样快。”[54]

---

[53] 但也不能说完全没料到，因为我们发现斯特朗总裁在 1922 年写道，公开市场购买的一个主要原因是“确定利率水平……这个利率水平要便于外国在这个国家借贷……同时要便于改进商业”。本杰明·斯特朗致财政部副部长 S. 帕克·吉尔伯特的信，1922 年 4 月 18 日。Chandler, *Benjamin Strong, Central Banker,* pp. 210–211.

[54] Harold L. Reed, *Federal Reserve Policy, 1921–1930* (New York:McGraw–Hill, 1930), pp. 20, and 14–41. Governor Miller agreed “that though prices were moving upward, so was production and trade, and sooner or later production would overtake the rise of prices.” Ibid., pp. 40–41.

随后，公开市场政策开始启动，在1924年和1927年的通货膨胀浪潮乃至整个20年代的通货膨胀中，它都起到了主要的作用。

一开始，各储备银行自主购买政府证券，财政部对这种各自为政的做法很不满。在财政部的倡导下，同时在本杰明·斯特朗和各储备银行总裁的支持下，公开市场委员会形成并开始协调美联储的买卖活动。委员会建立于1922年6月。然而，1923年4月，这个总裁们的委员会被取消，联邦储备委员会任命了一个新的公开市场投资委员会。最初，这是联邦储备委员会的一次政治阴谋，它想在公开市场政策的决定中起到主导作用，以代替权利日渐膨胀的纽约银行总裁本杰明·斯特朗。整个1923年，斯特朗抱病在家，而正是这一年联邦储备委员会成功地出售了大量自己持有的政府证券。但是，当斯特朗在11月回来工作的时候，作为公开市场投资委员会的主席，他要求尽快购买政府证券，不要犹豫，因为犹豫会带来商业萧条。

斯特朗再次掌权的结果就是美联储重新在两个月内大量购买政府证券，经济又重新走上了危险的通货膨胀之路。斯特朗的传记作者对他很推崇，他写道："这次美联储知道它正在做什么，购买政府证券不是为了赚钱，而是出于政策考虑，"也就是通货膨胀。具有讽刺意味的是，本杰明·斯特朗这次比以往更有权力了，实际上这种状态保持到他退休，美联储的公开市场政策几乎被斯特朗总裁完全控制。[55]斯特朗的一项控制措施就是设立"特别体系投资账户"，就像在购买承兑汇票时一样，通过这个账户，政府证券的购买活动大部分可以由纽约银行完成，然后纽约银行再按比例分配给其他需要

[55] 参见 Chandler, *Benjamin Strong, Central Banker,* pp. 222–233, esp. p. 233. 亦见 Hardy, *Credit Policies,* pp. 38–40; Anderson, *Economics and the Public Welfare,* pp. 82–85, 144–47.

证券的储备银行。

20 世纪 20 年代另一从未出现过的重要特征是大量流动的政府短期债务被保留下来。战前，几乎所有美国债务都被转为长期债券。战争中，财政部发行了数量巨大的短期票据，其中只有一部分后来被偿还。从 1922 年开始，财政部短期债务中的 10 亿美元有一半没有偿还并保存在银行中，所以财政部必须定期地再融资以清偿债务。成员银行被鼓励尽可能多地持有这些证券，交换条件是：财政部在这些银行有存款，银行可以用存单做抵押向美联储借贷。联邦公开市场购买行为也促进了政府债券市场的形成，而这个市场中的利率很低。结果，银行在 1928 年持有的政府债务比战争时期还多。所以说，美联储通过各种方法扶持了联邦流动债务市场，并进而刺激了通货膨胀。[56]

[56] 参见 H. Parker Willis, "What Caused the Panic of 1929?" *North American Review* (1930): 178; and Hardy, *Credit Policies*, p. 287. 购买政府债券所得的收入可以免税也刺激了银行的购买活动。参见 Esther Rogoff Taus, *Central Banking Functions of the United States Treasury, 1789–1941* (New York: Columbia University Press, 1943), pp. 182ff.

第五章

通货膨胀的进程

The Development of the Inflation

共和党政府经常被错误地认为是执行“自由放任”政策的政府，而事实上，在整个20世纪20年代，共和党政府经常主动地干预对外贷款。

20世纪20年代，中央银行间的紧密合作人为地带来了一个表面上健康而繁荣的时期，但这也掩饰了世界范围内的通货膨胀。

通货膨胀实际上在1928年年末大致结束。从此开始，货币供给量保持不变，之后，经济萧条不可避免。

我们已经看到在20世纪20年代的经济繁荣时期，引起准备金变动的那些主导因素是如何发挥作用的。在经济繁荣的早期，由于自威尔逊总统以来所奉行的白银购买政策，国库通货对通货膨胀起到了重要的影响。又由于美联储违反中央银行制度的常规，将再贴现利率调至市场利率之下，整个时期贴现票据的买卖受到人为刺激。再加上美联储有意将承兑汇票利率保持在很低的水平，并以此利率向为数不多的几个主要的承付所购买他们所能提供的所有承兑汇票，这样便为承兑汇票带来了大量资金。起初在公开市场购买政府证券是为了增加美联储的获利资产，但随后它很快变成了导致经济膨胀的工具。现在，我们可以从分析20世纪20年代通货膨胀全过程的各个环节中抽出身来，转而讨论这场经济膨胀的内在起因，其中包括导致通货膨胀政策的原因。

对国外信贷

第一次大规模的通货膨胀是在1921年后期和1922年早期发生的，如我们在表4-7中所看到的那样，它是由美联储购买政府证券造成的。无论人们是否预见到，但人们对通货膨胀的结果却很满意。由于人们渴望尽早从1920—1921年的经济萧条中走出来，通货膨胀的程度被加重了。1921年7月，美联储宣称只要法律允许，将最大限度地对处于收获期的农业市场放贷。随后，财政部部长梅隆私下表示应通过发放低利率贷款以进一步刺激商业。[1]

人们寄希望于通货膨胀的另一原因是人们希望帮助外国政府和美国的出口商（特别是农民），我们将看到这在20世纪20年代反复出现，它是一个持续而关键的因素。事情经过是这样的：美国的通货膨胀和低利率信贷刺激了在美国发放国外贷款。本杰明·斯特朗希望通过1921—1922年在公开市场的购买活动来刺激向国外的放贷。许多国家奉行发行不兑换货币（fiat money）的通货膨胀政策，这样使得金价提高，利率降低，黄金也就从欧洲和世界其他地方流入美国，美国采取通货膨胀政策可以阻止黄金流入。人为地刺激美国对国外的放贷也使得外国对美国农业出口需求增大，至少也维持在原有水平。

在1921年晚期和1922年早期，美联储的通货膨胀与第一次国外借贷的高峰同时出现。在这段时间里，债券收益率的降低刺激了国外放贷的高涨，美国政府证券的收益率从1921年6月份的5.27%降至1922年6月份的4.24%（同一时期，公司债券的收益率由7.27%降至

---

[1]　参见 Seymour E. Harris, *Twenty Years of Federal Reserve Policy* (Cambridge, Mass.:Harvard University Press, 1933), vol. 1, p. 94.

5.92%）。在 1920 年，外国债券每季度发行 1 亿美元，而到了 1921 年下半年，则倍增至每季度发行 2 亿美元。政府、产业和银行业方面一再表示美国向国外放贷在经济上是非常必要的，正是此类说辞的大量存在才招致了信贷膨胀。[2]

总体而言，1921—1922 年的通货膨胀是为了摆脱经济萧条，刺激生产和商业活动，并帮助农民，扶持国外债券市场。

1923 年春天，美联储改变了先前的信贷扩张政策转而对信贷加以限制，但是再贴现利率被降至市场利率之下，准备金贴现也因此提高，信贷限制的影响也就减弱了。随后而起的那场并不严重的萧条一直延续到 1924 年中期。债券收益率也微幅增加，国外放贷也大幅度下降，1923 年每季度发放的国外信贷都低于 1 亿美元。特别是美国向欧洲的农业出口也下降了。当然，这一下降部分是由于 1922 年 9 月的福特内—麦克康伯（Fordney-McCumber）关税，这项关税改变了以往相当低的国内关税，它是一项不合理的贸易保护政策。[3] 针对欧洲制造品加强对国内货物的贸易保护，对欧洲的产业来说是一记重拳，同时这也使得欧洲对美国出口的需求低于政府不加干涉时的情况。

为了向需要购买美国出口商品的国家提供美元，美国政府并没有明智地选择降低关税，而是降低本国的贷款利率，这样就可以刺激外国的借贷并阻止黄金从境外流入美国。随后的 1924 年，美国的通货再度大规模膨胀，这促发了对国外信贷的上涨，这在 1928 年中期达到顶峰。这也使得美国贸易的基础不是稳固的互惠和生产交换，而是

[2] 参见 Robert L. Sammons, "Capital Movements," in Hal B. Lary and Associates, *The United States in the World Economy* (Washington, D.C.: Government PrintingOffice, 1943), p. 94.

[3] 参见 Abraham Berglund, "The Tariff Act of 1922," *American Economic Review* (March, 1923): 14–33.

疯狂扩大信贷，这也为后来的经济顽疾埋下了祸根。[4] 别国向美国出口商品的步伐也被迫放缓，但他们却得到美国方面的鼓励进一步向美国借贷。但是之后，他们不能通过出口还贷，而只能加大向美国借贷的数额用以还贷。这样，从一个间接却很明了的角度来说，美国的保护主义政策应该对 20 世纪 20 年代通货膨胀政策负有部分的责任。

在实行了保护主义和通货膨胀的政策，而没有采纳理性的自由贸易和硬通货币政策的情况下，谁获利了而谁的利益又受到了损害呢？作为进口商品的消费者，通货膨胀、无意义的国外信贷以及后来发生的经济萧条的牺牲者，大多数美国民众的利益无疑受到伤害。工业由于高关税得到了保护，通过向国外放贷，出口产业获得了资金上的扶持，而投资银行家则通过发行外国债券获得了可观的佣金，它们从政府实行的政策中获利了。可见，F. W. 费特（F. W. Fetter）教授关于美国对外经济政策的批评一点儿也不过分：

在一些行业中，我们的生产商要与外国人竞争，而由于高关税，这些生产商受到了“照顾”。关税委员会向他们保证，只要他们需要，将一直保持高关税，而对国外贸易很感兴趣的人也获知商务部将如何打开巨大的海外市场。同样是这些政府官员，他们鼓励别国大量借贷，而又进一步加强对美国有利的贸易限制，而这些债务国则完全忽略了由还贷造成的问题……巨额的国外贷款使得可能的出口远远超过了进口……对于那些预言《福特内—麦克康伯法案》将对美国国际贸易带来不良影响的人，财政部部长梅隆和其他低税收政策的支持者满

[4] 参见 Benjamin H. Beckhart, “The Basis of Money Market Funds,” in Beckhart, et al., *The New York Money Market* (New York: Columbia University Press, 1931), vol. 2, p. 70.

是嘲讽。[5]

共和党政府经常被错误地认为是执行“自由放任”政策的政府，而事实上在整个20世纪20年代共和党政府经常主动地干预对外贷款问题。在一次世界大战前，美国极少向国外放贷，美国政府在和平时期也没有法定权力以任何方式干涉对外放贷。然而，尽管不合法，政府还是干涉了此事。1921年5月25日，在商务部部长胡佛的要求下，哈定总统和他的内阁与一些投资银行家开会，哈定要求银行家们在发行国外债券之前通知政府，以使政府可以“确切了解情况并对外界有个说法”。[6] 银行家们同意了。为这项干预政策所需准备的一切在这次内阁会议前5天就准备好了。

在这次会议上，内阁讨论了如何扶持出口，并指出希望通过利用在本国的金融市场对外放贷达到促进本国商品出口的目的。[7]

总之，内阁希望银行对外放贷时提供的款额能用于美国市场。同时，胡佛十分支持对国外放贷进行财政扶持，他甚至宣称即使是呆账也能有助于美国商品的出口，而且这是提供救济金和就业机会的一种“廉价”的形式，但这种“廉价”的形式随后带来的是高额的欠款和

[5] Frank W. Fetter, “Tariff Policy and Foreign Trade,” in J.G. Smith, ed.,*Facing the Facts* (New York: G.P. Putnam' s Sons, 1932), p. 83. 参见 George E.Putnam, “What Shall We Do About Depressions?” *Journal of Business* (April,1938): 130–142, and Winthrop W. Aldrich, *The Causes of the Present Depression and Possible Remedies* (New York, 1933), pp. 7–8.

[6] Jacob Viner, “Political Aspects of International Finance,” *Journal of Business* (April, 1928): 170. 参见 Herbert Hoover, *The Memoirs of Herbert Hoover* (New York: Macmillan, 1952), vol. 2, pp. 80–86.

[7] Jacob Viner, “Political Aspects of International Finance, Part II,” *Journal of Business* (July, 1928): 359.

财政困难。[8]

1922 年 1 月，商务部部长胡佛说服了美国银行家们，让同意在放贷前由商务部派代表调查那些申请国外贷款国家的情况，无论这些未来的借款人是私营还是国营。申请者必须承诺购买美国制造的物品，此外，在美国派驻借款国的商务专员将监督这项协议的执行情况。幸运的是，这些协议没有引起什么问题。其间，哈定总统的要求曾被再一次忽视，之后国务院在 1922 年 3 月向投资银行家们发出一份通知，重复了哈定的要求，信中承认从法律上讲，不可干预对外放贷，但是他们称为了国家的利益，国务院将对任何债券的发行提出自己的异议。4 月和 5 月，胡佛批评了银行家们的不情愿态度，并敦促各银行按规定建立起他所要求的关于对外放贷的规章，否则议会将对此进行管理。而哈定和柯立芝都对这种温和而非正式的恫吓形式感到满意。

当受到质疑时，美国政府经常否认其试图控制对外放贷。但国务院多次承认正在对国外放贷进行有益的管理，它也承认自己对许多贷款提出了异议。最值得注意的禁令是针对法国的贷款，这一惩戒是由于法国当时仍是美国政府的债务国。然而银行家们通常可以避开这项禁令。国务卿凯洛格（Kellogg）虽然希望对国外贷款进行合法而彻底的管理，但这不可能做到。

在知道国务院在干涉对外放贷后，美国公众竟开始错误地认为所有贷款必须通过政府的同意，所以都是好买卖。这无疑更加刺激了草率的对外放贷。

[8] Harris Gaylord Warren, *Herbert Hoover and the Great Depression* (New York:Oxford University Press, 1959), p. 27.

20世纪20年代，海外放贷的对象主要是私营企业。但是，1922年，国务卿休斯在预感到事态的发展趋势后，敦促议会批准对利比里亚的500万美元政府直接贷款，然而它没有在参议院获得通过。

帮助英国

1924年的信贷扩张除了为刺激对国外放贷，还有一个目的是阻止那些国家的黄金流入美国。[9] 黄金流入主要是由于其他国家采取通货膨胀政策所致。尤其是英国，当时该国面临严重的经济问题。英国打算重新施用金本位制，并采取战前平价（1英镑大约等于4.87美元），这意味着在回归金本位时使兑换率高于当时的自由市场兑换率。简言之，英国在回归金本位时，坚持将价格水平控制在比现行市场兑换率高出10%～20%的范围内，这是由战时和战后通货膨胀所导致的恶果。这同时意味着英国的物价水平只有下降10%～20%才能维持在国际上的竞争力并保护其重要出口贸易。但英国的物价水平并未下降，这主要是由于工会不允许工资率被降低。实际工资率的上升和长期大范围的失业重创了英国的经济。战后英国失业保险（这样的保险使得贸易工会可以坚持反对任何的工资削减）的确立一定程度上引起了失业，当失业率增加到很可能产生危险的时候，当信贷必定要产生通货紧缩的时候，政府仍然不允许收缩信贷。结果，英国的黄金必然地流失。英国政府没有取消失业保险，紧缩信贷，或者采用一个更实际的兑换价格回归金本位，而是扩大了货币供给以抵销流失的黄金并转而寻求美

[9] 正如我们在上文指出的那样，1924年信贷扩张的第三个动机是促进农业和商业从1923年的萧条中恢复过来。

国的帮助。因为如果美国政府扩大美国的货币供给量，英国的黄金将不会再流失到美国。简言之，美国公众注定要遭受通货膨胀和随后发生的经济崩溃所带来的厄运，而这一切又是为了帮助英国政府和英国贸易工会运动，它们称这一形式应成为常规。[10]

美国政府赶紧向英国提供帮助。20 世纪 20 年代美国所奉行的"孤立主义"外交政策几成梦幻，这在经济和财政事务上得到了最好的说明。众所周知，1927 年各大中央银行行长会议导致了当年的通货膨胀，而鲜为人知的是纽约联邦储备银行主管本杰明·斯特朗和英格兰银行行长蒙塔古·诺曼（Montagu Norman）间的亲密合作很早就开始了。在战时诺曼被任命为行长时，斯特朗就立即向他许诺将给予帮助。从 1920 年开始，诺曼每年都要赴美访问斯特朗，而斯特朗也定期访问欧洲。所有的这些会晤都是高度保密中进行，他们对外界称这些出行计划是"访问老友""度假"或"礼节性拜访"。英格兰银行还在这些时候为斯特朗准备了办公室和私人秘书，而法兰西银行和德意志银行也是这么做的。这些会晤并没有呈报给华盛顿的联邦储备委员会。[11] 此外，纽约银行和英格兰银行每周还通过私人电报保持有密切的联系。

法国著名经济学家查尔斯·里斯特（Charles Rist）曾代表法兰西银行参加各中央银行间的重要会议，他说：

> 战争刚刚结束，人们便主张各国中央银行相互合作以达到共同的货币政策。而这之前，这类合作会议只有在非常特殊的情况下才召

[10] 参见 Lionel Robbins, *The Great Depression* (New York: Macmillan, 1934),pp. 77–87; Sir William Beveridge, *Unemployment, A Problem of Industry* (London:Macmillan, 1930), chap. 16; and Frederic Benham, *British Monetary Policy*(London: P.S. King and Son, 1932).

[11] Lawrence E. Clark, *Central Banking Under the Federal Reserve System* (New York: Macmillan, 1935), pp. 310ff.

开，而且时断时续。[12]

早在1916年，斯特朗开始和英格兰银行保持私人通信联系，另外他也和其他一些欧洲国家的中央银行保持此类联系。1919年夏天，斯特朗已经开始考虑召开中央银行行长间的秘密会议，此外，他为美国利率高于英国深感忧虑，并考虑与英格兰银行应对这一情况，这样他预想通过美国的通货膨胀以帮助英国。[13]1921年11月，斯特朗向诺曼提出了一个美元稳定计划。在此计划中，美联储将向英国、荷兰、斯堪的纳维亚、日本和瑞士提供美元贷款，但诺曼拒绝了这个建议。[14]

1925年，英国重新实行金本位制，美国对此进行了很大的帮助。作为直接帮助，纽约银行将针对英国的一系列黄金信贷扩大到2亿美元。[15]同时J. P. 摩根公司也向英国政府提供了1亿美元的同类贷款，这一贷款（以前也曾使用）将得到美联储的财政资助。这两项贷款是斯特朗和诺曼在1925年2月初协商达成的，它还得到了财政部部长梅隆、克里希尼尔（Crissiniaer）理事及联邦储备委员会的热情支持。[16]这样的贷款也被用来帮助比利时中央银行（1926年0.1亿美

---

[12] Charles Rist, "Notice Biographique," *Revue d'Économie Politique* (November–December, 1955): 1005.

[13] Lester V. Chandler, *Benjamin Strong, Central Banker* (Washington, D.C.:Brookings Institution, 1958), pp. 147–149.

[14] Sir Henry Clay, *Lord Norman* (London: Macmillan, 1957), pp. 140–141.

[15] 前财政部长助理奥斯卡· T. 克罗斯比 (Oscar T. Crosby) 对为政府间贷款确立这样危险的先例的批评颇具洞见。*Commercial and Financial Chronicle* (May 9, 1925): 2357ff.

[16] 摩根公司的信贷受到了斯特朗的怂恿。见钱德勒《本杰明·斯特朗，中央银行的银行家》第284及以下诸页，308及以下诸页，312及以下诸页。在整个时期，纽约联邦储备银行和摩根公司的关系非常紧密。在任职美联储前，斯特朗曾为摩根的利益工作。重要的是，"J. P. 摩根公司许多外国政府在这个国家的财政代理人，它与纽约联邦储备银行有着'紧密合作的协议'"。克拉克《美联储下的中央银行业务》第329页。特别是，摩根财团是英格兰银行的代理。亦见里斯特《传记摘录》。但是，值得赞扬的是，摩根财团拒绝按照斯特朗—诺曼计划向比利时政府放贷，去支持比利时过高的兑换率，要是这样，比利时政府的通货膨胀政策将得到大量资金扶持。

元），波兰中央银行（1927 年 500 万美元），意大利央行（1927 年 1.5 亿万美元）。

更加危险、更加具有破坏性的是美国通过通货膨胀来帮助英国。1924 年，美国的通货膨胀远非巧合，这是为英国重返金本位制度做准备。1922 年中期，英镑汇率降至每英镑兑换 4.44 美元，1924 年更是降到每英镑 4.34 美元。此时，

事情发生了决定性的变化。美国的物价开始上涨（由于美国的通货膨胀）……在外汇市场上，人们预期英国将以战前的汇率回归金本位。英镑与美元的汇率由 4.34 美元升至 4.78 美元。1925 年春，人们认为英镑和金价价格的调整足以证明金价将恢复到原有水平。[17]

这一结果是由美国的信贷扩张造成的，这一点清楚地体现在斯特朗 1924 年春天致梅隆的一封信中，这封信描述了提高美国相对于英国的物价水平以及降低美国利率的必要性，这样可以使英国回归金本位。因为较高的物价水平将改变美国对英国贸易中存在的贸易差额现象，尽管低利率同样改变了资本余额。作为信贷扩张的直接产物，较低的利率引起了更多的关注。斯特朗在他的信中总结道：

我们比他们（英国）更应该承受因调整带来的负担。如果英国面临价格清算，英国政府和英格兰银行在政治上和社会问题上将面对巨大的困难，同时他们必须面对英国不佳的贸易情况，此外英国有超过

[17] Robbins, *The Great Depression,* p. 80

一百万的失业人口需要得到政府帮助。[18]

显然，到 1924 年末，在外汇市场上，人们看到美国是在通过通货膨胀帮助英国，美国希望将英镑价格提高到战前的水平以达到目的，但这种升值是由政府行为导致的，而非基本的经济规律使然。美联储当然维持着有益于英国的协议。尽管 1922—1923 年纽约的票据利率高于伦敦的同类利率，但在 1924 年中期，美联储将此利率水平压至伦敦同类利率水平之下。结果，黄金向美国的流入暂时被阻止了，而这些黄金的 40% 来自英国。[19] 正如我们所见，美国对外放贷的增加，为英国提供了长期资本。

以通货膨胀帮助外国政府也刺激了农产品出口，因为其他国家现在可以扩大对美国农产品的购买。1924 年下半年，农产品价格提高了，从 1923—1924 年到 1924—1925 年，农业的出口价格上涨超过了 20%。然而，虽然得到了大量扶持，大体上我们不能说农民从 20 世纪 20 年代的对外经济政策中获利，因为保护性关税挫伤了国外对美国农产品的需求。

欧洲没有因为美国的货币政策感谢美国，相反他们在 20 世纪 20 年代不时地抱怨美国没有继续将通货扩张到足够的程度。即使在诺曼和斯特朗的亲密关系中，特别是在最初几年，显然诺曼一直在敦促斯特朗进行更进一步的通货膨胀。1919—1920 年，在这项共同的通货膨胀政策开始执行之前，诺曼的财政部同僚巴兹尔·布莱克特（Basil

---

[18] 斯特朗致梅隆的信（1924 年 5 月 27 日）。引自 Chandler, *Benjamin Strong, Central Banker,* pp. 283–284, 293ff.

[19] 参见 Benjamin H. Beckhart, “Federal Reserve Policy and the Money Market,1923–1931,” in *The New York Money Market,* vol. 4, p. 45.

Blackett）敦促斯特朗使美国的物价水平“提高一点”，这时美国正处于战后经济繁荣的中期。之后，英国又敦促美国放宽信贷条件，但是斯特朗认为这么做为时尚早。

1922年2月，因为美国在这一年的最初几个月扩大了信贷，诺曼十分高兴，他同时要求美国进一步实施通货膨胀，降低利率以配合英国的信贷扩张。此时，斯特朗拒绝进一步的通货膨胀，1922—1923年，诺曼继续批评斯特朗，并表达出对美国未能扩大信贷的不满。但在1924年，美国发生了一场并不严重的经济萧条，再加上英国重回金本位制的诱惑，斯特朗屈服了，这样在11月，诺曼得意扬扬地告诉斯特朗：“你必须继续执行低利率贷款政策并放宽对外贷款，同时我们要紧密合作直到我们知道……这个国家应该执行怎样的政策。”[20] 但是，诺曼对此并不完全满意。他暗自认同了欧洲其他国家的意见，由于美国没有根据流入其国库的黄金数量按比例成倍增加其通货，他们批评美国违反了所谓的“金本位制的游戏规则”。[21]

这种对货币制度的论述完全误解了金本位制的运作规律和影响，以及在这种制度之下政府的责任。金本位制不是由一些国家按一些虚构的“规则”进行玩耍的“游戏”。黄金只是货币媒介，政府的作用是使人们按他们认为合适的方式自由地使用黄金。因此政府不应扩大货币供给量使之超过黄金储量，或说不能刺激和鼓励这样的通货膨胀。如果货币供给量已经扩大，政府至少应该阻止进一步的通货膨胀。货币供给量是否应该减少至与黄金储量等同的水平，这是一个比较麻烦的问题，在此我们不进行谈论。如果黄金流

[20] 诺曼致斯特朗的信（1924年10月16日）。引自Chandler, *Benjamin Strong,Central Banker,* p. 302.

[21] 诺曼致贾尔玛·沙赫特的信（1926年12月28日）。引自Clay, *Lord Norman,* p. 224.

入了一个国家，政府应该借机增加黄金存款的比例，这样可以减少该国货币供给中的伪造部分。政府通货膨胀政策的结果是该国的“黄金流失”（由于这种流失是自愿性质的，所以它不能被称为真正意义的“流失”）。这些政策导致国内支出转向国外（这自然伴随着黄金流失），同时阻碍了国家的出口贸易。如果欧洲国家不希望黄金流入美国，这些政府就应该紧缩货币或不使通货膨胀。将一国的错误政策所导致的恶果归咎于另一个实行了相对正确政策的国家，这很方便，但当然也是相当荒谬的。

当我们认识到欧洲从没有真正实行纯粹的金本位制之后，美国意图帮助英国回归金本位制的高贵之举也就很值得怀疑了。英国所实行的是“金块”本位，它禁止使用金币，这样就将黄金兑换限制在大宗国际交易所使用的金条上。通常，一个国家选择“黄金汇兑”制度，是使该国能不以黄金，而是以像美元一样的“硬通”货币保有其准备金。然后，该国只能与其他国家的更为坚挺的硬通货兑换。显然，在这种制度之下，根据给定数量的黄金，通过国际间的金字塔式投机行为可以导致通货膨胀。无论是金块本位制和金汇兑本位制，通货都不可以与黄金兑换，因为实际上人们被禁止用黄金作为交换媒介。在20世纪20年代的外国政府眼中，金本位制更应该说是一个计谋。这是一种尝试，实行金本位制会为政府带来声誉，但由于种种限制与这一制度自身的要求，它实际上不能维持下去。20世纪20年代末，英国实行金块本位制，而其他“金本位制”国家所实行的是金汇兑本位制，这样可以保证他们对伦敦和纽约黄金的所有权。英国需要依靠美国的资源和一系列贷款，因为只有美国实行的是真正的金本位制。

20世纪20年代中央银行间的紧密合作人为地带来了一个表面上健康而繁荣的时期，但这也掩饰了世界范围内的通货膨胀。帕尔伊博士曾说："新时期的金本位制人为地延长和助长了经济繁荣，但这种制度自身的运作将不可避免地带来最终的失败。"[22] 帕尔伊指出，战前的金本位制具有一种自治性；新的金本位制是基于国际间中央银行的政治合作，这些中央银行"急切地希望扩大信贷流量，而并不考虑这会导致怎样的经济后果"。哈代博士对此下了一个公正的结论："通过国际合作支持金本位制度……就是在不使黄金流失的情况下，维持低利率的信贷政策。"[23]

20 世纪 20 年代，世界金融的根源和推动者是英国。正是英国政府设想出了中央银行间的合作体制，他们同时劝说美国服从自己的领导。英国创造这项政策是为了（暂时）回避自己的经济困难，但他们却称这是一种"人道主义的重建"。英格兰，像美国一样，降低利率并扩大对欧洲大陆的贷款，这样可以促进英国业已衰退的出口市场，而英国出口市场的衰退是由于商品成本上强加了超额的工会工资率。

此外，英国劝说其他欧洲国家采纳金汇兑本位制以代替纯粹的金本位制，这样可以扩大英国"经济帝国主义"，也就是通过诱使别国以过高的黄金汇率重归金本位而刺激英国对欧洲大陆的出口。如果其他国家调高本国货币与英镑的比价，那么英国的出口就会扩大（欧洲的出口相对应地将会受到抑制，英国却不关心这一点）。金汇兑本位制会导致通货膨胀，它注定会失败，它使各国尽早回归金本位，但这种金本位制度下的黄金汇率比这些国家应该尝试的汇率

[22] Melchior Palyi, "The Meaning of the Gold Standard," *Journal of Business* (July, 1941): 300–301. 亦参见 Aldrich, *The Causes of the Present Depression and Possible Remedies*, pp. 10–11.

[23] Palyi, "The Meaning of the Gold Standard," p. 304; Charles O. Hardy, *Credit Policies of the Federal Reserve System* (Washington, D.C.: Brookings Institution, 1932), pp. 113–117.

高。[24] 在英国的压力下，其他国家像英国一样继续实行了金汇兑本位制，而并没有恢复完全的金币本位制。在世界范围内的通货膨胀中保持合作，就要使黄金远离国内的流通领域，并把黄金好好保存在中央银行的金库里。正如布朗博士所写的：

> 一些国家对采纳金块本位制显得非常不情愿，以至必须通过外部压力才能使之接受这一制度……也就是说，一些国家对英国中央银行采取了强烈反对的立场，总体上说，这些反对立场可以对促进经济稳定产生积极的作用。如果不是那些无形的压力……人们无疑将迈向完全的金本位制。[25]

这些压力的来源之一是本杰明·斯特朗。1926 年春，诺曼劝说斯特朗支持自己反对巴兹尔·布莱克特爵士在印度建立纯粹的金币本位制的计划。斯特朗赶到英格兰表明自己反对这一措施，他得到了来自安德鲁·梅隆的支持，此外，哈佛的经济学教授奥利弗·M. W. 斯普雷格、约翰·霍普金斯大学的雅各布·霍兰德（Jacob Hollander）、纽约储备银行的 W. 伦道夫·伯吉斯（W. Randolph Burgess）和罗伯特·沃伦（Robert Warren）也想斯特朗伸出援助之手。美国的专家警告如果印度实行金币本位制就会使黄金流入该国，

---

[24] “金汇兑本位制可以轻而易举地建立起来，特别是通过借来的钱使许多国家在过去 10 年以一个过高的汇率‘稳定经济’。” H. Parker Willis, “The Breakdown of the Gold Exchange Standard and its Financial Imperialism,” *The Annalist* (October 16, 1931): 626f. 关于金汇兑本位制，可参阅 William Adams Brown,Jr., *The International Gold Standard Reinterpreted, 1914–1934* (New York: National Bureau of Economic Research, 1940), vol. 2, pp. 732–749.

[25] William Adams Brown, Jr., *The International Gold Standard Reinterpreted,1914–1934* (New York: National Bureau of Economic Research, 1940), vol. 1,p. 355.

这将导致别国通货紧缩（这里掩饰了这些国家业已存在的过度的通货膨胀），同时他们建议实行金汇兑本位制，并“充分利用”国内的黄金（其实就是充分利用信贷膨胀）。此外，他们强烈建议扩大银行和中央银行在印度的作用（也就是说需要扩大印度的通货膨胀），并主张继续在印度采用银本位制，以保证不会因抛售白银导致世界银价下降进而损害美国的白银利率。[26]

对于自己的朋友斯特朗帮助自己挫败斯布莱克特在印度施行金币本位制的计划，诺曼深表感谢。然而斯特朗还是遭受了来自联邦储备委员会的一些成员的反对，他们认为斯特朗干涉了纯粹的外交事务，此时，令人敬畏的财政部部长梅隆出来为斯特朗撑腰，他说他曾经私下里要求斯特朗为此事访问英国。

此外，由于自己的威望，贾尔玛·沙赫特博士也反对向德国政府提供不当的信贷，他同时尖锐地批评这种新型的金本位制，这一点是难能可贵的。沙赫特呼吁回到旧时真正的金本位制，这样资本输出的资金来源将是真正的自愿储蓄而不是不可兑现的银行信贷，然而他的努力并未得到任何结果。[27]

法兰西银行行长埃米尔·莫罗（Emile Moreau）对英国的金融帝国主义的观点略显尖刻但十分锐利，我们可以从他的日记中对此有所了解：

英国已经成为欧洲第一个重新建立了稳定和安全的货币体制的国家，它利用这一优势所确立的基础将欧洲置于真正的财政控制之下。

---

[26] 他们不完全认同布莱克特计划，这项计划设想让美国向印度和英国政府提供 1 亿英镑的贷款，参见 Chandler, *Benjamin Strong, Central Banker,* pp. 356ff.

[27] 参见 Beckhart, “The Basis of Money Market Funds,” p. 61.

日内瓦（国际联盟的）财政委员会已经成为这一政策的工具。实施财政控制的办法包括，强迫所有遭受货币困难的国家接受日内瓦财政委员会的领导，而该委员会又受英国的支配。为这些国家制定的补救办法是在各国中央银行任命一个外国监督员，这名监督员一般由英国人或受英国的指派，同时各国中央银行将部分准备金存入英格兰银行，这样可以维护英镑的坚挺，增强英国的影响。为确保不致遭受可能的失败，他们细心维持与纽约联邦储备银行的合作关系。进一步讲，如果他们自己不能担负过多的责任，他们将把向别国提供信贷的责任扔给美国，这样他们总能在这些操作过程中保持政治上的优势。

英国正是这样完全或部分地插手奥地利、匈牙利、比利时、挪威和意大利的事务。同时它们也正在插手希腊和葡萄牙事务……欧洲的通货将被分为两个等级。第一等级是美元和英镑，它们与黄金挂钩，而次等的则与英镑与美元挂钩，这些国家的黄金储备将被储存在英格兰银行和纽约联邦储备银行中，后一种货币将失去其独立性。[28]

1924 年美国的通货膨胀正是为了帮助英国，帮助农民，也同时也可以帮助投资银行家们，最后为了帮助总统能在 1924 年的选举中获得连任。柯立芝总统向全国许诺降低贴现利率，这一著名的诺言象征着人们心中的期待在政治上寻找到了终点。同时 1923—1924 年并不严重的经济萧条自然也就刺激了进一步的通货膨胀，而在这段时期经济正试图调整到 1922 年发生通货膨胀时的情形。首先，1924 年通

[28] 1928 年 2 月 6 日的条目。引自 Chandler, *Benjamin Strong, Central Banker,* pp. 379–380. 然而，诺曼并不坚持认同于国际联盟的管理方式，在 1927 年 12 月，他与斯特朗达成一致将提供给意大利银行的信贷一同扩大 0.75 亿美元（0.30 亿美元来自纽约银行）以稳定意大利里拉，此外摩根财团和其他伦敦的私营银行分别提供 0.25 亿美元。联邦储备委员会和财长梅隆同意了这项资金提供计划。同上，第 388 页。

货膨胀带来的效果达到了人们对它的期望——流入美国的黄金开始外流，美国的物价提高了，对外放贷得到刺激，利率降低，同时柯立芝总统也成功地获得连任。然而不久，除了刚刚提到的最后一项，一切都发生了变化。经济扩张的效果很快消失，美国的物价又开始回落，黄金又重新大量涌入等等。美国农产品价格指数在 1924 年为 100，在 1925 年升至 110，而在 1926 年又回落至 100。农业和食品出口在 1925 年达到顶峰，然而在后一年又迅速回落。大体而言，在 1926 年秋，美国经济又进入了一个萧条期，一直持续到 1927 年。由于长期依赖低利率信贷，英国的处境也十分困难，它遭受了长时期的失业和时续时断的黄金外流。但是英国政府却坚持低利率和扩大信贷政策，但这只是英国政府那么认为，英国的私营银行家却并不那么认为。[29]

紧接着在英国发生的问题直接源于他们坚持的低利率信贷政策。1927 年 4 月，英格兰银行将其贴现利率从 5% 下调至 4.25%，他们意图刺激英国的工业，然而这是徒劳的。[30] 这进一步挫伤了英镑，在随后的两个月间，英国由于回购黄金，损失了 0.11 亿美元，同时法兰西银行却成为强大的债权人，力图以英镑赎回黄金。[31] 英国没有按照合理的货币政策规则：紧缩信贷、急剧提高利率以应对黄金外流，他们又转向他们在通货膨胀时期的同伴美联储求助。按照美国和英国货币管理者的逻辑，历史又一次重演了，美国再一次扩大了信贷。

对于 20 世纪 20 年代的通货膨胀来说，总裁蒙塔古 · 诺曼就像是《浮士德》中的摩菲斯特，他与斯特朗和巴黎法兰西银行的莫罗

---

[29] 参见 Benjamin M. Anderson, *Economics and the Public Welfare* (New York: D. Van Nostrand, 1949), p. 167.

[30] 1925 年秋，诺曼也同样下调了银行利率。当时，斯特朗也面临危机，在美国的繁荣影响下他提高了国内的贴现利率。12 月，英国的银行利率被再次调高到以前的水平。

[31] 由于 1926 年的英国信贷扩张，法国的英镑余额也增多了。

进行了协商。1927年，诺曼施加了一系列压力，劝说法兰西银行不要以英镑余额购买黄金，然而，这些英镑余额对法国而言一点用也没有。[32] 诺曼还试图诱使法国扩大货币供给量，但是莫罗不是斯特朗。莫罗不仅表现很强硬，而且他力劝诺曼允许黄金外流以紧缩信贷并提高伦敦的利率（这样就可以阻止英国买入法郎）。但诺曼却致力于继续维持低利率政策。

与莫罗相反，斯特朗突然决定帮助英国。为了支持英国货币，他使用黄金以平息英国的黄金贴水，并购买了一些英镑汇票以帮助他的盟友。此外，斯特朗和诺曼于1927年7月在纽约组织了一次中央银行间会议。这次会议在保密中进行，与会者包括诺曼、斯特朗，以及来自法兰西银行的代理行长查尔斯·里斯特和德意志银行的代表沙赫特博士。斯特朗以铁腕手段控制着美国，他甚至拒绝纽约联邦储备银行委员会主席的盖茨·麦克加拉（Gates MacGarrah）先生参加这次会议。华盛顿的联邦储备委员会也对此一无所知，他们只被允许与这些贵宾进行了简短的礼节性会面。这次会议被安排在财政部副部长奥格登·米尔斯（Ogden Mills）和豪门美孚石油家族的鲁思·普拉特（Ruth Pratt）夫人的长岛庄园中举行。

诺曼和斯特朗竭尽全力劝说里斯特和沙赫特同意在四国进行通货膨胀，但是里斯特和沙赫特对此都断然拒绝。沙赫特依然坚定地反对通货膨胀和人为的低利率信贷，他对通货膨胀的趋势提出了警告。里斯特对此也表示反对，不久，他们两人打道回府了。然而，里斯特同意向纽约而不是伦敦购买黄金，这样可以减轻英国的偿还压力。相应

[32] 法兰西银行曾需要这些英镑余额以力图稳定利率过低的法郎，但并没有在当时宣布黄金可兑换。后者在1928年6月才被最后采纳。

地，美国以一个补助性汇率向法国提供黄金，这些黄金的价格与从英国买来时一样便宜，尽管当初这些黄金的运费比较高。

诺曼和斯特朗留下来，他们同意在美国继续实行强有力的通货膨胀政策，并且放低利率、扩大信贷，这个结果在四方会议开始以前已经被里斯特料到了。斯特朗曾经高兴地告诉里斯特他将让“证券市场服下一小杯威士忌”。[33] 斯特朗同时答应从英格兰银行购买价值 0.6 亿美元的英镑。

英国的新闻界对诺曼和斯特朗牢固的友谊带来的成果非常高兴，并极尽可能地恭维斯特朗。早在 1926 年中期，具有巨大影响力的伦敦杂志《银行家》（*The Banker*）称，在“英国现有的朋友中没有一个比得上斯特朗”，称赞“他奉献给英格兰的充沛精力和精巧工作”，并夸奖道“他的名字可以与沃尔特·海因斯·佩奇（Walter Hines Page）先生相提并论，他在英国最需要帮助，他伸出了援助之手。”[34]

作为对这项协议的回应，美联储在 1927 年后期迅速开始扩大货币供给量，降低利率扩大信贷。如表 4-8 所示，这一时期银行准备金的增幅是 20 世纪 20 年代最大的，这主要是在公开市场购买政府债券和银行承兑汇票。再贴现利率也降低了。芝加哥联邦储备银行并不听从英格兰银行的安排，断然拒绝降低利率，但是联邦储备委员会在 9 月勒令其听从命令。芝加哥联邦储备银行的领导愤怒要求斯特朗辞

---

[33] Rist, “Notice Biographique,” pp. 1006ff.

[34] 参见 Clark, *Central Banking Under The Federal Reserve System,* p. 315. 保罗·沃伯格对斯特朗的赞颂更为夸张。沃伯格称斯特朗是开创者和先锋，他“把中央银行捏成一个紧密的团体”。他认为：“美国承兑汇票理事会的成员都会怀念他。” Paul M. Warburg, *The Federal Reserve System* (New York: Macmillan, 1930), vol. 2, p. 870.

1926 年秋，一位重要的银行家承认是低利率信贷政策导致了恶果，但他说：“这是没有办法的，这是我们帮助欧洲的代价。” H. Parker Willis, “The Failure of the Federal Reserve,” *North American Review* (1929): 553.

职，并指责降低贴现利率是为了英国的利益。斯特朗告诉各地方储备银行，实行新的低利率信贷政策是为了帮助农业而非援助英国，这就是为什么第一个宣布那么做的银行不是纽约联邦储备银行而是堪萨斯城联邦储备银行。堪萨斯城银行只是斯特朗选出来为他的新政策开脱的借口，这样他可以使美国人觉得整个事情对他们有益。而堪萨斯城银行总裁贝利对新政策意图帮助英国的目的全然不知，而斯特朗也从未费心向他解释这些。[35]

在柯立芝政府中，对通货膨胀政策批评最为激烈的也许就是财政部部长胡佛，他从 1924 年就开始暗自阻止通货膨胀的进程，他甚至指责斯特朗是"欧洲的精神附庸"。但他也遭到了斯特朗、柯立芝和梅隆的反驳，梅隆驳斥胡佛是在危言耸听，是在干涉新政策。在那届政府中，整个时期梅隆都是斯特朗最坚定的支持者。然而遗憾的是，像大多数针对斯特朗的学院式批评一样，胡佛只是攻击了证券市场的信贷膨胀，而不是膨胀本身。

为什么斯特朗要采取一种迂回而隐秘的方法，是什么动机促使他采纳了通货膨胀的政策，在斯特朗一位职员的私人备忘录对这些问题进行了最好的回答。1928 年春天，斯特朗毅然摒弃了召开公开而正式的世界中央银行会议的想法，他的这位助手叙述道：

> 斯特朗不得不考虑美国公众的看法，他们决心让美国脱离国际联盟，这样可以避免其他国家干涉美国的内政事务，同时他们似乎反对自己国家的中央银行领导者参加国际银行间会议和组织……现在做

---

[35] 参见 Anderson, *Economics and the Public Welfare*, pp. 182–183; Beckhart, "Federal Reserve Policy and the Money Market," pp. 67ff.; and Clark, *Central Banking Under the Federal Reserve System*, p. 314.

出的决定会给将来的形势带来多大危险，当过去的决定造成的恶果越来越明显，民众会多么恼怒，为了说明这些，斯特朗总裁提到了一个类似的例子，有人对纽约市场上的投机过剩现象强烈反对……他说，1924 年我们做出决定帮助其他国家重建一个健康的财政和货币机制，而现在我们正为这个错误的决定付出代价，但是很少有人真正认识到这点。[36]

总之，在我们设想的民主中，如果让人民知道有些东西正以他们的名义进行交易，而他们随后又将被迫为此付出巨大的代价，他们准会愤然而起。所以最好让人民对一切一无所知。这就是掌权的官僚主义者惯有的做法。但是，对于民主自身而言，这里蕴涵的基本问题是：如果他们的代表坚持向他们隐瞒最重要的信息，人民该如何对问题做出自己的抉择，并在对他们的代表进行揣测时做出判断？

进一步说，斯特朗也并没有认识到在 1929 年美国公众会被迫付出多大的代价。他在危机到来前死去了。如果让公众了解斯特朗的真实行为和所导致的后果，在萧条时期，他们会激烈地反对政府所采取的导致通货膨胀的干预政策，而不是反对资本主义体制。

在制造了 1927 年的通货膨胀之后，纽约联邦储备银行在之后的两年又大量购买了其他国家的主要商业票据，这些票据都由外国中央银行背书认可。这样做的目的是刺激别国的货币，并阻止黄金流入美国。纽约联邦储备银行这样如实地描述了他们的这一政策：

---

[36] O. 欧内斯特・穆尔 (O. Earnest Moore) 致阿瑟・索尔特 (Arthur Salter) 爵士的信（1928 年 5 月 25 日）。引自 Chandler,*Benjamin Strong, Central Banker,* pp. 280 –281.

我们希望通过购买这些汇票以维持汇率，这样不仅阻止了黄金从欧洲流入美国，同时可以提高美国在国际汇兑中的地位，促进欧洲购买美国的出口商品或者使这种购买能力得以稳定。

这些决定都是由纽约储备银行单独做出的，这些国外票据随后再按比例分配给其他的储备银行。[37]

尽管纽约联邦储备银行是通货膨胀和低利率信贷的主要策划者，但财政部也起到了它的作用。早在 1927 年 3 月，财政部部长梅隆向人们保证将提供大量的低利率信贷。1928 年 1 月，财政部宣称将以 3.5% 的准备金兑换券偿还在 9 月到期的 4.25% 的自由债券。[38]

通货膨胀政策又一次暂时发挥了它的效用。英镑得到了支撑，流入美国的黄金大量回流，美国的黄金也开始外流。农产品价格指数由 1927 年的 99 上升至第二年的 106。农产品和食品出口大幅度上升，国外信贷也受刺激而达到了一个新的高度，并在 1928 年中期达到了顶点。[39] 但是在 1928 年夏天，英镑又一次衰退了。1929 年，美国农业价格水平微幅下降，农业出口的价格在同年也下降了。当国内外资金涌入膨胀中的美国股票市场时，国外信贷骤减。由经济膨胀带来的较高的利率将不会再低于欧洲的利率水平，除非美联储打算继续通货膨胀，这样或许要求通货膨胀的速度更快。相反，我们在下文中将看到的，政府并没有这样做，它试图控制经济膨胀。结果，资金被吸引到美国，而到 1928 年中期，黄金开始再次从国外

[37] Clark, *Central Banking Under the Federal Reserve System,* p. 198. 我们已经看到在 1927 年和 1929 年英镑票据被大量购买。

[38] 参见 Harold L. Reed, *Federal Reserve Policy, 1921—1930* (New York:McGraw–Hill, 1930), p. 32.

[39] 克拉克指出低利率信贷有助于金融和投资银行业以及斯特朗及其助手的个人投机利益。Clark, *Central Banking Under the Federal Reserve System,* p.344.

流入。至此，英国又重新陷入它曾经历过的混乱，只是这次的情况比以前更严重。

危机到来

从这时起，美国经济大膨胀的最后阶段来临了，这首先表现在股票市场上。尽管相比其他商业贷款，股票市场信贷不会导致程度更深的通货膨胀，但它对通货膨胀的影响也决不小于其他贷款，所以我们有必要以同样的方法、同样的程度批评股市上发生的信贷膨胀，就像我们对待任何其他类型的信贷扩张一样。柯立芝和梅隆就像“斗牛士的助手”，挑逗着股市进入牛市，他们在 1927 年的声明导致了进一步通货膨胀，并产生了不良影响。我们已经看到，纽约联邦储备银行有效地为提供给股票市场的同业拆借确定了利率，在与纽约证券交易所合作之下，美联储的政策为银行提供了必要的资金，使它们能随时向股市提供贷款。正如我们所知，同业拆借利率要比战前及高峰时期的利率水平低得多。

繁荣得到继续，各类股票价格在 1927 年后期上涨了 20%，美联储对此感到担心，并在 1928 年春扭转了这项政策，到 6 月末，所有银行的活期存款总额下降了 4.71 亿美元。然而各银行将存款转向了定期账户，这甚至过度弥补了活期存款的下降，定期存款增加了 11.5 亿美元。结果，在 1928 年上半年货币供给量仍然增加了 15.1 亿美元，但这一升幅已是相对较小的了（这一时期货币供给的年升幅为 4.4%，而在 1927 年下半年，货币供给增加了 27 亿美元，增幅为 8.1%）。如果此时美联储实行进一步的收缩政策（一项强制性的政策，比如针对向银行提供的准备金贷款确定一个“惩罚性”贴现利率），那么这将结束经济膨胀，之后会产生一个萧条时期，而这次萧条的程度远比我们后来经历的要轻得多。实际上，到了 5 月，准备金收缩政策才真正实行，因为在这之前美联储信贷的减少量也只是抵销了季节性撤出流通领域的货币数量。所以，美联储的限制政策只是在 5～7 月才阻止了经济膨胀。

但不管怎么说，公开市场大量出售证券和随后减少购买承兑汇票还是抑制了通货膨胀。1～7 月，各类股票价格只上涨了 10%。[40] 1928 年中期，黄金回流又发生了，尽管回流量并不大。而在 1928 年下半年，由于流通领域中通货的季节性增长，只要美联储按兵不动，准备金就会适当收缩。

此时，悲剧到来了。正要遏止经济膨胀，美联储却发现已经被自己的承兑汇票政策弄得骑虎难下了。在美联储承诺将购买市场上所有的承兑汇票后，市场中的承兑汇票增加了，1928 年下半年美联储购买了超过了 3 亿美元的承兑汇票，这样经济膨胀又得以继续。1928 年 12 月末，准备金增长了 1.22 亿美元，货币供给增加了大约 19 亿美元，这实际上也达到了这一时期的最大值。此时，货币供给总量达到了 730 亿美元，自通货膨胀以来，这时的货币供给量是最大。虽然各类股票价格实际上在 5～7 月间下跌了 5%，但 7～12 月股价又骤升了 20%。形势的发展让人惊骇，然而美联储却没有为抵销购买承兑汇票所造成的影响做任何事情。尽管美联储曾大胆地将再贴现利率从 1928 年初的 3.5% 升至 7 月的 5%，但它顽固地拒绝将再贴现利率进一步提高，直到经济繁荣期结束，这

[40] 安德森（*Economics and the Public Welfare*）的观点确实有误，他推断当时的股票市场已经失控，而管理机构束手无策。只要多一点魄力，当时就可以结束繁荣。

一利率始终保持不变。结果，对银行的贴现不但没有下降反而小幅上升。此外，美联储拥有价值 2 亿多美元的政府证券，但它却没有卖出过一点，相反，在 1928 年下半年，美联储还在净余额之上购入了一些政府证券。

1928 年下半年美联储为什么会表现得如此软弱？原因之一正如我们所见，欧洲发觉 1927 年的通货膨胀所带来的好处已不存在，于是他们强烈反对在美国实施货币紧缩政策。[41]1928 年后期放宽货币供给的政策使流入美国的黄金进一步扩大。英国的黄金再度流失，英镑也再度脆弱。为了使之摆脱痛苦，美国又一次遵从了欧洲的意愿，但是欧洲的痛苦是其自身通货膨胀政策的必然结果。1928 年后就一直患病的总裁斯特朗这时对美联储政策的制定已经失去了影响力。尽管斯特朗的门生坚持认为他可能会在那一年的下半年建议实施较紧的货币政策，然而最近的研究发现即使是较宽松的限制政策，对斯特朗来说也显得过严了。当然，这一发现和斯特朗以前的所作所为更为一致。[42]

美联储制定的政策之所以这样无力，另一原因来自要求低利率信贷的政治压力。从政治方面来说，人们总是更欢迎通货膨胀政策而不是经济萧条政策，同时我们不能忘记，这一年是大选年。此外，美联储已经采纳了性质信贷论者具有危险性的错误观点，他们认为在大量

---

[41] 参见 Harris, *Twenty Years of Federal Reserve Policy,* vol. 2, pp. 436ff.; Charles Cortez Abbott, *The New York Bond Market, 1920—1930* (Cambridge, Mass.:Harvard University Press, 1937), pp. 117–130.

[42] 斯特朗致沃尔特 · W. 斯图尔特 (Walter W. Stewart) 的信（1928 年 8 月 3 日），引自 Carl Snyder, *Capitalism, the Creator* (New York: Macmillan, 1940), pp. 227–228. 我们可以注意到，在几年后斯图尔特博士从美联储分管研究的主管转而任职为英格兰银行的经济顾问，此后他多次致信斯特朗，警告斯特朗美国银行信贷的限制太严厉了。

购入承兑汇票时，股票信贷将会减少。[43]

20 世纪 20 年代的通货膨胀在 1928 年末确实结束了。1928 年 12 月 31 日的货币供给总量是 730 亿美元。1929 年 6 月 29 日，货币供给总量是 732.6 亿美元，年升幅只有 0.9%。这样，通货膨胀实际上在 1928 年末大致结束。从此开始，货币供给量保持不变，即使上升也足可以忽略。之后，为了调整经济平衡，经济萧条不可避免。遗憾的是，没有多少美国人了解奥地利学派的商业周期理论，也没有人能知道将会发生什么。

宏大的经济体系在瞬间不会对变化产生反应。所以，时间的流逝让我们走到了通货膨胀的尽头，这时我们才发现经济中普遍的不当投资，才发现资本品行业的发展过度了。经济转折发生在 7 月左右，也正是在 7 月，大萧条开始了。

在市场中，股市的价格上升最快，按照理论，经济膨胀将致使生产资本品的行业过度扩张，这正符合这一论断。因为股票市场中我们看到的价格变动是对资本拥有权的价格变动。[44] 由于经济膨胀和信贷扩张所导致的乐观情绪太甚，7 月之后又过了数月，股票市场才察觉到商业活动已经陷入了低迷。但是这种警醒是必然的，11 月股市的崩盘使每个人认识到经济萧条真的来到了。

即使在萧条开始以后，适当的货币政策应是紧缩通货，至少也应不使通货进一步膨胀。由于股票市场到 11 月前一直在膨胀，更恰当的货币政策应该是实施通货紧缩。然而柯立芝总统继续为经济添油加醋直至萧条到来。3 月，他在离任前几星期仍宣称美国的繁荣

---

[43] 参见 *Review of Economic Statistics,* p.13.

[44] 房地产是关于资本所有权的另一个巨大市场。关于 20 世纪 20 年代房地产业的繁荣，参见 Homer Hoyt, "The Effect of Cyclical Fluctuations upon Real Estate Finance," *Journal of Finance* (April, 1947): 57.

是“绝对健康的”，股票的“市价低廉”。[45] 很不幸，1929 年上半年，新总统胡佛坚决支持立即使用“道德劝说”，而这终将遭受惨重的失败。无论胡佛还是联邦储备委员会理事罗伊·杨（Roy Young）都否认银行向股市提供信贷，而同时准备提供给所谓“合法”的商业和工业领域的银行信贷却十分充裕。胡佛一就任，他就试图以非正式的方式胁迫私营企业，在他还是商务部部长的时候，他就是这样做的。[46] 他召集了一个由首席编辑和出版商参加的会议，向他们警告股票价格过高。他任命洛杉矶的银行家亨利·M. 罗宾逊（Henry M. Robinson）为特使试图限制纽约的银行进行股票贷款；他试图劝说纽约证券交易所主席理查德·惠特尼（Richard Whitney）限制投机活动。由于这些措施没有切中问题的要害，所以它们并没有产生什么效果。

1928—1929 年，另一些对股票市场的强烈批评来自联邦储备委员会的阿道夫·米勒，弗吉尼亚州的民主党参议员卡特·格拉斯（Carter Glass），以及一些“创新派”的共和党参议员。1928 年 1 月，参议员拉夫莱特（La Follette）对邪恶的华尔街投机活动和证券经纪人贷款的增加进行攻击。参议员诺贝克（Norbeck）建议实行“道德劝说”政策，这一政策在第二年得以实施。此外，联邦储备委员会成员查尔斯·S. 哈姆林（Charles S. Hamlin）劝说艾奥瓦州众议员迪金森（Dickinson）提出一项议案：在银行资产负债表中，根据投机性股票贷款的数量确定银行准备金标准。参议员格拉斯提出对

[45] 值得注意的是，这一时期主要的“牛市”投机者威廉·C. 杜兰特 (William C. Drant) 将柯立芝和梅隆赞誉为宽松货币政策的首要精神领袖，但他在股市下跌中不光彩地失败了。*Commercial and Financial Chronicle* (April 20,1929): 2557ff.

[46] Hoover, *The Memoirs of Herbert Hoover,* vol. 2, pp. 16ff.

持有股票不足 60 天的交易征税 5%，与格拉斯的期望相反，由于阻止股票持有人在持有股票两个月前卖出股票，股票价格反而会被抬高。[47] 事实上，1921 年以来，联邦税法对股票和债券持有不足两年而获得的资本收益专门征收了高额税务。这一规定促使投资者持有股票而不是在购买后立即将它卖出，因为这项税收针对的是已实现的而不是应计的资本收益。这项税收也是促使股票价格在经济繁荣期进一步上涨的因素之一。[48]

为什么 1929 年美联储要实施“道德劝说”，而这之前却不那么做呢？一个主要的原因是直到 1928 年年底斯特朗总裁才去世。斯特朗在纽约银行的门生，在了解了货币数量的决定性意义后，于 1929 年强烈建议将贴现利率提高。而另一方面，华盛顿的联邦储备委员会以及胡佛总统，却是从性质的而不是数量的意义考虑信贷问题。但贝克哈特（Beckhart）教授又补充了一点：“道德劝说”政策避免了紧缩信贷政策的实施，采纳这项政策正是受到了蒙塔古·诺曼的影响。[49] 最后，到 6 月“道德劝说”被废止，而贴现利率未被抬高，结果股票市场继续疯狂上涨，即使这时整个经济已悄悄地却又不可避免地走向了衰退。财政部部长梅隆又一次鼓吹说“经济繁荣未被动摇也不可能被动摇”。8 月，联邦储备委员会同意将再贴现利率提高至 6%，但是，为了再次刺激承兑汇票市场，承兑汇票利率降低了，这样任何紧缩政策带来的效果都被抵消了。3 月，美联储本可以率先结束承兑汇票所造成的危险，它自 20 世纪 20 年代以来首次将承兑

[47] 参见 Joseph Stagg Lawrence, *Wall Street and Washington* (Princeton, N.J.:Princeton University Press, 1929), pp. 7ff. 及各处。

[48] 参见 Irving Fisher, *The Stock Market Crash—And After* (New York: Macmillan, 1930), pp. 37ff.

[49] “‘道德劝说’政策的实行是在蒙塔古·诺曼对这个国家进行访问之后马上开始的。” Beckhart, “Federal Reserve Policy and the Money Market,” p. 127.

汇票的购买利率抬高，并超过了贴现利率。这种一边提高再贴现利率，一边降低承兑汇票利率的做法是史无前例的，它带来的实际结果是刺激牛市奔向新的高度。美联储的承兑汇票购买利率由5.25%降至公开市场的水平5.125%，这促使市场向美联储出售承兑汇票。如果不是购买承兑汇票，从1929年7月末至10月23日（也就是股市崩盘的前一天），准备金总量将下降2.67亿美元。但是这一阶段美联储购买了2.97亿美元的承兑汇票，使得准备金总量上升了0.21亿美元。表5-1说明了这一阶段的情况。

表5-1 1929年7～10月决定银行准备金的各项要素

单位：100万美元

	7月29日	10月23日	净差额
美联储信贷	1 400	1 374	−26
贴现票据	1 037	796	−241
买入票据	82	379	297
美国政府证券	216	136	−80
其他信贷	65	63	−2
国库通货	2 019	2 016	−3
国库现金	204	209	−5
国库存款	36	16	20
未花费的资本基金	374	393	−19
货币性黄金存量	4 037	4 099	62
流通领域的货币	4 459	4 465	−6
其他存款	28	28	0
可控制的准备金			206
不可控制的准备金			−185
成员银行准备金	2 356	2 378	22

为什么这项通货膨胀政策如此重视承兑汇票市场呢？这正是由于政府对货币性质持有偏见，而且从表面上说这可以帮助美国的农民。然而，很显然帮助农民的借口只是在向公众解释为什么要实行通货膨胀放出的烟幕弹。首先，与上一年同一季度相比，承兑汇票持有量的增长主要集中在纯粹的国外承兑汇票上，而针对国内出口商品的承兑汇票持有量则相对较少。其次，8 月以前，农民们已经结束了季节性借贷，这样他们根本没有从承兑汇票利率的降低中获利。事实上，正如贝克哈特指出的，具有通货膨胀性质的承兑汇票政策是在“总裁诺曼又一次到访之后不久”再度被实施的。[50] 所以，蒙塔古·诺曼的魔爪又一次给美国带来了灾难，同时这也是诺曼最后一次意图延续 20 世纪 20 年代的经济膨胀。英国也陷入了经济萧条，同时其通货膨胀政策也导致黄金在 6 月和 7 月大量外流。而后，诺曼从纽约的银行财团获得了 2.5 亿美元的一系列贷款，但是黄金外流仍然持续到 9 月，而这些黄金大多流向了美国。为了帮助英国，8～11 月纽约联邦储备银行大量购入英镑。对承兑汇票市场的扶持保证了通过购入英镑票据进一步帮助英国。简言之，在 1928 年下半年和 1929 年，美联储政策的特征是使受到重视的市场，比如承兑汇票市场能得到足够的信贷，而紧缩其他市场的信贷，比如（通过“道德劝说”）限制股票市场。我们已经看到这种政策只能失败，A. 威尔弗雷德·梅（A. Wilfred May）对此做了最好的描述：

一旦宽松的货币政策损害了信贷体系，对一种特定信贷进行限制

[50] 同上，pp. 142ff.

而对其他类型的信贷不管不问，这是没有意义的，因为使不同类型的信贷截然分开，这是不可能的。意图使股票市场缺乏资金，而同时又将商业用途的贷款利率维持在相对较低的位置，这也是不可能的。准备金信贷产生后，一旦它通过商业银行进入到一般性的信贷流通活动中，我们就没有办法控制它，并将它导向特定的用途。[51]

这样，20世纪20年代通货膨胀下的经济繁荣结束了。我们应当清楚地认识到，通货膨胀的责任应由联邦政府负担，首先美联储的管理机构应负主要责任，而后是财政部和白宫。[52]狂风因政府而起，而人民却要承受它——这场大萧条。

---

[51] A. Wilfred May, "Inflation in Securities," in H. Parker Willis and John M.Chapman, eds., *The Economics of Inflation* (New York: Columbia University Press,1935), pp. 292–293. 亦参见 Charles O. Hardy, *Credit Policies of the Federal Reserve System* (Washington, D.C.: Brookings Institution, 1932) pp. 124–177; and Oskar Morgenstern "Developments in the Federal Reserve System," *Harvard Business Review* (October, 1930): 2–3.

[52] 当代关于美联储以及美联储消除对商业银行通货膨胀的自然抑制作用的精彩论述可参见 Ralph W. Robey, "The Progress of Inflation and 'Freezing' of Assets in the National Banks," *The Annalist* (February 27, 1931): 427–429. 亦参见 C.A. Phillips, T.F. McManus, and R.W. Nelson, *Banking and the Business Cycle* (New York: Macmillan, 1937), pp.140–142; and C. Reinold Noyes, "The Gold Inflation in the United States," *American Economic Review* (June, 1930): 191–197.

第六章

经济理论和通货膨胀：经济学家和稳定物价水平的诱惑

Theory and Inflation: Economists and the Lure of a Stable Price Level

我们可以得出这样的论断：美联储的管理机构在颁布通货膨胀政策时，不仅希望帮助英国，对农民进行财政扶持，还受到了一种盛行的经济理论的指导——也许更应该说是误导，这种理论将追求稳定的物价水平作为货币调控的目标。

20 世纪 20 年代，大多数经济学家都没有意识到通货膨胀所能造成的危害，原因之一就是人们将稳定物价看成货币政策的目的和标准。美联储的管理机构也强烈希望维持物价的稳定，而这已经引起了极大的争议。而人们争论较少的是当时大多数经济学家也认为货币政策应以追求物价稳定为主要目标。事实上，20 世纪 20 年代的一般物价水平大致比较稳定，这使经济学家忽视了通货膨胀可能造成的危险，这样也就无法对大萧条有所警觉。

事实上，信贷扩张扭曲了物价关系，相比于通货膨胀没有发生的情况，物价水平已经改变和提高了，这些都带来了极为有害的影响。而在统计学上，我们只是认识到货币供给量的增加，仅此而已。我们不能认为物价上涨是通货膨胀的唯一表现。只有通过对一个时期经济史的细致研究，我们才能大致上对复杂的物价变动进行解释，而这项工作超出了我们的研究范围。这里，我们要说明的是，生产能力的增加使生产成本降低，同时增加了商品供给，而

20 世纪 20 年代批发价格的稳定正是这种生产能力的增加和货币性通货膨胀间作用相互抵消的结果。而这种“抵消”只具有统计学意义；它并没有改变繁荣—衰退的周期模式，它只是掩饰了这种特点而已。经济学家强调稳定物价的重要性，是由于他们被蒙蔽了，而他们应该关注的问题是货币供给量发生了怎样的变化。这样，在 20 世纪 20 年代对通货膨胀有所警觉的经济学家大多是性质论者。而在“较新”的经济学家眼中他们并不能给人以希望，他们已经过时，这些“较新”的经济学家认识到了货币数量的重要性。问题并不在于针对特定市场（比如股票和房地产市场）的特定信贷；股票市场和房地产市场的膨胀正反映了米塞斯的商业周期理论：银行信贷增加造成了货币供给量的增加，这使得生产资料所有权的价格呈现出不均衡的增长。[1]

劳工统计局的批发物价指数可以反映出 20 世纪 20 年代的物价水平是稳定的，这一指数在 1921 年 6 月跌至 93.4（1926 年为 100），在 1925 年 11 月微升至 104.5，这也是 20 世纪 20 年代的最高点，然后到 1926 年 6 月下跌至 95.2。简言之，物价水平在 1925 年前一直小幅上升，而随后又小幅下跌。消费物价指数的走势与此类似。[2] 另外，反映一般价格水平的斯奈德指数囊括了各种物价（房地产、股票、租金、工资率和批发价格），这一指数在这一时期大幅度上升，从 1922 年的 158（以 1913 年为 100）上升至 1929 年的 179，上升了 13%。

[1] 银行贷款必然针对的是商业，而不是政府和消费者，银行信贷使得商业周期的机制运作起来，从这个角度来讲，信贷的性质层面意义是重要的。

[2] 国家产业协商会议委员会 (NICB) 消费价格指数从 1921 年的 102.3（以 1923 年为 100）上升到 1926 年的 104.3，随后又下跌到 1929 年的 100.1；劳工统计局 (BLS) 的消费品指数从 1921 年的 127.7（以 1935—1939 年为 100）下降到 1929 年的 122.5。*Historical Statistics of the U.S., 1789–1945* (Washington,D.C.: U.S. Department of Commerce, 1949), pp. 226–236, 344.

消费价格和批发价格保持稳定，许多经济评论者至今仍十分重视这些领域，在当时自然更是如此。

在各类批发价格中，食品和农产品在整个时期都处于上升之势，而金属、燃料、化学用品、家用设备却大幅度下降。我们可以从以下两点看出资本品领域发生的膨胀：（1）整个时期各种股票价格上涨了 4 倍；（2）耐用品和钢铁生产增加了 160%，而非耐用品（主要是消费品）生产只增加了 60%。实际上，1921—1929 年消费品，诸如人造食品和纺织品的产量只分别增加了 48% 和 36%。米塞斯理论的又一明证是资本品生产领域的工资率被大幅度提高。米塞斯认为在经济繁荣期资本品行业的工资率和其他成本的价格被抬得过高。根据协商会议委员会指数，每小时平均收入从 1921 年 7 月的 0.52 美元升至 1929 年的 0.59 美元，增长了 12%。在各类行业的工资中，消费品工业，比如鞋业的工资率始终维持不变；家具产业的工资率增长了 6%，肉类加工业的增长率不到 3%，五金制造业增长了 8%。另外，在资本品行业，比如机器制造和机械工具生产中，工资率增长了 12%，林木业增长了 19%，化学用品增长了 22%，钢铁工业增长了 25%。

在自由和不受任何干预的市场中，生产能力的提高会降低物价并使全体人民的生活水平得到广泛提高，而美联储的信贷扩张，无论是否故意如此，却使物价水平一直维持相对不变。通货膨胀扭曲了生产结构，随后因之而起的是一个萧条—调整的时期。通货膨胀同样阻碍了全体人民从价格降低中获利，而可以确定的是，只有那些享受着较高的货币工资和收入的人能够从生产能力的提高中受益。

菲利普斯、麦克马纳斯和尼尔森认为："这次稳定物价水平的活动可能是历史上最大的一次，而它的结果只是一场最大规模的经济萧条。”有许多例证可以证明这个观点。[3] 本杰明 · 斯特朗显然是在1922年转而支持平抑物价的设想的。1925年1月11日，斯特朗私下里写道：

我坚信这一点，同时我想美联储中的其他成员也都那么认为，和以前一样，将来我们的整个政策就是要坚持维护物价的稳定，只要我们还能那么影响物价。[4]

在1927年的稳定物价听证会上，有人提问：“联邦储备委员会是否能够通过公开市场操作和其他调控措施使物价稳定，并使这次对物价的影响超过从前？”斯特朗总裁回答道：

我个人认为，从1921年的市场反应看，美联储的管理基本上起到了作用，这正是合理的人类智慧得到了它的预期结果。[5]

很显然，1928年早期，在堪萨斯州众议员詹姆斯 · G. 斯特朗（James G. Strong）（与斯特朗总裁并无亲缘关系）提出议案迫使美联储进一步稳定物价时，斯特朗总裁施加了自己的影响。[6] 此

---

[3] C.A. Phillips, T.F. McManus, and R.W. Nelson, *Banking and the Business Cycle* (New York: Macmillan, 1937), pp. 176ff.

[4] Lester V. Chandler, *Benjamin Strong, Central Banker* (Washington, D.C.:Brookings Institution, 1958), p. 312. 以此观点，斯特朗当然受到了蒙塔古 · 诺曼的热情支持。Ibid., p. 315.

[5] 同上第199页及以下诸页。同时查尔斯 · 里斯特回忆，在与他私人交谈中，“斯特朗确信他能够通过他的利率和信贷政策，确立价格水平”。Charles Rist, “Notice Biographique,” *Revue d'èconomie Politique* (November–December, 1955): 1029.

[6] 斯特朗就这样克服了他先前明显地对通过立法授权来稳定物价的怀疑态度。在这之前，他希望美联储严格而谨慎地对待此事。参见 Chandler, *Benjamin Strong, Central Banker,* pp. 202ff.

时，斯特朗总裁已患病，也不能管理美联储，但是他还是与斯特朗议员一同撰写了该议案的最后一稿。在全体议员和研究物价平抑的主要理论家约翰·R. 康芒斯（John R. Commons）的面前，斯特朗议员和联邦储备委员会的成员们讨论了这项议案。当联邦储备委员会拒绝支持这项议案后，他在斯特朗的公开声明中表示他必须和他们站在一起。[7] 我们又进一步注意到了斯特朗总裁忠诚而满怀崇敬的追随者，同时也是纽约联邦储备银行统计部的主管卡尔·斯奈德（Carl Snyder），他极力主张由美联储调控货币和信贷从而使物价趋于稳定。[8]

当然，当时英国的首席经济学家们坚定地相信美联储正在试图成功地稳定物价。约翰·梅纳德·凯恩斯将1923—1928年“联邦储备委员会对美元的成功管理”誉为通货管理的一场“胜利”。丹尼斯·H. 罗伯逊在1929年总结道：“以稳定价格水平为目标的货币政策……已经以1922年以来联邦储备委员会在美国取得的成功为榜样。”[9] 而在萧条开始后的几年，凯恩斯仍然赞誉美联储的政策，而此时罗宾逊已经转向了批判立场，他写道：

> 就人力而言，依靠巨额的投资在一个长得足以惊人的时期内可以获得成功，但人类的智慧不可能使这种投资导向通往经济平衡的健康之路，而回首过去，1922—1929年的美国正是以这种方式大规

---

[7] 见欧文·费雪的描述，同上第170—171页。康芒斯对于斯特朗这样写道：“我很崇敬他，既因为他心胸开阔地帮助了我们，又因为他有所保留地与他的同事站在了一起。”

[8] 参见费雪对斯奈德的褒奖，*Stabilised Money*, pp. 64–67; and Carl Snyder, “The Stabilization of Gold: A Plan,” *American Economic Review* (June, 1923):276–285; idem, *Capitalism the Creator* (New York: Macmillan, 1940), pp. 226–228.

[9] D.H. Robertson, “The Trade Cycle,” *Encyclopaedia Britannica,* 14th ed.(1929), vol. 22, p. 354.

模地进行“稳定物价”的尝试，实际上这反而极大地破坏了货币的价值。[10]

早在1911年，一个稳定的价格水平就迷惑了不少举足轻重的政治家，更不用说经济学家们了。而后，欧文·费雪教授又开始在美国发起并领导了“稳定物价”运动。他很快得到了主要的社会活动家和经济学家的支持，这样，他制定了一个在全球范围内研究货币和价格问题的计划。支持者包括总统威廉·霍华德·塔夫脱（William Howard Taft）、战争部部长亨利·斯廷森（Henry Stimson）、财政部部长富兰克林·马克维根（Franklin MacVeagh）、州长伍德罗·威尔逊（Woodrow Wilson）、州长吉福德·平肖（Gifford Pinchot），7位参议员，还有经济学家阿尔弗雷德·马歇尔（Alfred Marshell）、弗朗西斯·埃奇沃斯（Francis Edgeworth）以及英国的约翰·梅纳德·凯恩斯。1912年2月，塔夫脱总统特别致电国会敦促向这样一个国际机构拨款。这份电报是费雪在助理国务卿、稳定货币的信徒亨廷顿·威尔逊（Huntington Wilson）的协助下写出的。尽管在参议院获得了通过，但这项议案没有在众议院通过。伍德罗·威尔逊虽然对这一计划很感兴趣，由于忙于其他事务，并没有对此多加考虑。

1918年春，美国经济学会货币购买力委员会认可了稳定物价的基本方法。虽然费雪的稳定物价学说遭到了以大通银行的A. 巴顿·海本（A. Barton Hepburn）为首的银行家们的反对，他还是在1920年年末开始组建稳定货币联盟，该联盟在1921年5月末成立，这时正是

[10] D. H. Robertson, “How Do We Want Gold to Behave?” in *The International Gold Problem* (London: Humphrey Milford, 1932), p.45; 引自 Phillips, et al.,*Banking and the Business Cycle,* pp. 186–187.

我们的通货膨胀开始的时候。威尔逊时期的战争部部长牛顿・D. 贝克（Newton D. Baker）、康奈尔大学詹姆斯・哈维・罗杰斯（James Harvey Rogers）教授是这一组织最早的两位成员。另一些政治家和经济学家也在稳定货币联盟中起着领导作用，他们是该联盟首任主席杰里耶利米・W. 詹克斯（Jeremiah W. Jenks），《华莱士农民》的编辑、后来的农业部部长亨利・A. 华莱士（Henry A. Wallace），后来的新罕布什尔州州长约翰・G. 维南特（John G. Winant），第二任主席约翰・R. 康芒斯，伊斯门 - 柯达（Eastman-Kodak）家族的乔治・伊斯门（Geoge Eastman），前任财政部部长莱曼・J. 盖奇（Lyman J. Gage），美国劳工联盟的主席塞缪尔・冈珀斯（Samuel Gompers），弗吉尼亚州参议员卡特・格拉斯，威尔逊时期的副总统托马斯・R. 马歇尔（Thomas R. Marshall），众议员奥斯卡・W. 安德伍德（Oscar W. Underwood），马尔科姆・C. 罗蒂（Malcolm C. Rorty），经济学家特维宁・哈德利（Twining Hadley），伦纳德・P. 艾尔斯（Leonard P. Ayres），威廉・T. 福斯特（William T. Foster），大卫・弗莱戴（David Friday），埃德温・W. 坎莫罗（Edwin W. Kemmerer），韦斯利・C. 米切尔，沃伦・M. 珀森（Warren M. Persons），H. 帕克・威利斯，埃利恩・A. 杨（Allyn A. Young），卡尔・斯奈德。

在物价上升期，主张稳定物价水平是相对无害的，此时它有助于健全货币的倡导者阻止经济膨胀。但当物价趋向下跌之时，这就非常有害了，这样稳定物价必然导致通货膨胀。但是，当物价下跌时，稳定物价的口号总是受到欢迎。稳定货币联盟成立于 1920—1921 年，这时正是萧条时期，物价在大幅度下降。不久，物价开始回升，而保守派也开始认识到在稳定货币运动中要有效地抑止极端的通货膨胀主义者。于是，在 1923 年联盟改名为国际货币协会，其官员不变，只是康芒斯教授成为第二任主席。1925 年物价水平升至最高点并开始下落，随后保守派不再支持该协会，于是国际货币协会又再度改名为稳定货币协会。

新协会的继任主席相继是 H. 帕克· 威利斯教授，美国银行的执行副主席约翰· E. 洛文斯基（John E. Rovensky）、坎莫罗教授、“大叔”弗雷德里克· W. 迪拉诺（Frederic W. Delano）、稳定物价协会中的其他著名的领导者是威尔福德· I. 金（Willford I. King）教授、哥伦比亚大学校长尼古拉斯·默利·巴特勒（Nicholas Murry Butler）、1924 年民主党总统候选人约翰· W. 戴维斯（John W. Davis）、哈定时期的预算局局长和柯立芝时期的副总统查尔斯· G. 道斯（Charles G. Dawes）、美国劳工联盟主席威廉·格林（William Green）、1925 年以前的前任国务卿埃文斯·休斯（Evans Hughes）、投资银行家奥托·H. 卡恩（Otto H. Kahn）、伊利诺伊州的共和党州长弗兰克· O. 劳登（Frank O. Lowden）、前国务卿和参议员埃里屋·鲁特（Elihu Root）、众议员詹姆斯· H. 兰德（James H. Rand）、社会党党员诺曼·托马斯（Norman Thomas）、保罗· M. 沃伯格，欧文· D. 杨（Owen D. Young）。国外的知名人士包括法兰西银行的查尔斯·里斯特、捷克斯洛伐克的埃德瓦德·贝内斯（Eduard Benes）、法国的马克思·拉扎德（Max Lazard）、法兰西银行的埃米利·莫罗、奥地利的路易斯·罗特希尔德（Louis Rothschild）、阿瑟·巴尔弗（Arthur Balfour）爵士、亨利·斯特拉克斯奇（Henry Strakosch）、梅尔切特（Melchett）勋爵、英国的约西亚·斯坦普（Josiah Stamp）爵士。这个协会的名誉副主席由以下协会的主席担任：美国劳工立法协会、美国律师业协会、美国农产局联盟、美国农业经济学协会、美国统计学会、铁路工作人员联谊会、国家信用人协会、国家消费者同盟、国家教育协会、美国教育理事会、美国联合矿工组织、国家农民协进会、芝加哥商业协会、纽约商人协会，以及 43 个州和哥伦比亚特区的银行家协会。

1926 年，费雪邀请诺曼·朗伯德（Norman Lombard）担任协会的执行主管和运营长官。协会的准则也被广泛传播。1922—1923 年，托马斯·爱迪生（Thomas Edison）和亨利·福特（Henry Ford）提出的“商品美元”建议获得公众支持，这对协会准则的传播起到了帮助作用。这一时期其他一些著名的稳定论者有康奈尔的乔治·F. 沃伦（George F. Warren）和弗兰克·皮尔逊（Frank Pearson）、罗伊尔·米克（Royal Meeker）、哈得逊·B. 黑斯廷斯（Hudson B. Hastings）、阿尔文·汉森（Alvin Hansen），莱昂内尔·D. 伊迪（Lionel D. Edie）。在欧洲，除了以上提到的名人，稳定货币的提倡者还有阿瑟·C. 皮古（Arthur C. Pigou），拉尔夫·霍特雷（Ralph Hawtrey）、J. R. 贝勒比（J. R. Bellerby）、R. A. 莱菲尔德特（R. A. Lehfeldt）、G. M. 刘易斯（G. M. Lewis）、阿瑟·索尔特爵士、纳特·维克塞尔（Knut Wicksell）、古斯塔夫·卡塞尔（Gustav Cassel）、阿瑟·金森（Arthur Kitson），弗雷德里·索迪爵士（Sir Fredrick Soddy）、F. W. 贝希克－劳伦斯（F. W. Pethick-Lawrence）、雷吉纳德·麦克吉纳（Reginald McKenna）、巴兹尔·布莱克爵士，约翰·梅纳德·凯恩斯。在凯恩斯 1923 年出版的《货币改革论》中，他已经开始宣扬他的“管理货币”和稳定物价的思想，这也使得凯恩斯的影响很大。

拉尔夫·霍特雷是 20 世纪 20 年代错误经济政策的始作俑者之一。在英国，经济学家对经济政策的制定有着比他们的美国同行更大的影响，身为英国财政部财政研究的领导者，早在 1913 年霍特雷就鼓吹由各中央银行对全球信贷进行控制以达到一个稳定的物价水平。1919 年，人们首次提出在欧洲各国实行金汇兑本位制，并将其与国际的中央银行的合作挂钩，霍特雷就是这些人中的一个。在欧洲，霍特雷也是那些称颂本杰明·斯特朗总裁才能者中的一员。1932 年，罗伯逊已经意识到稳定物价会带来灾难，而此时霍特雷却宣称，当人们只能被动接受商业周期时，“美国 1922—1928 年在稳定经济方面的经验显示，较早采取这种方法既会阻止通货膨胀的势头也会阻止萧条的势头……美国的这一尝试要比 19 世纪实践的更为进步”。[11] 在斯特朗总裁去世之时，霍特雷认为“这是全世界的灾难”。[12] 最后，1922 年的热那亚会议上之所以提出稳定物价的方法也主要是出自霍特雷的启发。

即使没有成为立法的行动事实，众多要求稳定物价之声也变成了要求立法的政治压力。1922 年 5 月，马里兰州的众议院 T. 艾伦·戈德斯保拉夫（T. Alan Goldsborough）提出议案以“稳定货币购买力”，实质上，是前副总统马歇尔将费雪教授的有关主张告知了格德斯博拉夫。而这项议案的保证人正是费雪、罗杰斯、金、坎莫罗等几位教授，然而该议案只是在议会就此成立的委员会上提出。1924 年早期，戈德斯保拉夫和北达科他州的共和党人 O. B. 博特内斯（O. B. Burtness）又一次提出稳定物价的议案。而这项议案也只是在就此成立的委员会中提出讨论。老到的乔治·H. 希比利（George H. Shibley）一贯主张稳定物价，从 1896 年以来他一直为此奔波，正是

[11] Ralph O. Hawtrey, *The Art of Central Banking* (London: Longmans, Green,1932), p.300.

[12] 提倡稳定论的重要人物诺曼·朗伯德对斯特朗所谓的成就进行赞颂，他说：“由于采用了书中所述的基本方法……他（斯特朗）使得美国维持了物价水平的稳定，同时这也使得 1922—1928 年经济环境普遍处于一种健康安宁的状态。” Norman Lombard, *Monetary Statesmanship* (New York: Harpers, 1934), p. 32n. 关于稳定物价的观念对美联储政策的影响，亦参见 David A.Friedman, “Study of Price Theories Behind Federal Reserve Credit Policy,1921–1929” (unpublished M.A. thesis, Columbia University, 1938).

在他的敦促下，堪萨斯的共和党人詹姆斯·G. 斯特朗在1926年1月又提出一项议案，这又是一次稳定物价的努力。早先费雪提出“美元补偿”以调控物价水平，这次则更甚，斯特朗的议案迫使美联储直接抬升物价。听证会一直从1926年3月持续到1927年2月，保证人有希比利、费雪、朗伯德、威廉·T. 福斯特、罗杰斯、贝勒比、康芒斯，以及共和党人斯特朗，斯特朗总裁又重写了议案，如上文所说，1928年春，举行了有关斯特朗第二个议案的听证会。

瑞典的古斯塔夫·卡塞尔教授对斯特朗的第二个议案赞赏有加，他的意见左右了议会的听证会。卡塞尔自1903年以来就主张稳定物价。这位智者的建议使政府既不采取注重货币性质的方法也不采取注重货币数量的方法，因为这都会降低一般物价水平。在一系列关于美国的论文中，卡塞尔还极力主张降低美联储的准备金率，并且通过中央银行的广泛合作以稳定物价水平。

斯特朗的议案和先前提出的议案一样，只是在委员会中提出。但是，各种压力施加在为这类议案举行的听证会上，稳定物价的主张也甚嚣尘上，还有斯特朗总裁的意见，这都迫使美联储管理机构试图通过控制信贷以稳定物价。

国际上的压力也推动了稳定物价政策。官方行动始于1922年春的热那亚会议。这次会议由国际联盟组织召开，当时国际联盟的总理是罗伊德·乔治，他也受到了极具影响力的蒙塔古·诺曼的启发。这次会议的财政委员会采纳了一系列解决办法，正如费雪所言，这些“是世界各地倡导稳定物价者多年来的有力武器”。[13] 这些措施促使世界各中央银行合作以稳定物价，同时建议实行金汇

[13] Fisher, *Stabilised Money*, p. 282. 我们对稳定货币运动的说明很大一部分来自费雪的著作。

兑本位制。财政委员会中尽是坚持稳定论的中坚分子，比如巴兹尔·布莱克特、卡塞尔教授、维瑟林（Vissering）博士和亨利·斯特拉克斯奇爵士。[14] 通过两位亲密的助手奥托·尼梅耶尔（Otto Niemeyer）爵士和亨利·斯切尔科斯奇爵士，蒙塔古·诺曼总裁在很大程度上鼓动了国联的财政委员会并控制了它，亨利爵士正如我们已经指出的那样，他是一个著名的稳定论者。[15] 此外，诺曼主要的国际事务顾问查尔斯·S. 阿迪斯（Charles S. Addis）爵士也是一个狂热的稳定物价论者。[16]

1921 年，劳工协商总会、国联的国际劳工局和财政委员会就经济危机问题组建了联合委员会。这个联合委员会的 3 位领导人是艾伯特·托马斯（Albert Thomas）、亨利·法斯（Henri Fuss）和 J. R. 贝勒比，而他们都主张稳定物价。1923 年，托马斯提出的报告警告说物价的下跌无可避免地导致失业。1926 年，国际劳工局的亨利·法斯在《国际劳工评论》（*International Labour Review*）上宣传稳定物价会带来的利处。1925 年 6 月，联合委员会召开会议，会议上肯定了日内瓦会议的基本准则。在这之前不久的 1924 年 11 月，国际劳工立法协会和国际失业协会这两大非官方国际组织在布拉格召开了社会政策国际大会，这次会议呼吁普遍采纳日内瓦会议确定稳定物价的措施。1928 年 9 月，巴黎拉扎德·弗特雷投资银行的稳定论者马克思·拉扎德的提案在国际社会进步协会的维也纳会议上被采纳，这项提案要求稳定物价。由于担心物价降低将导致失业，国际劳工局在 1929 年 6 月也采纳了这些建议。最后在 1928 年，国联的

[14] 尽管霍特雷受到了这种方法的启发，但他批评这种方法能造成的影响仍然不够。

[15] 参见 Paul Einzig, *Montagu Norman* (London: Kegan Paul, 1932), pp. 67, 78.

[16] Henry Clay, *Lord Norman* (London: Macmillan, 1957), p. 138.

经济顾问委员会同意了日内瓦会议的方案。

1928—1929 年，卡塞尔教授和康芒斯教授要求不对信贷施加任何限制。极具影响的国会银行和通货委员会主席路易斯 · T. 麦克法登（Louis T. McFadden）向美联储管理机构施加了同样的但更为有力的压力。1929 年 2 月 7 日，也就是联邦储备委员会致信联邦储备银行对股票市场投机行为提出警告的第二天，众议员麦克法登就这一举动所引起的不良商业反应向国会提出警告。他指出商品物价水平没有上涨，怎么会存在通货膨胀的危险？麦克法登激动地警告美联储不应该顾虑股票市场或证券的信贷，不应担心这会造成经济的衰退。相对紧缩银根将使资本融资变得困难，同时还会导致信心的丧失，并加速经济萧条。事实上，麦克法登认为只要物价和就业率出现可能的下降，美联储应随时准备放宽信贷利率。[17] 在这些反对信贷限制的人中，比较有影响的还有 W. T. 福斯特和沃蒂尔 · 卡琴斯（Waddill Catchings），他们都是主要的稳定论者，同时他们又以消费不足论闻名天下。卡琴斯是位卓越的投资银行家（来自高盛集团），同时，他还是位钢铁大王，他们两人和胡佛政府保持着亲密的关系（正如我们将看到的，他们解决失业的计划同时被胡佛所采纳）。1929 年 4 月，福斯特和卡琴斯警告说，任何信贷限制都会在降低物价水平的同时挫伤商业。他们还有费雪、康芒斯等人向公众保证，牛市的坚实基础是对美国的信心和经济增长。[18] 他们号召所有人都来“投资于美国”，对此牛市投机者当然积极响应。任何人只要批评经济膨胀，都会被认为是不爱国和

[17] 引自 Joseph Stagg Lawrence, *Wall Street and Washington* (Princeton,N.J.: Princeton University Press, 1929), pp. 437–443.

[18] *Commercial and Financial Chronicle* (April, 1929): 2204–2206. 亦参见 Beckhart, “Federal Reserve Policy and the Money Market,” in Beckhart et al., *The New York Money Market* (New York: Columbia University Press, 1931), vol. 2, pp. 99ff.

“在美国做空”。

卡塞尔的观点在欧洲具有代表性，他坚持主张美联储应进一步扩大通货膨胀。拉尔夫·霍特雷爵士在1928—1929年访问哈佛，向他的美国听众宣传他关于稳定物价的信条。[19]极具影响的英国工党成员菲利普·斯诺登（Philip Snowden）在1927年敦促美国加入全球价格稳定计划，以阻止长期的物价下跌。伦敦的《国家主义者与国家》（*Statist and Nation*）杂志也为美联储的“通货紧缩”深感遗憾。最极端的例子是经济学教授埃利恩·A. 杨的一篇鼓吹通货膨胀的文章，杨是执教于伦敦大学的美国人。1929年1月，杨对物价长期下跌趋势提出警告，并主张各中央银行不要“囤积”黄金，放弃较高的黄金准备金率，并把通货膨胀发展到尽善尽美的地步。他说：“世界各国的中央银行看来都惧怕繁荣，只要他们还是这样，生产的增加就将被延缓。”[20]

在一个荒唐的时代，杨教授的文章竟然被认为是至高无上的经典，而当欧文·费雪和查尔斯·A. 戴斯这样的经济学家，他们在研究所谓“新时期”的股市繁荣并犯下许多肤浅而明显的错误时，杨教授的著作中则有着更多可以指摘的地方。一个仅仅是对现存的股市环境进行推断；另一个则是在通货极度膨胀的年代里将通货紧缩视为主要的威胁，当然后者更应该受到我们严厉的批评。但这就是稳定论者所能得出的逻辑结论。

我们可以得出这样的论断：美联储的管理机构在颁布通货膨胀政

[19] 参见 Joseph Dorfman, *The Economic Mind in American Civilization* (New York: Viking Press, 1959), vol.4, p.178.

[20] Allyn A. Young, “Downward Price Trend Probable, Due to Hoarding of Gold by Central Banks,” *The Annalist* (January 18, 1929): 96–97. Also see, “Our Reserve Bank Policy as Europe Thinks It Sees It,” *The Annalist* (September 2,1927): 374–375.

策时，它们不仅希望帮助英国，对农民进行财政扶持，它们还受到了一种盛行的经济理论的指导——也许更应该说是误导，这种理论将追求稳定的物价水平作为货币调控的目标。[21]

[21] Seymour Harris, *Twenty Years of Federal Reserve Policy* (Cambridge, Mass.:Harvard University Press, 1933), vol. 1, 192ff., and Aldrich, *The Causes of the Present Depression and Possible Remedies* (New York, 1933), pp. 20–21.

Section 3

大萧条 1929—1933年

THE GREAT DEPRESSION: 1929—1933

经过漫长的时间，我们终于明白：大萧条的错误并不在于自由市场经济，而应该归咎于政客、官僚和那些“先进”的经济学家。而且，对过去或将来发生的任何一次萧条来说，情况都会是这样。

第七章

大萧条的序幕：胡佛和自由放任主义

Prelude to the Great Depression:
Mr.hoover and Laissez-Faire

胡佛改变了先前历届政府在萧条时期采取的政策，他所有干预措施的特征都是外柔内刚的，即商人被劝告“自愿”采纳政府要求的措施，劝告的背后就是威胁，如果企业不能“自愿”采纳这些措施，接踵而来的就是强制性的管制。

如果政府希望减轻而不是加重萧条，它唯一可以采取的方法就是自由放任——让经济听其自然。只要不对价格、工资率和商业清算进行干预，必要的调整过程就会平稳而迅速地进行。要支撑动荡的局面就会延长清算时间，并加剧恶性的经济环境。抬高工资率会造成大量失业，抬高价格会在带来商品滞销的同时，使这种情况一直持续。此外，大幅度削减政府预算，包括税收和开支，将会加速调整过程，因为这使社会的选择更倾向于储蓄和投资，而不是消费。由于无论给它贴上怎样的标签，政府开支只是在消费；所以削减预算会提高经济中的投资—消费比例，并加速对先前的浪费和错误的生产计划的修正。因此，在萧条时期政府要做的就是削减预算和让经济自行其道。当前流行的经济学思想认为这条格言不可能带来希望，觉得它已经过时；然而相对于 19 世纪，它现在在经济规律中得到了更为坚实可靠的证明。

在 1929 年以前，当美国遇到经济萧条时，自由放任几乎都被作为一条传统的政策加以采纳。自由放任的先例出现在1819年美国第一次大萧条中，当时联邦政府唯一做的是放宽联邦政府土地债务人的偿还期限。在1837年的恐慌中，范布伦总统也坚决地执行了自由放任的措施。随后的联邦政府都采用了相同的方法。主要的错误是州政府犯下的，它们允许破产银行继续运作而不用偿还债务。[1] 在1920—1921年的萧条中，政府在很大程度上干预了经济，但政府还是容忍了工资率的下降，政府开支和税收都削减了。而这次萧条只持续了一年，本杰明·安德森博士描述说："这是我们最后一次让经济自然地恢复到资源被充分利用的状态。"

因此，无论是正确的理论还是历史先例都说明了自由放任政策的正确性。但在1929年，正确的方法被粗暴地漠视，由胡佛领导的政府开始了安德森所说的"胡佛新政"。如果我们这样定义"新政"，它是通过拓展政府的经济计划和干预，包括抬高工资率和物价、扩张信贷、扶持濒临破产的企业、增加政府开支（比如，对失业人口进行经济补贴、为公共工程融资），从而达到反萧条的目的，那么赫伯特·克拉克·胡佛应该被认为是新政在美国的创立者。从萧条一开始，胡佛就使自己的措施向违反自由放任原则的方向发展。结果，在他离任的时候，经济陷入了前所未有的萧条中，3年半后，人们也没有看到复苏的迹象，而失业人口在劳动人口中的比重也达到了可怕而前所未有的25%。

政府计划向萧条宣战，而胡佛则是这一革命性计划的创立者，他在这方面的作用被历史学家错误地忽视了。在很大程度上，富兰

[1] 在美国货币史中，对这些事实重要性的正确评价，参见 Vera C. Smith, *The Rationale of Central Banking* (London: P. S. King and Son, 1936).

克林·D. 罗斯福只是把他前任留下的政策更具体地加以实行。胡佛在治愈萧条的尝试中悲剧性地失败了，但如果将之作为自由放任政策的典范加以嘲讽，这显然误解了历史记录。胡佛的失败应该被看作是政府计划的一场失败，而不是自由市场的失败。

为了描述胡佛政府通过干预手段治愈萧条的尝试，我们可以引用1929年秋在其竞选活动中，胡佛对自己计划的摘要：

我们可以什么都不做。这样就会导致毁灭。相反，面对这种局面，我们应该采取经济防御和反击计划，对于私营企业和国会来说，这可能是美利坚合众国历史上最为庞大的一项计划。我们要开始行动……迄今为止，在这样的时刻，华盛顿没有一届政府会觉得它正担负着如此巨大的责任……这是萧条历史上的第一次，在工资下降之前，红利、利润和生活费用已经下降……工资率必须维持到生活费用下降，即利润实际上已经为零的状态。这是世界上最高的实际工资率。

创造新的就业机会，同时为整个经济体系带来新生。在我们的历史上没有人那么做过，最多只是做些……“男人和女人们天天要做的事”。一些保守的经济学家敦促我们应该允许清算活动继续下去，一直让经济达到底部为止……我们认为我们不应该听从这些顽固的清算论者，不能看着美国的所有债务人都陷入破产，人民的储蓄陷入毁灭。[2]

---

[2] 引自8月11日胡佛的总统候选人演说，以及11月4日他在得梅因的竞选演说。关于胡佛演说的更详尽内容以及他的反萧条计划，参见 William Starr Myers and Walter H. Newton, *The Hoover Administration* (New York: Scholarly Press, 1936), part 1; William Starr Myers,ed., *The State Papers of Herbert Hoover,* (New York. 1934), vols. 1 and 2. 亦参见 Herbert Hoover, *Memoirs of Herbert Hoover* (New York: Macmillan, 1937), vol. 3.

胡佛干预主义的发展：失业问题

胡佛的干预主义思想当然不是突然形成的。胡佛改变了先前历届政府在萧条时期采取的政策，他是如何轻易地做到这一点的，为什么他能得到全国性的支持，如果我们想清楚地理解这些问题，那么，追溯胡佛的思想发展以及干预主义思潮在这个国家中的发展将是有益的。

赫伯特·克拉克·胡佛是一个非常有“远见”的政治家。我们已经看到胡佛开创了胁迫投资银行家提供对外贷款的先河。胡佛所有干预措施的特征都是外柔内刚的，即商人被劝告“自愿”采纳政府要求的措施，劝告的背后就是威胁，如果企业不能“自愿”采纳这些措施，接踵而来的就是强制性的管制。

胡佛曾在国外长住，并于战后回到美国，他带来了尚未成型的“重建计划”。这些计划对于现在的一代人来说已经熟悉，而在纯真时代中的美国，这是全新的。像所有这类计划一样，它侧重政府计划，构想在“中央指导”下“自愿”进行合作。[3] 政府应该纠正“被我们忽视的错误”，包括落后的健康和教育保障、工业“浪费”、保护资源不力、拒绝合并的陋习，以及季节性的失业。胡佛计划的特点是提高遗产税、修建公共水坝，更重要的是政府对股票市场进行管理以遏止“邪恶的投机”。胡佛对股票市场的敌视态度最早在这里显露出来，这种敌视后来成为他那届政府的主旋律。[4] 值得庆幸的

---

[3]　参见 Joseph Dorfman, *The Economic Mind in American Civilization* (New York:Viking Press, 1959), vol. 14, p. 27.

[4]　Hoover, *Memoirs*, vol. 2, p. 29. 胡佛一贯含糊其词，他说：“我坚信这些进步在没有政府控制的情况下也能实现，但是政府可以通过研究性的、智慧的领导，以及禁止滥用权力，促成这种进步的实现。”

是，胡佛从没有假装自己是个自由放任主义的坚定支持者，就像现在的人们认为的那样，他提到有些人指责他的计划太彻底——倒不如说这些人可能会这么指责他。

胡佛是如此具有远见，以至路易斯·布兰德斯（Louis Brandeis），《新共和国》（*New Republic*）杂志的赫伯特·克罗里（Herbert Croly），爱德华·M. 豪斯（Edward M. House），富兰克林·D. 罗斯福，以及其他一些重要的民主党人都一度力促他成为总统。[5]

1920 年，胡佛一直在各地讲解干预主义。在威尔逊总统委派下，胡佛与劳工部部长威廉·B. 威尔逊（William B. Wilson）这位美国联合矿工组织的前官员在 1919—1920 年负责召开了劳工管理关系讨论会，这个会议正是我们关心的。这一会议的参加者包括了有“远见”的实业家朱利叶斯·罗森瓦尔德（Julius Rosenwald）、奥斯卡·施特劳斯（Oscar Straus）和欧文·D. 杨、务劳工领袖们。像弗兰克·W. 陶西格（Frank W. Taussig）这样的经济学家，他们建议应进行广泛的劳资谈判；同时，他们批评了“御用工会”，敦促废除童工；并呼吁在全国范围内建立养老保险，减少工时，“改善住房供给”，建立医疗保险以及建立政府的劳资纠纷仲裁委员会。这些建议都体现了胡佛的观点。[6]

1921 年 3 月，迫于来自威廉·艾伦·怀特（William Allen White）和纽约的纳森·米勒法官领导的共和党左翼的压力，威尔逊总统任命胡佛为商务部部长（胡佛是第一批现代意义上的政客，他们能在任何

---

[5] 参见 Arthur M. Schlesinger, Jr., *The Crisis of the Old Order, 1919–1933* (Boston:Houghton Mifflin, 1957), pp. 81ff.; Harris Gaylord Warren, *Herbert Hoover and the Great Depression* (New York: Oxford University Press, 1959), pp. 24ff.

[6] 胡佛记录道，“极右”势力对这些建议很敌视——这让人不可理解——特别是波士顿商会。亦见 Eugene Lyons, *Our Unknown Ex-President* (New York: Doubleday, 1948), pp. 213–214.

一个党派中找到归宿）。我们已经看到在 1920—1921 年的萧条中，政府主要采用了自由放任的政策，而这不是出自胡佛之手。相反，他“开始重建美国”。[7] 他接受了这项任命，但条件是联邦政府所有制定的经济政策都要向他咨询。他决定将商务部变成“美国人民的经济讲解员（他们迫切地需要这样一个人）”。[8] 胡佛还没就任，他就开始组织一个关于失业问题的讨论会和理事会。这个理事会在每个失业问题严重的州都设有分支，而在地方社区和 31 个城市的市长紧急理事会中设有更低一级的分支机构。[9] 这个理事会为失业人员提供救济，同时也组织地方政府和联邦政府之间的合作。

如胡佛回忆：

> 我们促使联邦、州和各级政府进行合作以增加公共设施建设。我们劝说雇主把工作时间分配给他们的雇员，这样尽可能让更多的人能获得收入。我们组织工业的创新和补救维修，同时只要可能，就扩大建设。[10]

新泽西州的美孚石油宣布将解雇原有雇员的计划延期，并增加维修费用和生产总量；美国钢铁公司也立即根据会议的结果投资 0.1 亿美元进行维修。[11] 总之，大企业是最先认同胡佛的提议的。

---

[7] 胡佛致韦斯利 · C. 米切尔的信（1921 年 7 月 29 日）。Lucy Sprague Mitchell, *Two Lives* (New York: Simon and Schuster, 1953), p. 364.

[8] Warren, *Herbert Hoover and the Great Depression*, p. 26.

[9] 参见 Hoover, *Memoirs,* vol. 2;Warren, *Herbert Hoover and the Great Depression;* and Lloyd M. Graves, *The Great Depression and Beyond* (New York: Brookmire Economic Service, 1932), p. 84.

[10] Hoover, *Memoirs,* vol. 2, pp. 41–42.

[11] 参见 Joseph H. McMullen, “The President’s Unemployment Conference of 1921 and its Results” (unpublished M.A. thesis, Columbia University, 1922), p. 33.

幸运的是，当这些措施正要付诸实施时，萧条也大致结束了，但是这也为以后的萧条蒙上了不祥的阴影，当1929年的危机到来时，阴影变成了灾难。这些措施又一次打上了胡佛的烙印；“自愿合作”之下是政府的强制和计划。他将这些计划和那些还在商议中的措施称为“动员生产商和雇主进行合作，民众和地方政府进行合作”。而人们开始将之与战时进行类比，这些话现在我们已经太熟悉了：“只要我们在所有的社区都齐心协力，像在战时那样自发地进行合作重建，我们就可以避免陷入无尽的灾难。”

尽管政府没有对1920—1921年的萧条进行大范围的干预，但令人不安的是新政的种子已经被大量埋下。1920年12月，战争金融公司重新建立以帮助农业出口；1920年资产为1亿美元的对外贸易金融公司成立；由于卖空交易扰乱农业，《凯普尔谷物期货法案》于1921年8月出台以控制利用谷物交易的行为。此外，在州一级，纽约通过了租赁法，对房东的驱逐权进行限制；堪萨斯州设立了工业管委会对像“公用事业”的所有关键行业进行管理；在北达科他州，无党派联盟进行了社会主义实验。[12]

在所有这些变化中，最重要的算是总统关于失业问题的协商会议，这是哈定在不知疲倦的胡佛的鼓动下组织召开的。这一宿命性的征兆最能反映出反萧条政策的形成。来自产业、银行以及劳动领域的约300位知名人士在1921年9月被召集起来讨论失业问题。哈定总统在会议上满是睿智的发言中仍然强调以旧次序的方式应对萧条，这也是这种声音唱响的最后一次挽歌。哈定断言清算的过程不可避免，他批评政府对经济进行计划，问责了财政部的救济提议。他说：“用这

[12] 参见 Graves, *The Great Depression and Beyond.*

些方法过多地刺激经济更可能带来困难，而不是治愈病症。”[13]

对于与会成员，显然哈定的话只是他们前进路上的绊脚石，很快他们就对此置之不理。与会者明显更喜欢胡佛的演说，这个思想开放的演说就是要说明顺从的时代已经过去；与以前对待萧条的方式相比，胡佛确信政府必须“做些什么”。[14] 政府应该肩负起治愈萧条的重任，这就是会议要宣传的目标。而在这些位高权重的领导者眼里，最关键的一步是强调政府计划以对抗萧条的重要性，同时要支持任何公共工程建设的主张，因为公共工程建设是治疗萧条的良药。[15] 会议反复强调了在萧条时期扩大公共工程建设会带来好处，并敦促各级政府合作对经济进行筹划。[16] 为了不落后于新一届政府，前总统威尔逊也于 12 月提出进行一项联邦公共建设稳定计划。

这次会议并未深入进行下去，这让极端热衷于公共建设的鼓动者失望。比如，经济学家威廉·莱瑟森（William Leiserson）就曾设想建立一个联邦劳动储备委员会，“它就像联邦储备委员会对银行利率施加影响一样，对劳动力市场施加影响。”但是聪慧的领导者已经看

---

[13] 参见 E. Jay Howenstine, Jr., “Public Works Policy in the Twenties,” *Social Research* (December, 1946): 479–500.

[14] 参见 Lyons, *Our Unknown Ex-President*, p. 230.

[15] 实际上，公共工程建设只会延长萧条，加剧不当投资问题，由于更多的资本被浪费，储蓄的短缺将日益显现。由于工资率的提供，这也将耽搁失业问题的解决。参见 Mises, *Human Action* (New Haven, Conn.: Yale University Press, 1949), pp. 792–794.

[16] 从 1893 年的萧条开始，救济工资就和市场工资率一样高；作为对付萧条的良方，公共建设方案在 1914—1915 年的经济衰退中开始在某些地方施用。纽约市市长约翰·普罗伊·米切尔的失业理事会秘书就在 1916 年敦促进行公共建设，美国关税委员会的首席统计学家内森·J. 斯通 (Nathan J. Stone) 在 1915 年敦促进行公共建设，并要求进行就业储备。第二次世界大战后，纽约州州长阿尔佛雷德·E. 史密斯 (Alfred E. Smith) 和伊利诺伊州州长弗兰克·O. 劳登（Frank O. Lowden）立刻要求进行全国范围的公共建设稳定计划。参见 Raphael Margolin, “Public Works as a Remedy for Unemployment in the United States” (unpublished M.A.thesis,Columbia University, 1928).

到他们的努力获得了丰厚的回报。胡佛主导的这次会议带来的直接结果是，1921—1922 年用于公共建设的市政公债，其发行量是过去任何一年的两倍；1921 年秋季给各州的联邦公路补助金总和为 0.75 亿美元，同时美国人也开始关注这些问题了。

会议达成干预主义的共识并非偶然。就像此类会议一贯发展的那样，会议的部分工作人员和胡佛准备的建议适时地得到了一些显赫的头面人物的支持。[17] 会议的重要机构公共建设理事会的秘书是奥托·托德·马勒里（Otto Tod Mallery），长久以来，他在萧条时期都是公共建设计划的宣传者。马勒里是宾夕法尼亚州工业委员会的成员和灵魂人物，同时他还是宾夕法尼亚州紧急公共建设委员会的秘书，该委员会是最早开展公共建设计划的机构，马勒里深信宾夕法尼亚州和加利福尼亚州的事例为联邦政府指明了方向。[18] 马勒里也是美国劳工立法协会（AALL）的灵魂人物之一，该组织的重要人物和经济学家一直致力于扩大政府对劳工、失业和福利的干预。该协会在 1914 年早期召开了第一次全国范围内的失业问题会议。现在，它的执行主席约翰·B. 安德鲁斯（John B. Andrews）夸耀说，总统协商会议的建议与 AALL 在 1915 年提出的主张是一致的。这些公认的主张包括公共建设和紧急公众救济，救济的额度按照通常的小时工资率（这个繁荣时期的工资率被一直保持着）算。[19] 协商会议与 AALL 的一致也并非巧合。除了马勒里的重要作用以外，会议运用了以下经济学家研究所得出的

[17] McMullen, "The President's Unemployment Conference of 1921 and its Results," p. 16.

[18] 宾夕法尼亚州在 1917 年第一个确立了公共建设稳定计划，在很大程度上这受到了马勒里的影响；但后来它没有执行。在威尔逊政府中，马勒里也已经成为过渡时期各州和各城市公共设施发展部门的领导。参见 Dorfman,*The Economic Mind in American Civilization,*" vol. 4, p.7.

[19] 参见 John B. Andrews, "The President' s Unemployment Conference—Success or Failure?" *American Labor Legislation Review* (December, 1921): 307–310. 亦参见 "Unemployment Survey," 同上 , pp. 211–212.

专业知识，所有这些经济学家都是 AALL 的官员。约翰· B. 安德鲁斯、亨利· S. 丹尼森（Henry S. Dennison）、埃德温· F. 盖伊（Edwin F. Gay）、塞缪尔· A. 刘易森（Samuel A. Lewisohn）、塞缪尔·麦丘恩·林赛（Samuel McCune Lindsay）、韦斯利· C. 米切尔、艾达· M. 塔尔贝尔（Ida M. Tarbell）、玛丽·范克里克（Mary Van Kleeck）和利奥·乌尔曼（Leo Wolman）。[20]

显然，在这次会议上，商人并没有被指望参与政策的制定；他们的作用是接受胡佛和 AALL 的教诲，然后把干预主义的信条传授给其他企业的领导者。安德鲁斯特别表扬了美国商会的约瑟夫· H. 德弗里斯（Joseph H. Defrees），他向许多商业机构呼吁与市长紧急理事会合作，并全面接受在解决失业问题中“企业应负的责任”。作为会议的成果，工业全面地接受了在解决失业问题中应担负的责任，这让美国劳工联盟的主席塞缪尔·冈珀斯感到非常高兴。

胡佛尽其所能对衰退中的经济进行干预，他尝试刺激住宅建设，同时敦促银行为更多的出口提供资金。然而幸运的是，哈定和内阁其他成员并不相信这些在萧条时期为政府开出的“良方”。8 年以后，胡佛最终可以进行他自己的选择了。就像里昂所说：“联邦对经济萧条的干预有了先例，这着实让保守主义者感到恐惧。”[21]

政府机构一旦设立，它就不会消亡，这是理所当然的社会准则，而协商会议正符合这条准则。会议自身分成 3 个研究理事会，它们由一批专家在胡佛的指挥下进行管理。研究成果之一就是利奥·乌尔曼

---

[20] *American Labor Legislation Review* (March, 1922): 79.AALL 的其他官员包括简·亚当斯 (Jane Addams)、托马斯· L. 查德伯恩 (Thomas L. Chabourne)、约翰· R. 康芒斯教授、欧文·费雪教授、阿道夫·刘易森 (Adolph Lewisohn)、莉莲·沃尔德 (Lilian Wald)、费利克斯· M. 沃伯格 (Felix M. Warburg)、伍德罗·威尔逊以及拉比·斯蒂芬· S. 怀斯 (Rabbi Stephen S. Wise)。

[21] Lyons, *Our Unknown Ex-President,* p. 230.

的《公共事业的计划和管理》，这本专著对前公共建设事业进行了研究，它出版于 1930 年。第二个理事会在 1924 年出版了一本关于建筑业的季节性运作的研究专著，这项研究工作是和商务部管理建筑和住宅的部门一同完成的。这一专著提出按季节稳定建筑业，这一专著的问世在一定程度上也应归功于美国建筑理事会进行了一段时间的宣传，而这个贸易理事会正是富兰克林 · D. 罗斯福领导的。此书的前言是胡佛撰写的。[22] 最重要的计划是一篇名为《商业周期和失业》的论文，该论文发表于 1923 年。

胡佛邀请国家经济研究局（由韦斯利 · C. 米切尔领导）参与研究商业周期的预测和控制问题，并要求国家经济研究局只对问题进行实证调查，同时他任命了一个商业周期理事会为报告起草政策建议。理事会的主席是欧文 · D. 杨，其他成员包括曾是总统失业问题协商会议的秘书的爱德华 · 艾尔 · 亨特（Edward Eyre Hunt），以及约瑟夫 · 德弗里斯、玛丽 · 范克里克、克拉伦斯 · 伍利（Clarence Woolley）和美国劳工联盟的马修 · 乌尔（Matthew Woll）。这个项目的资金由卡耐基公司提供。国家经济研究局和 AALL 的韦斯利 · C. 米切尔对报告进行计划和指导，报告中包括干预主义篇章：其中关于公共建设和失业救济的部分是马勒里和安德鲁斯撰写的，失业保险部分则由乌尔撰写。尽管国家经济研究局只打算进行实证调查，但米切

[22] 1920—1921 年的萧条时期，为了应对纽约建筑业的激烈竞争，纽约州和联邦的管理机构成立了美国建筑理事会。而政府通过“限价”和“额外利润”对该行业进行管理。胡佛和罗斯福在 1922 年夏天一起建立了这个理事会，以稳定该行业并对其进行组织。目的是让建筑业组建卡特尔。罗斯福作为该理事会的主席，反复借机指责个人主义粗俗、只会寻求利润。胡佛则提出“遵守公平的法则”。参见 Daniel R. Fusfeld, *The Economic Thought of Franklin D. Roosevelt and the Origins of the New Deal* (New York:Columbia University Press, 1956), pp. 102ff.

尔在谈论他的报告时，还是对“社会实验”进行了宣传。[23]

在此期间，在更为直接的立法领域，胡佛也没闲着。艾奥瓦州参议员 W. S. 凯尼恩（W. S. Kenyon）提出一项议案，该议案得到了胡佛的支持，它体现了总统失业问题协商会议所提出的建议，并要求采取公共建设稳定计划。在 1921 年 12 月的听证会上，凯尼恩提案得到了许多重要经济学家的支持，此外，美国劳工联盟、美国工程理事会（胡佛此时刚被提名为该会主席），以及美国商会也支持这项提案。韦斯利 · C. 米切尔也是支持者之一。但提案没有获得通过，很大程度上因为参议员们基于自由放任主义的原则都对此表示怀疑，而这也是正确的。

在国会提交的另一个公共建设稳定议案是齐尔曼提案（Zihlman Bill）。它得到了国家失业联盟的支持，该联盟在 1922 年成立，其宗旨就是要促使这类提案获得通过。1923 年 2 月，国会劳工委员会举行听证会。胡佛支持这项提案，但最终没有采纳。

最后，胡佛向国会提交了商业周期和事业问题的报告，他着力强调要在萧条时期进行公共建设。后来在 1929 年，胡佛的最新经济变动委员会也支持进行公共建设计划。

1924 年，AALL 继续四处鼓动。1 月，它参加了一个全国性会议，这次会议提议进行公共建设计划，会议的主办方是美国工程师联合会。1923 年，威斯康星州和马萨诸塞州被说服采纳了一项稳定公共建设的计划。安德鲁斯和马勒里的证言直接说服了马萨诸塞州，这两位人物在这一时期几乎是无处不在。但这些州一级的计划都没有变成

[23] Wesley C. Mitchell, “Unemployment and Business Fluctuations,” *American Labor Legislation Review* (March, 1923): 15–22.

实际行动，不过它们也说明了当时事态的发展。1925 年 1 月，胡佛满意地看到柯立芝总统采纳了他的建议。在对美国建筑公司联合会的演讲中，柯立芝提议对公共建设进行计划以稳定萧条。参议员乔治·H. 佩伯（George H. Pepper）和詹姆斯·卡曾斯（James Couzens）在 1925 年和 1926 年试图通过立法使公共建设的计划行为得到保障，但他们的努力失败了，之后参议员韦斯利·琼斯提交了一份由胡佛的商务部起草的提案，但他的尝试也失败了。共和党的参议员被认为是最顽固的，佩伯正因为他们而受阻。那些受商务部欢迎的报告也不能打动参议院。但这时，除了胡佛和柯立芝外，1924 年的民主党人财政部部长梅隆，后来的纽约州州长阿尔佛雷德· E. 史密斯都支持公共设施建设计划。1928 年 5 月，纽约州的民主党参议员罗伯特·瓦格纳（Robert Wagner）提出了 3 个要求进行综合的公共建设计划的议案，其中包括成立一个就业稳定委员会，但是国会没有考虑这项计划。[24]

在胡佛当选总统以后，他在阐述自己观点时更加谨慎，但为了自己的战斗事业，他似乎重新点燃了活力。他总是把"胡佛计划泄漏"给自己的亲信。他选择了缅因州州长拉尔夫·欧文·布鲁斯特（Ralph Owen Brewster）作为自己的传声筒。布鲁斯特在 1928 年后

---

[24] 以下经济学家、商人和其他领导者在当时是美国劳动立法协会的官员，除以上我们已提及的外，还有雷·斯坦纳德·贝克 (Ray Stannard Baker)、伯纳德· M. 巴鲁赫 (Bernard M. Baruch)、玛丽·比尔德夫人 (Mrs. Mary Beard)、约瑟夫· P. 张伯伦 (Joseph P. Chamberlain)、莫里斯· L. 库克 (Morris Llewllyn Cooke)、弗雷德·克罗克斯顿 (Fred C. Croxton)、保罗· H. 道格拉斯 (Paul H. Douglas)、莫里斯· L. 厄恩斯特 (Morris L. Ernst)、赫伯特·费什 (Herbert Feis)、S. 费尔斯 (S. Fels)、沃尔顿· H. 汉密尔顿 (Walton H. Hamilton)、威廉·哈德 (William Hard)、欧内斯特· M. 霍普金斯 (Ernst M. Hopkins)、罗伊尔· W. 米克 (Royal W. Meeker)、布罗达斯· 米切尔 (Broadus Mitchell)、威廉· F. 奥格本 William F. Ogburn)、托马斯· I. 帕金森 (Thomas I. Parkinson)、乔治· D. 普拉特夫人 (Mrs. George D. Pratt)、罗斯科·庞德 (Roscoe Pound)、雷蒙德·罗宾斯夫人 (Mrs. Raymond Robins)、朱利叶斯·罗森瓦尔德、约翰· A. 赖安 (John A. Ryan)、内厄姆· I. 斯通 (Nahum I. Stone)、杰拉尔德·斯沃普 (Gerard Swope)、弗兰克· A. 范德利普夫人 (Mrs. Frank A. Vanderlip)、约瑟夫· H. 威利茨 (Joseph H. Willits) 和约翰· G. 怀南特（John G. Winant）。

期的州长会议上提出了一份公共建设计划，他雄辩的言辞把这项计划夸张地说成是为“抑制萧条而设计的”。[25] 他使用了“通向富足之路”这样的话，这也并非偶然，这话出自威廉· T. 福斯特（William T. Foster）和沃蒂尔·卡钦斯（Waddill Catchings）在之前不久出版的《通向富足之路》。在这本著名的书中，这两位先生描述了他们的计划，而这已经被胡佛采纳了。两位作者也将他们的计划呈递给了布鲁斯特，在胡佛的支持下，布鲁斯特把福斯特作为自己的专业顾问带到了州长会议之上。福斯特和卡钦斯是通货膨胀和股票牛市的倡导者，他们还是最重要的消费不足论者，在鼓吹公共建设的运动中，他们也是最积极的参与者。福斯特是波拉克经济研究基金的理事长，而该机构正是卡钦斯创立的。20 世纪 20 年代，这两个人还印制了一系列通俗书籍，并把公共建设和货币性通货膨胀说成是万能药。[26]

尽管有七八位州长热衷于胡佛—福斯特—卡钦斯计划，但这次会议搁置了这一主张。大部分的新闻媒体则使用了夸张的语汇为这项计划欢呼，他们说它是“繁荣的保险”“对繁荣的保留”或是“驱散萧条的协议”；而保守的机构则认为这是空想社会主义的尝试，它企图超越供给和需求之间的自然规律。美国劳工联盟的威廉·格林把这项计划褒扬为 10 年来关于工资和就业问题最重要的宣言，而美国劳工联盟的约翰· P. 弗雷（John P. Frey）也宣称胡佛此时已经接受了美国

[25] Ralph Owen Brewster, “Footprints on the Road to Plenty——A Three Billion Dollar Fund to Stabilize Business,” *Commercial and Financial Chronicle* (November 28, 1928): 2527.

[26] 福斯特—卡钦斯计划要求进行一项有组织的公共建设计划，这项耗资 30 亿美元的计划将扫除商业周期并稳定物价水平。两位作者认为：尽管个人的积极性可能很重要，但在现在的状况下，“我们必须拥有一个共同的领导”。William T. Foster and Waddill Catchings,*The Road to Plenty* (Boston: Houghton Mifflin, 1928), p. 187. 关于福斯特和卡钦斯的消费不足论更精彩的批评，可见 F.A.Hayek, “The ‘Paradox’ of Savings,” in *Profit, Interest, and Investment* (London:Routledge and Kegan Paul, 1939), pp. 199–263.

劳工联盟旧时的理论，即萧条是消费不足和低工资造成的，而这些也没有什么奇怪的。[27] 新闻媒体报道说："劳工们很高兴，因为他们的领导者相信下一任总统已经发现……治疗失业的良方，至少在哲学和背景基础上，这一良方和劳工所想是一致的。"[28]

1929 年 4 月，福斯特和卡钦斯计划中的相关细节出版了，从中我们可以再次证实他们和胡佛之间存在着紧密的联系。在一篇题为"胡佛先生的计划：是什么和不是什么——对贫穷的全新攻略"的文章中，他们专断地写道：胡佛应该使用一笔稳定公共建设储备基金，而基金的数额不是人们先前经常提到的 1.5 亿美元，而是庞大的 30 亿美元。这项计划会消除物价和商业的周期性，同时将稳定商业。到最后，探究科学的经济学家们被一位美国总统的一样利器左右，那就是"这项根据精确计算而不是灵感得出的计划是这个科学时代的经济学——配得上一位新总统的经济学。"[29]

胡佛干预主义的发展：劳工关系

如果不追溯 20 世纪 20 年代胡佛在劳工问题上的观点和行动的发展，我们也不能全面了解胡佛的干预是如何破坏劳工的市场秩序的。我们已经看到他的重建计划和 1920 年经济会议对劳资谈判和工会主

[27] 参见 Dorfman, *The Economic Mind in American Civilization,* vol. 4, pp.349–350.

[28] "Hoover's Plan to Keep the Dinner-Pail Full," *Literary Digest* (December 8,1928): 5–7.

[29] William T. Foster and Waddill Catchings, "Mr. Hoover's Plan——What It Is and What It Is Not——The New Attack on Poverty," *Review of Reviews* (April, 1929):77–78. 在 20 世纪 20 年代，AALL 的官员对胡佛之前公共建设的观点进行了赞誉性的概括，参见 George H. Trafton, "Hoover and Unemployment," *American Labor Legislation Review* (September, 1929): 267ff.; and idem, "Hoover' sUnemployment Policy," *American Labor Legislation Review* (December, 1929):373ff.

义进行了褒扬。1920 年，胡佛安排了一个首席实业家会议，在会上他提出了有关劳工关系的“先进观点”，并试图（没有成功）劝说实业家们与美国劳工联盟“建立联系”。[30]1919—1925 年，胡佛试图劝说私营企业为不能承担保险的未保险者交纳失业保险；1925 年，他称颂美国劳工联盟“在稳定工业中起到了巨大的作用”。他还支持强制性废除童工，这样，劳动成本和参与劳动竞争的成年工人的工资都提高了。胡佛在劳工领域最重要的活动是与美国钢铁公司主席埃尔伯特 · H. 加里（Elbert H. Gary）的一场争斗，这场争斗被认为是针对钢铁行业“野蛮”的工时制度的一场“充满技巧的公开战斗”（胡佛赞美者这么评价），而胡佛在争斗中获得了胜利。[31] 这场争斗的胜利使得他在 1929 年萧条期间劝说商人赞同其劳工政策变得更加容易。胡佛已经决定钢铁行业 12 小时的工作制度必须被废除，并确立 8 小时工作制。他劝说哈定放弃固有的自由放任主义的观点，在 1922 年召开的钢铁制造商会议上，胡佛和哈定要求富豪们废除 12 小时工作制。一位心存敬慕的传记作者提道：胡佛使钢铁业的领导者觉得“不安”，这让他很满意。[32] 当然，对于胡佛和哈定来说，告诉别人应该工作多少小时和在什么条件下工作，当然比触及总工资和组织生产这样的实质性问题要简单得多。胡佛得到了一些“开明”钢铁业人士的支持，比如亚历山大 · 莱格（Alexander Legge）和查尔斯 · R. 胡克（Charles R. Hook），但是其他的钢铁业领袖对此非常反对，他们中有查尔斯 · M. 施瓦布（Charles M. Schwab），当然还有身为美国钢铁公司董事会主席

[30] Irving Bernstein *The Lean Years: A History of the American Workers 1920—1933*(Boston: Houghton Miffilin,1960)，P. 147. 早在 1909 年，胡佛便称工会是“解决无约束的资本主义组织问题的方法”，同上，第 250 页。

[31] Warren, *Herbert Hoover and the Great Depression,* p. 28.

[32] Lyons, *Our Unknown Ex-President,* p. 231.

和美国钢铁业协会主席的加里律师。争斗就这样开始了。

应该指出的是，钢铁业的争斗并非始于胡佛。回溯至 1919 年 9 月，当时加里拒绝与工人工会进行劳资谈判。工人就此开始罢工，罢工由共产党领袖威廉 · Z. 福斯特（William Z. Foster）领导。1920 年 1 月，罢工宣告失败，当时公众认为这场罢工是布尔什维克性质的，所以都站到了美国钢铁公司一边。然而，此时国际教团联合运动委派了一个委员会调查这次罢工；委员会在 1920 年 7 月发表了一份有利于罢工者的报告，并在这个时候提出了 8 小时工作制的主张。[33] 这份报告的开篇像一场宣传战，而美国的左翼人士也试图改变公众对此问题的态度。A. J. 缪斯特牧师以及社会主义性质的杂志《纽约感召》《劳工》和《国家》都支持此报告，而许多商业协会则纷纷对此调查进行猛烈抨击。这些协会包括国家制造商协会、国家公民联盟、《华尔街杂志》等。而许多宗教报纸则由于委员会的威望（宗教上树立起来的威望竟然影响了对世俗事务的看法）改变了它们先前的观点，转而支持反钢铁公司的一方。

这次争斗的转折点是胡佛加入并劝说哈定总统也加入到争论中来。胡佛有意将与加里、施瓦布和其他人的会晤情况透露给新闻界。他告诉新闻界哈定总统正“试图劝说工业采纳合理的工时制度”。[34] 胡佛促使国家工程学联合会——实际上由胡佛控制，在 1922 年 11 月发表了一份报告（这又一次超出了他们的权力范围）。胡佛对这份报告表示赞许，并为此作序，还劝说哈定为它签名。

在总统的压力之下，加里任命了一个钢铁业委员会，由他亲自领

---

[33] Marshall Olds, *Analysis of the Interchurch World Movement Report on the Steel Strike* (New York: G.P. Putnam and Sons, 1922), pp. 417ff.

[34] Lyons, *Our Unknown Ex-President,* p. 231.

导对这一问题进行研究。1923 年 5 月 25 日，委员会发表报告一致拒绝 8 小时工作制的要求。美国钢铁公司对国际教团联合运动的报告进行了回应，回应答辩由马歇尔·奥尔兹（Marshall Olds）撰写，并得到了著名经济学家精琦（Jeremiah W. Jenks）的支持。然而各方的批评纷至沓来。但是美国钢铁公司的论断被人们遗忘了，比如钢铁工人更倾向于较长的 12 小时工作制，因为这样他们的收入将增加，而且生产也不会因为 8 小时工作制而受到不良影响。[35]

人们对美国钢铁公司满是愤慨，却忘了他们真实的想法。社会福音运动的多家团体也对它进行抨击。新教、天主教和犹太教组织的“社会公正”“社会行动”委员会也对它们其实并不了解的事情进行批评。《圣经》对道德做了性质上的约定，而他们要把数量问题也引入道德的性质中，他们毫不犹豫地宣称 12 小时工作制“在道德上是邪恶的”。但 12 小时工作制是突然间在道德上变得邪恶了，还是在 19 世纪以来它就一直充满邪恶，这些团体都没有进行详述。如果是后者，那么无数代教职人员忽视了这所谓的罪，倒也是很奇怪的事情。如果是前者，那么历史相对主义为什么会和人们心中永恒的《圣经》真理混在一起呢？

美国劳工立法协会当然也参与了争论，如果钢铁行业不放弃它蛮横的要求，协会将要求进行对最长工时进行立法。最有效的一击还是来自 6 月 18 日哈定总统致加里的一封信，这封强硬的信中满是指责，它是胡佛为哈定总统起草的。面对哈定的公开要求，加里最后只能屈服，这使得胡佛能将这场胜利写入哈定的独立日演说中。

---

[35] 除了工时，工资率也是这场争斗的主题之一，这一事实也被人们忘却了。工人要求缩短工时，同时获得“最低生活工资”，或者如《调查报告》所说，“最低的让人满意的工资”——也就是说，他们要求提高每小时的工资率。见 Samuel Yellen, *American Labor Struggles* (New York: S.A. Russell,1956), pp. 255ff.

胡佛和哈定在与美国钢铁公司的争斗中获得胜利，这也驯服了工业，当再次面对这样的问题时，工业不会再次起身顶撞来自公众和政府的联合压力。[36]

20 世纪 20 年代，胡佛对劳工问题的干预也远不止于此。胡佛还发挥起影响支持铁路工会的作用，并插手铁路行业，制定了《铁路劳工法案》，这使得美国联邦政府第一次可以对劳工和管理层的关系进行干涉。铁路问题始于第一次世界大战，当时联邦政府控制了国家铁路。在财政部部长麦卡杜的左右之下，政府的政策鼓励铁路公司合并。在第一次世界大战后，铁路工会努力使这个社会主义的精神堡垒得到巩固，并宣传普朗计划，这项计划号召铁路公司雇主、工会和政府在铁路运营问题上进行合作。

1920 年，铁路回到私营所有者手中，但是国会设立了铁路劳工委员会，这当然对工会有利，但从理论上说，这却具有危害性。委员会的决议并不具有法律效力，但它可以影响公众的意见。工会自然对这样的安排很高兴，这种情况在 1921 年的萧条中发生了转变，当时政府代表认识到正确的经济学规律，建议削减工资率。为对抗将在 1922 年夏天进行的削减工资计划，非营业性的铁路工会在全国范围内展开了一场罢工。司法部部长多尔蒂为了维护个人和财产的权益，针对工会的暴力行为发布了联邦命令，而“可怕”的胡佛先生此时得到了国务卿休斯的支持，他劝说哈定强行要求多尔蒂撤回命令。胡佛自己也私下对此事进行了干预，他坚持要求铁路公司做出有利于工会的让步。

---

[36] 关于 12 小时工作制问题，参见 Frederick W. MacKenzie, “Steel Abandons the 12-Hour Day,” *American Labor Legislation Review* (September,1923): 179ff.; Hoover, *Memoirs,* vol. 2, pp. 103–104; and Robert M. Miller, “American Protestantism and the Twelve-Hour Day,” *Southwestern Social Science Quarterly* (September, 1956): 137–148. 同年，宾夕法尼亚州州长平肖 (Pinchot) 迫使该州的无烟煤矿实行 8 小时工作制。

在罢工失败后，各工会决定改写法律，这样在联邦的强制作用下可以确保自己的合法地位。从 1923 年开始，各工会开始为达成一项强制性的仲裁法而奋斗。1926 年《铁路劳工法》颁布，他们的目标达到了，这项法律实际上确保了各铁路工会进行劳资谈判的权利。法案是由工会的律师唐纳德 · R. 里奇博格（Donald Richberg）、大卫 · E. 利林塔尔（David E. Lilienthal）起草的，此外还有胡佛，他想出了建立铁路劳工仲裁委员会的念头。铁路行业看到这些法律得到了越来越多的支持，他们认为罢工会因此而消失，他们屈服了，并开始遵从这一法案。《铁路劳工法案》向劳工关系集体化迈出了第一步，但也遭到了少数有远见的铁路企业以及国家制造商协会的反对。[37]

相比胡佛对于前工会的态度，更可怕的是他采纳了一项新的理论，该理论认为高工资率是繁荣的重要成因。这种观念在 20 世纪 20 年代逐步发展，它认为美国之所以比其他国家更繁荣是因为美国雇主慷慨地支付更高的工资，这样便保证了工人拥有必备的购买力以购买产品。实际上，高工资率是生产能力和资本投资扩大的结果，而这一理论认为高工资率是较高的生产能力和生活水平的原因，这样就本末倒置了。它认为工资率应该维持，或者提高，这样可以避开灾难性的经济萧条。胡佛在 1921 年的失业问题会议上开始支持这一理论。而制造业委员会的雇主们都要求降低工资率以解决失业问题，但是胡佛成功而坚决地抵制了这一建议。[38] 到 20 年代中期，胡佛开始提倡“新经济”，而对拒绝了新分配制度的“旧经济”进行攻击。1926 年 5 月 12 日，他在一次演说中宣传了高工资率的理论，几年以后这一举动被证明是错误的：

---

[37] 有关之前工会在这类事件中的细节问题，参见 Donald R. Richberg, *Labor Union Monopoly* (Chicago: Henry Regnery, 1957), pp. 3–28; also see Hoover, *Memoirs*,vol. 2.

[38] 参见 McMullen, “The President’s Unemployment Conference of 1921 and its Results,” p. 17.

> 在几年以前，为了自己的利益，雇主们并不考虑他人的想法，他们利用失业和移民的机会削减工资率。于是，采用最低的工资率和最长的工作时间被认为是降低成本和增加利润的手段……但是，我们已经走在通向新观念的漫长旅途上。大生产的核心是高工资和低物价，因为它需要依靠扩大的……消费，而这只有通过高工资带来的较高购买力和生活水平的提高才能实现。[39]

为“新经济”欢呼的不止胡佛一个人。国家产业协商会议委员会报告称：1920—1921年萧条期间，工资率在一年时间里下降了19%，人们从此开始坚信高工资理论。越来越多的人采纳了这一理论，他们认为工资削减将减少购买力，这样会延长萧条；而如果工资率被提高，那么商业萎靡很快就会被治愈。这一主张与高工资率会带来繁荣的理论是一致的，整个20世纪20年代，许多实业家、经济学家和劳工领袖纷纷宣扬这一主张。[40]协商会议委员会的报告认为：“人们听到了新时代的破晓声，在这个新时代中，萧条再也不会发生。”同时利奥·乌尔曼教授也表示：20世纪20年代盛行的理论认为“高工资率对于购买力的充分流动来说是必不可少的，所以对于好的商业状况来说，它也是必不可少的”。[41]

作为1921年那次著名会议的最后成果，胡佛的最新经济变动委

---

[39] Hoover, *Memoirs,* vol. 2, p. 108.

[40] 这些实业家中的一个就是查尔斯·M. 施瓦布，伯利恒钢铁公司的主席，他对胡佛的8小时工作制进行过尖锐的批评。而在1929年早期，施瓦布认为永久保持繁荣的方法是“向劳工支付尽可能高的工资率”。*Commercial and Financial Chronicle* 128 (January 5, 1929): 23.

[41] National Industrial Conference Board, *Salary and Wage Policy in the Depression* (New York: Conference Board, 1932), p. 3; Leo Wolman, *Wages in Relation to Economic Recovery* (Chicago: University of Chicago Press, 1931), p. 1.

员会在1929年发表了一篇概括美国经济状况的多卷报告。这次基础性调查又一次由国家经济研究局完成。该委员会根本没有预见到大萧条的迫近。相反，它对20世纪20年代物价的稳定和较高的工资率进行赞颂。它为繁荣而欢呼，丝毫没有意识到这将是这场繁荣的挽歌："由于工资的提高和物价的相对稳定，我们成为自己生产产品的消费者，以前我们根本不会想到这一点"。在战后早期，该委员会认为，对劳工市场进行"清算"并使之回到战前的状况，这样的要求是一种倒退。不久，"工业思潮的领导者们"也很快发现高工资率使购买力得以维持，并进而维持了繁荣的局面。

他们有意将提出的高工资和低花费的原则作为进步的工业实践政策。这一原则已经吸引了世界各地许多经济学家的关注——对人们来说，它的应用在很大程度上是全新的。[42]

根据该委员会的报告，产业环境的变动将在较短的几年后发生，这在很大程度上要归因于失业问题协商会议的影响。1926年秋，钢铁大亨尤金·格雷斯（Eugene Grace）在《周六晚报》上宣布执行新的分配制度。[43]

胡佛任命的经济委员会从他们自己的视角得出了令人不安的结论。"为了维持20世纪20年代的动态平衡"，它宣称领导层在将来应该更加"有意识地关注公众，并对之进行管理"。实际上，"研究作

---

[42] Committee on Recent Economic Changes, *Recent Economic Changes in the United States* (New York: McGraw–Hill, 1929), vol. 1, p. xi.

[43] Committee on Recent Economic Changes, *Recent Economic Changes in the United States,* (New York: McGraw–Hill, 1929), vol. 2; Henry Dennison, "Management," p. 523.

为知识体系中有序的一环，它可以使管理整个经济体系的想法成为可能”。为了维持这个平衡，“我们……（必须）发展一种平衡的技术”，这种技术可以由经济学家、统计学家和工程师提供，他们“可以在一起和谐地工作”。

因此，胡佛总统在大萧条的前夜，做好了随时准备面对商业领域传来的警报。[44] 胡佛这位“伟大的工程师”以“新经济科学”的强有力的武器武装了众多经济领域。自由放任主义的信条已被废弃，它并没有束缚胡佛的手脚，只要需要，他就充分利用自己的“科学”武器，使商业周期置于政府的管理之下。我们将会看到，胡佛没有忘记充分而及时地利用他“现代”的政治原则，或者说那些由“现代”的经济学家提供给他的新“工具”。这造成的直接结果是，美国前所未有地屈从于一个人。胡佛在离任后留下一片狼藉，可在民主党的批评者眼里，这混乱的局面却被归咎于他致力于自由放任的原则，这真是命运的嘲弄。

[44] 20世纪20年代，胡佛利用商务部帮助各贸易协会形成“规范”，在联邦贸易委员会(FTC)的支持下，这些规范以减少“不公平”的贸易活动为名，阻碍了竞争。这也是对后来《全国工业复兴法案》的一种预示。

第八章

大萧条开始：胡佛的措施

The Great Depression Begins: President Hoover Takes Command

梅隆的主张恰恰是胡佛所藐视的“不干预的清算论”。梅隆希望“清算劳工市场，清算股票市场，清算农业和清算房地产业”，同时从经济中“清除腐坏”，降低高昂的生活费用，并鼓励人们努力工作，提高企业的效率。但梅隆的建议被胡佛否决了。

11 月 24 日的股市崩盘宣告了大萧条的到来，而胡佛总统做好准备随时迎击考验，他准备展开一场前所未有的政府干预计划，计划包括高工资率、公共建设以及扶持不佳的经济，这些也就是人们后来称的新政。正如胡佛的回忆：

政府和联邦政府是否应该进行调查并救人民于水火，这个问题立刻出现了……以前没有哪位总统会认为政府应该在这样的情况中承担起责任。在先前的事例中，无论人们怎样请求，总统总是坚定地认为联邦政府要远离这样的事端……所以，我们成为新领域的开拓者。[1]

胡佛的传记作者迈厄斯和牛顿对他推崇备至，他们称：“在我们

[1] Hoover, *Memoirs of Herbert Hoover* (New York: MacMillan, 1937), vol. 3, pp.29ff. 为简单起见，任何引文和参考资料，只要出于胡佛《回忆录》、迈厄斯和牛顿的《胡佛的政府》、威尔伯和海德的《胡佛的政策》或胡佛的《胡佛的政府文件》，从此开始将不在注脚中写明。

的诸位总统中，能在调动人民的经济资源时起领导作用的，胡佛总统是第一个。”当然，他也不是最后一个。正如胡佛后来所说：这项计划“在任何一个国家，任何一个时代的萧条史上都不曾出现过。”

在这届政府中也存在反对意见，在整个繁荣时期，这种意见就对胡佛的干预措施顾虑重重，但令人奇怪的是，这种意见的代表竟是财政部部长梅隆。梅隆的主张恰恰是胡佛所藐视的“不干预的清算论”。梅隆希望“清算劳工市场，清算股票市场，清算农业和清算房地产业”，同时从经济中“清除腐坏”，降低高昂的生活费用，并鼓励人们努力工作，加强企业的效率。梅隆列举了 19 世纪 70 年代的萧条，这样的措施在那时取得了成效。尽管听起来有些不可思议，但是这确实是政府遵循的正确而合适的做法。但梅隆的建议被胡佛否决了，而胡佛的支持者包括财政部副部长奥格登・米尔斯、商务部部长罗伯特・拉蒙特（Robert Lamont）、农业部部长阿瑟・ M. 海德（Arthur M. Hyde）等人。

白宫会议

胡佛果断而迅速地行动起来。他最重要的行动是召集了一系列由主要的金融家和实业家参加的白宫会议，在这些会议上他奉劝他们保持工资率并扩大投资。这种在人为劝诱下的扩张只能给商业带来损失，同时萧条也将因此加剧。胡佛称这些会议的最终目的是促使“商业和政府的代表以一致的行动进行合作”。第一次会议是 11 月 18 日召开的，参加者是国家主要铁路公司的总裁，代表政府参加会议的是胡佛、梅隆和拉蒙特，美国商会会长威廉・巴特沃兹（William Butterworth）也参加了会议。铁路公司的总裁们向胡佛许诺他们将拓展建设和维护计划，并在11月19日向公众公开了这项许诺。之后，铁路公司的经理们又在芝加哥聚会以确立一个正式的组织使计划付诸实施。

最重要的白宫会议是在11月21日召开的。美国最重要的产业领袖都被召集到一起，其中包括亨利·福特、朱利叶斯·罗森瓦尔德、美孚石油的沃尔特·梯格尔、小阿尔佛雷德·P. 斯隆、皮埃尔·杜邦以及威廉·巴特沃兹。商人们要求胡佛促进政府和产业的合作。胡佛向他们指出失业人口已经达到了二三百万，长时期的萧条可能发生，而工资则不能下跌！胡佛解释说：

> 在以往的萧条中，政府采取的产业政策是使劳工市场立刻进行清算；他对这些字眼和政策都很反感，因为劳工不是商品；它代表了人类的家庭……此外，从经济学的观点看，由于购买力突然间降低了，这些行动只能加剧萧条。

胡佛坚持认为如果工资率最终必须下调，“它下调的幅度和速度也必须小于生活费用在先前下降的情况，这样，大部分的负担不会降到劳工头上。”简而言之，必须阻止实际工资率的下降。胡佛坚持一点，萧条的冲击首先应该体现在利润的下降而不是工资上，准确地说，这与正确的政策正好相反，因为利润才是商业活动的动力。而现在工资率不能下调，工业中的施工建设必须继续进行。各行各业必须试图保证每个人的就业，任何工作的减少必须通过减少每人一周的工时，从而将减少的工作分摊到所有雇员身上（减少每周的工时只会传播失业，只有通过失业给工资率造成压力才能重新恢复全部就业和劳工市场的平衡，而以上举动只会阻碍这种自我调节功能）。如果各行业遵照这样的做法，巨大的灾难以及经济和社会的困难将被避免。实业家们一致同意执行胡佛的计划，并在12月5日在华盛顿召开的会议上进一步对合作进行了安排。

这一协议也很快公之于众。此外，电话行业、钢铁行业以及汽车行业也保证扩张它们的建设计划。与会的实业家保证不削减工资，并建议这个国家内的所有雇主一致行动。亨利·福特实际上还宣布增加工资。产业合作也绝不是建立在一个偶然的基础上。商业代表被委派随同商务部部长拉蒙特组成一个临时咨询委员会。这个群体加上其他一些贸易协会的代表进一步组成了一个执行委员会，由美国商会主席朱利叶斯·巴恩斯（Julius Barnes）领导，委员会的任务是在胡佛计划的基础上进行产业协作。

11月22日，胡佛在白宫召集了一次由建筑行业的主要代表参加的会议，这些代表也承诺将维持工资率，同时拓展他们的建设活动。11月27日，总统召集了一次公用事业经理会议，与此前类似，经理们也一致保证维持工资率并扩张建设，后一次会议的参加者包括美国汽油产业协会、国家电光协会以及电气铁路和美国铁路协会的代表。

出于天真，胡佛回忆起美国主要的劳工领袖在11月21日被召集到白宫，他们也同意参与胡佛的计划，并不再要求进一步增加工资，而要求加工资被他们认为是“爱国主义”的表现。这些劳工领袖包括威廉·格林、马修·乌尔、约翰·L.刘易斯（John L. Lewis）、威廉·哈钦森（William Hutchson）、A. F. 惠特尼（A. F. Whitney）以及阿万利·约翰斯顿（Alvanley Johnston）。可是这项协议一点都没有束缚他们的爱国主义，因为胡佛的计划是特地为了迎合工会领袖长久以来的主张而制定的。在无干预的市场，工资增长是不可能实现的。值得注意的一点是，在整个产业体系中，工会没有权利强制规定工资的最低限额（这个时期的工会还并不强大，它只代表了劳工人数的7%，而且只集中在一些行业中），所以联邦政府打算为他们做到这点。

即使是对工会有利的协议，劳工领袖们仍随时准备撕毁协议。威廉·格林在11月27日致信给附属工会，强调这份与胡佛达成的协议并不会带来任何约束，他向他的同事们保证：他们可以在劳资协商中提出任意增加工资的要求。[2]

12月3日，胡佛在对国会的年度演说中指出萧条的特征总是建设活动的减少和工资率的下降，但是现在的情况有所不同：

> 我们已经建立了与商业的系统合作……这样工资以及由此带来的获利能力将不会减少，同时我们应该通过特殊的努力扩张建设……极度的个人痛苦和失业已经被避免了。

12月5日，胡佛将主要的产业领袖召集到华盛顿参加一个大型会议，要求他们接受胡佛计划。胡佛在会上的演说对他们的认同大加赞扬，他认为：

> 这是人们在处理商业和公众福利的关系时，整个思维观念的一次进步。你们代表了美国的商业，你们以自己的行动为推动我们在经济生活中的稳定和进步做出了一定的贡献。这与三四十年前商业所采取

[2] Irving Bernstein, *The Lean Years: A History of the American Worker, 1920–1933* (Boston: Houghton Mifflin, 1960), p. 253.

的武断和自相残杀的态度截然不同。

由于所有的首席实业家都保证维持工资率，扩张建设的同时会将减少的工作均摊至所有劳工身上，我们也就可以理解美国劳工联盟为什么要赞颂这次进步了。其杂志《美国联邦主义者》在 1930 年 1 月 1 日的社论称：

> 总统会议告诉了产业领袖们的新责任……他们从没有被号召起来一致行动……在早先的经济衰退中他们总是各行其是维护自身的利益，同时……使萧条的程度加深。[3]

直到第二年的 3 月，美国劳工联盟一直被人们对工资的全新理解叫好，因为此时雇主们认识到，相比较于 1921 年的萧条，没有活力的商业只会摧毁消费者的购买能力；此外，使美国劳工联盟高兴的还有：没有一家大公司将削减工资作为降低单位成本的手段。美国劳工联盟宣布商业已经采纳了由 W. T. 福斯特提出的购买力主张，并宣称美国“将成为一个新纪元的创立者，在这个时代，人们开始向文明——高工资迈进”。[4]

扩张信贷

如果美联储在繁荣时期采取的是一种通胀主义的态度，那么它也

---

[3] 除了以上有关胡佛会议的资料，还可以参见 Robert P. Lamont, “The White House Conferences,” *The Journal of Business* (July, 1930): 269.

[4] *The American Federationist* 37 (March, 1930): 344.

随时准备通过进一步的通货膨胀治愈萧条。它立刻插手扩张信贷，并对陷入困境的金融局势进行扶持。在股市崩盘后的短短一周内，美联储向美国的银行追加了大约 3 亿美元的准备金，这在历史上是前所未有的。在这一周内，美联储持有的政府证券数量增加了一倍，这使得准备金增加了 1.5 亿美元，同时，它向其成员银行贴现 2 亿多美元。经济并没有对不良的经济环境进行清算，尽管这是有益的，政府注定要继续扶持经济，但这只能延长其萧条期。规模最大的信贷扩张被用来抑制股票市场的清算活动，纽约市的银行被允许从面临清算的其他非银行类贷款人手中接管经纪人贷款。增加的准备金都是“可控制性因素”造成的，它们大量涌向纽约。结果，周报显示在 11 月最后一周这段灾难性的时间中，成员银行的存款增加了 18 亿美元（一周内货币性扩张达到了近 10%），其中纽约市的银行存款增加了 16 亿美元，而纽约以外的银行存款只增加了 2 亿美元。同时美联储还马上将再贴现利率从股市崩盘开始时的 6% 大幅度降至 11 月中旬的 4.5%。承兑汇票利率也大幅度下调。

到 11 月中旬，股价暴跌已经过去，在人为信贷的刺激下，股市受到不当刺激并开始再度上涨。标准普尔月均股票指数从 1921 年中期的 56 上升至 1929 年 9 月的 238——上涨超过了 4 倍，到 11 月下跌至 160，在两个月的时间里下跌了三分之一。到 2019 年年底，股票价格只上升了几点。股市危机之后，银行准备金下降到股市崩盘前的水平。在两周内——从股价触底的 11 月 13 日到 11 月 27 日，成员银行准备金下降了大约 2.75 亿美元，这几乎正是崩盘前的水平。准备金下降不是由于政府证券造成的，美联储持有的有价证券从 10 月 30 日的 2.93 亿美元增加到一个月后的 3.26 亿美元——增加了 0.33 亿美元。贴现下降了 0.80 亿美元，而流通领域中的货币开始季节性增长，上涨了 0.70 亿美元。这样，从 10 月底到 11 月底，可控制性因素导致准备金减少 1.11 亿美元（各项因素不在此一一说明）；不可控制性因素（可能它产生的影响更大）导致准备金下降 1.65 亿美元。

到 1929 年年底，准备金总量为 23.6 亿美元，只比 10 月 23 日和 11 月 27 日（这两个时间中准备金总量都是 23.8 亿美元）低 0.20 亿美元，但是各项因素的差别非常大。这样，尽管准备金总量几乎与 10 月 23 日和 11 月 27 日的水平相同，证券持有增加了 3.75 亿美元，美联储持有的政府证券增加了 3 倍有余。贴现总量大约略少于 1.65 亿美元，承兑汇票则小幅增加，流通领域中的货币增加了 1 亿美元，黄金存量减少了 1 亿美元。10 月 23 日—12 月 31 日，准备金下降了 0.23 亿美元，其中可控制性因素导致准备金增加了 3.59 亿美元（政府证券是主要因素）；而不可控制性因素导致准备金减少 3.81 亿美元。显然，1929 年最后一个季度没有发生通货膨胀不是因为美联储停止了信贷扩张，相反美联储在竭尽全力增加准备金，只是增加的部分被不可控制性因素导致的准备金减少抵销了。通过计算成员银行调整后的活期存款数额和定期存款数额，在 1929 年最后一个季度，货币供给总量小幅增加，大约为 3 亿美元。

胡佛总统对放宽货币的做法十分自豪，在 12 月 5 日召开的商业会议上，他在演讲中赞誉道：国家最好的财富就是拥有了杰出的美联储，它成功地拯救了濒临倒闭的银行，重振了信心，并通过降低利率提供了更为丰富的资金。胡佛亲自敦促银行向各联邦储备银行大量申请再贴现，这样就刺激了信贷扩张。财政部部长梅隆此时继续发表他那乐观的言论，这已经快成为他的传统了，他宣称有“足够的信贷提供”；同时，威廉·格林也发表了一系列乐观的演说，称赞美联储在终结萧条的过程中获得了成功。11 月 22 日，格林说：

所有这些都被用来使产业和经济的情形得到迅速恢复，这已经很显然了。美联储作为阻止金融混乱的屏障而运作着。在几个月内，产业环境将恢复正常，产业和金融中的信心和稳定也将得到重建。

公共建设

在胡佛的眼里，公共建设和失业救济有助于治愈萧条，所以我们也不能期望他搁置这些计划。11 月 23 日，胡佛向所有的州长发去电报，敦促各州协力拓展公共建设计划，包括纽约州州长富兰克林 · D. 罗斯福在内的这些州长热诚地许诺他们将予以合作。同时在 11 月 24 日，商务部建立了一个特定的机构参与各州的公共建设计划，胡佛和梅隆也建议国会向联邦建筑计划增加超过 4 亿美元的投入。12 月 3 日，商务部建立了一个管理公共建设的机构以促进对公共设施建设的筹划。胡佛本人还承诺通过联邦海运委员会为船舶建造投入更多资金，他还进一步要求为公共建设拨款 1.75 亿美元。这年年底，哥伦比亚大学的 J. M. 克拉克（J. M. Clark）教授还称颂胡佛总统“在建筑行业的伟大实践，这体现出他新颖的政治才能会为人们带来希望”。[5]

新政的农业计划

作为新政的一部分，以扶持农产品价格为特征的农业补贴计划始于胡佛政府而不是罗斯福政府。要理解这一政策的发展，我们必须描述 20 年代国会中农业集团的形成以及它是如何要求政府对农业进行干预的。第一个问题莫过于政府批准给予农民特权，与之同时发生

[5]　J. M. Clark, “Public Works and Unemployment,” *American Economic Review,Papers and Proceedings* (May, 1930): 15ff.

的是农业部（USDA）的农业扩张计划，这一计划肇始于20世纪初，在1914年完全确立。1916年，《美国仓库法案》开始对农业仓库进行管理。

在第一次世界大战后期，美国农业部根据农业扩张计划，在全美国范围内要求各县级机构组织农业团体，这形成了一次要求农业特权的浪潮。在中西部农民的领导下，各农业团体很快在国会中形成了一个强力集团。1921年春，在美国农业局联盟的压力之下，这个农业集团的势力得到巩固，在参议院中，它的领导者是来自中西部的参议员。1921年夏季，这个农业集团第一次展现了它的政治力量和国家主义倾向，它通过了国会提出的几项干预主义的措施——对肉类加工商进行管理；对谷物期货贸易进行管理；重建和扩大战争金融公司并使之有助于农民；为此前已陷入停滞的联邦农业贷款系统增加资金。[6]

对农业的第一次大规模干预体现在联邦农业贷款系统上，该体系根据1916年7月的联邦地产银行建立。它确立了一个由联邦农业贷款委员会管理的联邦地产银行网络，并凭借长期抵押向合作农场信贷协会提供资金。反对肉类加工厂和牲畜围场的运动进行了数年，其成果是开始对加工厂和围场进行管理。因为肉类加工商拥有很少的选举权，所以农民只要宣称加工商在购买牲畜时支付给他们的价钱很低

---

[6] 参见 Theodore Saloutos and John D. Hicks, *Agricultural Discontents in the Middle West, 1900–1939* (Madison: University of Wisconsin Press, 1951), pp.321–348；要了解有关20世纪20年代以及萧条时期农业集团和农业计划的具体情况，参见 Murray R. Benedict, *Farm Policies of the United States, 1790–1950* (New York: Twentieth Century Fund, 1953), pp. 145–175. 亦参见 Alice M.Christensen, "Agricultural Pressure and Governmental Response in the United States, 1919–1929," *Agricultural History* 11 (1937): 33–42; and V.N. Valgren, "The Agricultural Credits Act of 1923," *American Economic Review* (September,1923): 442–460.

就很管用了；而同时消费者也指责加工商把肉类价格定得过高。广泛而有效的滋扰活动在战时引来了联邦贸易委员会的调查，而国会中也提出了几项有关于此的议案。国会在表面上以战时紧急情况为由，威胁授权总统对大型围场亲自进行管理。而在司法部部长威胁进行反托拉斯诉讼之后，他于 1920 年 2 月成功迫使加工商们同意了一项《加工商和解协议》，这也就迫使加工商们退出所有非肉类的生产领域，包括围场、仓储以及肉类的零售和批发等。[7] 但农民的行动并没有停止，1921 年的《加工商和围场法案》更细致地明确了对加工商活动的管理，包括在农业部部长的指导下制定定价政策。

由于谷物投机者和中间商也拥有很少的选举权，在对他们非议多年之后，《期货贸易法案》出现了。这次，联邦贸易委员会的调查也发现没有必要对这类商业活动进行收缩性管理。但是《期货贸易法案》还是要按照每蒲式耳 20 美分对投机交易征税，这些交易包括期货交易，征收对象则包括买方和卖方、出价者和竞价者，而在由农业部授权的特定市场进行的交易则可免去这一税务。

1919—1920 年，由尤金·迈耶领导的战争金融公司曾为出口商提供贷款。1920 年 5 月，该公司被撤销；1921 年 1 月，国会推翻了威尔逊总统的否决，重新建立了战争金融公司。但当时公司并没有为出口提供太多资金，那时它的主要作用是帮助那些为农民提供贷款的乡村银行，这些举动为后来的复兴金融公司树立了典范。战争金融公司与农业集团的领袖紧密合作，任命了一个由他们组成的玉米带顾问

---

[7] 对肉类加工商的非议也来自批发食品商，他们也把有效竞争认为是“不公平竞争”，这与农民是类似的。参见 Benedict, *Farm Policies of the United States, 1790–1950*, p. 150n. For similar instances, see Charles F. Phillips, *Competition? Yes But...* (Irvington-on-Hudson, N.Y.: Foundation for Economic Education, 1955).

委员会[8]，对中西部地区的银行施加压力，使之为农民提供大量贷款。1921 年 8 月，由迈耶主席和商务部部长胡佛起草的法案将授权给战争金融公司的信贷数额增加到 10 亿美元，同时允许它直接向农民的养殖场、国外进口商以及美国的出口商提供贷款。[9] 战争金融公司这样就可以提供农业资金了。扩张后的战争金融公司旨在鼓励农业出口，提供农产品价格，为农民提供低利率信贷以及为农业合作社融资，它成为这一时期政府的宠儿。新的战争金融公司代替了牲畜养殖者金融公司，牲畜养殖者金融公司是 1921 年春美联储发起成立的，东部的银行为其提供资金以稳定牲畜市场。扩张后的战争金融公司为出口提供了 0.39 亿美元的资金，为农业提供了 2.97 亿美元，1925 年联邦中期信用系统成立之后，它基本停止运作。[10] 大量的贷款就流向了农业合作社。

1921 年秋，州际商务委员会在农业局的压力下，使用自己对铁路行业的专断权迫使运价大幅度下跌 10%，这大大有助于西部的谷物贸易。由于人们认为支付给谷物种植者的出口价格过低，参议员再次指派联邦贸易委员会对此进行调查。

在此期间，国会设立了一个农业调查联合委员会，该委员会在 1921 年 10 月提交了一份报告。它建议政府授予农业合作社更多的权力；向农民提供更多的中期信贷；降低农业运费（这项很快就被

---

[8] 玉米带是美国中部的农业区，主要位于艾奥瓦州和伊利诺伊州，也包括印第安纳州、明尼苏达州、南达科他州、内布拉斯加州、堪萨斯州和俄亥俄州的部分地区。该区的主要产品是玉米和食玉米的家禽。——译者注

[9] 威尔逊总统曾撤销战争金融公司，之后又在财政部部长大卫·休斯敦的提议下否决了重新建立战争金融公司的提案，休斯敦在原则上反对在和平的经济环境中继续执行战时的干预措施。即使在国会推翻了否决之后，休斯敦还是继续对战争金融公司的活动进行控制。当哈定当选总统以后，他根据尤金·迈耶的提议，再次任命迈耶为战争金融公司的领导，并支持了随后的扩张措施。参见 Gerald D. Nash, "Herbert Hoover and the Origins of the RFC," *Mississippi Valley Historical Review* (December, 1959): 459–460.

[10] Joseph Dorfman, *The Economic Mind in American Civilization* (New York:Viking Press, 1959), vol. 4, p. 40.

采纳）；在其他国家设立农业专员；农业部门扩大它们的研究范围；提供更多的批发供应点。1922 年 1 月，哈定总统迫于农业部部长亨利 · A. 华莱士的压力召开了一次国家农业会议，这一事件更让人不安，但它也被误认为是 20 世纪 20 年代自由放任政策的体现。在公开演说中，哈定要求增加联邦对合作社的扶持，批准作物种植限制，由合作社以高价收购作物，这些措施非常激进。这次会议在政府的庇护下，参加者包括农业领袖、农业机械制造商、肉类加工商以及诸如理查德 · T. 伊利（Richard T. Ely）这样的经济学家。他们建议稳定物价水平，保留战争金融公司；在联邦储备委员会设立农业代表，进行作物保险；联邦对仓库加强管理，设立农业关税，兴建生产廉价化肥的工厂，修建圣劳伦斯航道；联邦对农业合作社进行扶持，以坚定的态度维持农产品价格不变，但彻底限定价格一项则被舍弃。

1922 年，国会通过《凯普尔—沃尔斯特德合作社运销法案》，该法案将合作社运销协会从反托拉斯法涉及的对象中免除出去，但条件是必须满足合作社中每个农民的选举权不能超过一票。《期货贸易法案》被法院宣布为违宪，但胆大的国会又通过了一个新的法案——《1922 年谷物期货法案》，其中的条款与从前类似。

1922 年 3 月，政府为粮食歉收地区的种谷交易提供了 100 万美元的资金。但是农业集团希望这些信贷能有一个更为规范的基础。农民可以从银行获得大量的短期贷款（6 个月以内），他们也可以从联邦土地银行获得长期的抵押贷款，但是他们却不能获得中期贷款。围绕这个问题产生了两个议案，并引出了一场国会的纷争：尤金 · 迈耶、养殖业者和合作社专营商支持《凯普尔—迈克法登议案》，该议案要求扩大美联储权力提供农业信贷；另一议案是《兰鲁特—安德森法案》，它是由农业调查联合委员会（哈定在1921年任命）提交的，得到了3大国家农民组织的支持。后一议案要求财政部提供资金建立一个新的机构组织以提供中期贷款（6个月至3年）。这项议案还得到了华莱士和胡佛（也得到了国家农业会议）的支持。最后的结果是综合了两个议案的特点，但可能更倾向于《兰鲁特—安德森法案》。《1923年农业信贷法案》建立了一个庞大的联邦农业信贷体系，这个体系里有12个联邦中期信贷银行，类似于联邦储备银行，它们由联邦农业贷款委员会管理。财政部直接为之提供资金，各银行则向农业协会提供贷款以用于农业目的。

对肉类加工厂和围场的管理似乎显得还不够充分，1924年，农业部部长命令较小的委托机构在他们的交易中停止对农业合作社的“歧视”。美国农业部的加工厂和围场管理机构也直接帮助农业合作社寻找市场，并对许多私营委托机构的账目进行调查。

新政的农产品价格扶持政策是非常重要和富有特色的，而对它来说，以上对农业的干预也只是一段前奏。首先，农民也自行尝试过一些方法。20世纪20年代集中在堪萨斯州和内布拉斯加州的农业组织试图阻止小麦上市，并削减生产面积以使价格上升。但是这类地方性的尝试只会失败，尽管在这些微弱的努力下，农民自行组织起来并成立了国家小麦种植者协会。因为小麦价格仍然继续下跌，阻止小麦上市导致了巨大的损失。最后，他们只好厚着脸面请求财政部和美联储给予农民特别信贷以使他们能够承受小麦价格的暴跌。

美国棉花业协会在南方的卡特尔化尝试同样也失败了。实际上，在1920年底，由于棉花价格下跌，棉花种植者已经开始采用暴力——包括谋杀顽抗者，毁坏他们的棉花和轧棉机，这样就可以减少生产和销售的棉花数量。在种植者的压力下，路易斯安那州的帕克州长要求停止使用轧棉机，直到棉花价格达到“可维持生活的价格水平”。得克萨斯州的州农业部也这样劝告农民。但是当这些州的棉花买卖减少时，价格还是继续下跌。各农业组织曾多次要求联邦储备委员会提供资金以抑制棉花和其他农产品生产，但美联储主席 W. P. G. 哈定和财政部部长休斯敦都拒绝进行干预。[11]

第二年，人们提出在全国范围内充分组织一个棉花卡特尔。美国棉花业协会、《棉业新闻》以及其他团体呼吁减少 50% 的棉花种植面积，南加利福尼亚州官方还提出设立“减少种棉面积日”。[12] 种棉面积大幅度减少，加上农业歉收，棉花的供应量大量减少；但是棉花价格上升的幅度却与棉花产量的下跌并不相称，这样卡特尔主义者的计划又一次失败了。

而在玉米种植方面，时任《华莱士农民》编辑的亨利 · A. 华莱士鼓吹“明智减产”的主张，他设想人们自愿限制玉米生产。1921 年没有农民响应这一主张，但 1922 年华莱士再次进行尝试，他要求各州农业局联盟确定系统区域，并在各郡规定玉米种植配额。一些农业杂志和组织都支持这样的主张，但主要的农业领袖对正式规定农业配额的主张很反感。[13] 更能说明这一尝试失败的是，玉米带甚至还增加了玉米种植面积。

这些计划最大的绊脚石是那些不合作的农民，在与他们构成竞争关系的农民削减生产的时候，这些粗俗的个人主义者却从扩大生产中

---

[11] 参见 James H. Shideler, *Farm Crisis 1919–1923* (Berkeley: University of California Press, 1957), pp. 50–51, 55–56.

[12] 许多人可能会感到奇怪，多数鼓动建立卡特尔的人并不是棉农，而是拥有大量棉花在手的商人和银行家，他们是不会因为减少种棉面积而遭受任何损失的。

[13] 1922 年 1 月艾奥瓦农业局联盟决定向其成员说明有关减少玉米种植面积的事实，但还补充说：“我们相信每个农民都会根据自己的判断来调整他的种植面积”。

获利。失败了的卡特尔主义者称他们是“工贼”、“农民兄弟的叛徒”，像《华莱士农民》这样的机构也对他们进行批判，但与他们从事同样工作的产业劳工不同，他们没有被吓倒。

接着，“萨皮罗运动”又一次唤起了人们对农业卡特尔的向往，这一运动是由亚伦·萨皮罗发起的，他在几家加州的合作社担任律师，并从中获得高昂的律师费。在萨皮罗的影响下，农业局联盟在1920年7月展开了一项计划。计划的目的是将所有的小麦营销行为归入一个庞大的生产者合作社进行。7月，会议任命了一个委员会，该委员会在1921年春季提交了一份计划，建议建立一个名为全美谷物种植者有限公司的国家谷物大型合作社。[14] 和其他自愿组成的合作社一样，这个新组织几乎立刻就陷入了困境。许多地方合作社的农业谷仓更喜欢现有的私营市场，私营谷物交易吸引了农民，也避免了新卡特尔的产生。到1922年，这个庞大的计划被证明完全失败。[15]

1920年7月的会议还试图建立多个其他类型的国家卡特尔，以在全国进行水果营销、乳品营销、蔬菜营销和羊毛营销，但是除了一项计划，其他的尝试都失败了。这项还得以保留的计划是牲畜营销计划，这是因为该计划的目标显得不那么庞大。此外，萨皮罗计划在棉花和烟草上的尝试也失败了。

这些失败并没有使合作社运动走到尽头，少了几分浮夸的合作社运动开始走向平稳发展阶段；但是他们仍冥顽地要求进行自愿限价。接下来的一步不可避免，他们坚持要求政府对价格实施强制扶持。

---

[14] 参见 Benedict, *Farm Policies of the Unitd States 1790–1950*, pp. 186n. and 194ff.

[15] 1914年，农业集团在华盛顿的知名社会活动家格雷·西尔弗 (Gray Silver) 再次提出建立国家谷物合作社，并建立谷物营销公司。这个公司的目标是成为主要私营谷物营销机构的控股公司，但是农民并不支持这一计划，一年后该公司被撤销。

战时食品管理谷物公司曾确立了一项先例，它曾限定小麦的价格以刺激生产，并自行对可获得的小麦进行分配。此外，胡佛在1919年的欧洲食品救济计划被人们普遍认为是一次人道主义的益举，但它也只是清除“剩余”的农产品，这样可以抬高食品价格。[16]威廉·H. 里昂（William H. Lyon），南达科他州的一位律师在此时建议政府为各类农产品限定一个高价，并以此高价购买所有未售出的剩余产品。里昂计划得到了塞缪尔·冈珀斯、南达科他州议会、许多乡村银行和众议院共和党官员的支持。这一计划体现在1921年7月的《克里斯托佛森议案》，但该议案并没有获得多数农业组织的支持，就像这年和随后几年提出的其他价格扶持议案的命运一样。一开始人们并不热衷于要求对价格进行强制性扶持。这一呼声的重要性直到“农业公平”运动开始才显现出来，“农业公平”是乔治·N. 皮克（George N. Peek）、休·S. 约翰逊（Hugh S. Johnson）将军发起的，它得到了伯纳德·M. 巴鲁克（Bernard M. Baruch）的全力支持。由于工业受到了关税的保护，“农业公平”的主张认为农业最好能从消费者身上获利。政府将国内农产品价格维持在较高水平，买入未售出的剩余产品并以较低的国际市场价格向国外出售。皮克和约翰逊是农业机械制造商风车犁公司的领导，他们可以从农业补贴中直接获得经济利益。他们的计划很快就吸引了农业部部长华莱士的注意，结果，1924—1928年体现该计划的《麦克纳利—霍根议案》被数次提出。第一次的《麦克纳利—霍根议案》是由查尔斯·J. 布兰德草拟的，布兰德是美国农业部市场局的前任主管。最初对皮克的支持大多来自边远的西北部麦农。此外还有这些地区的银行家们。尤金·迈耶也全力

[16] Shideler, *Farm Crisis 1919–1923*, p. 21.

支持这项议案。1924 年，皮克组建了美国农业理事会，它由来自主要农业团体的代表组成，以宣传皮克的计划。到 20 世纪 20 年代末，大多数农业组织已坚决支持这项计划。[17]

柯立芝总统确实在 1927 年和 1928 年否决了《麦克纳利—霍根议案》，但是同样重要的是，他在 1926 年任命尤金·迈耶领导一个棉花公司以试图阻止棉花价格下跌，并向政府发起的农业协会提供总额为 0.1 亿美元的资金，使之以一个特定价格购买棉花。比如加拿大、匈牙利和波兰等其他国家也试图维持小麦价格；但是剩余产品的增加仍然给市场带来了威胁，这产生的副作用在 1928 年和 1929 年又促使价格下跌，人们因此强烈要求对价格进行更有效的扶持。

柯立芝干预农业的事例还有许多。1924 年，他支持《诺贝克—伯特尼斯议案》为西北部农民在牲畜交易中提供政府贷款。但是国会并没有通过这一议案，但柯立芝继续委任了一个特别农业委员会，该委员会十分倾向于农业领袖的意见。在 1925 年，该委员会发表了 3 篇报告。它建议加强农业贷款委员会，进一步强制削减运费，通过联邦合作社营销委员会为农业合作社提供大量补贴。《凯普尔—霍根议案》体现了最后一项条款，但这却遭到了农业养殖场的反对，养殖场拒绝任何形式的政府调控活动。这次尽管失败了，但柯立芝总统的决心愈加坚定，他要以任何他能采用的方式扶持农业养殖场。柯立芝坚定地相信在农业活动中，政府“必须鼓励有序而集中的营销行为”。[18] 胡佛和农业部部长威廉·贾戴（William Jadine）（总统农业协商会的一

---

[17] 到 1924 年，除了皮克、约翰逊、华莱士父子和巴鲁克，支持《麦克纳利—霍根议案》的还有伊利诺伊州农业协会、多数西部农业杂志、美国农业局联盟、国家农民协进会、国家农业组织委员会、美国小麦种植者协会和著名的银行家奥托· H. 卡恩。

[18] 参见 Saloutos and Hicks, *Agricultural Discontents in the Middle West,1900–1939,* pp. 286–291; and John D. Black, *Agricultural Reform in the United States* (New York: McGraw–Hill, 1929), pp. 337, 351ff.

员）赞同柯立芝的观点。1925年，国会同意给予一笔额外资金对农业合作社的营销活动进行研究；第二年，在贾戴部长的鼓动下，国会又在USDA的农业经济学局设立了一个有关合作社营销的分支机构。新机构满腔热忱地投入到扶持农业养殖场的工作中。这样的干预手段当然受到了养殖场的欢迎。1926年，贾戴推出了“贾戴计划”，建议设立联邦农业顾问理事会和农民营销委员会，为合作社提供资金，并帮助推销剩余产品。议院并不认可这一计划，反而采纳了《麦克纳利—霍根议案》。接下来的一年，柯立芝政府又推出了修改后的“贾戴计划”，建议设立农业委员会、多个商品顾问委员会，并由农业委员会建立一系列稳定公司为合作社提供资金。由于关于《麦克纳利—霍根议案》的争议又起，新计划再次受阻。

商务部部长胡佛为帮助农民、特别是为农业养殖场获得财政补贴而竭尽全力。为了帮助农业养殖场，他尝试了许多方法——为了解决他们的调查和营销问题，他帮助他们的产品寻找出口市场，并代表他们四处演讲。他也支持为农产品设立关税。此外，正是在他的推动下，富有早期合作社思想的贾戴被任命为农业部部长。对于设立联邦农业委员会以扶持合作社营销协会的主张，他也是最早的支持者之一，为了达到这个目的，他还撰写了《1924年凯普尔—威廉姆斯议案》。所以，当作为总统候选人的胡佛提倡扶持农业，并向农业集团保证他将立即制定一个农产品价格扶持计划，这也就没有什么可奇怪的了。他一就任就履行了他所有的诺言：1929年6月，《农业营销法案》获得通过，联邦农业委员会（FFB）也就建立起来。

新方案从本质上说就是老“贾戴计划”的翻版。联邦农业委员会从财政部获得了5亿美元，并被授权以低利率向农业合作社提供各类贷款，而且这一授权的年限达到了20年。联邦农业委员会也可以建立稳定公司以控制剩余农产品和支撑农产品价格。从本质上讲，这就是一个萨皮罗式的卡特尔，只是这次联邦政府以强制手段对这一方案进行了支持。[19] 胡佛任命国际收割机公司的总裁亚历山大·莱格为联邦农业委员会的主席，莱格还是伯纳德· M. 巴鲁克多年来的弟子。国际收割机公司是主要的农业机械制造商之一，所以莱格就像乔治·皮克一样，也可以从农业融资政策中获得直接的经济利益。联邦农业委员会的其他成员包括农业部部长阿瑟· M. 海德、白莱烟烟草种植者合作协会的副主席及创立者詹姆斯· C. 斯通（James C. Stone）、农民合作协会的棉花种植者卡尔·威廉斯（Williams Carl）、国家牲畜产品制造者协会的 C. B. 丹曼（C. B. Denman），水果种植者交易所的 C. C. 梯格（C. C. Teague）、国家乳品协会的威廉· F. 施尔灵（William F. Schilling）、代表谷物种植者利益的《内布拉斯加农民》杂志发行人塞缪尔·麦克凯维（Samuel McKelvie），以及康乃尔大学农学教授查尔斯· S. 威尔逊（Charles S. Wilson）。显然，委员会打算扶持和帮助的农业合作社恰恰控制了这个委员会。[20] 这样，胡佛政府建立了一个庞大的农业卡特尔，在政府的指导下，委员会被卡特尔主义者控制，并为他们的利益而服务。

当萧条开始后，联邦农业委员会也开始行动。联邦农业委员会对小麦的干预是最大的，因为一年间，小麦价格大幅度下跌。联邦农业

[19] 背地里，巴鲁克也一直鼓动联邦农业委员会在政府的庇护下组织农业生产，以此提高农产品价格，而且这一措施应先从小麦和棉花种植业开始实行。他也积极呼吁由美国商会和国家工业协商委员会联合建立商业及国家工业委员会、农业委员会。这个农业委员会坚信“自由放任主义已经过时了”。参见 Ioseph Dorfman, *The Economic Mind in American Civilization*, vol. 4, pp. 79–80.

[20] “在政府的要求下，胡佛在各农业组织提名的人选中选出了委员会的成员。”见 Edgar E. Robinson “The Hoover Leadership, 1929—1933” (unpublishe d manuscript), pp. 128ff. 在联邦农业委员会运作 1 年之后，莱格退休，斯通任主席。梯格和麦克凯维被美国农业局联盟的两位前任高官弗兰克·埃文斯 (Frank Evans) 和激进的萨姆· H. 汤普森 (Sam H. Thompson) 取代。

委员会在8月份建立之初，就建议农民不要将小麦过快地投入市场，而应该持有小麦，并等待小麦价格上升。9月，联邦农业委员会向合作社提供额外贷款以保存小麦，并使价格提高。但是小麦价格却持续大幅度下跌。10月26日，股票市场崩盘后不久，联邦农业委员会宣布它将根据小麦市场价格的100%和种植者手中的小麦存量为小麦种植者提供1.5亿美元的贷款，试图以此阻止小麦投入市场并维持小麦价格。在股票市场崩盘后不久，联邦农业委员会建立了资产为0.1亿美元的农民国家谷物公司，这样便可促使合作社的小麦及其他谷物营销活动集中化。小麦卡特尔的旧梦最终成真了。联邦农业委员会打算广泛建立这类"公司"，或者说是受人欢迎的农业营销合作社；而选择农民国家谷物公司则可以使农民谷物合作社集中化，这样可以避免合作社之间形成竞争，而且可以稳定并提高市场价格。起初，联邦农业委员会和农民国家谷物公司向农业合作社提供贷款以阻止小麦投向市场，但价格仍然下跌，农民国家谷物公司只可以贷款时的价格购买小麦。

11月25日，胡佛召集了一次规模空前的白宫会议，参加者包括主要的农业组织、联邦农业委员会和土地银行等。不出所料，这些农业组织和工会一样，欣然接受了胡佛的计划，这项计划将为他们提供大规模补贴，他们还答应在计划中进行合作。

一旦政府对市场进行干预，这只会加剧而不是解决问题。这是经济学关于政府干预的一条不变规律。而对于胡佛在萧条时期采取的整套经济政策来说，这也当然适用。1929年开始在美国执行的农业计划恰恰最能说明这条规律。联邦农业委员会曾成功地维持了小麦价格不变。在看到小麦价格未下跌后，麦农自然增加了小麦种植面积，到1930年春天，农产品的剩余问题反而加重了。此外，当美国阻止小麦投入市场时，它也失去了先前在国际小麦交易中占有的份额。几个月过去，小麦价格还是一路下跌，1930 年种植面积的增加更是加速了这一下跌。联邦农业委员会手中越来越多的剩余小麦开始对市场构成威胁，这也进一步迫使小麦价格下跌。

私营谷物经销商、美国商会的朱利叶斯·巴恩斯对联邦农业委员会和它那宝贝合作社的不公平竞争行为进行了抗议，因为这种竞争是针对私营谷物贸易商，可是他的抗议只是徒劳。私营谷物贸易商愤怒地指出联邦农业委员会为合作社提供的贷款，其利率低于市场利率，明显带有补贴性质。

1930 年春天，胡佛从国会获得 1 亿美元，这使得联邦农业委员会的贷款和购买政策得以延续。但是，农民发现自己持有的剩余农产品在增加，而价格却在下跌。在农业集团的压力下，胡佛建立了谷物稳定公司（GSC）以取代农民国家谷物公司，并加强稳定价格的作用。谷物稳定公司认为麦农已将小麦的上市时间延迟到秋天，他们在将小麦出售给谷物稳定公司后可获得“暴利”。对于国家主义者来说，个人的利益总是可憎的，所以联邦农业委员会宣布从此开始，它将只对由合作社和谷物稳定公司出售的小麦进行扶持。可是在对部分小麦的价格进行扶持的同时，其他同质量的小麦却以另一个价格被出售，这显然很难做到；在这种情况下，为了保护谷物贸易，联邦农业委员会又一次改变态度决定再次对所有小麦进行扶持。

联邦农业委员会的计划在不经意间鼓励了更多的小麦生产，而人们看到的只是春天小麦价格的快速下跌；越来越多的剩余农产品开始威胁市场，并造成了更大幅度的价格下跌。很显然，在政府的如意算盘中，农民如果希望价格能真正地上升，就必须减少小麦生产量。联邦农业委员会认识到所有的卡特尔都必须削减生产以使价格上升。政府的农业垄断逻辑也使联邦农业委员会得出这样的结论：农民已经在“过度生产”了。因此，农业部部长海德在为农民演讲时就宣扬了“过度生产”的危害。这位部长和联邦农业委员会成员都呼吁农民自愿减少作物种植面积。

第一批遭受冲击的农民是来自边远中西部地区的春小麦种植者，他们也是最早提出要扶持小麦价格的人。他们对前景感到失望。农民终究希望从政府那里获得补贴，而削减受补贴的作物生产并不是他们的本意。1930 年 3 月底，一批经济学家离开华盛顿，他们要告诉农民们：如果他们改种其他作物而不是小麦，他们的经济状况将会好转。而其间，在干预主义造成的混乱世界中，由于小麦实在太多，问题也越来越多。剩余产品持续增加，小麦价格则不断下跌。莱格和海德游历中西部地区，敦促农民削减小麦种植面积。为什么政府一方面执行开垦计划，而另一方面却敦促农民减少生产？当堪萨斯州州长里德在思考这个问题的时候，他的回答能反映出农民的一般观点。[21] 由于个体的农民将会因为种植面积的减少而蒙受损失，所以此时再多的道德说教都不会使他们大幅度削减小麦生产。

当小麦毫无用处地堆积在贮藏室里时，阿根廷和苏联等国也增加了他们的生产，再加上全球普遍的经济萧条，这又迫使小麦价格下跌。[22]1930 年 6 月 30 日，因谷物稳定公司收集而没有投向市场的小麦数量达到了 0.65 亿蒲式耳。谷物稳定公司失去了信心，直到 1930 年后期它才有所行动。11 月 15 日，谷物稳定公司获得授权，只要有必要就尽可能多地购买小麦，以此阻止小麦价格进一步下跌。到

[21] 对于有逻辑头脑的人来说，这个永久性的问题无须提示便可回答。从一般大众的观点来看，这一政策当然是充满矛盾而非理性的。但是从政府的官僚主义的观点出发，这一政策的每一方面都可以加强政府的权力，扩大政府的影响。

[22] 联邦农业委员会迫使芝加哥贸易委员会禁止通过外国政府，特别是苏联政府，进行卖空交易。

1931年中期，谷物稳定公司大胆地购买了2亿多蒲式耳的小麦，然而这根本无济于事。世界范围内小麦的供求关系情况被人们如此轻易地低估了。小麦价格持续下跌，而小麦生产则不停增加。最后，联邦农业委员会决定将小麦倾销往国外，结果小麦的市场价格急剧下跌。胡佛政府当政的后期，棉花和小麦为联邦农业委员会造成的损失超过了3亿美元，此外，0.85亿美元的小麦还被免费赠送给了红十字会。

联邦农业委员会最主要的活动是制定和执行了小麦计划。该委员会还尝试执行了其他方案，包括在棉花种植领域建立一个类似的卡特尔。1929年秋，联邦农业委员会为棉花合作社提供了大量贷款以阻止棉花价格的下跌。这些贷款被增加到各联邦中期信贷银行的贷款中。但是棉花价格继续下跌，即使在美国棉花合作社协会开始承担起管理职能以后，情况依旧如此。最后，1930年6月，联邦农业委员会建立了棉花稳定公司（CSC），试图阻止棉价下跌之势。棉花稳定公司从棉花种植场接管了125万包棉花。由于外在压力导致的激烈竞争，棉花稳定公司宣布：如果棉花价格不上涨，它将持有这些棉花一年。但是这一公告并没有起到稳定市场的作用。

不断增多的剩余产品又造成了麻烦，这给农产品价格带来了巨大压力。最后，联邦农业委员会又一次劝告棉农减少种植面积。联邦农业委员会的主席斯通敦促各产棉州的州长“立刻动员一切与此利益相关的机构……劝说农民在正在生长的棉花中，将每三排中的一排棉花推倒重耕”。这一举动立刻引起了强烈的不满。《纽约时报》称这一举动是“政府组织中发生的最疯狂的事件之一”。[23] 可这一建

[23] Harris Gaylord Warren, *Herbert Hoover and the Great Depression* (New York:Oxford University Press, 1959), p. 175.

议并没有取得成功；实际上，1931 年棉花作物的产量大幅度增加。于是在 1932 年早期，联邦农业委员会又进行了大胆的尝试——委员会从南方银行家手中获得了一份协议，这将有助于联邦农业委员会和棉花稳定公司等机构持有他们手中的棉花（350 万包），其中联邦农业委员会手中的棉花为 130 万包，同时联邦农业委员会还将继续为棉花种植场的 210 万包棉花提供资金，这一措施暂时稳定了价格，可到了 1932 年 6 月，棉价又下跌了。到 7 月，联邦农业委员会已经购买了 1.27 亿美元的棉花，而这些棉花的价值已经跌去了一半。结果是棉花稳定公司只能放弃，并在 1932 年 8 月开始抛售手中持有的棉花，到了第二年这些棉花全部出手。棉花的净损失达到了 0.16 亿美元，此外，还有 85 万包棉花被赠送给了红十字会，这批棉花的价值超过 0.78 亿美元。

1929 年末，联邦农业委员会建立了一个全国性的羊毛制品合作社——国家羊毛营销公司（NWMC），这个公司由 30 个州的羊毛协会构成。联邦农业委员会还建立了一个相关的国家羊毛信贷公司为其提供资金。国家羊毛营销公司并不善于处理羊毛行业的业务，它将销售业务转交给私营的毛纺管理机构，衣料织品公司。国家羊毛营销公司向养羊人预付了大量资金，这样国内的大部分羊毛生产就集中到了国家羊毛营销公司身上，联邦农业委员会也为国家羊毛营销公司的建立提供了大量贷款。一开始价格确实得到稳定，但不久羊毛价格还是无情地下跌了，国家羊毛营销公司的计划只能刺激羊毛生产的增加。越来越多的剩余产品使价格进一步下跌，它也加重了国家羊毛营销公司的资金负担。最后国家羊毛营销公司将它拥有的大量羊毛以低价出售，这使得羊毛价格问题更加严重。联邦农业委员会向羊毛业提供了 0.315 亿美元的贷款，而其中 0.125 亿美元成了坏账。

1929年11月，联邦农业委员会建立了一个国家牲畜营销协会，但是牲畜养殖者对此却并不认同，他们成立了与之相抵触的合作社，联邦农业委员会的这项计划没有得到执行。联邦农业委员会还制定了一个乳业计划，建立5个地区性黄油制造协会，并对乳业合作社进行扶持。但一个顾问委员会建议农民减少乳牛饲养数量，以此减少乳品生产中的剩余产品，这激怒了农民。农民游说国会，他们希望使人造黄油生产成为非法经营，并阻止从菲律宾进口可可油。[24]联邦农业委员会的其他尝试包括设立国家豆类营销协会，1930年2月成立国家核桃营销协会，目的是扶持柑橘、无花果、葡萄和葡萄干、土豆、苹果、甜菜、蜂蜜、坚果、枫糖、烟草、家禽、鸡蛋和大米等的种植或养殖行业。但只有在小麦和棉花行业，联邦农业委员会才全力试图稳定其价格，可是这一举措落败了。尽管联邦农业委员会在其他作物生产行业所采取的行动只是为现有的合作社提供资金，但稳定价格的措施还是在小范围内被运用到黄油、羊毛和葡萄的生产中。葡萄稳定计划和其他计划一样遭到了彻底的失败。加利福尼亚州葡萄管理委员会从1930年设立到1932年垮台只维持了两年时间，因为葡萄种植者不愿向它支付稳定费。而在这两年内，联邦禁酒管理的出台又使这一行业的情况恶化，因为提取葡萄浓缩物成为非法经营。1933年5月，为葡萄种植业提供的联邦贷款总额达到了0.25亿美元，而其中大部分成为坏账。

在黄油生产领域，联邦农业委员会向已有的地方乳业合作社提供贷款，并鼓励这些合作社互相之间取得一致。最重要的事是在中北部

[24] 但值得欣慰的是，在这些年里一些农业组织激烈地反对联邦农业委员会。其中包括内布拉斯加州农民工会，该组织认为联邦农业委员会是一个庞大的充满剥削的官僚机构，而玉米带委员会和明尼苏达州农业局也包括在这些组织中。

各州建立蓝多湖乳业公司（Land O'Lakes Creameries, Inc.）。1930年，联邦农业委员会批准为蓝多湖乳业公司提供贷款，通过阻止黄油投入市场而稳定价格。黄油价格曾一度被控制，但后来随着大量黄油的出售，价格开始下跌。要了解这项措施到底产生了多大影响是很困难的，因为这项措施的执行范围非常小。[25] 烟草方面，为了刺激已经陷入停滞的合作社，联邦农业委员会提供了贷款，但1931年烟草的产量很大而价格很低。第二年，新的合作社宣告失败。

而联邦农业委员会庞大的稳定行业计划也落败了。它的贷款反而刺激了生产的扩大，再加上市场上已经形成的农产品剩余，这就迫使各类农产品价格下跌，此外，人们的信心也开始丧失。联邦农业委员会希望解决农业萧条，但它的所作所为却使萧条更严重。由于联邦农业委员会认识到了自己已经失败，胡佛总统按照政府干预的一贯思维模式采取了下一步行动，他建议人们不再耕种肥沃的土地，推倒正在生长的作物，并屠杀幼小的牲畜，所有这些都是为了减少剩余农产品，可这剩余正是此前政府的干预行动造成的。发展到后来，留给罗斯福政府要做的就是使农业完全国有化，这里我们要指出，国有化的农业是不符合经济规律的，它将带来损失。[26]

在看到联邦农业委员会失败后，主要的农业合作社于1932年1月在华盛顿进行会晤，它们要求执行一项计划对剩余农产品进行有效的

---

[25] Murray R. Benedict and Oscar C. Stine, *The Agricultural Commodity Programs* (New York: Twentieth Century Fund, 1956), pp. 235–236.

[26] 1931年年末，农业部部长海德主张改变我们传统的"无计划"的农业体系，提出了由政府收购失去种植价值的地块并进行退耕还林的计划。"但是，由于与美国的自由精神相抵触，海德还是放弃了由密歇根州的共和党参议员阿瑟·H. 范登堡 (Arthur H. Vandenberg) 提出的建议，这项建议要求强迫农民削减产量。" Gilbert N. Fite, "Farmer Opinion and the Agricultural Adjustment Act, 1933," *Mississippi Valley Historical Review* (March, 1962): 663.

控制，宣布商品的卖空行为为非法，确保商品的稳定流通，孤立菲律宾以停止从这样的殖民地进口免税商品。但是国会没有认同任何一项建议，即使一些议员在议案中提议扩大对农业的扶持。此时，一些激进的农民提出了他们自己的价格扶持方案，在这个方案中他们决定组织一次“农民罢工”。我们将看到农民自行阻止农产品投入市场将和农产品价格下跌形成尖锐的矛盾。“农业假日”运动的领导人米洛·里诺（Milo Reno）是艾奥瓦州农民工会和农业假日协会的主席，他是一个激进思想的宣扬者，从1920年开始他就号召进行这样的“罢工”。5月3日，3 000名农民在里诺的领导下在艾奥瓦集会，他们投票决定在7月4日进行罢工。他们的口号是：“待在家里——什么也别买，什么也别卖”，他们的歌谣唱道：

让我们组织一次农民假日，
一个我们自己的假日。
我们要吃掉自己的小麦、火腿和鸡蛋，
让别人去吃他们手里的金子吧。

这种自我毁灭式的威胁是要回归到物物交换的经济中，它持续了一个月，而对社会中的其他人来说，这一威胁算是一种警告。但是到1932年秋，这一运动成为持续性的骚乱。以艾奥瓦的苏城为中心，这一运动向外传播，北达科他、南达科他、伊利诺伊、威斯康星、内布拉斯加和堪萨斯等地相继建立了多个州一级的组织；但是这些组织并没有形成紧密的统一战线。很快农民就转向了肉体暴力。正如通常那样，当农民发现正是由于他们自己的罢工策略导致了他们忍饥挨饿时，他们就试图强迫那些可憎的“叛徒”和他们一样一无所获。8月，在苏城爆发了第一次罢工，罢工者破坏了道路，用枪强迫别人执行他们的命令，用石块毁坏桥梁，还迫使交通陷入瘫痪。[27]罢工者组织了一支属于自己的军队，这支好斗的军队被称为美国卡其布衫。明尼苏达州州长弗洛伊德·奥尔森（Floyd Olson）提出使用本州的民兵对所有从该州“出口”的农产品实行强制禁运，他还提议所有其他的农业州都加入进来。庆幸的是，奥尔森的提议被其他的州拒绝了。所有这些行动都没有使价格上升。实际上，越来越多的商品从非罢工地区（主要为艾奥瓦以外的地区）涌入，价格也继续快速下跌。1932年年末，除了北达科他州，其他地区的农民假日运动结束，而北达科他州的农民大会敦促农民建立抵抗委员会继续罢工，并要求农民拒绝在价格上升至他们可以收回成本之前将农产品投向市场。

尽管自己的目标并没有实现，各农业委员会还是使农业贷款所需的抵押数额在比例上缩小了，缩小额为数十万美元；同时，农民也组织了“美分交易”，即他们只允许破产农民的亲友参加破产者的抵押资产拍卖会，这些亲友会用“1美分”购买破产者的抵押品，然后再将这些东西还给破产者。1933年4月，发生了由抵押而导致的犯罪活动，一伙暴徒袭击并几乎吊死了艾奥瓦州的一位法官，因为这些人要求法官不要再取消抵押资产的赎取权，但这位法官拒绝了他们。[28]1933年2月，一批激进的明尼苏达农民在州议会大楼前游行，他们要求州政府强制执行债务延期偿付，迫于他们的威胁，奥尔森州长命令不得取消抵押品的赎取权。

---

[27] 在一些地区还有“乳业罢工”，运奶卡车在公路上被截获，卡车运载的牛奶被倾倒在地上，威斯康星州和加利福尼亚州在1932年率先确立了州级的牛奶调控系统，这等于在全州的范围内建立了一个牛奶卡特尔。参见 Benedict and Stine, *The Agricultural Commodity Programs*, p. 444.

[28] 参见 Fred A. Shannon, *American Farmers' Movements* (Princeton, N.J.: D.Van Nostrand, 1957), pp. 88–91, 178–182.

第九章

1930 年

1930

1930 年，大多数人认为没有什么东西可以值得担心的了。胡佛在工资、建筑业、公共建设和农业扶持等问题上采取了果断的行动，这使公众觉得在这个时候国家对出现的问题迅速地进行了解决，这将使经济形势大为改观。

1930 年，大多数人认为没有什么东西可以值得担心的了。胡佛在工资、建筑业、公共建设和农业扶持等问题上采取了果断的行动，这使公众觉得在这个时候国家对出现的问题迅速地进行了安排，这将使经济形势大为改观。农产品价格看起来不久将回升，失业问题也不会带来什么灾难性的后果，1930 年的失业人口在劳动人口中的比例平均不到 9%。国家的领导者胡佛、威廉・格林和查尔斯・M. 施瓦布在谈到经济复苏时，轻快的言语里都充满了乐观的情绪。6 月底，胡佛敦促州和市级政府进一步扩大公共建设，这样可以解决失业问题，7 月 3 日，国会授权为公共建设计划拨款 9.15 亿美元，在这个庞大的计划中包括在科罗拉多河上修建胡佛水坝。

进一步通货膨胀

安德森博士记录道：在 1929 年 12 月末，美联储的主要官员打算采取自由放任的政策，“计划已使货币市场‘剧烈震荡’，应通过健康的清算过程以达到货币的稳定。”美联储打算使市场自行发展，而不施加人为的刺激，因为人为的刺激将延长危机持续的时间。[1] 但到 1930 年年初，政府制定了大规模的低利率贷款计划。纽约联邦储备银行的再贴现利率由 4.5% 下降到这年年底的 2%。承兑汇票购买利率，同业拆借利率的下降幅度与此相似。8 月底，联邦储备委员会理事罗伊·杨被更加彻头彻尾的通胀主义者尤金·迈耶取代，迈耶曾积极参与政府为农民提供贷款的活动。在整个 1930 年，成员银行准备金总量上升了 1.16 亿美元。可控制因素导致准备金上升 2.09 亿美元；政府证券持有量上升了 2.18 亿美元。黄金存量增加了 3.09 亿美元，成员银行准备金的净增加额为 1.16 亿美元。尽管准备金增加了，但这一年货币供给总量（包括所有货币代替物）几乎始终不变，只是从 1929 年年末的 735.2 亿美元小幅下降到 1930 年年末的 732.7 亿美元。如果不是银行业的动荡迫使各银行收缩业务以应对普遍的萧条，货币供给总量将大幅度上升。证券发行数量也有所增加，在一段时间内，股票价格再度上扬，但是它又很快回调，此外生产和就业情况也持续下降。

在乔治·哈里森总裁的管理下，纽约联邦储备银行在 1929 年和 1930 年又一次成为低利率贷款政策的领袖。美联储独自执行了通货膨胀政策。要不是这年的春天股票市场发生暴跌，要不是 1930 年后期银行业被破产浪潮席卷，通货膨胀可能会更加严重。[2] 通胀主义者对这些

---

[1] Benjamin M. Anderson, *Economics and the Public Welfare* (New York: D. Van Nostrand, 1949), pp. 222–223.

[2] 纽约联邦储备银行也在与国外中央银行的合作中发挥主导作用，这常常违反政府的命令。国际清算银行（BIS）是各中央银行间的中央银行，在蒙塔古·诺曼的提议下，它将纽约联邦储备银行作为美国的中央银行。国际清算银行组织的第一届委员会，其主席是杰克逊· E. 雷诺兹 (Jackson E. Reynolds)，他是纽约美联储的理事，而国际清算银行的第一任总裁是盖茨· W. 麦克加拉，他在 1930 年 2 月辞去纽约联邦储备银行总裁之职，他设想让后来的 J. P. 摩根公司为这个新银行提供资金。11 月，哈里森总裁出国进行了一次“常规商务旅行”，他与其他中央银行进行协商，讨论向外国政府提供贷款的问题。1931 年，纽约联邦储备银行扩大了提供给国际清算银行的贷款。但是没有任何法律允许我们加入这个新的银行。

事情并不满意，到 11 月份后期，在那些最大的商业投资银行鼓动下，《商业周刊》对所谓“当权的通缩主义者”进行了斥责。[3]

斯姆特—霍利关税法案

在 1929 年播下的又一颗种子在 1930 年中期结出了恶果。我们已经看到奉行高关税和对外贷款政策会因为对外贷款逐步减少而伤害农产品出口，但是胡佛却进一步提高了农产品和制造产品的关税。20 多年后，胡佛仍然坚持认为农民从中受益匪浅，因为国内市场扩大了，同时，农民减轻了对出口市场的“依赖”，然而这实际上意味着由于出口市场的缩小，农民的权益受到了严重的挫伤。[4] 国会对高关税进行调查，并在 1930 年中期提出了议案，胡佛欣然签署了这项法案。也就是说，在萧条的危险时期，胡佛政府选择了将现有关税水平提高，而这将阻碍国际贸易，伤害美国的消费者，削弱美国农产品的出口市场。大多数的美国经济学家、主要的银行家和其他商业领导一致认为胡佛应该否决这项斯姆特—霍利关税法案。其主要的支持者是改革派集团、3 个主要的农业组织和美国劳工联盟。

在 1928 年的竞选中，没有人提出采取高关税政策。一开始，胡佛要求提高关税，只是想通过提高农产品关税帮助农民。然而，当这项议案提交到国会时，却加上了提高其他产品关税的条款。增加对农产品的关税其实并非十分重要，因为美国的农产品一般都是出口商品，而进

[3] *Business Week* (October22,1930)。维吉尔·乔丹当时是《商业周刊》的首席经济学家，用今天的话说，他是“开明”商业思想的主要代言人。

[4] Herbert Hoover, *Memoirs of Herbert Hoover* (New York: Macmillan, 1952),vol. 2, pp. 291ff. See John H. Fahey, “Tariff Barriers and Business Depressions,” *Proceedings of the Academy of Political Science* (June, 1931): 41ff.

口则非常少。提高食糖的关税是为了帮助西部种植甜菜的农民；提高小麦的关税是为了对西北边区的麦农进行补贴，而这伤害了邻国加拿大的利益；提高亚麻子的关税是为了保护西北农民免受阿根廷同类产品的冲击；提高棉花的关税是为了保护边区英肖尼尔河谷的农民免受埃及棉业的冲击；提高牲畜和乳业的关税伤害了与加拿大边境贸易；皮革、皮革制品、鞋业、羊毛、造纸用布和毛纺织品、农业化学药剂的关税也被提高；而提高肉类产品的关税是为了阻止阿根廷对美国的出口；提高棉纺织品关税是为了解救“萧条的棉纺行业”；天鹅绒和其他丝织品的关税被提高；装饰性瓷器、医疗器械和其他玻璃制品关税被提高；小刀和手表机芯的关税同样被提高。[5] 这时的税率是美国有史以来最高的。

就在胡佛同意签署斯姆特—霍利关税法案的那天，股票市场暴跌。这项议案反映出保护主义在全世界范围内抬头。市场和国际分工受到抑制，美国消费者的负担进一步加重，由此引起的国际贸易下滑为农业和其他行业的出口带来了不良影响。

白银集团提出了一项著名的保护主义要求。一个有关矿业利益的国际性货币会议召开了，会议认为应该抬高并稳定银价，此外还应该削减针对白银的关税。这些意见在 1931 年 2 月被提交给参议院，但是国务院没能请到外国政府参加这次会议。由于听从了美国白银生产者协会的要求，西部各州州长都对提价方案表示支持，而支持这一方案的还包括内华达州参议员凯·皮特曼（Key Pittman）、犹他州参议员里德·斯姆特（Reed Smoot）、矿业工程师 J. H. 哈蒙德（J. H. Hammond）、纽约银行家热奈·利昂（René Leon）以及美国熔炼和精

[5] 参见 Frank W. Taussig, “The Tariff Act of 1930,” *Quarterly Journal of Economics* (November, 1930): 1–21; and idem, “The Tariff, 1929–1930,” *Quarterly Journal of Economics* (February, 1930): 175–204.

炼公司总裁 F. H. 布朗内尔（F. H. Brownell）。

胡佛在 1930 年下半年

1930 年下半年，生产、价格、对外贸易以及就业率持续下滑。1929 年 7 月，胡佛要求对破产法规进行调查以削弱这些法律的效力并保护众多破产企业，这种方法很久以前便有人使用，它在重新激发信心的同时损害了债权人的利益，并扶持了不良的经济环境。8 月，数据显示，由于受到联邦补贴，商业船只建造量从 1929 年 7 月的 17 万载重吨大幅度上升至 1930 年 7 月的 48.7 万载重吨。9 月 9 日，胡佛又采取了非同寻常的措施：为了解决就业，也为了抬高工资率，总统进一步禁止向美国移民，并通过国务院新闻发布会宣布了这项命令。这一命令禁止一切外国人成为“接受政府福利的公民”，但那些最富有的人除外，在几个月的时间里，欧洲向美国的移民减少了 90%。

有意思的是，此前国会曾拒绝胡佛提出的将移民限额削减一半的意见，而胡佛在决定采取这一高压措施时并没有考虑这一点，另外，在此之前参议院还否决了一项由亚拉巴马州民主党参议员雨果·布莱克（Hugo Black）提出的议案，这项议案要求暂停批准所有移民申请，除非申请人亲属在美国已定居 5 年以上。布莱克参议员认为：“美国的大企业出于自身利益喜欢使用外国移民，这样就可以削减美国本土公民的劳动价格。”依据这一论据，他认为只有阻止移民才能提高工资，而这种想法具有典型的限制主义色彩。[6] 恰如

[6] Robert A. Divine, *American Immigration Policy, 1924–1952* (New Haven,Conn.: Yale University Press, 1957), p. 78.

我们所料，威廉·格林热诚地支持了胡佛采取的立场。

通过减少劳动人口“医治”失业就像是为“医治”一种剩余产品而通过法律限制任何人出售该产品一样，这种方法也与后来希特勒通过将已婚妇女强制送回家来“医治”失业相类似。胡佛还记录他加快了遣送不受欢迎外国人出境的步伐，这同样也有助于解决失业问题。每年遣送回国的外国人达到了 1.6 万～2 万人。[7] 结果，移民法将移民美国的净人数削减至每年 20 万人，而在 1931 年，胡佛法令则将每年移民的净人数削减至 3.5 万人； 1932 年，出境侨民的净人数为 7.7 万人。此外，胡佛就业紧急委员会还号召年轻人在秋季返回学校，这样可以减轻劳工市场压力。

7 月底，胡佛组织了一次由主要机构组织参加的计划会议，决定放宽住宅所有权，同时对不良住宅抵押贷款进行扶持。由胡佛建立的计划委员会中包括了国家房地产委员会联盟、美国劳工联盟、美国农业局联盟、国家农民工会、国家农民协进会、美国商会、美国建筑师协会和美国家政学协会的代表。

11 月，胡佛明显感到令他自得的时代到来了。在对美国银行家协会的演说中，他总结了自己多方面的干预政策：

> 我坚持认为自己有责任号召本国的商业进行调整和建设，以此来阻止商业体系的瓦解，尽管这史无先例。商业团体、银行、劳工和政府在空前庞大的方案下进行合作，而这也是史无先例的。我们的银行

[7] 工会运动对这一方案拍手称快，威廉·格林敦促国会增加给联邦边防巡逻队的拨款，以阻止非法移民。在加利福尼亚州，菲律宾农场工人遭到殴打和射杀以阻止他们在农业谷地就业。Irving Bernstein, *The Lean Years: A History of the American Worker, 1920–1933* (Boston: Houghton Mifflin, 1960), p. 305.

家和准备金体系确保了这个国家度过信贷……有风暴而没有遭受任何损失。在商业中，我们主要考虑了维持工资率、分配就业和加速大规模建设。政府扩大了公共建设，为农业提供了信贷，同时又限制了移民。这些措施维持了较高程度的消费，而这也是从来没有过的。只有这样，这些措施才能阻止大范围失业的发生……显然，我们现在的经验为我们在将来制定更庞大的计划提供了基础。

就这样，这些措施为后来制定摆脱萧条的计划奠定了基础，而实际上这些摆脱萧条的计划最终却加重了萧条。对于银行家们，胡佛传达了他所得意的经济崩溃理论：经济崩溃是因为向商业借款人提供的信贷太少，而投机行为却吸纳了太多资金造成的。他疾呼美联储是增强稳定最伟大的工具，并号召“以低利率提供足够的贷款”，此外，他还将公共建设视为结束萧条的最佳手段。

令人遗憾的是，胡佛在白宫会议上提出的工资协议在很长一段时间内得以执行，这就成为失业的主要推动力。胡佛自豪地写道，在他的任期内，有工会组织的行业都执行了这项工资协议，而多数无工会行业的雇主也接受了这项协议。8 月，威廉 · 格林对胡佛计划所起到的稳定效果大加赞赏，他强调这些计划成功地维持了工资率。10 月，当格林在美国劳工联盟的年会上提到胡佛时，溢美之词浮于纸上：

胡佛在这一事件（白宫会议）中施加了巨大影响，这使工资标准得以维持，并阻止了工资下滑。当我们经历了那灾难般的失业之后，对于总统为本国的雇佣劳动者所做的一切，我们……深深理解并欣赏其价值。

格林毫不质疑地认为胡佛的“巨大影响使工资标准得以维持并抑制了工资的普遍下滑”。

在向美国劳工联盟的年会所做的演讲中，胡佛又重提白宫会议那令他荣耀的主题：

在这些白宫会议上，商业和工业的领袖们承诺将尽其所能维持工资率。

并把工作分配给每个雇员。胡佛为这些承诺而感到高兴，因为：

这些大型的制造公司、铁路公司、公共事业企业和商店已经能够维持确定的工资率。雇主已将就业需要有步骤地分配给更多的雇员。

实际上，这样拓展就业就是在拓展失业，这些失业者在获得部分时间的工作后，远离了劳工市场，这样也维持了现有的工资情况。胡佛大致也同意这样的观点，他说：

通过对就业的分配，大量的工人不用被迫为争夺一个新的就业机会而竞争。

工作均分计划的一个弊病是，雇主不能解雇那些具有最低边际生产能力的工人——这些工人的生产能力与人为的高工资率是不相称的。所以，雇主的成本越来越高，他们要承受巨大的损失。

商人们即使面对价格下跌，仍然维持工资等级，这点也受到胡佛的赞扬。[8] 胡佛指出：公共建设“充分利用了闲散的劳力”，同时，铁路公司和公共事业企业也在劝说之下增加了 5 亿美元的建设投入。

同样是在 10 月，胡佛再次对他所讨厌的纽约证券交易所进行了攻击。他威胁对纽约证交所进行联邦管制，但实际上纽约证交所应属于纽约州的管理范围之内，而联邦管制显然是违宪的。胡佛强迫纽约证交所主席查德·惠特尼“自愿”同意对用以卖空交易的股票贷款进行抑制。卖空交易曾是——现在经常也是煽动者攻击的主要对象，这些人相信，从根本上说卖空交易要为股价下跌负责，但是他们忘记了每笔卖空交易都必然有其买家，同时卖空交易通过影响股票价格使必不可少的对萧条的调整得以迅速完成。早在 1930 年 1 月，艾奥瓦州的参议员史密斯·布鲁克巴德（Smith Brookbart）提交了一份议案禁止各种卖空交易。

同月，胡佛为了应对困境建立了一个全国性的组织。阿瑟·伍兹（Arthur Woods）上校被任命为总统就业紧急委员会的主席，该委员会的成员是弗雷德·克罗克斯顿、爱德华·博内斯（Edward Bernays）和莉莲·吉尔布莱兹（Gilbreth Lilian）。[9] 就像胡佛在 1921 年所进行的冒险一样，这个委员会在每个州和地区都设有委员会以开展失业救济活动。之后不久，胡佛再度要求扩大公共建设拨款。9 月，一项被命名为“胡佛水坝”的工程在亚利桑那州开工了，这项政府工程计划在将来出售水和电力资源。新政总是喜欢为人们安排这样的工程，同样的工程还有在哥伦比亚河上修建的大古力水坝，以及在加利福尼亚州中部山谷修建

[8] 但是，同样在 10 月，胡佛的助手爱德华·艾尔·亨特致信伍兹上校，信中对工资削减进行了批评。Bernstein, *The Lean Years: A History of The American Worker, 1920–1933*, p. 259.

[9] 博内斯的主要贡献在于他强调“就业人口”这个词在公共关系上的优越性，但对“失业人口”的公共关系却并不涉及，因为“就业人口”是具有组织性的。同 [8]，第 302-303 页。

的诸多水坝。[10]

12月，胡佛在第二个年度咨文中承认工厂就业人口从1928年以来下降了16%，制造业生产下降了20%，但他还是骄傲地指出消费和工资率仍然保持着先前的水平，银行存款增加了5%，百货公司的贸易只下降了不到7%。遗憾的是，胡佛没有将这些变化结合起来考虑，他没有认识到就业人口和生产的下降正是由于鼓励消费和抬高工资率造成的。胡佛承认小麦和棉花价格比1928年的水平下降了40%，而农产品价格则下降了20%，但是他却指出由于联邦农业委员会的作用，小麦价格比加拿大高出50%，羊毛价格比丹麦高出80%，他认为这些足以令人鼓舞。胡佛显然没有认识到使这些价格产品高于世界市场的价格水平是在自取灭亡，因为没有消费者会购买美国的产品，在人为因素影响下，美国产品的价格高于国外产品，他们当然会选择后者。

美国经济学协会承袭了以前乐观的言论，该协会在年底宣称经济将在1931年春天开始恢复。由于使用了更好的理论工具，其他一些学者比这些“御用”经济学家更加睿智。7月底，H. 帕克·威利斯在《纽约商业杂志》中指出美联储现行的宽松货币政策将导致更多的银行破产，这“主要由于它们已失去了清偿能力”。威利斯认为由于

---

[10] 胡佛对政府修建水坝的兴趣绝不是起于萧条时期，令他骄傲的顽石坝就建于1928年12月。而私营企业也并不总是坚定地支持私营经济的模式，像美国加利福尼亚州爱迪生公司这样的公用事业企业就赞成修建水坝，它们可以通过购买便宜且受补贴的官营电能而获利。此外，私营电力企业视顽石坝为一项危险的工程，它不仅不能获利，而且还面临许多工程上的困难，这些私营企业当然希望由纳税人来承担这样的风险。

另外，我们也必须承认，在1931年和1932年间当国会试图将肌肉滩的电力生产和销售进行社会集中化时，胡佛坚定地拒绝了这样的提议，私营电力公司也对这个计划表示反对，但后来由于新政的实行，这一计划被扩大并随之成立了田纳西河谷管理局。见 Harris Gaylord Warren, *Herbert Hoover and the Great Depression* (New York: Oxford University Press, 1959), pp. 64, 77–80.

工厂、建筑和其他资产的不良投资被冻结，并因此造成了浪费，这将使美国经济遭受重创，而只有当这些不良信贷资产被清算，萧条才会被治愈。[11] 经济学家约瑟夫·斯塔格·劳伦斯则提倡节俭，当时的主流观点认为尽管诸如建筑、钢铁和货运这样的生产资料行业出现了萎缩，仍应维持消费品的购买，劳伦斯对这种观点也进行了批判。[12]

1931 年 1 月，大通银行董事会主席艾伯特·H. 威金（Albert H. Wiggin）在他的年度报告中对萧条的建议也堪称良策之一。我们可以想象他在撰写这份报告时得到了本杰明·安德森的帮助。威金指出对已实现的资本所得征税 12.5%，这将使人们持有他们的股票，而不是在繁荣时期将之售出，而到了萧条时期人们才会将之出售以避免资本所得受到损失。威金还指出 1924—1929 年的保护性关税产生了不良的作用，由于人们大量购买国外债券，才使得这种不良作用所产生的效应被延期，因此他呼吁削减关税。由于国外债券市场的萎缩，其他国家已经没有资金购买美国的出口商品了。只有美国削减关税才能刺激美国的出口。威金进一步指出：生产下降的幅度远远大于消费，这样就说明并不是“购买力缺乏”导致萧条。最后他提到，在 1921 年萧条时期，成本和工资都按比例迅速下跌，不良商业活动得到清算：

> 过去的生产成本被人们忘却，商品按照市场应有的价格进行出售……但是，在 1929 年经济崩溃以后，我们却试图将集体化的政策继续下去。工资不能被削减，铁路公司进行了大量购买活动，公共建设的增加也将导致建筑业的繁荣，价格水平得以维持，而宽松的货币

---

[11] *Commercial and Financial Chronicle* 131 (August 2, 1930): 690–691.

[12] Joseph Stagg Lawrence, “The Attack on Thrift,” *Journal of the American Bankers' Association* (January, 1931): 597ff.

政策成为这一切的基础。这一政策已经……失败……对于政府以及与之协同行动的工业来说，这是一个糟糕的政策，供求关系确定了价格标准，而这项政策却使价格水平一直保持在这个标准之上……我们必须保持市场的开放，使价格自由浮动。高工资能造就繁荣，这样的说法是错误的。应该说，繁荣会带来高工资。当工资一直高于市场形势所确定的标准时，就业和劳工的购买能力就会下降……由于不可避免的调整被耽搁，我们的萧条已经被延长了，它并没有缓解。[13]

遗憾的是，威金的建议并没有受到人们的注意。

公共建设的激烈辩论

在一些经济学家提出的正确意见被人们忽视的同时，另一些人则开始呼吁进行广泛的公共建设计划，但这却把事情弄得更糟。在老到的公共建设事业倡导者奥托・托德・马勒里的影响下，纽约市参议员罗伯特・瓦格纳在 1928 年首次向参议院提交了《就业稳定法案》，该法案被包括在政府应对失业问题的综合计划中。[14]

这项法案提出成立一个包括几位内阁成员在内的就业稳定委员会，该委员会旨在萧条时期通过增加公共建设以稳定工业并解决失业问题。1930 年初，瓦格纳参议员抓住机会再次提出了他的这项计划。与以前

[13] *Commercial and Financial Chronicle* 132 (January 17, 1931): 428–429.

[14] 参见 U.S. Senate, Committee on Banking and Currency, *History of the Employment Stabilization Act of 1931* (Washington, D.C.: U.S. Government Printing Office, 1945); Joseph E. Reeve, *Monetary Reform Movements* (Washington,D.C.: American Council on Public Affairs, 1943), pp. 1ff.; U.S. Senate,Committee on Judiciary, 71st Congress, 2nd Session, *Hearings on S. 3059* (Washington, D.C., 1930).

一样，他坚持认为：由于我们已经拥有了联邦关税和美联储，为什么我们不能同样担负起解决失业的职责呢？没有人会想到告诉瓦格纳，他的逻辑反过来恰可以说明应该取消保护性关税和美联储。《瓦格纳议案》要求每年为他的计划拨款 1.5 亿美元。

加利福尼亚联合移民委员会提出对移民进行限制，并将之作为对《瓦格纳议案》的补充，这样可以阻止外国人与拥有高工资的美国工人进行竞争。这项议案得到了加利福尼亚州退伍军人协会、加利福尼亚州劳工联盟以及黄金西部原住民协会的支持。9 月，胡佛答应了他们的要求。《瓦格纳议案》的保证人当然包括美国劳工立法协会的约翰·B. 安德鲁斯、威廉·格林、弗朗西斯·帕金斯（Frances Perkins）、社会党的诺曼·托马斯和国家制造商协会的詹姆斯· A. 埃穆雷（James A. Emery）。的确，参议院对此没有丝毫反对：评估小组主席加州共和党参议员海勒姆·约翰逊（Hiram Johnson）对此表示支持，支持者还有密歇根州共和党参议员范登堡和胡佛总统。在由纽约市立学院的塞缪尔·约瑟夫教授和哥伦比亚大学的约瑟夫· P. 张伯伦教授向国会提交的请愿书中，几乎举国上下的经济学家都对《瓦格纳议案》表示支持。约瑟夫的请愿书认为这项议案为进行全国性的失业救济奠定了基础，公共建设的方法被经济学家们作为刺激建设和增加就业的手段而“广泛接受”。[15]

---

[15] 在请愿书上签字的经济学家包括以下诸位：

伊迪丝·阿博特 (Edith Abbott)	阿舍·亚金斯坦 (Asher Achinstein)
埃米莉·格林·鲍尔奇 (Emily Green Balch)	布鲁斯·布利文 (Bruce Bliven)
索菲尼斯巴· P. 布雷克恩里奇 (Sophinisba P. Breckenridge)	保罗· F. 布里希登
小威廉·亚当斯·布朗	爱德华· C. 卡特 (Edward Carter)
小拉尔夫·卡萨蒂 (Ralph Cassady, Jr)	沃蒂尔·卡琴斯
小撒迦利亚·查菲 (Zechariah Chafee, Jr)	约瑟夫· P. 张伯伦
约翰·贝茨·克拉克 (John Bates Clark)	约翰·莫里斯·克拉克
维克托· S. 克拉克 (Victor S. Clark)	乔安娜· C. 科尔克德 (Joanna C. Colcord)

（接上页）

约翰· R. 康芒斯
莫里斯· A. 科普兰 (Morris A. Copeland)
唐纳德·考林 (Donald Cowling)
戴维斯· F. 杜威 (Davis F. Dewey)
斯蒂芬· P. 达根 (Stephen P. Duggan)
亨利·普拉蒂·费厄奇尔德 (Henry Pratt Fairchild)
弗兰克· A. 弗特
欧文·费雪
A. 安东·弗雷德里克 (A. Anton Friedrich)
梅雷迪思· B. 吉文斯 (Meredith B. Givens)
亨利· F. 格雷迪 (Henry F. Grady)
沃尔顿·黑尔·汉密尔顿
查尔斯·奥斯卡·哈代 (Charles O. Hardy)
阿瑟· N. 霍尔库姆 (Arthur N. Holcombe)
B. W. 休伯斯克 (B. W. Huebsch)
H. V. 卡腾伯恩 (H. V. Kaltenborn)
威尔福德· I. 金 (Willford I. King)
黑兹尔·基尔克 (Hazel Kyrk)
柯利斯·拉蒙特 (Corliss Lamont)
威廉·莱瑟森
罗斯韦尔· C. 麦克雷 (Roswell C. Mccrea)
哈里· A. 米理斯 (Harry A. Millis)
哈罗德·格伦·莫尔顿 (Harold G. Moulton)
托马斯· I. 帕金森
哈罗德· L. 里德
弗朗西斯· B. 塞尔 (Francis B. Sayre)
亨利· R. 希格 (Henry R. Seager)
玛丽· K. 西姆克霍维特奇 (Mary K. Simkhovitch)
弗兰克·塔南伯姆 (Frank Tannenbaum)
奥德韦·蒂德 (Ordway Tead)
玛丽·范克里克
莉莲·沃尔德
考尔斯顿· E. 沃恩 (Colston E. Warne)
威廉· O. 韦佛兹 (William O. Weyforth)
蔡斯·戈英·伍德豪斯 (Chase Going Woodhouse)

莫里斯· L. 库克
马尔科姆·考利 (Malcolm Cowley)
杰罗姆·戴维斯 (Jerome Davids)
保罗· H. 道格拉斯 (Paul H. Douglas)
塞巴·埃尔德里治 (Seba Eldridge)
约翰· M. 弗格森 (John M. Ferguson)
爱德华· A. 法林
以利沙· M. 弗里德曼 (Elisha M. Friedman)
S. 科勒姆·吉尔菲兰 (S. Colum Gilfillan)
卡特·古德里奇 (Carter Goodrich)
罗伯特· L. 黑尔 (Robert L. Hale)
M. B. 哈蒙德 (Mason B. Hammond)
锡德尼·希尔曼 (Sidney Hillman)
保罗· T. 霍曼
阿尔文· S. 约翰逊 (Alvin S. Johnson)
埃德温· W. 坎莫罗 (Edwin W. Kemmerer)
阿尔佛雷德· A. 诺普夫 (Alfred Knopf)
哈里· W. 莱德勒 (Harry W. Laidler)
肯尼思· S. 拉托莱特 (Kenneth S. Latourette)
J. E. 勒罗希格诺 (J. E. LeRossignol)
奥托·托德·马勒里
布罗达斯·米切尔 .(Broadus Mitchell)
保罗· M. 奥列里 (Paul M. O'Leary)
S. 霍华德·帕特森 (S. Howard Patterson)
约翰· A. 赖安神父 (Father John A. Ryan)
G. T. 施文宁 (G. T. Schwenning)
索斯滕·塞林 (Thorsten Sellin)
内厄姆· I. 斯通
弗兰克· W. 陶西格
威拉德·索普 (Willard Thorp)
奥斯瓦德· G. 维拉德 (Oswald G. Villard)
J. P. 沃贝斯 (J. P. Warbasse)
戈登· S. 沃特金斯 (Gordon S. Watkins)
约瑟夫· H. 威利特斯
马修·沃尔

以下的经济学家和知识界的领袖也为这一议案而呼吁，当时，他们大多是美国劳工立法协会的官员或成员：

威拉德· E. 阿特金森 (Willard E. Atkins)
C. C. 伯林格汉姆 (C. C. Burlingham)

参议院以史无前例的赞成票数通过了《瓦格纳议案》。但是该议案在众议院的通过却被延迟，尽管在听证会上没有遇到什么反对意见，尽管安德鲁斯、格林、帕金斯、埃穆雷、福斯特和卡琴斯对议会施加了压力。司法委员会主席、宾夕法尼亚州共和党众议员乔治・S. 格雷厄姆（George S. Graham）试图修改这一议案的主要内容，这样可以使参众两院搁置这一议案并阻止它获得通过。[16] 在此期间，国会答应了胡佛的要求，批准了为额外的公共建设拨款，尽管拨款的数额由 1.5 亿美元下降到 1.16 亿美元。

1930 年 12 月，由哈罗德・S. 巴滕海姆领导的联邦公共建设紧急委员会以及《美国城市》的编辑都呼吁大幅度借款 1 亿美元进行公共设施建设，这项要求得到了 93 位主要经济学家的支持。其中包括托马斯・S. 亚当斯（Thomas S. Adams）、托马斯・尼克松・卡沃尔（Thomas Nixon Carver）、埃德加・S. 弗厄尼斯（Edgar S. Furniss）、埃德温・R. A. 塞里格曼（Edwin R. A. Seligman）、利奥・乌尔曼以及众多在《瓦格纳议案》请愿书上签字的经济学家。[17] 最后在 1931

（接上页）

斯图亚特・蔡斯 (Stuart Chase)
理查德・T. 伊利 (Richard T. Ely)
阿瑟・D. 盖耶 (Arthur D. Gayer)
卢瑟・古里克 (Luther Gulick)
埃德瓦德・C. 林德曼 (Eduard C. Lindeman)
韦斯利・克莱尔・米切尔
唐纳德・里奇博格 (Donald Richberg)
萨姆纳・H. 斯里奇特 (Sumner H. Slichter)
乔治・索尔 (George Soule)
埃德温・E. 威特 (Edwin E. Witte)
多萝西・W. 道格拉斯 (Dorothy W. Douglas)
费利克斯・弗兰克福特 (Felix Frankfurter)
哈罗德・M. 格罗夫斯 (Harold M. Groves)
托马斯・W. 拉蒙特夫人 (Mrs. Thomas W. Lamont)
威廉・N. 鲁克斯 (William N. Loucks)
杰西卡・佩肖托 (Jessica Peixotto)
伯纳德・L. 欣恩塔格 (Bernard L. Shientag)
埃德温・S. 史密斯 (Edwin S. Smith)
威廉・F. 威洛比 (William F. Willoughby)

[16] Bernstein, *The Lean Years: A History of The American Worker, 1920–1933,* p. 304.

[17] 参见 Joseph Dorfman, *The Economic Mind in American Civilization* (New York: Viking Press, 1959), vol. 5, pp. 674–675.

年 2 月，国会通过了《就业稳定法案》，而法案的内容与最初的《瓦格纳议案》并无不同，胡佛高兴地签署了这一法案。他很快就任命商务部部长为联邦就业稳定委员会主席。[18] 同月，参议院也行动起来，它接受了瓦格纳的建议对确立失业保险进行调查，而这将对未来产生深远的影响。

私下里，通用电气的总裁杰拉尔德·斯沃普敦促胡佛大幅度提高公共建设规模。9 月，斯沃普建议胡佛立刻发行 10 亿美元的债券以进行联邦公共建设，同时再由州和地方政府在联邦的担保下发行 10 亿美元债券。斯沃普的建议与战时采取的政策类似，即国家都应大胆地进行计划。幸运的是，胡佛在此问题上的看法显得十分谨慎，所以他没有采纳斯沃普的意见。[19]

总统就业紧急会议主席阿瑟·伍兹上校也要求胡佛进一步加大政策力度，他建议执行一项耗资 7.5 亿美元的公共建设计划，其中包括建立一个联邦重建委员会向各州提供贷款以进行公共建设。[20]

政府的财政负担

“国民生产统计”（national product statistics）的结果总是令人们振奋，但这却往往是一种错觉，在“国民生产统计”中，用于各种商品和服务的政府开支被归于国民生产总值之列。实际

[18] 在接下去的一个月，5 位进步党参议员召开了一次会议为耗资 50 亿美元的一项庞大的公共建设计划而呼吁。底特律的进步党市长弗兰克·墨菲 (Frank Murphy)、利奥·乌尔曼教授和约翰·A. 赖安神父在会上演讲。参议员拉福莱特和威廉·伦道夫·赫斯特 (William Randolph Hearst) 也提出了类似的建议。

[19] 参见 David Loth, *Swope of GE* (New York: Simon and Schuster, 1958), pp. 198–200.

[20] Bernstein, *The Lean Years: A History of The American Worker, 1920–1933,* p. 304.

上，与其他机构相比，政府的税收是强制性地从纳税人手中索取来的，而不是纳税人自愿支付的，所以称所有的政府开支都是一种对国民产值的掠夺更为合理。事实上，无论政府开支或是收入都可被认为是私营国民产值的一种负担，在政府开支或政府收入中取出数值大者，将之从私营生产总值中减去，这大致能够得出留在个人手中的私营产值数量。从政府掠夺（在政府开支或收入中数值高者）与私营生产总值之比可以得出政府掠夺占经济中私营产值的百分比。[21]

在大萧条时期，减少政府财政在经济上造成的负担，这一点尤为重要。首先，在这样一个时刻，让经济能免于政府获取资源的沉重负担，这一点是很关键的。其次，减轻负担会使总支出转移到增加投资和减少消费上，从而为治愈萧条提供双重的治疗动力。

1929 年萧条袭来，政府又是如何反应的呢？政府财政给经济造成的负担是增加了还是减少了呢？所幸的是我们可以得到从 1929 年开始的详细统计数据，这使我们能对这一问题进行大致回答。1929 年

---

[21] 一般说来，如果我们将政府开支与国民生产总值进行比较，那么就要权衡经济中维持政府行为所需要的财政数量。但是由于政府开支更应该说是掠夺而不是生产，所以首先必须将“源自政府和政府企业的产值”从国民生产总值中排除，这样就得出了私营生产总值。也许有人会想，不应再将所有政府开支从私营生产总值中减去，因为在这里，对政府用于支付官僚机构工资的这部分开支被重复计算了（源自“政府”的产值）。但是这里并没有发生重复计算，因为用于支付政府机构工资的大量货币也是通过向私人征税而得来的，所以它也应该在对私营经济的掠夺范畴之内。然而，我们的方法确实对掠夺进行了过高的估计，因为政府开支所需费用同样也来自对政府官员的征税，所以这部分征税的数额不应从私营产值中减去。但在 1929—1932 年，这部分费用可以完全被忽略，因为没有办法对此进行精确估计，同时也没有其他办法可以估计出政府对私营产值的掠夺了。

如果，政府开支和收入正好相等，那两者中任一项都可以被算作掠夺，因为通过征税获得的资金被全部用于支出。如果支出较多，那么赤字将通过发行新货币或者向私人储蓄借贷得到弥补。在这两种情况下，赤字都来源于私营产值。如果收入多于支出，那么多于部分还是来源于税收，而税收对象自然还是私人。更深入的讨论以及 1929—1932 年相关的推测数据可以参见附录。

的国民生产总值是 1 044 亿美元；私营生产总值是 993 亿美元（见我们在附录中的计算）。政府对私营产值的掠夺总额等于联邦收入，大约为 52 亿美元（联邦支出略少于 40 亿美元）。州和地方的掠夺是 90 亿美元，也就是州和地方政府开支的数额，而州和地方政府收入是 88 亿美元。所以，政府对私营产值的掠夺总额是 142 亿美元，这一负担占到私营生产总额的 14.3%,（或者，占到净私营产值的 15.7%）。1930 年，国民生产总值下跌到 911 亿美元，私营生产总值下跌到 858 亿美元。联邦开支上升到 42 亿美元，同时收入下降到 44 亿美元；州和地方政府开支上升到 97 亿美元，州和地方政府收入上升到 91 亿美元。1930 年政府掠夺总额保持在 141 亿美元的水平。但是这就占到了私营生产总额的 16.4%，净私营产值的 18.2%。当政府财政负担应当降低的时候，它却出现了大幅度提高。

如果政府能保持消极态度不施加任何干预，在萧条时期当国民收入下降，我们会期望任何税率都下调。这时，政府担负的特殊使命是削减其支出。但是在 1930 年，政府支出上升了 8 亿美元。其中，州和地方政府占了 7 亿美元（大致用途为：1.7 亿美元用于增加政府雇员薪水；3 亿美元用于建设支出）。联邦政府支出增加了 1.3 亿美元，其中 0.5 亿美元用于新的建设项目。胡佛刺激公共建设的政策已经产生了效果。[22]

1929 年，联邦政府拥有 12 亿美元的巨额盈余（41 亿美元的政府收入，29 亿美元的政府支出，其中不包括政府企业；如果包括政府企业，政府收入大约为 52 亿美元，政府支出约为 40 亿美元）。所

[22] 而在附录中，政府支出增加大约为 2 亿美元，这是由于取整的缘故。实际的增加数额为 1.33 亿美元。

幸的是，当萧条开始，胡佛和梅隆就建议个人标准所得税的最高税率由 5% 下降到 4%，公司所得税由 12% 下降到 11%。[23]1929 年年底，这一建议迅速得到国会批准。结果，1930 年的联邦收入下降至 44 亿美元（排除政府企业为 33 亿美元）。其间，联邦支出上升至 42 亿美元（排除政府企业为 31 亿美元），这样仍造成大量盈余。联邦财政对私营产值造成的负担基本未变，由私营生产总额的 5.2% 下降至 5.1%，净私营产值的 5.8% 下降至 5.7%。州和地方政府是财政负担增加的主要原因，其掠夺率由私营生产总额的 9.1% 上升至 11.3%，由净私营产值的 9.9% 上升至 12.5%。

[23] 参见 Sidney Ratner, *American Taxation* (New York: W.W. Norton, 1942),p. 443.

第十章 1931，悲剧性的一年

1931—"The Tragic Year"

政客和经济学家们都坚信 1931 年经济将会复苏，可这一年发生的却是严重的经济危机和萧条。之前的通货膨胀为欧洲带来了巨大的灾难，而美国的国外贷款是造成这次通货膨胀的原因之一，美联储则在其中起到了推波助澜的作用。此外，美国的高关税也阻碍了其他国家出售商品，并以此偿付其债务。

政客和经济学家们都坚信 1931 年经济将会复苏，可这一年发生的却是严重的经济危机和萧条。本杰明·安德森博士将这一年恰当地形容成“悲剧性的一年”。这一年，欧洲发生了十分剧烈的金融和经济危机。之前的通货膨胀为欧洲带来了巨大的灾难，而美国的国外贷款是造成这次通货膨胀的原因之一，美联储则在其中起到了推波助澜的作用，此外，美国的高关税也阻碍了其他国家出售商品，并以此偿付其债务。

国外的经济危机起于奥地利的土地信贷行（Boden-Kredit Anstalt），这是奥地利乃至东欧最重要的银行，和其他类似机构一样，它进行了过度膨胀。[1]1929 年，它已陷于严重的金融困境中，但政府和其他组织对其进行了扶持，人们认为这样一个庞大的银行不能陷入

[1] 参见 Benjamin M. Anderson, *Economics and the Public Welfare* (New York: D. Van Nostrand, 1949), pp. 232ff.

破产，可这种想法是盲目的。1929 年 10 月，麻烦重重的土地信贷行并入了更为古老、更为强大的奥地利信贷行（Oesterreichische-Kredit-Anstalt），一个包括 J. P. 摩根公司、英国的施罗德银行在内的国际银行辛迪加为合并后的机构注入了新的资金，这个国际银行辛迪加由维也纳的罗特希尔德银行领导。奥地利政府也为这个土地银行的一些投资行为提供担保，这就暂时帮助了这个濒临倒闭的银行。经济危机到来时，奥地利向德国盟友求助。1931 年 3 月 21 日，德奥两国宣布建立关税同盟，而当时的世界贸易却充满了壁垒和限制。法国政府为此感到恐慌，并对此极度愤恨，于是法兰西银行和其他低级别的法国银行立刻要求德奥两国兑现其短期债务。

法国政府的政治动机是具毁灭性的，这不能被宽恕，但就其行为本身来说，这是完全正当的。如果奥地利欠了法国的债，当法国要求还债时，奥地利的债务人有责任拿出足够的资金。所以经济崩溃应归咎于银行本身，当然还有各种政府势力和金融家们，尽管他们试图帮助银行，但这么做反而使银行的不良状况更加严重。5 月中旬，这个信贷行遭受了挤兑风波，英格兰银行、奥地利政府、罗斯柴尔德银行以及国际清算银行再度为其提供了数亿美元的资金。但这还远远不够。五月底，奥地利政府为该银行提供了 1.5 亿美元的信贷担保，但奥地利政府的信贷已经没有意义了，很快，奥地利放弃了金本位制，宣布国家财政破产。

这里没有必要详述 1931 年后期欧洲所面临的经济困难，我们要知道的是，最早是德国，然后是英国及其他欧洲国家都拒绝承担其金融责任，并放弃了金本位制。由于（1）人们开始怀疑美国是否依然坚定地执行金本位制度；（2）美国许多银行与其欧洲同行保持着紧密的业务联系，欧洲的经济崩溃在货币和金融上开始影响美国。美国的银行持有价值20亿美元的德国银行承兑汇票，纽约联邦储备银行还卷入了扶持欧洲的计划，然而这些计划并不成功。经济萧条导致美国对欧洲的出口开始下降，但这并没有导致更严重的经济萧条。1929年，美国出口在美国商业中的比重不足6%，所以，尽管美国农业由于国际形势的发展遭遇了严重的萧条，但美国的萧条主要是由美国自身的问题和政策引起的。美国的经济危机不能太多地归咎于外国政府，相反，美国政府本身负有不可推卸的责任。

尽管我们的论题只与美国有关，但我们可以暂时把这个问题搁下，放眼国际事务，思考一下英国在经济危机中的鄙陋之举。英国政府在20世纪20年代别有用心地促使欧洲采取了金块和金汇兑本位制；它促使美国政府进行通货膨胀，而这是灾难性的；它通过对外投资促使德国通货膨胀；它将英镑确立为世界的主要通货；而现在，英国则毫不犹豫地放弃了金本位制度。英国并没有帮助法国，反倒是法国扶持了英国，在这种扶持下，英国在财政上比德国或奥地利更强大，可它还是不负责任地拒绝承担任何金融责任，而德国和奥地利至少还在拼命进行储蓄。英国从来没有考虑过放弃通货膨胀和宽松的货币政策，甚至不想保留健全货币。在1931年的整个危机中，英格兰银行将其贴现率保持在很低的位置，从来没有超过4.5%；同时，英国还扩大存款以阻止黄金流失国外。以前遇到经济危机时，银行很快会将利率上调至10%，同时还会收缩货币供给，而不是使之膨胀。英格兰银行接受了各联邦储备银行和法兰西银行6.5亿美元的贷款；法兰西银行在法国政府的强迫下放弃了其最佳选择，维持了其英镑账户数额，未用该账户兑换黄金。随后，9月20日，英国冷酷地放弃了金本位制，这给法国带来了巨人的损失，给整个世界带来了货币紊乱，同时还扰乱了世界市场。可是在英国宣布放弃金本位制的前两天，蒙塔古·诺曼向荷兰银行总裁维瑟林博士保证英国将无条件地维持金本位制，而荷兰则可以安全地持有其英镑账户，这是诺曼最后的诡计。如果说荷兰被蒙在鼓里，蒙塔古·诺曼的美国密友则可能早就知晓英国的想法。1931 年夏天，诺曼总裁以“健康”原因造访了魁北克，并会晤了纽约联邦储备银行总裁哈里森。在诺曼回英国后不久，英国即放弃了金本位制度。[2]

在整个欧洲经济危机中，美联储、特别是纽约银行，尽其所能地帮助欧洲各国政府并扶持了不良的信贷形势。7 月中旬，纽约银行执行委员会与 J. P. 摩根公司的领导层开了一天会，决定服从国际清算银行和欧洲中央银行“俱乐部”的“领导”。它向德国国家银行提供贷款购买德国承兑汇票，并向其他许多欧洲国家提供贷款以缓解那里的资产冻结问题。1931 年，纽约美联储向英格兰银行提供了 1.25 亿美元，向德国国家银行提供了 0.25 亿美元，此外还向匈牙利和奥地利提供了少量贷款。结果，大量冻结资产被移交给了美国，这成为美国的负担。当这些借款人在期限内无法还贷，美联储还延长了这些国外贷款。[3]

美国的货币情况

在美国，萧条越来越严重，这倒不是因为欧洲的形势。美国的生

---

[2] 大萧条期间，诺曼总裁和纽约联邦储备银行的管理层依然保持着隐秘的关系。1932 年 8 月，诺曼化名“克拉伦斯·斯金纳 (Clarence Skinner) 教授”来到波士顿，随后有前往纽约。我们不知道在他与联邦储备银行的领导们会晤中发生了什么，但英格兰银行在他回国后，对其大肆赞扬，称他的行为为未来“播下了种子”。见 Lawrence E. Clark, *Central Banking Under the Federal Reserve System* (New York: Macmillan, 1935), p. 312.

[3] 克拉克指出，由于许多与美联储保持良好关系的纽约银行持有大量被冻结的国外资产（比如德国的承兑汇票），纽约美联储想通过这些难以置信的操作帮助这些银行。同上，第 343 页及以下诸页。

产急速下跌，物价和对外贸易也是如此，失业人口在劳动人口中的比重大幅度上升至16%。联邦储备委员会工业生产指数在1929年为110，在1930年为90，到了1931年跌至75。根据奥地利学派的周期理论，生产资料和高级生产领域的资本品行业将遭受最严重的打击。从1929年底到1931年底，联邦储备委员会耐用制造品生产指数下跌了50%，而非耐用品生产指数只下跌了20%不到。生铁产量从1929年6月的每天13.1万吨（季节变动调整后的数据）下降到1930年12月的每天5.6万吨，到了1931年12月只有每天3.3万吨，下跌幅度接近80%。而零售商品交易指数从1929年的118下跌到1931年底的88，跌幅大约为25%。

1931年下半年以前，美国货币情况一直保持稳定。1930年后期，通货和银行存款为536亿美元；1931年6月30日，通货和银行存款稍有下降至529亿美元。这一年年底，则大幅度降至483亿美元。货币供给总量由732亿美元下降到682亿美元。由于英国放弃金本位，公众的信心受到普遍打击，结果导致了第四季度的大幅度通货紧缩。从年初到9月底，成员银行准备金总额下降了1.07亿美元。联邦政府通过调节可控制性因素使准备金增加1.95亿美元——主要是通过买入票据和贴现票据，政府以此进行通货膨胀，但是不可控制因素导致准备金下降3.02亿美元，这主要是由于流通领域货币增加了3.56亿美元。通常，在上半年流通领域的货币会减少，而到了圣诞节时期，流通领域的货币会增加。但是在这一年上半年，流通领域的货币增加说明美国人对他们的银行系统越来越没有信心，而这是由于国外银行破产以及本国银行破产数量增加造成的。由于银行机构不值得信赖，美国人本应早就失去信心了。由于人们从银行账户中提出法定货币，政府从1月开始进行的通货膨胀尝试没有起到任何影响。从9月底到这年年底，银行准备金以前所未有的速度下降，从23.6亿美元下降到19.6亿美元，在3个月时间里下降了4亿美元。美联储则继续执行它所钟爱的通货膨胀政策，通过对可控制因素的操作，该政策为银行系统新增准备金26.8亿美元（其中主要由贴现票据使准备金上升3.05亿美元）。但是，国内外的公众却仍兑换法币，从萧条初期到1931年9月，美国的货币性黄金存量由40亿美元上升到47亿美元，而欧洲的货币危机也使人们将黄金送到了美国。但是英国的经济危机使人们首次对美元产生怀疑，所以在12月月底，美国的货币性黄金存量下降到42亿美元。黄金流失开始于1931年9月，并一直持续到1932年7月，美国的货币性黄金存量从47亿美元下降到36亿美元。20世纪20年代，英国诱使欧洲其他国家采纳金汇兑本位制，这是导致美国黄金存量下降的主要原因。[4] 流通领域的货币仍然大幅度上升，这是由于公众对银行业结构产生恐慌以及流通领域货币有规律的季节性增长造成的。流通领域的货币在这3个月中增加了4亿美元。所以，在1931年下半年，公众意志导致银行准备金下降了4亿美元，结果，这一时期货币供给下降了40亿美元。

1930年，美联储逐步地将再贴现利率调低：从这年年初的4.5%下降到年底的2%，到1931年中期又下降至1.5%。当这年年底的货币危机到来时，美联储将再贴现利率上调至3.5 %。承兑汇票购买利率在稳步下调后也同样被调高。1931年第四季度，许多经济学家指责美联储采纳“紧缩货币”政策。但事实上，就总体而言，美联储的政策还是导致了通货膨胀，因为它对可控制性因素的操作

[4] 参见 Winthrop W. Aldrich, *The Causes of the Present Depression and Possible Remedies* (New York, 1933), p. 12.

仍使准备金增加了。而任何程度的通货膨胀都会增加金本位制度自身的危险性。实际上，美联储应该进行通货紧缩，而不是通货膨胀，因为这样能增加信心，加速调整的进程，并使萧条期能够尽早地结束。

然而，对于一些经济学家来说，美联储的这些通货膨胀政策仍然是不够的，这些经济学家包括物价稳定论者、斯特朗总裁和卡尔·斯奈德的盟友以及纽约美联储中的国家主义者们。早在 1931 年 4 月，斯奈德就组织经济学家们到联邦储备委员会进行请愿，要求立刻执行宽松的货币政策，并扩大长期信贷。在请愿者中有约翰·R. 康芒斯、莱昂内尔·D. 伊迪、维吉尔·乔丹、哈罗德·L. 里德、詹姆斯·哈维·罗杰斯、沃尔特·E. 斯帕尔（Walter E. Spahr）以及乔治·F. 沃伦。[5]

政府的财政负担

1931 年，政府造成的财政负担是如何强加到公众头上的呢？国民生产总值从 1930 年的 911 亿美元下降到 1931 年的 763 亿美元。私营生产总值从 858 亿美元下降到 709 亿美元；而政府“掠夺”从 141 亿美元上升至 152 亿美元。政府收入从 135 亿美元下降到 124 亿美元（联邦政府收入从 44 亿美元下降到 34 亿美元），但政府开支总额却大幅度上升，从 139 亿美元上升至 152 亿美元。这次，政府支出的上升主要来自联邦政府的开支，而不是州和地方政府。联邦政府开支从 1930 年的 42 亿美元上升至 1931 年的 55 亿美元，其中不包括政府

[5] Joseph Dorfman, *The Economic Mind in American Civilization* (New York: Viking Press, 1959), vol. 5, p. 675.

企业，政府企业开支从 31 亿美元上升至 44 亿美元，上升幅度达到 42%。总之，在大萧条期间，当人们竭力摆脱政府负担的时候，政府掠夺在私营生产总值中的比重由 16.4% 上升至 21.5%（在净私营产值中的比重由 18.2% 上升至 24.3%）。1930 年，联邦政府尚有些许盈余，到了 1931 年，其赤字迅速提升至 22 亿美元。人们通常认为胡佛总统是坚定的自由放任主义者，而他却为美国带来了有史以来和平时期最高的财政赤字。在一年的时间里，联邦政府造成的财政负担在私营生产总值中占的比重由 5.1% 上升至 7.8%，在净私营产值中占的比重由 5.7% 上升至 8.8%。

1931 年，联邦政府开支增长了 13 亿美元，其中 10 亿美元来自公用事业开支的增加。新建公共设施增长幅度与前一年增幅相同，增长数额达 0.6 亿美元；州和地方政府的补助金增加了近 2 亿美元。在 10 亿美元的公用事业开支的增长中，9 亿美元来自“调整补偿福利”的增加，这些主要是对退伍军人的贷款。

公共建设和工资率

胡佛珍视的公共建设计划和稳定工资率措施又是怎样的呢？我们注意到，胡佛在 11 月建立了一个就业紧急委员会，该委员会由阿瑟·伍兹上校领导。伍兹是洛克菲勒基金以及洛克菲勒普通教育委员会的董事。委员会的成员还包括实业家西韦尔·艾弗里（Sewell Avery）、都市人寿的威廉· J. 博尔特（William J. Bault）、交际甚广的比尔兹利·鲁莫尔（Beardsley Ruml）、经济学家约瑟夫· H. 威利特斯、利奥·乌尔曼、J. 道格拉斯·布朗（J. Douglas Brown）、W. 杰特·劳克（W. Jett Lauck）、路易斯· E. 莫里安（Lewis E. Meriam）和弗雷德·克罗克斯顿。该委员会强烈建议各级政府增加公共设施建设开支。总统委员会是支持 1931 年 2 月《就业稳定法案》的主要机构之一，该法案的公共建设计划非常庞大。在签署该议案时，胡佛正是充分考虑了奥托・托德・马勒里提出的方法。[6] 总统委员会是对企业雇主进行管理的主要政府机关，委员会敦促雇主们维持工资率。委员会的一位成员在后来叙述委员会工作时流露出了骄傲之情，他称赞委员会成功地说服了雇主停止削减工资率，而高工资率正是类似萧条时期的表征。[7] 当然，这一时期极少出现罢工也不足为奇。3 月，伍兹上校自豪地对工业的“新观点”进行赞誉——也就是工业接受它“对劳工应负的责任”。工业非但没有削减工资，反而维持工人的购买力，并把它作为“开启自身利益的一种新方式”。委员会劝说 10 位最重要的实业家和劳工领袖进行广播讲话，他们解释了这个大胆的新理念。委员会还对这一年进行的公共建设事业表示满意。2 月的《就业稳定法案》没有损害公共建设提倡者的胃口，反而使他们更加活跃起来。[8] 这一年，参议员瓦格纳提出一项耗资 20 亿美元的公共建设方案，参议员拉夫莱特要求拨款 55 亿美元进行公共建设。1931 年年底，威廉・伦道夫・赫斯特在纽约发起了一次会议，在会上，31 位顶级经济学家建议进行一项 50 亿美元的公共建设计划。其所需的资金由发行债券筹集。经济学家强调由

---

[6] 参见 Irving Bernstein, *The Lean Years: A History of the American Worker,1920–1933* (Boston: Houghton Mifflin, 1960) and Dorfman, *The Economic Mind in American Civilization*, vol. 5, p. 7n. 然而，当《伍兹保护议案》获得国会通过后，胡佛却否决了这项议案，他想以此加强美国就业服务。参见 Harris Gaylord Warren, *Herbert Hoover and the Great Depression* (New York: Oxford University Press, 1959), pp. 24ff.

[7] E.P. Hayes, *Activities of the President's Emergency Committee for Employment,October 17, 1930–August 19, 1931* (printed by the author, 1936).

[8] 新的联邦就业稳定委员会的主席 D. H. 索耶尔 (D. H. Sawyer) 对公共建设项目的滞后提出了批评。此外，J. S. 泰勒 (J. S. Taylor)，公共建设主管部门的负责人却原则上反对进行公共建设。Bernstein,*The Lean Years: A History of The American Worker, 1920–1933,* pp. 273–274.

于1931年州和地方的建设事业减少，联邦公共建设支出的增加所起的效果也被抵消了。他们要求进行一项大胆的计划，同时扩张信贷，并使旧时战争紧急政策的思想又一次被点燃。在这些呼吁文件上签字的有詹姆斯·C.邦布赖特（James C. Bonbright）教授、菲利普斯·布拉德利（Phillips Bradley）、保罗·F.布里希登、托马斯·尼克松·卡沃尔、保罗·H.道格拉斯、塞巴·埃尔德里治、威廉·特鲁芬特·福斯特、阿瑟·D.盖耶、约翰·伊势（John Ise）、J. E.勒罗希格诺、W. N.鲁克斯、罗伯特·M.麦克尔沃（Robert M. Maclver）、乔治·R.泰勒、威拉德·L.索普，以及诺曼·J.沃尔。[9]

这里我们应该指出，胡佛总统发起了一项创造就业计划，他以另一种方式抑制了私营生产。5月，他命令停止向新的伐木公司出租森林，这样使人们停止在森林土地上进行生产，可这也使得林木业贸易陷入更加严重的萧条之中。

在州一级上，纽约州的富兰克林·D.罗斯福州长率先进行公共建设计划，他建立了一个阻止失业稳定工业委员会，由亨利·布鲁埃尔（Henry Bruere）任主席，保罗·H.道格拉斯任技术顾问。该委员会建议建立一个州计划委员会管理公共建设，并在工人中均分工作。1931年1月，罗斯福召开了一个七州会议，要求联邦和州进行公共建设，会议的首席顾问是利奥·乌尔曼教授，其他顾问还包括威廉·莱瑟森和保罗·H.道格拉斯。几天后，天主教、新教和犹太教团体的社会行动部门又召开了永久性阻止失业会议。在这次会议上，总统就业紧急委员会的爱德华·艾尔·亨特呼吁进行公共建设；威廉·T.福斯特要求增加货币供给量，美国劳工联盟的约翰·P.弗雷呼吁提

[9] *Congressional Record* 75 (January 11, 1932), pp. 1655–1657.

高工资，他将此作为摆脱萧条的灵丹妙药，乔治·索尔则要求进行社会主义式的计划，约翰·R. 康芒斯和NAM的约翰·艾吉顿（John Edgerton）就强制性事业保险进行争论，参议员瓦格纳则全力推动自己的公共建设和稳定议案。

1931年早期，加利福尼亚州设立了州事业委员会以协助地方，并刺激公共建设，宾夕法尼亚州提出了一项计划好了的公共建设方案。马里兰加速了其公共建设计划，马萨诸塞为公共建设发行了债券，密歇根州在冬天继续进行高速公路建设，而通常这时候是休息期。密歇根州命令承包人不得削减其工人的工资率。明尼苏达州努力扩大公共建设并以此创造就业，州政府保证“无论能起到什么样的效果，无论成本是否相同，工作都应由手工而不是机器承担，这样才能为大量劳动者提供就业机会”。[10]

维持工资率

当价格下跌（批发价格在1930年下跌了10%，1931年下跌了15%）之时，维持工资率意味着雇员的实际工资率将大幅度上涨，随着时间的推移，这加重了失业问题。1931年年底，在总结工资问题时，利奥·乌尔曼教授指出商业领袖和政府都受到20世纪20年代主流思潮影响，他们认为“高额的和逐步上升的工资对于购买力的完全流动是必需的，所以这对于商业繁荣也是必需的”。在萧条期间，商业领袖继续表示：“削减劳工收入不是医治商业萧条的方法，而是萧条的直接原因”；或者声称：

[10] *Monthly Labor Review* 32 (1931): 834ff.

在这个开明的时代，人们认识到生产需要依靠消费能力，[11]我的判断是大制造商和生产商将维持工资和薪金，并以此为长远之策，最终，这将起到很好的效果。[12]

直到1931年底，大多数企业，特别是大型机构都坚定地拒绝削减工资。一些纺织业和煤矿业的小企业削减了工资率，但在基础性的钢铁、公共设备和建筑业的大型企业都“公开宣布他们将坚持高工资政策而且并不愿意削减通行的工资标准”。乌尔曼认为：“以前发生的萧条从强度和持续的时间上讲都有与1930—1931年的这次相类似的，但在这几次萧条期间，高额的工资率都没有得到维持。”[13]然而，他写道：削减工资率的压力企业难以抗拒，一些建筑工人暗地里接受了工资下调以使自己不被解雇。1931年年底，企业的严重损失导致了工资削减，但由于害怕胡佛政府的责难，减薪只能悄悄进行。[14]

1931年5月，财政部部长梅隆总结了政府在工资率问题上的想法：

在这个国家，无论政府还是企业，它们行动一致，坚定地阻止工资下调，并尽量保证更多的人就业，以此增加消费。

需要记住的最重要的因素就是购买力，购买力……决定于生活标准，所以我们要不惜一切代价维持生活标准。[15]

---

[11] 真理恰恰与此相反，消费能力完全由生产确定。

[12] Leo Wolman, *Wages in Relation to Economic Recovery* (Chicago: University of Chicago Press, 1931).

[13] 农业部部长拉蒙特在1931年4月宣布：“我已经游说了主要的行业，我发现没有削减工资的事情发生。另外，却有很多人希望以各种方式维持现在的局面。”引自 Edward Angly, comp., *Oh Yeah?* (New York: Viking Press, 1931), p. 26.

[14] National Industrial Conference Board, *Salary and Wage Policy in the Depression* (New York: Conference Board, 1933), p. 6.

[15] Angly, *Oh Yeah?*, p. 22.

联邦政府颁布了《培根—戴维斯法案》，要求公共建筑行业的日最高工作时间为 8 小时，并规定地方的工资标准至少是“通行工资标准”。

无须惊奇的是，英国经济学家约翰·梅纳德·凯恩斯在写给首相拉姆齐·麦克唐纳的便函中汇报了他于 1931 年访美的情况，他赞扬了美国维持工资率的行动。[16] 同时，几位州长（纽约州、北卡罗来纳州、南卡罗来纳州、得克萨斯州和怀俄明州）在胡佛自愿均分工作计划的基础上进一步要求对最高工时进行立法。

人们普遍赞誉胡佛的工资政策，但赞誉声中夹杂着冷冷的批评。约翰·奥克伍德（John Oakwood）在《巴伦》上写道：现代的实业家和劳工领袖实际上认为“他们应该维持工资水平，即便他们可能因此关闭自己的工厂”。这当然令劳工领袖高兴，但“因为严格的工资政策而失业的工人”却并不欢迎这一点。奥克伍德指出，在自由市场上，销售价格决定成本，而不是成本决定价格，所以价格下跌必然会使人们要求降低成本，此外还将产生失业，投资和生产也会减少。工资率是生产成本中的一个基础部分。奥克伍德进一步强调工资率和由工资带来的购买力间的区别。他指出个人购买力实际上是他提供商品和服务的能力，而这些能力拥有换取其他商品和服务的交换价值，一般来说，工人得到的工资等于其特定劳动服务产生的价值。所以，真实的购买力是一种基于生产的交易能力；如果某商品是一种急需品，或者说供应短缺，那么其购买力能转化成很多其他商品；反之，其购买力会降低。在先前的繁荣中，信贷扩张导致工资过高以至难以维持，“新时代”的宣传口号和神圣的美国生活标准使人们认为这个生

[16] 我们也应该提到凯恩斯发现美联储的态度“完全令人满意”，他指的是那些通胀主义者令人满意。Roy F. Harrod, *The Life of John Maynard Keynes* (New York: Harcourt, Brace, 1951), pp. 437–448.

活标准体现了美国工人拥有的神圣权利。《巴伦》的发行人休·班克罗夫特（Hugh Bancroft）写道，在生产资料商品行业，考虑到价格的大幅度下降，工资率必须下调，他提到对就业者来说实际工资率提高了，所以，雇用工人在牟取暴利，而这却损害了失业者的利益。工资削减对保持有效的购买力是必要的。[17]

1931 年秋季，由于谬误和胡佛计划带来的严重压力，经济现实陷入了极度困难中。最终，工资率开始下调。美国钢铁公司不顾其总裁詹姆斯·A. 法雷尔的反对，鼓起勇气在 9 月下调工资，而威廉·格林指责美国钢铁公司违反了它在 1929 年向总统做出的承诺。[18] 即便是亨利·福特也在第二年开始削减工资，尽管他支持人为的工资维持政策。

移民限制

暂停移民也有助于提高工资率，胡佛仍然坚持不懈地在这一点上做文章。在 1930 年 12 月的咨文中，胡佛要求国会制定旨在终止移民的法律，因为这比总统政令更有效。但提交给国会的议案尽管提出终止所有移民，但美国居民的亲属不属于限制范围内，这受到了国务卿亨利·斯廷森的批评，斯廷森认为移民限制应该更加充分。他建议减少 90% 的

---

[17] 参见 John Oakwood, "Wage Cuts and Economic Realities," *Barron's* (June 29, 1931); and "How High Wages Destroy Buying Power," *Barron's* (February 29,1932); Hugh Bancroft, "Wage Cuts a Cure for Depression," *Barron's* (October 19,1931) and "Fighting Economic Law—Wage Scales and Purchasing Power," *Barron's* (January 25, 1932). 亦见 George Putnam, "Is Wage Maintenance a Fallacy?" *Journal of the American Bankers' Association* (January, 1932): 429ff.

[18] 参见 Fred R. Fairchild, "Government Saves Us From Depression," *Yale Review* (Summer, 1932): 667ff; and Dorfman, *The Economic Mind in American Civlization,* vol. 5, p. 620.

移民。[19] 这项新议案在众议院获得通过，但是却在参议院受阻。

自愿救济

直接救济属于政府行动，与此相比，胡佛总统更专注于自愿行为。在先前一次经济衰退中，胡佛就拒绝召开国会会议谈论失业救济，他认为这是民办组织的事。实际上，自发主义的传统仍然很强大，1931 年早期，红十字会就反对过一项拨款 0.25 亿美元进行救济的议案。红十字会认为他们拥有充足的资金，其主席则在众议院委员会宣称：这项国会拨款会对自愿捐赠活动“起到不良影响”。许多地方性红十字会的领导对各种政府扶持表示了强烈的反对，即便政府扶持是用于公众救济。国会拨款议案在获得参议院通过后，也没有在众议院获得通过。[20] 许多私营慈善组织、慈善家以及社会福利工作者都与红十字会有着同样观点，《纽约时报》则提倡“自愿精神”而反对公共补助。[21] 一位社会福利工作者在写到这一时期时，影射道：

> 英国的萧条发生在美国之前，这与其实行的失业保险体系有关，这一点在美国已经为许多人接受。[22]

---

[19] 斯廷森还有种族主义上的考虑，他担心允许美国居民的亲属移民会使“南方”居民增加，这对“北方”和“北欧”民族不利。参见 Robert A. Divine, *American Immigration Policy, 1924–1932* (New Haven, Conn.: Yale University Press, 1957), p. 78.

[20] 总统紧急就业委员会以各种方式向红十字会施压，要求他们向矿工提供救济，参见 Bernstein, *The Lean Years: A History of the American Worker, 1920–1933,* pp. 308ff.

[21] 然而在 6 月，美国公众福利救济协会却呼吁进行一项联邦救济计划。

[22] Edith Abbott, *Public Assistance* (Chicago. University of Chicago Press, 1940), vol. 1, pp. 657–658, and 509–570. 即使是自愿救济，如果不加区别，也会因为减轻了给工资率造成的压力，阻止了市场的清算活动，而延长失业的时间。

然而，1931 年的州和地方直接救济达到了 1.76 亿美元，而这在 1930 年为 1.05 亿美元，在 1929 年则只有 0.71 亿美元。联邦政府尽管并不热衷于直接救济，但还是继续扶持农民。2 月，联邦政府拨款 0.20 亿美元为地方的农业信贷公司提供贷款帮助，并为各种农民提供了总计 0.02 亿美元的拨款。

尽管起初胡佛确实更倾向于自发救济，但他还是在前一次的经济衰退时任命了一个紧急就业委员会。这项任命并非出于情愿，它告诫委员会成员：解决失业问题应该属于地方政府的权责范围。[23] 但伍兹上校继续要求胡佛执行一项极具干预主义色彩的方案，其中包括扩大公共设施建设、推动《瓦格纳议案》，其要求进行公共建设计划、提供全国性就业服务。1931 年 4 月，伍兹辞职，弗雷德·克罗克斯顿取而代之。与伍兹不同，许多商业领袖知道英国政府的失业“救济金”会造成长时间的失业，他们批评政府救济的想法。这些人中包括亨利·福特，国家制造商协会和商会的领导者以及前总统柯立芝。

胡佛在 1931 年第四季度

那么在 1931 年后半年胡佛总统是如何应付危机的挑战的呢？首先，各种迹象表明胡佛正逐步放弃自愿救济的想法。早在 1930 年 6 月，各州州长会议就要求胡佛同意一项 10 亿美元的联邦紧急救济拨款。胡佛没有同意，但他在 1931 年 2 月 3 日宣称：

[23] 参见 Arthur M. Schlesinger, Jr., *The Crisis of the Old Order, 1919–1933* (Boston: Houghton Mifflin, 1957), pp. 169, 507.

我愿意保证，如果美国的民办机构和州及地方政府不能为阻止饥饿和灾难提供帮助，我将要求联邦政府对此进行全力扶持。[24]

8 月中旬，胡佛撤销了旧时的伍兹—克罗克斯顿就业紧急委员会，建立了一个规模更大的总统失业救济组织。美国电话电报公司总裁沃尔特·S. 吉福德（Walter S. Gifford）被任命为新委员会的主席，与新委员会有关的其他人员包括牛顿·D. 贝克、伯纳德·M. 巴鲁克、弗雷德·克罗克斯顿、约翰·W. 戴维斯、皮埃尔·杜邦、约翰·艾吉顿、威廉·格林、威尔·海斯（Will Hays）、雅各布·霍兰德、亚历山大·莱格、韦斯利·C. 米切尔、威廉·S. 佩利（William S. Paley）、阿巴·希勒尔·西尔弗（Abba Hillel Silver）、沃尔特·C. 梯格尔、威廉·艾伦·怀特、马修·乌尔以及欧文·D. 杨。尽管吉福德私下里反对进行政府失业救济，但总统失业救济组织下属的失业问题委员会还是在 10 月底建议鼓励每个人都购买商品，以此鼓舞信心，向囤积宣战。此外，它还要求银行大量放贷，雇主们更广泛地分配工作，增加公共建设项目，并将剩余的城市劳动力转移到农村。[25]

7 月中旬，胡佛又操起了旧业：向卖空交易宣战，但这次的对象是小麦市场。人们指责卖空投机者压低价格，摧毁公众的信心；他们这些毫无爱国之心的企图“正是要通过他人的损失来谋求利益”，这种说法是非常奇怪的，因为对于每笔卖空交易来说，它的背后都必然有一个长期的买家，他需要靠价格的上涨来获利。当经济危机在秋天来临时，由于受到胡佛长期向卖空交易宣战的影响，证券交易所的管

[24] Daniel R. Fusfeld, *The Economic Thought of Franklin D. Roosevelt and the Origins of the New Deal* (New York: Columbia University Press, 1956), p. 267.

[25] *Monthly Labor Review* 33 (1931): 1341–1342.

理层决定限制卖空交易，然而，这些限制却使交易价格进一步下跌，因为在交易价格下跌之时，卖空投机者也需要通过维持交易价格获利。危机发生后，胡佛立刻召开了几次会议，9 月 15 日，他着手为 12 月召开的住宅建设和住宅所有权会议制定计划，想以此扩大住宅所有权，并降低二次抵押权的利率。12 月的这次会议提出的许多方案也是后来新政在房地产政策方面的最初体现，这些方案中包括扩大低利率长期贷款，政府对贫民区的低收入者住宅进行扶持。[26]

11 月，英国放弃了金本位制，其黄金储备开始减少，胡佛陷入了双重压力之中。一方面，胡佛心有不悦地回忆起“顽固的清算论者”和“保守的经济学家”建议他“让市场的清算活动任意进行下去，直到我们看到经济衰退的最低点”。另外，从夏季开始，联邦储备委员会理事尤金·迈耶就鼓吹重新建立旧时的战争金融公司向私营经济提供政府贷款，而现在他又敦促胡佛为此召开国会会议。前一种人的建议是正确的，只是由于胡佛已经放弃了自由放任的原则，或者说他不再采纳有关良性经济的学说，不能理解这些真知灼见。相反，他担心的只是抵押品赎取权被剥夺后将立即造成困难，还有就是股票价格的下跌，企业的破产。胡佛毅然拒绝了“保守的”建议，并固执地展开了一项政府贷款计划，他让美国的主要银行家为半自愿贷款机构提供资金，他决定以此确定一个“广泛的攻防方案”。11 月 4 日，在财政部部长梅隆的公寓中举行了一个由 40 位纽约首席银行家和保险经理人参加的秘密会议。参会者包括托马斯 · M. 拉蒙特、J. P. 摩根公司的乔治 · 惠特尼（George Whitney）、大通银行的查尔斯 · E.

[26] 参见 Paul F. Wendt, *The Role of the Federal Government in Housing* (Washington, D.C.: American Enterprise Association, 1956), pp. 8–9.

米切尔、财政部副部长米尔斯以及胡佛。胡佛介绍了他的计划——建立一个拥有 5 亿资金的国家信贷公司向危急中的银行提供信贷，并允许各家银行扩大对急需资金的商业机构的贷款。各家银行为国家信贷公司提供资金，同时在美联储的协助下，国家信贷公司最多可以提供 10 亿美元的贷款。这个主张旨在使实力强大的银行将资源集中到一起，以便帮助那些陷入困境的银行；在联邦政府的帮助下，国家信贷公司可以向银行资产提供再贴现，但从法律上讲，这些资产是不能获得美联储再贴现的。保险公司则被要求不得剥夺抵押品的赎回权，作为回报，它们可以获得各联邦农业贷款银行的帮助。尽管这一计划得到了米尔斯和迈耶的热情支持，但银行和保险公司却并不愿意对这些不良资产提供帮助。在这一问题上，人们越来越觉得胡佛所谓"产业和政府自愿合作"其实是外柔内刚的政策。如果银行不同意那么做，胡佛就威胁说他将通过立法强制产业与政府合作。于是，各家银行只得同意建立国家信贷公司，而保险公司也同意不会强行要求取消抵押品的赎回权。作为交换，胡佛承诺国家信贷公司将是一个暂时性的机构，它将维持 1 年的时间，他自己会要求国会重新建立一个新的更广泛的战争金融公司以提供紧急贷款（旧时的战争金融公司在 1929 年春季被撤销），胡佛还承诺将放宽银行向美联储申请再贴现的标准，并扩大联邦农业贷款银行的规模。[27]

此外，胡佛说服联邦农业贷款委员会主席保罗·贝斯特（Paul Bestor）答应不再取消抵押财产的赎回权，除非债务人打算离开自己

---

[27] 纳什坚持认为在胡佛和梅隆离开后，是迈耶向银行家做出了这些承诺。迈耶和参院民主党领袖约瑟夫·罗宾逊要求召开一次特别会议以批准建立新的战争金融公司，但胡佛并不支持那么做。在这一问题上，迈耶秘密地招聘人员，由联邦储备委员会的法律顾问沃尔特·怀亚特 (Walter Wyatt) 领导，这就是后来复兴银行公司的前身。Gerald D. Nash, "Herbert Hoover and the Origins of the RFC," *Mississippi Valley Historical Review* (December, 1959): 461ff.

的农场，总统决定提出建议为这些土地银行增加1.25亿美元的拨款。胡佛还说服联邦储备委员会鼓励银行向存款人提供贷款，而用作抵押的则是后来在那些破产银行中被冻结的资产。

国家信贷公司很快就开始帮助南卡罗来纳和路易斯安那的那些状况不佳的银行，在不到3个月的时间里，它为575家银行提供了1.53亿美元的贷款，但这还不足以阻止银行破产风潮。胡佛的目标是建立一个政府贷款公司，这个名为复兴银行公司的机构很快就成立了，胡佛的举动来自尤金·迈耶、奥格登·米尔斯、战争金融公司的前顾问路易斯·威勒（Louis Wehle）以及芝加哥银行家梅尔文·A.特雷罗（Melvin A. Traylor）的建议。特别是迈耶还向总统施加了压力，以至于他自己准备好了向国会提交的议案。12月初，在迈耶的劝说下，胡佛最终开始筹备复兴银行公司（RFC）。[28]

10月7日，胡佛又召集了一次由主要的保险公司、抵押银行和住宅贷款经理人参加的会议。胡佛建议他们执行一项庞大的计划，即建立一个全国性的联邦抵押贴现银行系统，该系统的资金由政府提供。由各地区银行提供抵押贴现，而中央抵押银行则是这些分支银行的后盾；所有银行都可以发行债券以增加资金。这个系统将为储蓄银行、保险公司和商业银行进行抵押贷款提供保证。保险公司和大多数储蓄银行断然拒绝了这个庞大的并极具国家主义色彩的通货膨胀方案，尽管它得到了住宅贷款协会的支持。因而胡佛只能调整他的计划，建立一个住宅贷款银行系统，强制性地使之成为所有住宅贷款（也就是现在的“储蓄贷款”）协会的中央抵押银行，而储蓄银行和保

[28] Nash, “Herbert Hoover and the Origins of the RFC” ; and Warren, *Herbert Hoover and the Great Depression,* pp.140ff.

险公司可以自愿选择加入这个系统，不久，国会批准了这个修改后的计划。

10 月初，即将在 1932 年实施的胡佛新政已初见雏形，主要的政策是：建立一个新的政府公司为商业提供贷款，这个公司就是复兴银行公司，它也将取代由银行家提供资金来源的过渡性机构——国家信贷公司；放宽美联储的再贴现审核条件；建立一个住宅贷款银行系统提供抵押贴现；还有就是扩大联邦农业贷款银行系统。

10 月 27 日，总统商业委员会、农业委员会、劳工领袖以及经济学家签名支持这个未来的胡佛计划，他们还要求扩大信贷，均分工作并进行公共建设。这些人包括伦纳德 · P. 艾尔斯、弗雷德 · 克罗克斯顿、威廉 · 格林、阿万利 · 约翰斯顿和韦斯利 · C. 米切尔。然而，12 月 21 日，一件极不寻常的事情发生了，另一个总统公共建设委员会批评进一步的公共建设，该委员会要求平衡财政收支，重新调整新的经济环境。这个委员会包括伦纳德 · P. 艾尔斯、雅各布 · 霍兰德、马修 · 乌尔等人。

商界中集体主义思想的传播

同时，商界开始酝酿通过集体主义的计划结束萧条。9 月，通用电气总裁杰拉尔德 · 斯沃普延续并超越了他在公共建设计划上的法西斯主义主张，他向国家电机制造商协会的一次会议提交了“斯沃普计划”。这份计划引起了公众的注意，他要求在美国商业体制中强制性地实施卡特尔计划，也就是模仿法西斯主义并建立国家复兴管理局。各行各业被强制性地安排加入各类行业协会，在联邦的管理下调控并稳定物价与生产，同时由联邦对贸易活动进行指导。总之，通过对国家工业经营以及雇员的综合管理，联邦政府将“调整生产与消费”。[29] 令人十分遗憾的是，美国商会的大多数成员在 12 月表示支持这项集权主义计划，他们支持联邦强制性限制生产和提高价格。在这场支持运动中，身先士卒的是美国商会的新任主席、来自新英格兰电力公司的亨利 · I. 哈里曼（Henry I. Harriman）。哈里曼在向商会的商业和就业持续发展委员会提交的报告中写道：“我们已经离开了极端个人主义的时代……商业繁荣和就业只有通过对商业结构的合理计划才能最好地维持下去。”通过行业协会将各行业组织起来，并由一个国家经济理事会进行领导，异见的商人将被“视为分离者对待……他们将被孤立、被指责，并将与愚人归为同类”。[30] 国家制造商协会的主席希望在“斯沃普计划”上更进一步，他要求将雇员数量不超过 50 人的机构也强制性地纳入“斯沃普计划”的执行对象之列。

支持“斯沃普计划”的有斯沃普的朋友、通用电气董事会主席欧文 · D. 杨和哥伦比亚大学校长尼古拉 · 穆雷 · 巴特勒，他们的想法与斯沃普一致，其他支持者还有罗林斯学院的罗伊尔 · W. 法朗士（Royal W. France）、卡尔 · T. 康普顿（Karl T. Compton）、左翼人士斯图亚特 · 蔡斯和美国钢铁建设学会的查尔斯 · F. 艾博特（Charles F. Abbott）。艾博特谈到“斯沃普计划”时说：

> 为了公众的安定……我们不能再采取不负责任的、肤浅的、顽固的和不合作的个人主义态度……“斯沃普计划”表面上看起来非常简单，它与交通规则没有什么不同……就是一个工业的交通警

[29] 参见 *Monthly Labor Review* 33 (1931): 1049–1057.

[30] 参见 Schlesinger, *The Crisis of the Old Order, 1919–1933,* pp. 182–183.

察……根据喜好而为之的宪法自由被这种管制“侵犯”——但是……对于那些宣称自己可以按喜好而任意为之的极端个人主义者来说，这是一种束缚。[31]

此外，财政部前部长威廉·G. 麦卡杜提出：建立一个联邦“和平工业委员会”调节全国的生产与消费关系；参议员拉夫莱特组织了一个小组对通过国家经济理事会稳定经济进行了可行性调查，斯沃普是这一建议的主要支持者。泰勒协会的执行主管 H. S. 珀森显得很幼稚，他令人不解地说道：“我们希望我们各行各业能组成一个最大的企业，它不需要在一个明确的计划下进行运转。”[32] 历史学家查尔斯·A. 比尔德（Charles A. Beard）指责自由放任主义，他要求在国家经济理事会的领导下对工业卡特尔执行一项五年计划。受人欢迎的思想家威尔·杜兰特（Will Durant）提出建立一个国家经济委员会进行全国性计划，这个委员会可以对各行业的分支委员会进行管理。最高法院法官路易斯·布兰德斯建议在合法的情况下，为了公众的需要和便利，由各州对工业进行管理。[33]

其他一些商业领袖也有着类似的想法。1930 年，本杰明·A. 贾维茨（Benjamin A. Javits）设计了一个类似的计划。哈佛商学院院长华莱士·B. 多汉姆（Wallace B. Donham）以苏联为例，论述了“美

[31] J. George Frederick, *Readings in Economic Planning* (New York: The Business Bourse, 1932), pp. 332ff. 弗雷德里克是斯沃普最主要的门生之一。

[32] 同上。

[33] 参见 Fusfeld, *The Economic Thought of Franklin D. Roosevelt and the Origins of the New Deal,* pp. 311ff.; David Loth, *Swope of GE* (New York: Simon and Schuster, 1958), pp. 201ff.; Schlesinger, *The Crisis of the Old Order, 1919–1933,*p. 200.

国商业进行普遍计划”的价值和必要性。[34] 雷曼兄弟公司的保罗·M. 马祖尔（Paul M. Mazur）指出，资本主义体系“不幸地缺乏计划性”。糖类学会的主席鲁道夫·斯普莱克尔斯（Rudolph Spreckles）敦促政府把市场需求恰当地分配给每个公司。琼斯和拉姆逊机械公司的拉尔夫·E. 弗兰德斯（Ralph E. Flanders）的建议近乎“幻想”，他要求在政府为国家经济制定计划后，充分执行这一计划。丹尼森制造公司总裁亨利·S. 丹尼森提出了他自己设想的五年计划，他要组织各个行业协会建立一个国家卡特尔。

华尔街金融家伯纳德·M. 巴鲁克是卡特尔思想最重要的支持者之一。巴鲁克不仅在民主党中极具影响，在共和党内也是如此，胡佛政府重用巴鲁克的门生亚历山大·莱格和尤金·迈耶就能说明这一点。早在 1925 年，巴鲁克在第一次世界大战期间担任首席经济动员官时受到启发[35]，他设想建立一套由各个托拉斯构成的经济体系，整个经济由一个联邦委员会进行控制管理，1930 年春季，巴鲁克向波士顿商会建议成立“工业最高法院”。在政府中麦卡杜是巴鲁克交情最长的朋友；斯沃普的弟弟赫伯特·贝亚德·斯沃普（Herbert Bayard Swope）也是巴鲁克的心腹。[36]

大萧条开始以后，集体主义的思想明显滋长，我们只要看看主流

---

[34] Wallace B. Donham, *Business Adrift* (1931), p. 181. 尼古拉斯·默利·巴特勒也认为苏联“充分地利用了计划的优势”。参见 Dorfman, *The Economic Mind in American Civilization,* vol. 4, pp. 631–632.

[35] 这里指 1918—1919 年巴鲁克担任战争工业委员会主席。——译者注

[36] 后来，斯沃普的主张在国家复兴管理局中得以体现，而这一法案的最后草案也是在斯沃普的帮助下写就的，他还留在华盛顿帮助推动这一法案的通过。所以，斯沃普是新政“智囊团”中主要的实业家。亨利·I. 哈里曼也在国家复兴管理局撰写过程中起了重要作用，他也成为新政农业政策智囊团的领导。巴鲁克的另一个弟子，同时也是斯沃普的好友休·S. 约翰逊将军被选为国家复兴管理局的负责人（而他的老同事乔治·皮克是农业调整管理 AAA 的负责人）。当约翰逊离任后，巴鲁克亲自接替了这项工作。参见 Margaret Coit, *Mr. Baruch* (Boston:Houghton Mifflin, 1957), pp. 220–221, 440–42; Loth, *Swope of GE,* pp. 223ff.

商业杂志对 1929 年年底召开的白宫会议的反应就能明白，在这次会议上，政府提出要一致行动维持工资率。杂志的专栏作者称这次会议是胡佛在“经济民主中一次令人信服的历险”，他要求在全国性的行业协会中制定国家经济计划，并建议在“集体主义的原理”下进行经济合作。[37]

这种思想在商业界传播得很快，以至于左翼的国家进步会议在 1931 年的一份报告中也赞扬了“斯沃普计划”，尽管这份报告所提出的集中计划方案中“前商业”的色彩较少，平等主义的韵味较浓。[38] 富兰克林 · D. 罗斯福的智囊团成员雷克斯福德 · 盖伊 · 塔格威尔（Rexford Guy Tugwell）在谈到哈里曼、斯沃普和其他人时，很好地总结了商业界发生的这场集体主义运动，说他们：

相信美国的工业需要更多的组织、更多的计划，对需求要进行更多预估，要为生产制定更多的目标。从此他们坚持主张……为满足投资需要而进行的投资应得到鼓励。但他们并不强调可以反推出的论点，即其他投资应该被禁止，但这样的想法却必然存在于这样的论述中。到此为止，这所有的一切都与富兰克林的智囊团中那些集体主义者的想法相一致，这些人都倾向于把经济看成是一个有机的整体。[39]

国家工业会议委员会的经济学家维吉尔 · 乔丹中肯地写道：商人

[37] Theodore M. Knappen, “Business Rallies to the Standard of Permanent Prosperity,” *The Magazine of Wall Street* (December 14, 1929): 265.

[38] 这份报告名为《工业规范化的长期计划》，它由哥伦比亚大学的约翰 · 莫里斯 · 克拉克教授准备，它得到了乔治 · 索尔、埃德温 · S. 史密斯、J. 拉塞尔 · 史密斯 (J. Russell Smith) 的赞成。参见 Dorfman, *The Economic Mind in American Civilization,* vol. 5, pp. 758–761.

[39] Rexford Guy Tugwell, *The Democratic Roosevelt* (New York: Doubleday,1957), p. 283.

们离“经济墨索里尼”已经不远了。

尽管压力重重，胡佛断然拒绝支持“斯沃普计划”及类似计划，并批评这样的计划是法西斯式的。[40] 然而，胡佛的言论开始受到人们的抨击，这些批评言论充斥着“合作”和“避免浪费”这样的话语。此时，由于开始逐步倾向于支持干预政策，商会也要求进行公共建设和联邦救济，它还要求由国家制造商协会和国家工业委员会成立一个联合委员会，由该机构敦促公共建设并对美元所体现的购买力进行控制。

10 月，美国劳工联盟召开会议采纳了一个极端的紧急应对失业方案。不出人们所料，美国劳工联盟为胡佛维持高工资率以及削减工时的政策叫好，同时，该联盟提出了一个法西斯式的工会化观点。它建议由政府强迫雇主雇用工人，这将使“劳工市场有效地组织起来”。

> 各行业以及每个雇主应根据他们提供工作的能力被给予定额，由此确定他们究竟可以提供多少职位。而分配定额的任务应该由一个代表了政府和所有工业集团的中央委员会承担。

总之，美国劳工联盟希望在执行“斯沃普计划”时，自己能对产业施加与他人相同的影响。[41]

更深入、更典型性的工会方案是强制性地对劳动供给进行限制，并以此提高余下劳动人口的工资率。然而，这帖治疗失业的“良药”却使大多数人失业。于是，美国劳工联盟喊出了这样的口号：“让年轻人留在学校里，别让他们参加就业竞争。”它还要求雇主解雇那些

[40] 胡佛称：亨利 · I. 哈里曼警告他，如果他坚持反对“斯沃普计划”，商业界将支持罗斯福当选总统，因为罗斯福同意颁布这样的计划。他还报告说主要的商业人士确实这样威胁了他。

[41] *Monthly Labor Review* 33 (1931): 1049–1057.

丈夫在外工作的已婚妇女："已婚妇女，如果其夫拥有永久性的工作并有合理的收入来源，她们应在雇佣过程中给予较后考虑。"我们可以知道这是多么虚伪的事情，当时工会并不像今天一样公开宣称之所以采取这样的政策是因为残酷的现实情况，相反它还为自己的举动套上了美丽的光环，它告诉别人采取这些政策是为了年轻人得到更多教育，让家庭生活更加幸福。

在这次会议上，美国劳工联盟还支持进行强制性失业保险，而在 1930 年的会议上，威廉·格林认为政府的救济金将工人置于"国家的监控"中。铁路工会的工人领袖威胁胡佛，如果他不拓展就业机会，增加救济，铁路行业将陷入"混乱"。

在工会领袖中，美国联合矿工组织的约翰·L. 刘易斯以及成衣业工人联合会的锡德尼·希尔曼是特别热衷于推动政府"计划"的两位。他们都要求成立一个国家经济理事会进行经济计划，在这个理事会中要包括劳工和企业管理人员的代表。史勒辛格认为："从本质上说，刘易斯和希尔曼与杰拉尔德·斯沃普和亨利·I. 哈里曼没有一点不同。"[42] 他的话一点没错。

美国劳工联盟还对胡佛政府在 1930—1931 年完成了以下任务进行了赞赏：维持了公共建筑业的工资率；削减了政府雇员的工时，但没有削减工资；进行了公共建设计划；提高了一些政府雇员的工资，增加拨款，扩充移民巡逻队（这样阻止了墨西哥人移入美国改善其生活条件，从而"解决了失业问题"）；拨款建造海军舰船，由海军造船厂和兵工厂承担所有舰船维修工作而不与私人签订任何合同。

此外，各州开始强制性卡特尔化，在原油行业甚至进行准国有

[42] Schlesinger, *The Crisis of the Old Order, 1919–1933*, p. 186.

化。产油州颁布法律，由政府限定原油最高产量，而这种体制到现在还存在。这些州的法律表面上是为“保护资源”而颁布的，但实际上这却是对自然资源的强制性垄断。1931 年在东得克萨斯州发现了新的石油资源，这使得原油价格从每桶 1 美元下跌至每桶 2.5 美分，卡特尔主义者和保护资源论者又一次大呼小叫起来。这次，被称为“苜蓿比尔”的俄克拉何马州州长穆雷站了出来，他命令整个原油行业停产，直到石油价格上涨至每桶 1 美元的“最低合理价格”。但一些生产商对此置若罔闻，穆雷就命令俄克拉何马州的国民警卫队强行进入油田，用刺刀保证其命令的实施。不久，得克萨斯州也开始效仿这些做法，主要的产油州加利福尼亚州、得克萨斯州、堪萨斯州和俄克拉何马州通过了“保护资源”和配额法案，这就以一种更为有序的方式对生产最高限额进行了控制。得克萨斯议会召开了两次紧急会议，扩大了得克萨斯州铁路委员会在石油管理上的权力，在此前，法院却禁止该委员会过多插手石油管理。

各产油州还组织了一个产油州顾问委员会以决定生产配额，这不久就被写入了一个跨州协定中，此外，联邦石油保护委员会也设立了一个“自愿委员会”帮助制定原油配额。一些油井所有人想将“热油”偷运出所在州，以此躲避军队和禁油令，但新政却堵住了这样的“小空子”。为了扶持石油卡特尔，1932 年的联邦预算决定对进口原油和石油产品征收关税。这使得国内卡特尔更为有效，但是这也使得美国的石油出口减少。[43] 因为国内资源保护方案的实施而限制了进口，这当然令人奇怪，但是今天我们依然能发现同样的现象。如果保护资

[43] 参见 George W. Stocking, “Stabilization of the Oil Industry: Its Economic and Legal Aspects,” *American Economic Review, Papers and Proceedings* (May, 1933): 59–70.

源确实是我们的目的，那么我们当然应该鼓励进口以满足国内对原油的需求。

在这一事件中，胡佛当然也没有闲着。在大萧条之前，他就想通过强制手段限制石油生产。总统要求停止在绝大多数公有土地上钻探油井，正是在他和内政部部长雷·莱曼·威尔伯（Ray Lyman Wilbur）的鼓动下，各州的新“保护资源”法才得以颁布。胡佛和威尔伯还向靠近公有土地的私营石油经营者施加压力，要他们同意限制石油生产。[44]

当 1931 年即将结束，又一个国会年度即将开始之时，美国和整个世界都陷入了真正的危机——政策的危机、意识形态的危机之中。很长一段时间以后，美国和全世界的经济萧条却越来越严重。这一切就促成了 1932 年的“胡佛新政”。

---

[44] 采煤业在卡特尔化的道路上并没有石油业那么成功，这并不是因为人们不愿意那么做。国家煤矿协会主席 C. E. 博克斯 (C. E. Bockus) 在《过度生产的威胁》中谈及煤矿业需求时就说：

> 通过合作的方式稳定持续变动的生煤生产，并以此满足对生煤的需求，这将减少生产和消费中存在的浪费现象……欧洲在遇到这样的问题时，往往是建立多个卡特尔。

引 自 Ralph J. Watkins, *A Planned Economy Through Coordinated Control of Basic Industries* (mimeogra-phed manuscript, submitted to American Philanthropic Association, October, 1931), pp. 54ff.。

在胡佛执政时期，他还将没有任何利用价值的国家森林面积增加了 200 万英亩，以此减少生产，此外，他还将几乎无用的国家公园和公墓面积增加了 40%。要不是国会加以阻止，他还将征用更多的可用土地。参见 Harris Gaylord Warren, *Herbert Hoover and the Great Depression*(New York: Oxford University Press, 1959), pp. 64, 77–80.

第十一章

1932 年的胡佛新政

The Hoover New Deal of 1932

外国人对美元失去了信心，并撤走了黄金，美国公民对银行失去信心，他们将存款兑换成联邦储备券；银行家们也不愿使自己的利益受到进一步的威胁，他们用增加的货币向美联储还债，或者把它们堆到金库里。由于公众和银行所采取的态度，政府设想中的通货膨胀转变成了通货紧缩。

在危机中，胡佛总统参加 1932 年立法会议，他准备采取更加激烈的措施。1931 年 12 月 8 日，在他提交给国会的咨文中，胡佛首先评价了自己在过去两年里所取得的成绩：

> 在过去两年中，我们经常遇到一些紧急的问题，为了解决这些问题，我们谋划了许多，有许多工作都开展起来……这样就可以减轻工商业清算活动所造成的剧烈震荡，这也就给了我们时间，让我们能对成本、货物和信贷进行合理的调整，而不必忍受恐慌和大范围的破产。

这些措施有支持联邦、州和地方的公共建设，进行工作均分计划，维持工资率（与以前一样，“大部分的工资水平都没有发生变化”），减少移民以及建立国家信贷公司。胡佛称，这些措施都是为了帮助经济复苏。现在，胡佛要求执行更加激烈的行动，他提出了以下建议：

（1）建立复兴银行公司，用国库资金向银行、工业、农业信贷机构以及地方政府提供贷款；

（2）放宽美联储对贴现申请的审批；

（3）建立一个住宅贷款银行贴现系统，以振兴建筑业并刺激就业（胡佛此前不久召集的国家房地产会议对此非常支持，而召开这次会议的目的也正在于此）；

（4）扩大政府对联邦土地银行的扶持；

（5）建立一个公共建设管理机构，以协助和拓展联邦公共建设事业；

（6）使胡佛限制移民的政策获得法律上的支持；

（7）减少在自然资源利用中的"破坏性竞争"（其实就是一般性的竞争）；

（8）向各州提供 3 亿美元的直接贷款用于救济；

（9）修改相关破产法律（其实就是减少对债权人的保护）。

在"保护铁路业免受无节制竞争"以及扶持破产铁路公司的问题上，胡佛也显得非常焦虑。此外，他还要求进行工作均分计划，使上百万失业者获得就业机会。

税收的增加

1931 年的年度赤字达到了 20 亿美元，胡佛认为在第二年必须解决这一问题。赤字性支出当然不能令人满意，但是平衡预算也未必能让人如意，特别是当这种"平衡"是通过增加税收和支出得到的时候。如果想平衡预算，胡佛就面临两种选择：减少支出，以使经济摆脱政府的繁重负担，或者通过增加税收进一步增加经济的负担。他选择了后者。在财政部部长安德鲁·梅隆即将卸任之前，他表示支持增加税收，对象包括个人所得税、房地产遗产税、营业税和邮资。国会对梅隆和胡佛的主张非常顺从，它通过了《1932 年税收法案》，这是美国到当时为止在和平时期最大的一次增税计划。增税的范围非常广，战时货物税重新开始征收，对汽油、轮胎、汽车、电力、麦芽、化妆品、皮革、珠宝及其他消费品征收营业税；提高准入费和股票转让税；开始对银行账户、债券转让、电话、电报及无线电通信征税；个人所得税大幅度提高，上调幅度如下：普通税率由 1.5%—5% 上调至 4%—8%；个人免税额度大幅度下调，25% 的收入减免税优待被取消；附加税大幅度提高，针对最高收入者的附加税上限由 25% 提高到 63%。此外公司所得税由 12% 上调至 13.725%，小公司免税额度被取消；房地产遗产税是原来的两倍，最低免税限额被减半；曾经被免除的赠予税重新开始征收，并被逐步增加到约 33.33%。[1] 胡佛还试图向公众征收制造商营业税，但是由于制造商的反对而没有实行。我们在这里应该指出：对于胡佛而言，大幅度提高遗产税从本质上说合乎道德原则，而且这也增加了财政措施的所谓有效性。他认为，遗产税是“最合乎经济和社会需求的税收之一——或者说甚至是最必要的一种税收”。他私下里暗示“狡猾的律师”和“令人讨厌”的花花公子，他们“继承的经济权力是邪恶的”：显然他没有意识到，对继承的财产征税是对具有合法权益者或者具有合法权益者之后代的所有物进行征税，而后者仍然拥有保存其财产的合法权利；我们不难理解，从摆脱经济萧条的角度说，强加在资产之上的单一税款，比如遗产

[1] 参见 Sidney Ratner, *American Taxation* (New York: W.W. Norton, 1942), pp.447–449.

税，是最不应该征收的。

邮资的增加进一步加重了公众的负担，而它使政府强制性垄断的收入提高了。信件的邮资从 2 美分增加到 3 美分，尽管邮政局的自有账户系统其实已经从头等邮件中获得了巨大利润。出版物的二类邮件，其邮资增长了三分之一，小型包裹的邮资增长了 25%（尽管大型包裹的邮资小幅下调了）。[2] 令人惊讶的是，胡佛对他的计划执迷不悟，而这也遭到了圣路易斯商会的有力批评。圣路易斯商会对不断提出的提高税率的要求担心，商会认为：

> 当人们的收入已经大幅度减少的时候，政府却要维持高额的税收，这即将执行的高额税收政策将严重抑制商业的复苏。

商会坚持应该让纳税人看到税收和政府支出都减少。[3]《亚特兰大宪章》认为 1932 年的税收法案是“这个国家在和平时期有史以来提出的……最恶毒的税收议案”。[4]

政府支出与经济

尽管税率大幅度增加，但由于萧条加重，1932 年的政府收入总

---

[2] 参见 Jane Kennedy, “Development of Postal Rates: 1845–1955,” *Land Economics* (May, 1957): 93–112; 同前 , “Structure and Policy in Postal Rates,” *Journal of Political Economy* (June, 1957): 185–208. 胡佛还有意通过一个航空邮件补助系统将航空运输业置于政府的管制之下。对于胡佛而言，这是使航空运输业“有序发展”的一项策略。Harris Gaylord Warren, *Herbert Hoover and the Great Depression* (New York: Oxford University Press, 1959), p. 70.

[3] *Congressional Record* 75 (January 12, 1932), p. 1763. 亦参见 RussellC.Leffingwell, “Causes of Depression,” *Proceedings of the Academy of Political Science* (June, 1931): 1.

[4] Randolph Paul, *Taxation in the United States* (Boston: Little, Brown, 1954),p. 162.

额还是下降了，这部分应该归咎于税率的增加。排除政府企业的联邦政府收入总额从 1931 年的 22 亿美元下降到 1932 年的 19 亿美元；包括政府企业的联邦收入从 34 亿美元下降到 30 亿美元。包括政府企业的政府收入总额由 124 亿美元下降到 115 亿美元，排除政府企业的政府收入总额由 103 亿美元下降到 95 亿美元。结果依旧出现了大量联邦赤字，尽管 1932 年政府支出有所下降：联邦支出从 44 亿美元下降到 34 亿美元（包括政府企业的联邦支出由 55 亿美元下降到 44 亿美元），政府支出总额由 133 亿美元下降到 114 亿美元（如果包括政府企业，则从 152 亿美元下降到 132 亿美元）。在 17 亿美元的政府赤字总额中，联邦政府账户赤字为 14 亿美元。

在联邦支出下降的 10 亿美元中，公用事业开支（退伍军人贷款）下降了 8 亿美元，让渡给州和地方政府的财产下降了 2 亿美元。1932 年，州和地方政府支出下降了 9 亿美元，其中主要是新建筑项目支出下降了 8 亿美元。与联邦政府不同，州和地方政府不能通过向自己的银行系统出售债券来发行新货币或设立新的账户，到 1932 年，它们发现自身的金融状况十分糟糕，已经不能继续进行如此大规模的公共建设。于是，州和地方政府只能削减其支出，以使支出能接近财务收入的水平，而其财政收入也在下降。

通过这些数据，我们将了解到政府给经济造成的财政负担有多大。当 1932 年联邦掠夺的绝对数额由 55 亿美元下降到 44 亿美元时，州和地方政府带来的负担则从 97 亿美元下降到 88 亿美元，国民生产总值、私营生产总值也都大幅度下降。国民生产总值由 1931 年的 763 亿美元下降到 1932 年的 585 亿美元，而私营生产总值则从 709 亿美元下降到 533 亿美元。净私营产值从 627 亿美元下降到 457 亿美元。所以，联邦掠夺与私营生产总值的百分比从 1931 年的 7.8% 上升至 1932

年的 8.3%，而州和地方政府掠夺的百分比从 13.7% 上升至 16.5%。总之，政府造成的财政负担总额与私营生产总值的百分比由 21.5% 上升至 24.8%；总负担与净私营产值的百分比由 24.3% 上升至 28.9%。

1932 年，国会决定拨款 20 亿美元向退伍军人发放奖金，这笔资金将通过发行新通货筹集，这是一项令人不安的政府支出计划。6 月，为了推翻这项政府支出计划，参议院掀起了一场争斗。为了反对向退伍军人提供津贴，阿奇伯尔德· R. 罗斯福（Archibald R. Roosvelt）上校专门组织了一个国家经济委员会以实现这个目标。后来这个委员会变成了国家经济联盟。1932 年中期，这个组织在整个国家都显得很活跃。联盟的主席是里查德· E. 伯德（Richard E. Byrd），他放弃了极地远征来参加这项活动；联盟的秘书是查尔斯· M. 米尔斯（Charles M. Mills）上校。在罗斯福上校和格伦维尔·克拉克（Grenville Clark）创立之初，联盟在 45 个州拥有 6 万名成员。该联盟的目标是削减政府花费，它认为："直到高额税收被削减，我们才能重新回到繁荣中。"该联盟宣称税收正削弱工业，使穷人和富人的利益同样受到损害。遗憾的是，除了削减对退伍军人的补助，联盟不愿意提出任何削减政府开支的具体方法。米尔斯上校简单地认为公共建设不能减少，因为需要以此解决失业问题，国防费用也不能减少，尽管没有任何国家打算与美国宣战。[5]

---

[5] 无疑，之所以如此暧昧，是由于支持该联盟的言论恰恰受到了那些完全不相干人士的影响，比如胡佛总统、富兰克林 · D. 罗斯福州长、威廉 · 格林、农业领袖路易斯 · 塔博 (Louis Taber)、该联盟咨询委员会卡尔文 · 柯立芝、阿尔佛雷德 · E. 史密斯、牛顿 · D. 贝克、埃里屋 · 鲁特、珀欣 (John J. Pershing) 将军。参见 Bank of the Manhattan Company, *Chapters in Business and Finance* (New York, 1932), pp. 59–68. 亦参见 National Economy League, *Brief in Support of Petition of May 4, 1932.* On this Committee and on the similar National Action Committee, see Warren, *Herbert Hoover and the Great Depression,* p. 162.

其他经济学家显得更加严厉，他们反对增加税收，要求胡佛通过削减 20 亿美元的政府支出以平衡预算。这些人中包括前司法部副部长、宾夕法尼亚州众议员、令人敬畏的詹姆斯 · M. 贝克（James M. Beck）。[6] 但是面对众多商人和银行家提出的这些请求，胡佛表示拒绝，因为这些人都是民主党的支持者。在写给一位要求他削减 20 亿美元支出的商人的信中，胡佛以歇斯底里式的官僚口吻写道：

> 你认为政府支出可以削减 20 亿美元，通过税收的减少达到这个目标。这是……完全不可能的。这将意味着我们必须放弃邮政服务和商业航运，放弃对生命、财产和公共健康的保护。我们将释放这个国家中的 4 万名囚犯；我们将必须停止河道和港口的运营；这将意味着废除陆军和海军。换句话说，这意味着彻底的混乱。

我们不必再思考这些职责是否如此重要，或者这些重要的工作是否一定要通过联邦政府的强制性垄断才能实现。难道削减 20 亿美元就真会引起那么多问题吗？以 1932 财政年度为例，如果根据 1926 年的批发物价指数，48 亿美元的联邦支出（包括政府企业）等于每个人拿出 59.50 美元。在 20 世纪 20 年代，联邦政府支出相当于每个人拿出 25 美元，而在 1890—1916 年，联邦政府支出相当于每个人拿出 10 美元。这意味着，如果联邦预算削减 28 亿美元，也能维持 20 年代政府支出的水平，而如果削减 40 亿美元，也只不过达到了 1890—1916 年

---

[6] 参见 James M. Beck, *Our Wonderland of Bureaucracy* (New York: Macmillan,1932); Mauritz A. Haligren, *Seeds of Revolt* (New York: Alfred A. Knopf, 1933),pp. 274ff.

的支出水平，而这些时代里不是也有各种保护和邮政局吗？[7]

在经济学家要求胡佛削减支出和税收的同时，激进分子则提出加大政府支出的计划。1932 年春季，威廉·T. 福斯特在为泰勒协会所做的演说中要求“集体主义式地”扩大通货和信贷，使商品物价水平回到 1928 年的水平。《商业周刊》的经济学家维吉尔·乔丹要求扩大公众支出，他说：“因为我们存钱，所以我们进入萧条，我们必须花掉手上的钱，这样才能走出萧条。”在宾夕法尼亚商会的年度宴会之前，这条建议被提出。一些经济学家提出增加支出，“周期性”地平衡预算，无须每年都平衡预算，这些经济学家包括保罗·H. 道格拉斯、西蒙·E. 利兰（Simeon E.Leland）、哈里·A. 米理斯、亨利·C. 西蒙斯（Henry C. Simons）、萨姆纳·H. 斯里奇特以及雅各布·维纳。[8]

公共建设的提议

尽管许多人要求削减预算，鼓动扩大公共建设的人却在 1932 年春季加强了他们的宣传攻势。《商业周刊》的经济学家维吉尔·乔丹要求扩大公共建设、赤字以及政府对商业机构的投资。威廉·T. 福斯特、奥托·托德·马勒里和大卫·库什曼·科伊勒则叫嚣进行公共建设。参议员拉夫莱特和瓦格纳分别提出议案要求进行大规模公共建设，他们得到了许多经济学家和工程学家的支持。瓦格纳参议员还为自己提出的 10 亿美元公共建设计划设计了问卷发给经济学家们，结果只有很

---

[7] 参见 M. Slade Kendrick, *A Century and a Half of Federal Expenditures* (New York: National Bureau of Economic Research, 1955), pp. 77ff.

[8] 参见 Lewis H. Kimmel, *Federal Budget and Fiscal Policy, 1789–1958* (Washington, D.C.: Brookings Institution, 1959), pp. 155ff.

少的人不同意他的建议。[9]

费利克斯·弗兰克福特还认为这一计划应该加大力度。但是，一些经济学家建议要谨慎从事，他们甚至表达了完全不同的意见，在那些支持进行大规模公共建设方案，但却看起来更像是外行的经济学家中，这引起了争议，而这争议是令人欣慰的。约翰·莫里斯·克拉克写道，他并不确定大规模公共建设会对公众的信心有何影响，也不知道银行信贷的削弱是否会发生，他对此非常担心。对公众信心表示担忧，同时对大规模公共建设表示谨慎反对的还有 Z. C. 迪金森（Z. C. Dickinson）教授、亨利·B. 加德纳（Henry B. Gardner），以及阿尔文·亨利·汉森。在这些反对声中，更坚决者有约翰·霍普金斯大学的雅各布·霍兰德，他在几个月前提交给总统委员会的批评报告中签了名。霍兰德对信贷结构和持续的赤字表示担忧。哈佛大学的埃德温·F. 盖伊相信必须提倡节俭，同时要平衡预算。

纽约大学的威尔福德·I. 金警告说：工资率必须根据商品价格的下跌按比例相应下跌，这样才能消除失业。他富有说服力地指出，

---

[9] *Congressional Record* (May 16, 1932), pp. 10309–10339. 在这些支持者中，经济学家有：

埃德温·W. 博恰德 (Edwin W. Borchard)	保罗·F. 布里希登
莫里斯·L. 库克	理查德·T. 伊利
拉尔夫·C. 爱泼斯坦 (Ralph C. Epstein)	欧文·费雪
费利克斯·弗兰克福特	沃尔顿·汉密尔顿
贺瑞斯·M. 凯伦 (Horace M. Kallen)	弗兰克·H. 奈特 (Frank H. Knight)
威廉·莱瑟森	威廉·N. 鲁克斯
布罗达斯·米切尔	哈罗德·格伦·莫尔顿
E. M. 帕特森 (E. M. Patterson)	塞利格·珀尔曼 (Selig Perlman)
E. R. A. 塞里格曼	萨姆纳·H. 斯里奇特
乔治·索尔	弗兰克·W. 陶西格
奥德威·梯德	戈登·S. 沃特金斯
米伦·W. 沃特金斯 (Myron W. Watkins)	W. F. 维尔克斯 (W.F. Willcox)
E. E. 威特	

政府以高工资率安排就业将使失业问题无法解决。遗憾的是，金建议进行货币性通货膨胀，使物价水平回到 1926 年时的状况。俄亥俄州立大学的 M. B. 哈蒙德则对《瓦格纳议案》进行了极为精彩的批评。他指出，正确的方法是提倡节俭，平衡预算，维护金本位制度，并允许对物价进行必要的调整，他说：

一旦一些特定行业可以像其他行业已经发生的那样进行价格下调，那么经济环境将得以稳定。大幅度拨款进行公共建设会阻止这样的调整，而对于私营工业为经济复兴所付出的努力来说，这是十分不利的。

对于这些建议的最好评价来自威廉 · A. 贝里奇（William A. Berridge），他是都市人寿保险公司的经济学家。他写道，为公共建设发债"将严重蚕食投资基金的供给，这可能具有危险性，而私营企业则急需这些资金，只有他们才能使这个国家爬出萧条"。他还说道，公众建设计划"无疑将冻结国家的劳工和资金，特别是那些对营利性没有任何作用，从总体上说也无益于社会福利的项目"。

但是还是有人要求进行进一步的公共建设。《美国城市》杂志要求进行一项为期 6 年的低利率贷款计划，向公共建设提供资金；约翰 · P. 霍根（John P. Hogan）上校建议设立一个拥有 15 亿资产的生产性研究工作公司，该公司将向地方政府的公共建设项目提供贷款。[10]

霍根的计划得到了美国建筑业联盟和美国建筑公司联合会的支持，这两家机构都希望政府能对建筑业进行资金扶持。6 月，建筑业

[10] 参见 Joseph E. Reeve, *Monetary Reform Movements* (Washington, D.C.:American Council on Public Affairs, 1943), p. 19.

发起成立了一个国家贸易复兴委员会，以促进公共建设事业。公共建设的其他狂热分子包括纽约投资银行家 J. 奇弗·考登（J. Cheever Cowden），他建议每年拨款 4 亿—5 亿美元进行公共建设；马尔科姆· C. 罗蒂，他建议每年为此拨款 10 亿美元；此外还有欧文· D. 杨、阿尔佛雷德· E. 史密斯和富兰克林· D. 罗斯福。威廉·伦道夫·赫斯特建议为联邦公共建设事业发行 55 亿美元的财产债券，1932 年 1 月，这一建议得到了 31 位经济学家的支持，他们包括托马斯·尼克松·卡沃尔、保罗· H. 道格拉斯、威廉· T. 福斯特、罗伯特· M. 麦克尔沃以及 J. E. 勒罗希格诺。[11]

1932 年夏季出版的 3 本书构成了罗斯福新政的前奏。这些书要求政府进行大量支出，特别是进行公共建设的支出，还有对经济进行中央计划；这 3 本书是斯图亚特·蔡斯的《新政》、大卫·库什曼·科伊勒《无法抑制的冲突：商业与金融》和乔治·索尔《一个计划中的社会》。他们对公共建设事业的建议得到了《新共和国》杂志和美国劳工联盟的支持。美国市长会议也要求进行一项 50 亿美元的公共建设计划，而自称是社会主义者的诺曼·托马斯和莫里斯·希尔奎特（Morris Hillquit）则提出发行 120 亿美元的债券，募集的资金一半用于进行公共建设，另一半用于直接救济。

然而，在此期间，胡佛总统也开始对自己所喜爱的政策——公共建设表示怀疑。在 2 月底召开的一次会议上，胡佛承认，他的公共建设方案尽管从萧条开始以来使联邦的公共建设增加了两倍，但它却已经失败了。让每家拿出超过 1 200 美元帮助进行公共建设确实太昂

[11] 有关这些经济学家的联名请愿，参见 *The Economic Mind in American Civilization* (New York: Viking Press, 1959), vol. 5, p. 675.

贵了，而对于那些住在边远地区的贫困人口以及那些不能被雇佣从事这些公共建设工作的人们来说，这些项目与他们完全没有关系，它们只是一些不必要的工作。现在，胡佛更倾向于联邦向州提供补助以代替联邦直接进行公共建设。到5月，胡佛已经公开改变了自己原先的立场，并反对进一步扩大那些不能迅速收回成本的公共建设。结果，1932年联邦公共建设投入只增加了0.6亿美元，达到3.33亿美元。惨痛的经历使总统削减了公共建设计划，他还部分地批评了自己在10年多时间里一直持有的观点。此后直到罗斯福新政开始，公共建设再次淡出人们的视线。[12] 尽管有所改变，胡佛仍坚持认为“可迅速生利”的公共建设具有优点，并促使复兴银行公司向公共水坝、收费桥梁以及清除贫民窟的项目提供大量贷款。实际上，胡佛在谈到这些事情的时候仍然充满骄傲。据他回忆，在萧条期间，他亲自劝说州和地方政府扩大了15亿美元的公共建设计划。他依旧充满自豪地指出，在他当政的4年间，公共建设总量比过去30年进行的公共建设总和还多，由于在当政期间兴建了纽约琼斯海滩、旧金山海湾大桥、洛杉矶渡槽和顽石坝，胡佛至今受人好评。1932年，他还与加拿大签订条约合作兴建圣劳伦斯航道，但是这一地区的议院却明智地拒绝了这项无用之功，并拒绝了为水上航运所提供的资金补助。

复兴银行公司

至于新政的其他方面，胡佛非但没有动摇，反而更加坚定了自己

[12] 参见 Vladimir D. Kazakévich, “Inflation and Public Works,” in H. Parker Willis and John M. Chapman, eds., *The Economics of Inflation* (New York: Columbia University Press, 1935), pp. 344–349.

的决心。1 月，国会匆匆通过了胡佛计划中最重要的一环——复兴银行公司。[13] 复兴银行公司获得总计 5 亿美元的政府资金，并获得最多可以发行 15 亿美元债券的授权。胡佛要求伯纳德·巴鲁克担任复兴银行公司的主席，但是被巴鲁克拒绝了。此时，胡佛任命了自己最具社会主义倾向的一位顾问尤金·迈耶为主席，迈耶是最早建议胡佛设立复兴银行公司的，他同时也是巴鲁克的老友。[14] 在复兴银行公司建立之初的 5 个月，它的所有借贷活动都在保密中进行，在民主党议员的要求下，它才被迫提供阶段性的公共报告。政客们的借口是，复兴银行公司应该像对待银行信贷或者像以前的国家信贷公司一样保守机密，以免挫伤公众对扶持银行或商业机构的信心。但问题是，复兴银行公司是专门用来向那些即将破产的不良机构提供贷款的，而这些机构资质很差，所以公众迟早要对其失去信心。此外，纳税人向政府缴税，他们也就是政府的“拥有者”，从原则上讲，政府代表没有借口向他们保守秘密。在民主社会里，保守隐秘特别应该受到谴责，因为如果政府总是隐藏事实，那么人们又如何做出明智的决定呢？

在从 2 月到 6 月的 5 个月中，复兴银行公司共提供了价值 10 亿美元的贷款，其中 80% 是提供给银行和铁路的，而 60% 是提供给各银行的。共和党人声称：从事实上讲，复兴银行公司根本不是空洞的政治光环。6 月 7 日，查尔斯·道斯将军辞去复兴银行公司总裁之职。之后不到 3 星期，他所领导的一家芝加哥银行——中央共和银行及信

[13] 安德森博士对 1932 年有关政策的描述显然是不够的，他曾反对胡佛早期持有的类似国家主义和通货膨胀的政策，但后来他发生了转向，开始支持胡佛的计划，包括国家信贷公司、复兴银行公司以及《格拉斯—斯蒂戈尔法案》。参见 Anderson, *Economics and the Public Welfare,* pp. 266–278.

[14] 胡佛向参议员罗宾逊承诺提名迈耶为复兴银行公司主席，以回报民主党在国会中对他的支持。Gerald D. Nash, “Herbert Hoover and the Origins of the RFC,” *Mississippi Valley Historical Review* (December, 1959): 461ff.

托公司获得复兴银行公司 0.9 亿美元的贷款，而这家银行的存款总额也只有 0.95 亿美元。道斯辞职后很快为自己的银行申请并获得了一笔巨额贷款，这显然是一场对纳税人进行掠夺的政治阴谋。[15] 此外，复兴银行公司还向克利夫兰联合信托公司提供了 0.14 亿美元的贷款，而这家银行的董事会主席正是共和党国家委员会的财务官约瑟夫·R. 纳特（Joseph R. Nutt）。

接替道斯领导复兴银行公司的是尊敬的阿特利·波莫里恩（Atlee Pomerene），他在经济上的伟大智慧使他宣称，他将使所有商人的交易额增加 33%。这可是通向复兴之路啊！在波莫里恩的庇护下，复兴银行公司很快批准向克里夫兰管理信托公司提供 0.123 亿美元的贷款，而波莫里恩正是这家公司的董事。巴尔的摩信托公司获得了另一笔总值 740 万美元的贷款，而这家公司的副主席是极具影响力的共和党参议员菲利普·L. 戈德斯保拉夫（Phillips L. Coldsborough）。0.13 亿美元的贷款授予了底特律管理信托公司，其董事是商务部部长罗伊·D. 查宾（Roy D. Chapin）。

另外，在这秘密的 5 个月里，2.64 亿美元被借给了铁路公司。人们认为：铁路债券应该得到保护，因为这些债券的持有者很多是储蓄银行和保险公司这些所谓的小型投机机构。在我们所知的 1.87 亿美元中，0.37 亿美元被用于设备更新，1.5 亿美元用于还债。比如，在第一批贷款中，575 万美元贷给了密苏里太平洋公司，使其向 J. P. 摩根公司归还债务，总值 0.11 亿美元的贷款授予了属于范斯沃瑞根家的铁路（包括密苏里太平洋公司）以归还债务。总值 800 万美元的贷

[15] 参见 John T. Flynn, "Inside the RFC," *Harper's Magazine* 166 (1933):161–169. 但是，胡佛集团坚持认为道斯将军并不想得到复兴银行公司的贷款，芝加哥的民主党银行家和复兴银行公司理事会的民主党成员都坚持那么说。

款借给了巴尔的摩和俄亥俄公司，它们向库恩·勒布公司归还债务。总之，复兴银行公司向铁路公司提供了0.44亿美元以归还各类银行贷款。这项政策的主要支持者是尤金·迈耶，他“以刺激经济复苏为由”，直接“将更多的货币给了银行”。但是“刺激经济复苏”实际上意味着纳税人被剥削，他们的钱以强制手段被转移到一些银行手中，最著名的有J. P. 摩根公司和库恩·勒布公司。迈耶的连襟是J. P. 摩根公司的成员，迈耶本人担任着摩根公司和法国政府的联络官，从这里我们可以看出迈耶所谓的人道主义究竟指的是什么。在密苏里太平洋公司一事中，尽管州际商务委员会提出了反对的警告，但复兴银行公司还是批准了这笔贷款，而一旦这家铁路公司向摩根公司归还了债务，人们也就对这家公司走向破产并不在意了。[16]

约翰·T. 弗林在一篇批评复兴银行公司的文章中正确地指出，这些贷款只能延长萧条：

> 价格必须下跌，使现有的收入能买到商品……收入本身不应用于偿清多余的债务。……试图抬高物价或保护不良的债务人势必延长萧条。

弗林还有力地指出能帮助信用不佳且其又为债务所困的铁路公司走出困境的最好方法是使其接受“破产管理”，这是“不可避免的医治过程”：

> 问题纠正得越快，铁路公司的重生也越快……而复兴银行公司

[16] 在向复兴银行公司申请贷款时，密苏里太平洋公司显然已经篡改了其资产负债表，而它所宣称的库存现金要比它实际拥有的要多。Ferdinand Lundberg, *America's Sixty Families* (New York: Citadel Press, 1946), p. 233.

却没有使债务重重的铁路公司纠正其自身的问题，相反还增加了它的债务负担。[17]

尽管有关复兴银行公司的议案很快制定完成，但胡佛还是抱怨由民主党主导的国会使有关议案晚通过了 6 周，这使债券由于这段时间的耽搁而低于其“真实价值”——无论其价值是多少。胡佛最主要的抱怨在于国会没有允许复兴银行公司直接向工业、农业或政府提供贷款以用于公共建设。总之，国会没有允许复兴银行公司大范围而又不计后果地进行贷款。

但是最后，胡佛还是达到了他的目的，国会同意将复兴银行公司从一个在债务问题上扶持银行和铁路公司的一般性预防机构，转变成可以向新的建筑项目提供资本贷款的大胆又“积极”的组织。7 月 21 日的修正稿——1932 年《紧急援助建设法案》——授权复兴银行公司将资产从 20 亿美元提高到 38 亿美元，并允许它为各州和各个城市提供贷款用于救济、自偿性建设项目，以及为多余农产品售往海外集资、有序推销农产品和建立多家农业信贷公司。[18] 据一篇回忆道斯将军的文章记载，此时，贷款被禁止借给那些是复兴银行公司理事会成员银行的董事或者官员。在之后的一个修正稿中，复兴银行公司被命令拨出 0.25 亿美元给财政部，用于购买 12 家新设立的联邦住宅贷款银行的股票。

---

[17] Flynn, *Inside the RFC*. 复兴银行公司的另一个结果是，复兴银行公司的债权人利益逐步使破产铁路公司社会主义化，并使得政府可以对铁路进行重新组织。杜因坚持认为：“政府通过提供贷款所获得的权利，在制定重组铁路的政策中占了主导地位”。Arthur Stone Dewing, *The Financial Policy of Corporations* (5th ed., New York: Ronald Press, 1953), vol. 2, p. 1263.

[18] J. Franklin Ebersole, “One Year of the Reconstruction Finance Corporation,” *Quarterly Journal of Economics* (May, 1933): 464–487.

在整个 1932 年，复兴银行公司的信贷总额达到 23 亿美元，实际预支现金达到 16 亿美元。在预支现金中，52% 是给银行的贷款，17% 给予了铁路公司（而其中一半以上的公司用这些贷款偿付银行债务），还有 9% 给了农业。在农业方面，复兴银行公司建立了多家地方性农业信贷公司，并预支给它们 140 万美元，这些机构到 1932 年年底批准的信贷数额达到 0.55 亿美元。复兴银行公司在为棉花业提供信贷方面特别积极。此外，尽管美国工程理事会满怀希望地提出了一揽子总计 10 亿美元的自偿性公共建设计划（主要是供水和灌溉系统），复兴银行公司只批准贷款 1.47 亿美元，并在 1932 年为这些项目预支了 160 万美元。

政府救济

如果说胡佛对复兴银行公司所体现的国家主义十分支持的话，在另一项问题上他只能退让，这就是直接救济，而以前他支持采取自愿的方式。纽约州州长富兰克林 · D. 罗斯福在 1931—1932 年的那个冬天首先倡导了在州一级进行政府救济，他促使纽约州建立了第一个州立救济管理机构：拥有 0.25 亿美元的紧急救济临时管理局。[19] 其他州也纷纷仿效，参议员爱德华 · P. 科斯蒂根（Edward P. Costigan）和拉夫莱特提出一项议案：执行一项 5 亿美元的联邦救济方案。[20] 这项议案没有获得通过。但是，随着萧条的加剧，加上选年的到来，政府只能

[19] 参见 Edith Abbott, *Public Assistance* (Chicago: University of Chicago Press,1940).

[20] 科斯蒂根和拉夫莱特是从新成立的联邦失业行动社会服务委员会那里获得草拟议案的资料的，这个委员会由家庭福利协会的林顿 · B. 斯威夫特 (Linton B. Swift) 领导。从这个新成立的组织上，我们可以发现当时发生的一些变化，专职社会工作者开始更倾向于联邦救济。5 月召开的国家社会工作大会 1932 年会议也一改 1931 年会议对联邦救济的反对态度。Irving Bernstein, *The Lean Years: A History of the American Worker, 1920–1933* (Boston: Houghton Mifflin, 1960),pp. 462ff.

屈服并通过了1932年7月的《紧急援助建设法案》——美国第一个联邦救济法规。[21]这项议案并不能让那些政府救济的鼓吹者满意，它允许向州一级救济活动提供贷款，但不能直接向各州提供资金，但是这也只是稍有不同而已。复兴银行公司向各州提供的贷款只能满足各个州长提出"需求"的3%。复兴银行公司被批准将用于这一目的的贷款增加到3亿美元。资金迅速提供给了阿拉巴马、乔治亚、伊利诺伊、蒙大拿、北达科他、俄亥俄、犹他、路易斯安那和俄勒冈。复兴银行公司还雇用了一批社会工作者，在弗雷德·克罗克斯顿的领导下管理这一项目。

各州也扩大了它们的救济方案。1931—1932年各州紧急救济支出总额为54.7万美元，1933年度财政支出达到9亿美元。纽约州、新泽西州和宾夕法尼亚州首先进行救济支出，宾夕法尼亚州是用新征收的营业税筹集这笔资金。总之，在120个城市地区，公共救济总额在1929年为0.33亿美元，1931年为1.73亿美元，到了1932年为3.08亿美元。[22]

通货膨胀计划

胡佛不会在展开庞大的通货膨胀计划这件事上保持沉默，首先，在2月份，政府通过了《格拉斯—斯蒂戈尔法案》为通货膨胀扫清了

[21] 6月初，芝加哥的主要实业家恳请进行联邦救济，这一事件极具影响，也促使胡佛屈服。由于伊利诺伊议会拒绝提供救济资金，这些芝加哥人只能转向联邦政府。他们包括阿默、威尔逊、国际收割机公司、圣达菲铁路公司、马歇尔铁路公司、高露洁—棕榄—皮特、内陆钢铁、奔德士、美国石膏、A. B. 迪克、伊利诺伊贝尔电话，以及第一国家银行这些企业的主要管理者。Bernstein, *The Lean Years: A History of the American Worker, 1920–1933,* p. 467.

[22] 参见 A. E. Geddes, *Trends in Relief Expenditures, 1910–1935* (Washington,D.C.: U.S. Government Printing Office, 1937), p. 31.

道路，这一法案包括：（a）大幅度放宽向美联储申请再贴现的标准；（b）除商业票据外，美联储还可以用政府债券为抵押提供现金。[23]现在，使准备金膨胀的计划已无任何障碍，美联储又一次可以执行宽松货币政策了。另外，尤金·迈耶此时已是联邦储备委员会的理事，奥格登·米尔斯也接替更加保守的安德鲁·梅隆担任财政部部长。1932 年 2 月末，银行准备金总量已经下降到 18.5 亿美元。此时，美联储开始大量购买美国政府证券。1932 年年底，准备金总量上升至 25.1 亿美元。在不到一年的时间里，准备金大幅度上升 6.60 亿美元，这在美联储系统先前的历史上从未出现过。如果银行将多余的准备金全部用于借贷，美国的货币供给总量将上升近 80 亿美元。可是，1932 年的货币供给量反而下降了 35 亿美元——从 682.5 亿美元下降到年底的 647.2 亿美元，其中银行存款的部分就下降了 32 亿美元。

这一年的货币史可以分成两个阶段：2 月底—7 月底和 7 月底—12 月底。在第一阶段的准备金总量上升 2.13 亿美元。美联储的整个证券购买计划也发生在第一阶段；证券持有量由 2 月底的 7.40 亿美元上升至 7 月底的 18.41 亿美元，在 5 个月的时间里大幅度上升 11.01 亿美元；可控制因素导致准备金上升 10.00 亿美元；而由于银行向美联储还债 2.90 亿美元，黄金存量总额骤降 3.80 亿美元；流通领域中的货币增长 1.22 亿美元，这些不可控制因素导致准备金下跌 7.88 亿美元，这抵销了可控制因素所导致的准备金上升。在黄金存量下跌之时，立刻在公开市场进行购买活动是完全错误的，这使公

[23]《格拉斯—斯蒂戈尔法案》的支持者辩称，该法案提出的政策符合货币数量论，它考虑的是资产的总量而不是资产的质量，所以奥地利学派的经济学家应该支持这一措施。但是问题在于，无论是数量论还是性质论来说，赞成政府向银行提供贷款，就是促使货币数量发生通货膨胀，所以这也会受到奥地利学派经济学家的批评。

众怀疑政府是否有能力维持美元的金本位制度。而执行通货膨胀政策的原因之一是，1932 年的赤字达到了 30 亿美元。因为财政部不愿意向公众发行长期债券，所以它只能向各成员银行进行短期借贷，而美联储则被迫为这些银行准备足够的准备金。

尽管发生了大规模的通货膨胀，在这半年里，国家银行存款还是下降了 31 亿美元，从此时起一直到年底，存款数量基本没有变化。为什么当货币供给量增大的时候，它却减少了呢？答案是出现了“超额准备金”。在 1932 年第二季度以前，美国的银行总会把多余的准备金借掉，只留下数量极少的超额准备金。此时，银行积累了大量超额准备金。据劳克林・柯里（Lauchlin Currie）估计，超额准备金占准备金总量的比例由 1932 年第一季度的 2.4% 上升至第二季度的 10.7%。[24]

为什么会出现超额准备金呢？首先，美联储购买政府债券纯粹是人为地刺激通货膨胀。黄金数量的下降要求货币供给量减少，这样才能维持公众对美元和银行系统的信心；货币在现金需求的淡季增长是一个不良的信号，公众正在对银行失去信心，只有通过大幅度的银行紧缩才能恢复信心。当市场要求通货紧缩时，美联储却展开了一场大规模的证券购买行动。曾经发生并且还将继续发生的银行破产当然让各家银行深感忧虑，它们不愿意进一步扩大其存款，也确实没有那么做。一种普遍的解释认为在萧条时期，商业对贷款的需求骤减是因为在商业领域不能预先发现很多可获利的机会；但是，这种说法忽视了这样的事实，银行从来都不是被动的，如果它们真要做些什么，它们可以购买现有的债券，还可以增加存款。商业机构需要银行提供商业

[24] Lauchlin Currie, *The Supply and Control of Money in the United States* (2nd ed., Cambridge Mass.: Harvard University Press, 1935), p. 116.

贷款，或者发行新的债券，但这并不说明银行的决策只决定于此。所以说，超额准备金的问题还在于银行自身。

在一个充满金融危机的萧条时期，银行不愿意提供贷款或进行投资，这是为了（a）避免危及其客户的信心；（b）避免向可能不按期还款的企业提供贷款或投资以降低风险。1932年，人为的宽松货币政策全面降低了利率，也因此进一步挫伤了银行贷款或投资的意愿。而正当风险逐步增大时，政府的管制使人们减轻了对承担风险的担忧，也就是使预期的利息收入降低了。正如我们在上文所说，我们不应忽视令人担心的银行破产风潮也会对银行决策产生影响。一般来说，在20世纪20年代，一年会有700家银行破产，而这些银行的存款总额达到了1.7亿美元。1930年，1 350家银行破产，存款总额达到8.37亿美元；1931年，2 293家银行破产，存款总额为16.90亿美元；1932年，1 453家银行破产，其存款额为7.06亿美元。银行破产数量的增加足以使任何银行步履维艰，特别是当银行家们从内心认识到：没有银行（这些银行都没有实施100%储备的策略）可以躲过必然发生的银行挤兑风潮。结果，银行停止进行商业贷款，并不再增加投资。

胡佛政府在1932年3—7月执行了一次庞大的通货膨胀政策，通过美联储购买政府证券使可控制的准备金增加了10亿美元。如果其他因素保持不变，而银行将这些货币全做贷款之用，在这个时期，货币供给量急速而疯狂地上涨了100亿美元。但是，幸运的是，这项通货膨胀政策发生了逆转，并遭受了惨重的失败。这是为什么呢？外国人对美元失去了信心，并撤走了黄金，当然这也应部分归咎于通货膨胀计划的实施；美国公民对银行失去信心，他们将存款兑换成联邦储备券；再有，银行家们也不愿使自己的利益受到进一步的威胁，他们用增加的货币向美联储还债，或者把它们堆到金库里。因此，由于公众和银行所采取的态度，政府设想中的通货膨胀转变成了通货紧缩，货币供给量下降了 35 亿美元。在下文我们将进一步看到，美国的经济在 1932—1933 年间达到了萧条时期的最低点，而 1932 年中期经济开始向上反弹。1931 年 7 月—1932 年 7 月发生的大规模通货紧缩使通货和存款总量减少了 75 亿美元，占到货币供给量的 14%，如果认为这就是促使 1932 年仲夏发生经济好转的原因，也并不牵强。[25]

银行准备金的上升主要发生在 1932 年下半年，这段时间准备金从 20.5 亿美元增加至 25.1 亿美元，增加了 4.6 亿美元。但是这一增长不是因为联邦储备银行购买债券引起的，因为显然胡佛政府在意识到通货膨胀政策没有起到任何作用以后，就停止了这类购买操作。到胡佛的通货膨胀结束，黄金自身发生了回流，甚至流通领域中的货币也违反季节性规律而减少。在第二阶段，可控制的准备金增加 1.65 亿美元，不可控制因素导致准备金增加 2.93 亿美元，而不可控制因素中主要是黄金存量增加了 5.39 亿美元。但是，货币供给量仍然保持不变，在这年年底，通货和银行存款总计 453.6 亿美元。总之，在 1932 年下半年，黄金涌入美国，流通领域中的货币也减少了。

公众再也没有阻止通货膨胀。面对黄金存量大量而迅速地增长，政府没有采取任何行动，其实它应该通过紧缩货币和出售手中过多的证券，将增长的准备金封存起来。面对准备金的大幅度上升，银行家们再次大量积累超额准备金并减少对美联储的负债，以此来挽救国家

[25] 当人们提到 1929—1932 年的货币紧缩时，总是充满恐慌，但用我们的思想衡量这一时期，我们就应该想到，货币供给量从 1929 年 6 月的 733 亿美元下降到 1932 年底的 647 亿美元，下降幅度为 11.6%，这相当于这些年每年下降 3.3%。但比较 20 年代的繁荣时期，通货膨胀平均每年使货币供给量上升 7.7%。

的货币状况。柯里估计，到 1932 年第四季度，超额准备金将增加一倍，占银行准备金的 20.3%。

西摩·哈里斯（Seymour Harris）教授在萧条最严重时撰文，当时他还是一个谨慎的温和派，他承认，美联储的通货膨胀之所以失败，可能是由于“清算活动没有充分进展下去”。此外，他还认为，以健全货币的观点批评执政政府，这也是正确的，而且可能正是 1930—1932 年在公开市场购买债券“延缓了清算的进程，阻止了成本的削减，并因此加剧了萧条”。[26]

如果说胡佛的通货膨胀计划遭到了外国人、公众和银行的反对，在面对这些阻碍时，这位总统也没闲着。对于那些外国人，他没有什么办法，他做得最多的是促使国会通过《格拉斯—斯蒂戈尔法案》为国内的货币扩张留下更多余地。相对于其他人来说，胡佛只是一个温和的通货膨胀主义者，他并不想放弃金本位制度。而对于公众，胡佛可以做的就很多了。1931 年，在看到流通领域中的货币增加了 8 亿美元后，胡佛准备合力讨伐“叛国式的囤积”行为。“囤积”当然意味着个人选择将其财产兑换成现金，他们要求银行将其存款转换成现金，而银行也承诺可以随时受理这样的兑换请求。

萧条的特点在于，由于商业银行系统本身存在着欺骗性特征，如果公众试图将银行中的财产兑换成现金，这就必然引起银行和政府的恐慌。因此，胡佛在 2 月 3 日组织了一场反囤积运动，这场运动由芝加哥的弗兰克·诺克斯（Frank Knox）上校管理下的公民复兴组织领导。胡佛大声疾呼，指责囤积者是叛国者；囤积者限制和破坏了信贷

[26] Seymour Harris, *Twenty Years of Federal Reserve Policy* (Cambridge, Mass.: Harvard University Press, 1933), vol. 2, p. 700. Dorfman, *The Economic Mind in American Civilization,* vol. 5, pp. 720–721.

（其实，囤积者只是揭示了那些信贷具有不良的一面，这些信贷伤害了他的利益，破坏了他的财产）。2 月 6 日，一群最高层的反囤积爱国者聚在一起商谈组织这次运动，出席者是道斯将军、尤金·迈耶、拉蒙特部长和米尔斯财政部部长、A. F. 惠特尼、阿万利·约翰斯顿以及实业家马格努斯·亚历山大（Magnus Alexander）。公民复兴组织要求囤积者投资短期国库债券，也就是进行那些没有收益的投资。3 月 6 日，胡佛在公众演讲中阐述了囤积的邪恶，他指出："今天我们要向囤积通货宣战。"囤积降低了物价和收入，并限制了信贷；它扼杀了我们的日常生活。"没有人可以否认，如果今天囤积在我们这个国家中的大量通货被投入到实际流通中，这将推动我们的经济进行巨大的发展。"胡佛还称赞了诺克斯上校：他"与这些美国人进行战斗，他号召每一个人保卫美国这片家园"。胡佛支持诺克斯运动有其理由，因为在 1932 年，"囤积"并没有大幅度增加，7 月份囤积达到最高额 54.4 亿美元，直到 1933 年 2 月的银行危机，便再也没有超过这个数字。但如果说胡佛是正确的，并因此对他进行赞誉，这是不合适的。因为这意味着银行的清算被推迟到另一年进行，而最后的银行业危机则更加严重，这同时也意味着公众不是那些最后看到银行业体系存在问题的人。

银行也对胡佛的举动十分气恼，它们不愿在这个危机的时刻进行扩张。《纽约时报》5 月 20 日报道，"显然在扩张信贷的问题上，本国商业银行不愿与政府合作，"胡佛为此有些"情绪失常"。总之，这些"银行并没有将这些援助措施所带来的利益继续传递给它们的客户"。作为通货膨胀主义者，这些官员对银行的谨慎十分恼火，复兴银行公司的主席阿特利·波莫里恩便在演说中气势汹汹地说："现在……我斟酌再三，银行有 75% 甚至更多的资产是流动资产，但当有证券提供时，它们却拒绝出借这些资金，在现在的经济环境中，它们就是这个社会的蛀虫。”胡佛还试图劝说银行进行信贷扩张。正是他促使国会通过了《格拉斯—斯蒂戈尔法案》，他还和迈耶命令美联储在公开市场购买 10 亿美元的证券。在《格拉斯—斯蒂戈尔法案》和复兴银行公司法案通过之后，胡佛宣称这些法案将“使我们的整个信贷结构增强，并打通信贷渠道，使我们的银行可以更充分地”为公众“提供服务”。5 月 19 日，胡佛要求财政部部长米尔斯组织银行家和商人使用美联储通过公开市场操作创造的多余信贷，以此刺激银行。为此，一个委员会在纽约建立起来了，委员会成员包括：主席欧文・D. 杨、AT&T 的沃尔特・S. 吉福德、花旗银行的查尔斯・E. 米切尔、通用汽车的小阿尔佛雷德・P. 斯隆，以及美孚石油的沃尔特・C. 梯格尔。第二天，5 月 20 日，胡佛就拟好新闻稿，表示支持该委员会，这个委员会试图组织一个卡特尔以扶持债券价格，但是这个委员会没有起到任何作用，最后这些想法也没有付诸实施。

通货膨胀的激烈争论

胡佛在后来说：“在担任总统以后，罗斯福支持信贷扩张的所有政策都是以我们的措施为基础的。”他那么说确实有很多理由。尽管坚持政府干预和通货膨胀的主张，胡佛认为自己的做法是正确的，而 1932 年提出的其他狂热的通货膨胀计划与之截然不同。比如，白银集团要求召开一个国际会议的呼声就甚嚣尘上，他们要求通过这一国际会议提高并稳定白银的价格。而现在他们又要求建立复本位体系。支持这一设想的有来自山区各州的参议员金、斯姆特和波拉哈；此外，国际商会和美国劳工联盟也对此表示支持。蒙大拿州的民主党参议员伯顿・K. 惠勒（Burton K. Wheeler）与小威廉・詹宁斯・布赖恩（William Jennings Bryan，Jr.）紧密合作，提出了一项复本位议案，要求恢复白银与黄金16：1的兑换比例。2月，为了支持这一议案，他们还专门成立了复本位协会，这一议案还得到了国家农民工会的支持。白银补贴集团的最重要的领导者之一热奈·利昂成为白宫税收立法委员会的顾问，正是在他的劝说下，这个委员会建议展开一次国际会议。但他们提出的要求没有一项获得国会的通过。

同时，越来越多的经济学家和政客开始鼓吹信贷扩张，有些人认为这能使物价“再度上涨”至萧条前的水平。稳定论者由欧文·费雪领导，此人我们在上文讨论过，这些人现在并不只想要求稳定物价，他们还要求使物价再度回到萧条前的水平，只有这样才能稳定物价。没有较好的证据可以说明这些经济学家首先是通货膨胀主义者，然后才是稳定论者。诺曼·朗伯德和稳定货币协会一直要求进行稳定行动；在这个协会解散之前，它试图将自己变成一个更强大的组织，并确实被一个强大的国家委员会取代，这个国家委员会公开声称将致力于再度实施通货膨胀，此委员会在1933—1934年推动美国摆脱金本位的运动中也有不小的影响。这个国家委员会的创立者包括花旗银行的前总裁、老谋深算的稳定论者弗兰克·A.范德里普（Frank A. Vandlip）和雷明顿·兰德公司的总裁小詹姆斯·H.兰德。1932年后期，曾为创立该组织工作过的其他人还有文森特·邦迪克斯（Vincent Bendix）、西尔斯百货公司的罗伯特·E.伍德（Robert E. Wood）将军、国家工业会议委员会的马格努斯·W.亚历山大、农业领袖弗雷德·H.塞克索尔（Fred H. Sexauer）、E. L.考德（E. L. Cord），以及通用焙烤公司主席弗雷德里克·H.弗雷泽（Frederic H. Frazier）。1933年1月，这个国家委员会正式成立，此时，委员会的执行秘书是爱德华·A.鲁姆利（Edward A. Rumely），另一位领导者是莱辛·J.罗森瓦尔德（Lessing J. Rosenwald）。

在这些年里，通货膨胀主义者在国会的活动有：众议员赖特·帕特曼（Wright Patman）提出发行不兑换货币为军人发放奖金的议案；参议员大卫·I. 沃尔什（David I. Walsh）提出不兑换货币计划；北达科他州众议员博特内斯计划“稳定货币购买力”，另一项议案建议“通过欠债提高商品的价格水平，然后再稳定物价”。博特内斯的议案在1931年12月提交，同月，艾奥瓦州众议员克里斯蒂安·拉姆奇尔（Christian Ramseyer）提交议案建议“恢复并维持批发价格水平”，并授权美联储将物价提高到1926年的水平。伊利诺伊州众议员肯特·凯勒（Kent Keller）也提出了一个类似的议案。

1932年3月，一份最重要的通货膨胀议案被呈交给了国会银行和通货委员会。《戈德斯保拉夫议案》要求美联储履行职责使物价水平重新上升至萧条前的状况，然后稳定物价；同时，美联储被授予权利，在必要的时候调高或降低美元所体现的黄金重量，这使人们想起欧文·费雪曾提出的“美元补偿”计划。在听证会上支持《戈德斯保拉夫议案》的有：农业局联盟主席爱德华·A. 奥尼尔（Edward A. O'Neal），他创建了价值单位稳定委员会；国家农民协进会的路易斯·J. 塔博；国家农民工会的约翰·A. 辛普森（John A. Simpson），这些人都认为这项议案提出的建议已经足够了；亨利·A. 华莱士；前参议员罗伯特·L. 欧文（Robert L. Owen）；威尔福德·I. 金教授，他认为该议案的提议应更加深入；西蒙兹铁锯公司的总裁阿尔文·T. 西蒙兹（Alvin T. Simonds）；马尔科姆·C. 罗蒂上校；美国劳工联盟的W. C. 哈辛（W. C. Hushing）；欧文·费雪教授；以及乔治·H. 希比利。5月2日，议会以289票对60票的悬殊比例通过了《戈德斯保拉夫议案》，这使政府和保守派很紧张。稳定论者在此时迎来了他们的全盛时期。纽约商人协会强烈批评这一议案。《商业和金融新闻》——在整个20世纪20年代，该刊物始终是倡导健康货币政策的先驱——对《戈德斯保拉夫议案》表示批评，在 5 月 7 日那一期上，它还批评了美联储的管理机构：

当我们的立法机构失去理性时，反驳《戈德斯保拉夫议案》中的错误看来没有什么作用了，唯一的希望是在这场运动深入开展之前，它能受到一定的控制。很遗憾，我们必须说，美联储的管理机构在传递不良的思想上犯有不可推卸的责任，由于美联储决定大规模购买美国政府证券，这使得这些错误的主张得到了广泛的支持。

一些美联储要员也在参议院强烈反对《戈德斯保拉夫议案》（此时，他们提出了《弗莱彻议案》）。这些反对者中最积极的是阿道夫·C. 米勒博士，他指责：再实行通货膨胀只会加剧萧条，他的话令人信服。米勒坚信：如果美联储自 20 世纪 20 年代以来就按《戈德斯保拉夫议案》行事，现在萧条可能更加严重。但是由于财政部部长米尔斯和参议员格拉斯的阻挠，《弗莱彻议案》被搁置了。

康芒斯教授、伊迪、弗莱戴、坎莫罗、珀森、罗杰斯、伦纳德·P. 艾尔斯上校、查尔斯·E. 考哥林（Charles Coughlin）神父、经纪人罗伯特·M. 哈里斯（Robert M. Harriss）和伊凡·赖特（Ivan Wright）也支持通货膨胀。唐纳德·R. 里奇博格要求向失业者提供紧急贷款。最疯狂的货币计划无疑是要求政府为那些在失业者中建立的物物交换体系提供帮助。这里，国家主义者和通货膨胀主义者提出的计划最后走向了极端：人们有意识地从文明的货币经济中撤离，却要返回到原始的物物交换时代。

显然，许多著名的经济学家对萧条感到困惑，然而令人惊讶的是，他们竟也对这些物物交换计划表示支持。普林斯顿大学的弗兰克·D. 格雷厄姆教授炮制了一个周密的计划，由联邦政府建立一个紧急就业公司使失业者生产消费品，作为回报，他们将按工作时间领取紧急就业公司发行的临时货币。[27] 纽约大学的威尔福德・I. 金教授和俄克拉荷马大学的霍华德・O. 伊顿（Howard O. Eaton）也提出了类似的计划。经由普林斯顿大学工业关系研究部主任、总统紧急就业委员会的前成员 J. 道格拉斯・布朗的发动，一大批经济学家在一份请愿书上签字，要求联邦和州建立多个物物交易体系，这些体系均游离于文明的市场经济之外，失业者在这些体系中自给自足。[28]

[27] 参见 Frank D. Graham, *The Abolition of Unemployment* (1932), and Dorfman, *The Economic Mind in American Civilization,* vol. 5, pp. 720–721.

[28] 记住这些讲大话的著名的签字者的姓名和所属单位是有教育意义的。他们是：
威拉德・E. 阿特金森，纽约大学
弗兰克・艾德洛特 (Frank Aydelotte)，斯沃滋摩尔学院院长
C. 坎比・鲍尔德斯顿 (C. Canby Balderston)，宾夕法尼亚大学
乔治・E. 巴尼特 (George E. Barnett)，约翰・霍普金斯大学，美国经济学协会主席
约翰・贝茨・克拉克，哥伦比亚大学
乔安娜・科尔科特小姐，拉塞尔・塞奇基金会
莫里斯・A. 科普兰，密歇根大学
保罗・H. 道格拉斯，芝加哥大学
霍华德・O. 伊顿，俄克拉荷马大学
弗兰克・艾伯特・弗埃特，普林斯顿大学
弗兰克・惠特森・弗埃特，普林斯顿大学
欧文・费雪，耶鲁大学
沃尔顿・黑尔・汉密尔顿，耶鲁大学
保罗・U. 凯洛格,《绘图测量》的编辑
威尔福德・I. 金，纽约大学
威廉・M. 莱瑟森，安提俄克学院
理查德・A. 莱斯特 (Richard A. Lester)，普林斯顿大学
哈利・雷斯特・卢茨 (Harley Leist Lutz)，普林斯顿大学
詹姆斯・D. 马吉 (James D. Magee)，纽约大学
奥托・托德・马勒里
布罗达斯・米切尔，约翰・霍普金斯大学
萨姆纳・H. 斯里奇特，哈佛大学
查尔斯・S. 蒂皮茨 (Charles R. Tippetts)，布法罗大学
雅各布・维纳，芝加哥大学
查尔斯・R. 惠特尔西 (Charles R. Whittlesey)，普林斯顿大学
约瑟夫・H. 威利特斯，宾夕法尼亚大学沃顿学院院长
利奥・乌尔曼，哥伦比亚大学。

在这些事件中，我们学会了究竟要如何治理这个国家。而在那些签字中，马勒里、威利特斯、乌尔曼是胡佛的紧急就业委员会成员；威利特斯是宾夕法尼亚州立失业委员会的顾问；莱瑟森是俄亥俄州立失业保险理事会的主席；道格拉斯是纽约州立失业救济委员会的技术顾问；而格雷厄姆曾是农业局委员会的顾问。[29]

1932 年 1 月，两个重要的经济学家团体表示支持一项扩张性的通货膨胀计划，但他们并不赞成进行物物交易或者发行临时货币。曾在哈佛大学任教的沃伦 · M. 珀森博士起草了一份声明宣称，经济学家在两个问题上达成了“普遍的共识”：美联储与商业银行合作进行信贷扩张，并决定通过审议中的复兴银行公司议案。在珀森的声明上签字的包括：托马斯 · 尼克松 · 卡沃尔、约翰 · 莫里斯 · 克拉克、约翰 · R. 康芒斯、保罗 · H. 道格拉斯、欧文 · 费雪、大卫 · 弗莱戴、雅各布 · 霍兰德、维吉尔 · 乔丹、埃德温 · W. 坎莫罗、约翰 · A. 赖安神父、埃德温 · R. A. 塞里格曼、弗兰克 · W. 陶西格和亨利 · A. 华莱士。[30]

1932 年 1 月，由黄金和货币稳定研究所主办的一次美国首席经济学家会议在芝加哥大学召开，经济学家们获得了一次最为重要的机会表述萧条时期他们对货币和财政的看法。[31] 同预期中的一样，芝加

---

[29] 《纽约时报》（1933 年 1 月 16 日第 23 页）。在地方，物物交易运动也曾以自愿的形式发生过，当然它并不光彩地失败了。但是这一事件却启发了那些空想家提出要求，由联邦政府强制性地推行同样的计划。以地方合作社形式出现的物物交易运动始于 1931 年 7 月的西雅图失业市民联盟，很快它就波及一半以上的州。但是它们都很快失败了。在发行了令人不可思议的临时货币以后，类似的地方“临时货币交换”体系也很快失败了。最著名的临时货币交换体系是纽约紧急交换协会，它是由斯图亚特 · 蔡斯和其他知识分子及专业人士组织的。见多弗曼的《美国文化中的经济学思想》卷 6，第 624—625 页，以及 677 页。

[30] 同上，第 675—676 页。

[31] 参见 Quincy Wright, ed., *Gold and Monetary Stabilization* (Chicago: University of Chicago Press, 1932).

哥会议获得了广泛关注。24 位经济学家向胡佛总统提出了以下建议：（1）后来《格拉斯—斯蒂戈尔法案》所提到的主张；（2）在公开市场上，联邦储备委员会有计划地购买证券；（3）由复兴银行公司帮助那些拥有不良资产的银行；（4）维持公共建设计划；（5）联邦进行失业救济；（6）降低关税。正如我们所见，除了最后一条，胡佛总统采纳了所有这些具有通货膨胀特点、干预主义式的建议。这些经济学家错误地向胡佛提出了这些建议，这些建议在后来成为胡佛计划的一部分，所以他们也应为萧条的加剧负有部分责任。[32]

在这次会议上，一些发言者未在这项声明中签字，但遗憾的是，他们并未引起那些著名经济学家的注意。其中的一位是 H. 帕克·威利斯教授，他再一次像先知一样对美联储过去和即将执行的通胀政策进行了批评。威利斯指出，1929 年后期和 1931 年的宽松货币政策引起了黄金外流，这是具有危险性的，这也挫伤了人们对美元的信心，同时也导致了银行破产，而这又进一步使人们失去信心。他警告，任何证券购买计划确实可能提高物价，但是

现在，任何这样的措施都只意味着现存的经济问题将更加严重，

[32] 这些经济学家包括：

詹姆斯 · W. 安吉尔 (James W. Angell)
亚伦 · 迪莱克特 (Aaron Director)
哈罗德 · D. 吉迪恩斯 (Harold D. Gideonse)
查尔斯 · O. 哈代
阿瑟 · W. 马吉特 (Arthur W. Marget)
劳埃德 · W. 明茨 (Lloyd W. Mints)
欧内斯特 · M. 帕特森
亨利 · 舒尔兹 (Henry Schltz)
查尔斯 · S. 蒂佩茨
C. W. 赖特 (C. W. Wright)
西奥多 · O. 伊恩特玛 (Theeodore O. Yntema)
加菲尔德 · V. 考克斯 (Grafield V. Cox)
欧文 · 费雪
阿尔文 · 亨利 · 汉森
弗兰克 · H. 奈特
哈里 · A. 米理斯
哈罗德 · 格伦 · 莫尔顿
C. A. 菲利普斯
亨利 · C. 西蒙斯
雅各布 · 维纳
伊凡 · 赖特 (Ivan Wright)

现实的情况是，由于工程建设以及那些不能马上得以使用的固定资产投入，我们已经负担重重。

总之，不良投资造成的浪费只会越来越多，金本位也将受到严重危及。还有，通货膨胀和宽松货币政策耽搁了“重建稳固的……价格和价值体系的进程”。威利斯勇敢地要求美联储采取一种不干涉的政策。[33]

在这次会议上另一个引起我们注意的人物是哥特弗里德·冯·哈伯勒教授，他当时是路德维希·冯·米塞斯的学生。在会上，哈伯勒向人们介绍了米塞斯的商业周期理论，这也许是在美国第一次介绍米塞斯的理论。[34] 他指出，传统的有关商业周期的货币理论强调价格水平的稳定，它把阻止物价下跌作为医治萧条的良药。这正是费雪、卡塞尔和霍特雷的主张。但是，价格水平却是一种误导，因为信贷扩张也对生产结构产生了一种基础性的影响。进一步地讲，价格水平理论不能区分由货币收缩造成的价格下跌，与由生产能力增加造成的成本下降。哈伯勒接着指出，1924—1929 年，因为有大量的货币增加，生产有了大幅度提高，但是批发商品物价却保持不变。[35] 正是通货膨胀引起了随后的萧条。首先，它延长了生产时间，因为当信贷扩张时，利息被人为地压低了。哈伯勒继续说，随后的萧条是一场必要的调整，它终止了被延长的生产过程，修复了旧有的消费—投资比例。结果，

[33] H. Parker Willis, “Federal Reserve Policy in Depression,” in Wright, ed.,*Gold and Monetary Stabilization,* pp. 77–108.

[34] Gottfried von Haberler, “Money and the Business Cycle,” in ibid., pp. 43–74.

[35] 在这次会议的发言上，H. 帕克·威利斯教授承认：在 20 年代，“要不是信贷扩张，物价已经下跌了，其实物价本就应该下跌，正是在这一基础上，奥地利学派的经济学家对萧条进行了阐述”。威利斯也没有在这份全体声明上签字。

在经济复苏完成以前，必然发生资本和劳工的转移。哈伯勒提到那些“愚人鼓吹通货膨胀”，他们忽视了生产资源的错位已经存在。进一步的通货膨胀人为地扩大了消费品和生产品之间的不均衡，这使问题更加严重。最为糟糕的是“单方面地增加消费者的购买力，因为正是它使得消费品需求不成比例地增加了，这加速了危机的到来”。[36]

胡佛先生向股市宣战

1932 年间，胡佛一个人向股市，特别是那些卖空投机者逐步发动了一场战争，他天真而荒唐地觉得那些卖空投机者要对股票价格的下跌负责。胡佛忘了，牛市和熊市总是互相交错，任何一个熊市过后总会迎来一个牛市将下跌的影响抵销，他也忘了投机行为可以使股价的波动和运动趋于平衡。2 月 16 日，胡佛会见了纽约证交所的领导，他威胁说如果证交所不对“熊市”和那些卖空投机者采取行动，联邦政府将进行强制性干预。证交所的领导只得顺从，但由于他们在行动上并没有足够积极，胡佛表示他很不满意。

---

[36] 后来，在这一年的 9 月，又出现了另一种有关健康货币的观点，尽管它并不如哈伯勒那么一针见血。一批经济学家发表声明，批评通货膨胀或者放弃金本位的做法，他们要求通过降低税收和支出平衡预算，而不是增加税收，他们批评政府扶持那些资质不良的公司。而这些公司本应该马上进入清算程序，他们还指责胡佛抬高农产品价格。他们指出，通货膨胀带来的利益是虚幻的，它只是破坏性地使一些人得利，而其他人的利益却受到损害，所以这无助于医治萧条。他们还要求削减关税，降低政府雇员的薪水，因为当纳税人的收入下降时，这些政府雇员的收入却保持不变。但是他们却也有错误，他们建议建立一个联邦就业介绍系统，这说明他们依然支持失业保险，同时他们也赞成继续保持复兴银行公司，进行救济计划，以及暂时阻止通货紧缩。在这些签字者中，金融界的经济学家有 W. W. 坎伯兰 (W. W. Cumberland)、莱昂内尔 · D. 伊迪、利兰 · 雷克斯 · 罗宾逊 (Leland Rex Robinson)、亚历山大 · 萨克斯 (Alexander Sachs)、鲁弗斯 · S. 塔克 (Rufus S. Tucker)，以及罗伯特 · B. 沃伦，学院派的经济学家有伦敦经济学院的西奥多 · E. 格雷戈里 (Theodore E. Gregory)、普林斯顿的埃德温 · W. 坎莫罗、哥伦比亚商学院院长罗斯韦尔 · C. 麦克雷、纽约大学商业管理学院院长 A. 威灵顿 · 泰勒 (A. Wellington Taylor)。“Prosperity Essentials,” *Barrons* (September 26, 1932).

胡佛曾警告证交所，国会将对此进行调查，现在他要求参议院调查纽约证交所，即使他承认联邦政府没有宪法权限调查一家纯粹属于纽约的机构。总统不断施加压力要求展开一场调查，而调查的对象是他所谓的“阴险的、有步骤的熊市危机”，“投机商合力做空”股价的“邪恶行为”，“故意通过别人的损失而获利的行为”。与这些煽动性的言辞相比，宪法的限制确实显得很苍白。和许多纽约的银行家一样，商务部部长拉蒙特反对进行这些调查，但胡佛并没有听从这些劝告。在回答纽约银行家们的提问时，胡佛不知怎么得出这样的结论，他认为现在的证券价格不能体现其“真实价值”。可股票市场仍然坚持以股票的赢利情况判断股票，胡佛隐约觉得这一标准不符合国家利益：

普遍的观点认为价值需要根据投资利润进行判断，显然，股市操作也据此认为股价的下跌也是源于投资收益，在萧条最艰难的时期，这种想法对国家和公众投资者来说是一种伤害。

“根据美国未来的情况”，大众投资者应该“愿意进行投资”。

胡佛始终指责股市已经“堕落”，最后参议院终于开始对此进行调查，调查迫使大通银行的艾伯特 · H. 威金辞职，证券交易也受到伤害，因为这些调查显然对商业信心有着消极的影响。在胁迫之下，纽约证交所只得对卖空交易进行限制，接着胡佛建议对股市进行进一步管理，他期待在不久以后成立证券交易委员会（SEC）。这些管理措施包括：强制性规定股票招股章程，增加发行人责任，国会颁布证券交易相关规定。所以在后来，胡佛必然对新政中的 SEC 表示好感，这并不令人惊讶。

住宅贷款银行系统

我们知道，胡佛总统曾经想建立一个庞大的抵押贴现银行系统以囊括所有的金融机构，但是由于各保险公司反对这项计划，他被迫将范围强制性地限制在住宅贷款协会上。《联邦住宅贷款银行法案》在1932年7月获得通过，它建立了12家由联邦住宅贷款银行委员会管理的地区银行，这种方式类似于美联储。财政部为此拨款1.25亿美元，这笔钱随后被划进了复兴银行公司。胡佛抱怨：国会将贴现抵押限制在资产的50%，这阻碍了他的计划。8月，胡佛建立了多个国家商业和工业委员会以帮助那些小型企业，并促使这个全新的系统投入使用。8月26日，胡佛召集这些委员会举行了一次会议，他宣称，个人行为必须与政府行动相结合，这样才能有助于经济恢复，并“给你机会使行动系统化”。

这个新的住宅贷款银行系统等待了一段时间才投入运转，10月15日，它正式成立，但直至12月才开始进行借贷业务。1933年初，其未偿还的贷款总额只有83.8万美元；但是到了3月，所有地区银行开始投入运转，到这年年底贷款总额达到0.94亿美元。[37]

破产法

1932年胡佛新政的另一要点就是修改联邦破产法，削弱债权人的财产权利。即便破产法律轻率地允许债务人可以免除他本应承担的许多

[37] 参见 J. E. McDonough, “The Federal Home Loan Bank System,” *American Economic Review* (December, 1934): 668–685.

责任（这一点从本质上说十分令人怀疑，除非债权人和债务人在事先已经就这些问题达成谅解），那么它至少也应该规定债权人有权接管债务人的财产。可是胡佛总统甚至连这一点也觉得过分，在 1932 年和 1933 年的年度咨文中，他都要求对破产法进行修改以削弱债权人的权利。国会对这些改革方案进行了激烈辩论，最后在 1933 年 3 月 1 日国会通过法案，但只允许针对个人施行此法，这也是胡佛在任期内签署的最后几项法案之一。国会不允许对公司施以此法，直到罗斯福新政到来。

总之，这些修正法案要求大部分债权人接受有利于破产债务人的方案，这些方案要求延长偿付期限，但又不剥夺债务人的财产。结果，债权人本可以立刻获得属于他们自己的合法财产，而现在他们的这一正当权利被剥夺了。如果在债权人中间存在一个多数投票决定原则（这样的做法看起来很古怪，因为最先就是由债务人来决定他要借多少钱，向谁借这些钱，而债权人在这些问题上是没有发言权的），那么处理这个问题必然而唯一的方法就是立刻研究破产情况，使债务人的资产迅速分给每一个债权人。此外，少数债权人的权利被剥夺了，他们现在几乎一无所得。

克利夫兰信托公司的《商业公告》可以代表债务人的观点，它要求提交一份议案“阻止那些异见分子阻挠”各公司“有序的重组”过程。胡佛在 1933 年的咨文中称这一措施“具有最重要的意义”。显然，推翻“少数债权人的阻挠”是必要的，这些债权人“反对这样的解决方案，他们希望担心毁灭性清算而造成的恐慌可以使他们立刻得到其财产所有权”，这显然说明他们的想法有些不利于国家。[38] 破产

---

[38] 1933 年的这些修正法案削弱了铁路公司债权人的财产权利。关于破产规定的变化，参见 Charles C. Rohlfing, Edward W.Carter, Bradford W. West, and John G. Hervey, *Business and Government* (Chicago: Foundation Press, 1934), pp. 402–430.

规定的变化遭到了美国破产律师们的强烈反对，他们对在司法部建立一个由破产管理人和监察员构成的庞大机构进行了十分猛烈的批评，他们还反对政府未经授权就插手干涉债务人和债权人的关系。[39]

反对移民

胡佛并没有因为以前的失败而退缩，1932 年，他再一次要求通过立法暂停移民，一份削减 90% 移民的计划被再次提交给国会。这次提出的削减计划将是永久性的，而非暂时为之，其主要的依据来自经济上。美国劳工联盟、美国退伍军人协会，以及各种爱国社团都支持这项议案，但是纽约州民主党众议员狄更斯坦却成功地使这一议案在众议院委员会上被搁置了。另一方面，狄更斯坦提出多项议案要求接纳更多美国公民亲属提出的移民申请，但这遭到了国务院的反对，国会中并没有就此形成多少争论，一项狄更斯坦议案虽在众议院获得通过，但却受阻于参议院。

这样，胡佛并没有把暂停移民的规定写入法律，但事实上，通过施行政命令，他得到了同样的结果，在进行的秋季竞选活动中，他骄傲地谈到他所取得的成果，并宣称直到萧条结束，他都准备继续采取反对移民的政策。[40]

---

[39] 关于反对干涉债务人和债权人关系的情况，参见 Warren, *Herbert Hoover and the Great Depression,* p. 69.

[40] Robert A. Divine, *American Immigration Policy, 1924–1952* (New Haven,Conn.: Yale University Press, 1957), pp. 84–89.

第十二章
胡佛任期的结束
The Close of the Hoover Term

这里有两种可能的方法：一种是罗斯福采取的方法，破坏银行存款人的财产所有权，由联邦政府发动并控制一场大规模的通货膨胀；另一种就是抓住机会，唤醒美国人民对其银行系统真实本质的认识，并立即重新使用一种真正健康的硬通货。在这个关键时刻，这个国家却将自身的安危置于另一项激进而"现实"的政策之上，这一政策就是通货膨胀、实行社会主义，而这也使萧条持续的时间长达10年。

当胡佛谋求连任的时候，他面对的是美国有史以来最严重、最糟糕的时刻，居高不下的失业率也前所未有，可当他回顾自己取得的成绩时，他却依然显得信心十足。在接受总统提名的演说中，他这样说道：

（我们）可以什么都不做。这样将导致毁灭。在面对这样的局面时，我们向私营企业和国会建议展开一场美利坚合众国历史上最大的经济防御和反击计划，我们还会将之付诸行动。

胡佛在执行这一庞大的干预计划时，没有丝毫懈怠，更没有人因此而指责他：

有史以来，没有哪届华盛顿的政府考虑过，在这样的时刻，它肩负着如此广泛的领导责任……这是美国萧条历史上的第一次，直到红利、利润和生活费用都开始减少，工资才开始下降。

在竞选末期，胡佛在圣保罗总结了他应对萧条时采取的这些措施：提高关税，这保护了农业并抑制了萧条；通过美联储进行信贷扩张，不知为什么，胡佛认为这“保护了金本位制度”；住宅贷款银行系统为住宅贷款协会和储蓄银行提供了长期资金，使它们可以扩张信贷，并使它们不再取消抵押赎回权；农业信贷银行向农民提供贷款；复兴银行公司向银行、州、农业和公共建设提供贷款；平分工作以抑制失业；加强联邦土地银行；还有，特别应该提到的是，劝说雇主保持工资率。工资率“得以维持，直到生活花费开始下降，直到利润在事实上已经消失殆尽。现在美国的实际工资率是世界上最高的”。但是，这一事实与美国历史上最高的失业率之间有没有因果联系呢？胡佛忽略了这个问题。

确实，胡佛把“人权放在比金钱更重要的位置，所以在工资下降之前，先牺牲掉的是利润和红利”，但人们发现靠“人性”生存或以此走向繁荣是很困难的。胡佛提到，他为失业者带来了工作，他阻止抵押品赎回权被取消，他拯救了银行并“竭力阻止物价的下跌”。确实，是胡佛“第一次”阻止人们通过“大幅度削减工资来维持利润”，但是毁掉利润，人为地维持工资率，其结果却是前所未有的漫长萧条。至于复兴银行公司的问题，当他谈及他计划中余下的部分时，他宣称：“在我们的历史上，没有人曾想过要那么做，这么做更多的是为了柯立芝先生所说的‘平凡的男人和女人们’而考虑的。”但是，在医治了 3 年萧条后，平凡的人们却越活越糟糕。

在他竞选期间，胡佛坚持认为，必须执行保护性关税政策，他声称，通过对农业产品征收关税，他的政府成功地将美国的农产品价格保持在国际价格之上。他似乎并不知道，这样做将使价格上涨，将减少国外对美国农产品的需求。他强调工作均分，但却不知道这将带来更长时间的失业。他在谈到人为的信贷扩张时很是自豪，却没有想到，当他在1929—1930年提出这一要求时，建设项目已经"超过了现有需求"，他更不会看到这将导致不良投资和商业损失。

尽管宣称要维护金本位制度，胡佛却在公开的竞选演说中透露：在1931年11月发生的经济危机中，政府几乎已经打算放弃金本位制度，这极大地打击了公众对美元的信心，并滋长了随后发生的货币危机，而这一声言也遭到了保守的民主党参议员卡特·格拉斯的坚决反对。

5月，在竞选活动开始前胡佛的一次公开演讲中，我们可以总结出其政策的核心思想。多年以后，对美国人来说，他在这次演讲中提到的话将相当熟悉，他以军事做比：

> 在这紧急关头，为拉动经济而展开的战役必不可免，它需要不断更换新的战略。我们要视之为紧急事件，并动用储备的力量去赢得这场战争，我们可以用它向萧条宣战。

如果说新政的社会主义思想与胡佛政策中蕴涵的思维方式如出一辙，胡佛却只是到那时才开始小心地拓展着这种思维方式。在圣保罗，胡佛对盛行于民主党中的那些奇特而极端的思想提出警告：通货修补计划，发放养老金，商品美元，地方建设议案，为退伍军人发放奖金并发行20多亿美元的计划，创造就业计划，以及一项一年耗资90亿美元的庞大公共建设方案。庆幸的是，在胡佛竞选期间，当亨利·哈里曼要求他采用斯沃普计划实行经济法西斯主义的时候，他拒绝了，但是这一计划很快就催生了国家复兴管理局。

对财产权的侵犯：最后的通货危机

和大多数萧条时期一样，在债务纠纷中，债权人的财产权和要求权是最容易受到侵犯的，这总是有利于债务人；他们想拒绝履行偿付责任，但又不受任何惩罚。我们已经注意到，联邦政府试图修改破产法，各州也开始对债权人进行侵犯。1933 年早期，许多州强制性地延长债务偿付期限，威斯康星、艾奥瓦、明尼苏达、内布拉斯加和南达科塔停止了为债务判决而举行的拍卖交易。艾奥瓦州州长克莱德·赫林（Clyde Herring）要求保险抵押公司停止取消债务抵押人的赎回权。人寿保险公司申辩称，它们已经十分宽容了，但在许多地方，法院禁止取消抵押人的赎回权，这使得借款人可以理直气壮地拒付债务。明尼苏达州则禁止剥夺农业或者住宅的抵押赎回权。[1]

对债权人财产权的侵犯更多地发生在胡佛任期的后期。选举结束以后，由于新总统的任期将近，公众越来越担心新总统的货币政策。人们纷纷闻听谣传，罗斯福的顾问建议他实行法西斯主义，他们还打算放弃金本位制度。结果，不仅外国人“囤积”的黄金开始外流，囤积黄金的国内公民也开始提取黄金，这促使危机加剧。萧条期间，美国公民第一次开始对美元失去信心。这种信心的丧失在 1933 年 2 月达到了高潮，而 3 月份，罗斯福就要上任了。在这一个月中，货币性黄金存量下降了 1.73 亿美元，流通领域中的货币明显增加，增加数

---

[1] Theodore Saloutos and John D. Hicks, *Agricultural Discontent in the Middle West, 1900–1939* (Madison: University of Wisconsin Press, 1951), p. 448.

量达到 9 亿美元，这说明国内居民已经开始失去信心。流通领域中的货币在 1 月底总计为 54 亿美元，到 2 月底为 63 亿美元。在增加的数量中，7 亿美元为联邦储备券，1.4 亿美元为金币和金券。

美联储尽其所能减轻通货紧缩对银行准备金产生的影响，但是通货膨胀的方法只能进一步挫伤人们对美元的信心。这样，在 2 月份这一个月的时间里，不可控制因素导致准备金下降了 10.89 亿美元。美联储大幅度增加可控制的准备金：贴现票据加倍增长了 3.08 亿美元，买入票据增加 10 倍，增加量达到 3.05 亿美元，购买的美国政府证券达到 1.03 亿美元。总之，在这一个月，可控制因素导致准备金增加 7.85 亿美元；准备金净额下降 3.05 亿美元。

货币供给量下降造成的影响非常大，通货和存款总量从 1932 年年末的 454 亿美元下降到 1933 年中期的 417 亿美元。货币供给总量从 647.2 亿美元下降到 1933 年的 616.1 亿美元，这一计划主要发生在这一年的前半年。[2] 更令人警觉的变化是，在 101 个城市中，提供周报的成员银行，其活期存款和定期存款净额在 2 月 22 日—3 月 8 日期间，由 168 亿美元下降到 141 亿美元。这一时期，银行破产案猛增。商业银行破产数量从 1932 年的 1 453 家上升到 1933 年的 4 000 家（大多数发生在第一季度）；同期，破产银行拥有的存款从 7.06 亿美元上升至 36 亿美元。[3] 这样，尽管美联储在 1933 年早期竭尽全力

---

[2]　从 1929 年 6 月到 1933 年年末，货币收缩幅度为 16%，平均每年 3.6%。

[3]　两位圣路易斯银行家的话最好地说明了定期存款其实就是货币：

> 实际上，我们都把我们的储蓄和定期存款当作了活期存款，而且我们现在依然那么认为……我们依然按需向我们的储户兑付存款。重要的是，严重的银行挤兑风波是由储蓄和定期存款引起的。1933 年 1 月，银行的困难是最严重的，此时每一家圣路易斯的银行都面临严重的……储户撤资问题，而支票账户却很少出现这样的问题。在几乎整个国家，情况都是这样。

F.R. von Windegger and W.L. Gregory, in Irving Fisher, ed., *100% Money* (New York: Adelphi Press, 1935), pp. 150–151.

扩大货币供给量，人们还是想把存款变现，这促发了严重的通货紧缩（这主要反应在流通领域中货币的增加），人们将自己的信任置于美国的银行体系之上，而通货紧缩对这一体系来说是一场考验。

人们坚持要求得到他们的合法财产，然而，各州却对财产权进行了一系列粗暴的侵犯。一个州接一个州开始发布命令实行“银行休假”，这样就使得银行可以继续存在，而对其存款人所拥有的合法财产要求权，银行几乎都可以对这些置之不理（令人遗憾的是，这一形式从 1819 年恐慌以来就成了美国的传统）。内华达州早在 1932 年 10 月就开始实行这样的措施，但是 20 家银行中只有 9 家实行了银行休假，其他银行仍然开业。[4]5 月初，路易斯安那州宣布，那些陷入金融困难的新奥尔良银行进行短暂歇业，而密歇根州州长威廉·康斯托克（William Comstock）郑重宣布从 1933 年 2 月 14 日开始银行业歇业 8 天，这促发了银行休假运动。[5] 这一举动加速了银行挤兑以及 2 月份下半月的通货紧缩。如果一个州以这种方式破坏财产权，而又不会受到任何惩罚，那么其他州自然也可以那么做了，而且它们也确实那么做了；至于存款人，他们则开始拼命地将自己的钱从银行中取出。

有些人认为我们的银行体系之所以采用部分储备制度，是因为它

[4] 参见 Jesse H. Jones and Edward Angly, *Fifty Billion Dollars* (New York:Macmillan, 1951), pp. 17ff.

[5] 在繁荣期间底特律的经济过度扩张，胡佛及其政府与底特律的实业家、纽约各银行相互合作，力图拯救主要的底特律银行。然而这一狂热的努力失败了，亨利·福特和密歇根州参议员卡曾斯都拒绝为帮助资产不良的银行而提供资金，他们认为自己的责任只是帮助那些私营企业。同上，第 58-65 页。亦参见 Lawrence E. Clark, *Central Banking Under the Federal Reserve System* (New York: Macmillan, 1935), pp. 226ff.; Benjamin M.Anderson, *Economics and the Public Welfare* (New York: D. Van Nostrand, 1949),pp. 285ff. 安德森博士一向被视为是自由放任主义、健全货币政策和私有产权的宣传者，然而尽管他批评各州宣布进行银行休假，但他的着眼点与我们不同。他认为银行延期偿付应该针对 100% 的银行存款，而不应只针对 95% 的存款，他还批评结算中心没有在萧条时期印制大量的纸币。

的原理像桥梁建造一样，在桥梁建造时，人们总是认为在任何一个时间、一个地区，只有部分居民会通过大桥，所以部分储备制度也会一样安全，但是当面对现在这样的局面，这种想法显然只是表面正确而已。因为没有人对桥梁有合法所有权，但是他们对他们的银行存款却拥有所有权。在遇到这样的情况时，我们也会明白，银行存款并不是真正的货币——它不是纸币，更不要说金本位了——而只是货币代替物，在日常生活中它被作为货币使用，但是在全国范围内发生信心崩溃时，它的真实本性就显现出来了。

银行家因为自身的失误而身陷困境，当他们向政府求助时，从印第安纳那州开始，各州都竞相宣布实行延期付款和银行休假。马里兰州州长里奇（Albert C. Ritchie）宣布从 2 月 24 日开始，银行歇业 3 天。到 2 月 27 日，克利夫兰结算中心协会武断地决定对从其会员行撤走资金的行为进行限制，面对这种对财产权厚颜无耻的侵犯，居然没有一个州政府官员出面制止。接着，阿克伦城和印第安纳波利斯的银行也开始效仿那么做。2 月 27 日，俄亥俄州、宾夕法尼亚州和特拉华州的议会授权负责银行事务的官员对撤走存款的行为进行限制。这一方案并没有引起多大争议，各州很快采纳了它，法律就这样被践踏了，只是因为这样一个陈旧的政治借口：为了阻止恐慌，不应让纳税人和选民知道真实的情况是什么。[6] 而“人民的代表”就是以这样的方式对待自己应该遵守的原则的。

但具有讽刺意味的是，许多国家银行却竭力使自己的资产保持相对良好，它们并不想利用银行休假这一特殊权利，但是它们被迫那么

[6]　参见 H. Parker Willis, “A Crisis in American Banking,” in Willis and John M.Chapman, eds., *The Banking Situation* (New York: Columbia University Press,1934), pp. 9ff. 休假法律规定（a）禁止银行向存款人兑付现金；（b）允许银行有选择地归还存款人的财产；（c）对存款人可兑现的存款比例进行限定。

做。正如威利斯所说：

在许多案例中，国家银行……并不想按照其所在地方的规定那样进行休假。在这些案例中，它们始终在履行它们的责任，为储户兑换现金。当然，它们是想向存款人和顾客显示它们应对风险的能力，并消除时间带来的障碍，这是对客户的一种服务，也是对其自身可信度的证明。然而，接着，有人必然要迫使这些社会中拥有良好资产的银行接受一般的想法，因为他们十分希望这样，但这些想法只有对那些资产流动性差、管理混乱的机构才适用。[7]

到 3 月 4 日，美国各州宣布银行休假，而后来罗斯福总统更是激进地关闭了所有银行，但这么做是非法的。而即将离任的政府则积极配合这一风潮；2 月末，国会在胡佛总统的默许下，通过了一项法律，该法律准许国家银行参与银行休假运动。通货监理官也发表了为制定统一银行休假法案而撰写的草案，以便于各州议会草拟自己的议案。

3 月 6 日到 13 日，罗斯福总统关闭了美国全境所有的银行，许多银行关闭的时间甚至更长。[8] 具有讽刺意味的是，罗斯福颁布的这项命令，其法律基础只与第一次世界大战时期的《与敌国贸易法案》相类似！官方对所谓“囤积”行为继续采取限制措施，美联储威胁要将主要“黄金囤积者”的名单开列示众，为了避免公众奚落，黄金又一次流回银行。[9] 很快人们就明白了，当罗斯福政府上台，美国的金

[7] 同上，第 11 页。在纽约，银行倒闭的压力来自该州北方的银行，而不是华尔街的银行。

[8] 同上。密歇根州州长科姆斯托克的行为更为疯狂，他在原先 8 天的基础上延长了休假时间。

[9] 千万不要以为胡佛不会考虑采取这样的措施，耶西·琼斯曾说过，在银行危机期间，胡佛在认真考虑重新实行一条战时法律，这条几乎被人忘却了的法律将宣判投机行为有罪。同上，第 18 页。

本位制度开始走向了末日。

来自胡佛阵营的声音认为：罗斯福身为总统候选人，在解决银行业危机问题上，“没有给予合作”。确实，罗斯福即将实行的货币激进主义政策引起了人们的惊慌，格拉斯参议员的调查迫使查尔斯 · E. 米切尔辞去花旗银行总裁之职，这些都是银行业恐慌的成因。但更重要的是，银行业系统已经达到了危机的临界点。通常，在生活平静无事时，由于多数人已经习惯了现有的一切，激进的（从长远意义上说）经济改革，无论它是否必要进行，都会因为人们的惰性和反对而受到阻碍。但是，在 1933 年的危机中，银行却不能继续按照过去的方式行事了。人们必须要做些什么。从本质上说，这里有两种可能的方法：一种是罗斯福采取的方法，破坏银行存款人的财产所有权，由联邦政府发动并控制一场大规模的通货膨胀；另一种就是抓住机会，唤醒美国人民对其银行系统真实本质的认识，并立即重新使用一种真正健康的硬通货。

自由放任的方法将默认这个国家的银行趋于倒闭，如果没有政府干预，银行可能会确实倒闭。然后，破产的银行将转归其存款人所有，存款人将管理银行的投资或冻结资产。这样将迅速引起一场大规模的通货紧缩，货币供给量将下降，其数量将降至这个国家黄金存量的 100%。存款人将成为现有银行资产（贷款和投资）的“强迫储蓄者”。这一外科清理手术将毫不妥协地终结部分储备制度，这一制度正是银行破产的根本原因。从此，银行将根据人们的自愿储蓄，而不是用人为扩张获得的信贷进行贷款和投资，整个国家也将确立起真正健全的硬通货基础。通货膨胀和萧条的威胁将永远消除，人们开始从现在的危机走向复苏。但是有人认为这一政策激进而“缺乏现实”，因而将之摈弃。在这个关键时刻，这个国家却将自身的安危置于另一项激进而“现实”的政策之上，这一政策就是通货膨胀、实行社会主义，而这也使萧条持续的时间长达10年。

当然，胡佛总统也从来没有接受过硬通货和自由放任的政策。胡佛和他的心腹为我们营造一种错觉，只要罗斯福在他任期前与胡佛"合作"，一切都会变好，但是这样的合作又是什么呢？总的说来，无非是在让部分或全部银行进行休假的问题上达成一致：接受胡佛的建议，为银行存款提供暂时的联邦担保。这些通胀主义和国家主义的措施很快也被罗斯福采纳。[10]—[11] 此外还有一点很重要，放弃金本位制度的建议不时从胡佛政府的高层中传出，特别是财政部部长米尔斯和副部长阿瑟·巴兰坦（Arthur Ballantine）。[12]

萧条期间的工资、工时和就业

胡佛先生是在1933年3月离任的，而此时美国正经历着有史以来最严重的萧条。生产下降超过一半：1929年8月，工业生产指数为114，1933年3月下降到54。失业人口在劳动人口中的比例始终

---

[10] 胡佛和他的同僚总是不时地将萧条的产生归咎于胡佛政敌的政治阴谋。
胡佛将通货危机部分地归咎于共产主义的传播，他认为这使人们不再信任美国的货币体系（值得注意的是共产主义被用来制造这种不信任！）；共和党国家委员会的西缅·D.弗埃斯(Simeon D. Fess)在1930年秋天十分严肃地说：

> 共和党高层人士开始相信，有些人正合力通过股票市场使人们对政府丧失信心。每次政府官员发表关于商业状况的乐观言论，股市就立刻下跌。

Edward Angly, comp., *Oh Yeah?* (New York: Viking Press, 1931), p. 27.

[11] 在这一时期，如果有刊物撰写关于银行业危机真相的报道，或者刊登那些反对胡佛政府的观点，胡佛将会悄悄禁止这些刊物的印制。参见 Kent Cooper, *Kent Cooper and the Associated Press* (New York: Random House, 1959), p. 157.

[12] 实际上，巴兰坦最近还骄傲地写道："放弃金本位并不能归功于罗斯福，财政部部长米尔斯和当时身为副部长的我早在罗斯福就职前就已经决定必须那么做了。" *New York Herald-Tribune* (May 5, 1958): 18.

保持在 25%，国民生产总值也下降了近一半。投资受到严重打击，特别是商业建设，其总值从 1929 年的 87 亿美元下降到 1933 年的 14 亿美元。要说明萧条对资本品行业的打击最为严厉，以上这些还不是唯一的证据。

非耐用品工业生产指数从 1929 年 8 月的 94 下降到 1933 年 3 月的 66——下降幅度达到 30%；同期，耐用品生产指数从 140 下降到 32，下降幅度达到 77%。工厂就业率下降 42%。生铁生产惊人地下降了 85%；建筑合同总值自 1929 年 7 月以来下降了 90%，这也足以令人吃惊，而获得开工许可的建设总值下降了 94%。另一方面，百货公司销售业务在这一时期下降了接近 50%。以耐用商品行业为例（比如建筑、公路、金属、钢铁、木材、铁路等），伦纳德 · P. 艾尔斯上校估计其就业人口从 1929 年的 1 000 万人下降到 1932—1933 年的 400 万人；而同期，消费品行业（比如食品、农业、纺织品、电力和能源等）的就业人口从 1 500 万人下降到 1 300 万人。[13] 萧条期间，股票价格（工业）下跌了 76%，批发价格下跌了 30%，货币供给总量下降了六分之一。

那么工资率呢？我们看到在萧条的头两年，胡佛的政策将工资率保持在较高的水平。但到 1932 年，由于利润被全部挤掉，压力变得更大，工资率不得不大幅度下降。可是在 1929—1933 年，工资率下跌幅度只有 23%，其中高度小于批发价格的下跌幅度。所以，对于那些仍然在工作的人来说，实际工资率其实反而上升了。索尔 · 夏维罗（Sol. Shaviro）先生在一篇未出版的论文中对工资—就业问题进行了深入的

---

[13] Leonard P. Ayres, *The Chief Cause of This and Other Depressions* (Cleveland,Ohio: Cleveland Trust, 1935), pp. 26ff.

调查。[14] 夏维罗对 25 个主要制造性行业进行了研究，表 12–1 所示是在这些年里，这些行业中每小时平均货币收入和实际收入的记录。

表 12–1　25 个主要制造性行业每小时平均收入

（100=1929）

	货币收入	实际收入
1929 年 6 月	100.0	100.7
1929 年 12 月	100.0	99.8
1930 年 6 月	100.0	102.7
1930 年 12 月	98.1	105.3
1931 年 6 月	96.1	111.0
1931 年 12 月	91.5	110.1
1932 年 6 月	83.9	108.2
1932 年 12 月	79.1	105.7
1933 年 3 月	77.1	108.3

我们可以看到，直到 1931 年下半年以前，货币工资率一直与繁荣时期的水平保持相等，而实际工资率事实上增加了 10%。只是在这之后，货币工资才开始下降，实际工资在 1931 年达到最高，之后也没有出现大幅度的下降。我们注意到，凯恩斯曾警告说：物价下跌是在工资率下跌之后，而且下跌幅度远远小于工资率的下跌幅度，然而这与我们所面对的事实不符。1929 年 7 月—1931 年 6 月，批发物价从 96.5 下降到 72.1，每月下跌 1 点；而在 1931 年 6 月—1933 年 2 月，物价下跌至 59.8，每月下跌 0.65 点。[15]

---

[14] Sol Shaviro, "Wages and Payroll in the Depression, 1929–1933," (Unpub.M.A. thesis, Columbia University, 1947).

[15] 参见 C. A. Phillips, T. F. McManus, and R.W. Nelson, *Banking and the Business Cycle* (New York: Macmillan, 1937), pp. 231–232.

夏维罗指出，商人，特别是那些大雇主们容易被一种主张蒙蔽，这种主张要求他们执行一项“先进”的高工资政策，由于总统的暗中威胁，加上经济学家和劳工领袖都认为“保持购买力”可以摆脱萧条，他们接受了这一主张。1921年的萧条，其程度远比这次萧条要轻；但在当时，工资率却马上下调了，而且下调范围也要比这次萧条范围广；实际上，在1930年9月以前，货币工资率还小幅增长了。[16]更多小型的公司下调了工资，因为这些小型公司并没有那么“先进”。此外，公众（和政府）也并不十分注意它们。另外，经理的薪水首先下降，而且其下降幅度大于工人工资率的下调幅度，然后其他人的薪水也开始下降。实际上，在工资削减时，伪人道主义者总是以道德的名义对此加以干涉，这就是为什么工资下调不能起到作用的原因；所以，工资要自动依照工人的收入等级逐步下调，工资越高，工资下调的幅度也越大。而且对于那些有经济补贴的人来说，削减工资带来的影响并不大。总之，经济需要工资率根据边际生产力进行调整；但商业机构却没那么做，由于人们“希望收入削减造成的负担能尽可能轻地落在那些最不能承受收入损失的人身上”，所以商业机构在分配“收入损失时，必须依据一个最为公正和公平的基础”；就是说，每个人都要根据他的能力接受这种惩罚，同时又根据其贫穷程度获得补助，因为贫穷已使他默默忍受了不少痛苦。

一般来说，尽管大规模的失业并不发生在经理层中，而是发生在普通工人身上，但经理的薪水下调得最快，下调幅度也最大。这一错误的政策造成的结果是悲剧性的，尽管工资削减没有引起工人的不

---

[16] “保持较高的工资率使许多机构解雇工人，而不是削减工资，因为削减工资会被人视为逃避责任，但是如果他们真这样削减工资，他们可以继续经营下去”。Dale Yoder and George R. Davies, *Depression and Recovery* (New York: McGraw-Hill, 1934), p. 89.

满，但失业问题也没有得到丝毫解决。总之，管理层所考虑的不是怎样“削减工资才能最容易地达到效果，而是如何建立必要的工资发放体制，并尽量避免与此有关的工人面临困境”。但这样的政策反而加剧了人民所遭受的痛苦，而每当商业偏离了它的目标——利润最大化时，这样的事情就会发生。[17]

在萧条期间，尽管每小时平均实际收入提高了，工业领域中的实际工作时间却大幅下降。1929 年的周平均工时超过 48 小时，1932 年中期下降到不到 32 小时。之前发生的每一次萧条中，没有一次工时下降超过 10%。这种就业减少就是由高工资率造成的，正如我们已经看到的，高工资率政策正是胡佛政府所竭力提倡的。工作时间和货币工资率的下降导致这次萧条期间的周平均收入下降率超过 40%。但是损失最严重的是那些失业者，到 1932—1933 年，失业率上涨了 25%，一些特殊的制造性行业的失业率达到了 47%。日工作时间的减少，加上每小时平均收入的减少，导致工厂工资总额迅速减少，“先进”政策力图维持“购买力”，而“购买力”的基础正在于此。1930 年工资总额下降了近 29%，这一年货币工资率（每小时平均收入）超过了 1929 年的水平；而到 1933 年 3 月，工资总额却下降了近 71%。实际工资总额在同一时期下降了超过 60%。

购买力理论的支持者通常认为，繁荣的关键是国家的收入大部分流向了雇员，而少部分变成利润，在这场萧条期间，这种想法渗透到了这些人的内心深处。1932—1933 年，利润总额几乎为负。

这些年，工会的影响并不十分重要，它只占劳动人口的 6%，尽

[17] National Industrial Conference Board, *Salary and Wage Policy in the Depression* (New York: Conference Board, 1933), pp. 31–38.

管如此，哈罗德 · M. 莱文森（Harold M. Levinson）教授指出，工会帮助其隶属的雇佣工人将工资率维持在较高的水平，而非工会工人的工资率却没有那么高。[18] 这说明萧条期间工会有能力维持货币工资率，而这样也就使得失业问题更加严重，同时这也强化了胡佛命令以及“先进”经济理论所起的作用。1929—1932 年，在调查中选定的一些工会工人，其工资率只下降了 6%—12%，而非工会工人的工资率却下降了 14%—36%。

莱文森指出，在工会的力量和维持每个特定行业的工资率之间存在着密切的关系。因此，在 20 世纪 20 年代，由于工业从工会转移到非工会地区，男装行业的工会力量被大大削弱，因此在大萧条期间，该工会不得不接受减薪，“以保护有组织的员工的偿付能力”。这一行业的工资率在 1929—1932 年间下降了 31%。

通过减少雇员的工作时间来均分工作，这是胡佛政府喜欢的又一贴妙药。而总统就业紧急委员会报告称，以制造业为例，在雇员少于 1 000 人的企业中，有 75% 的企业有失业问题，而在雇员超过 5 000 人的企业中，有 96% 的企业存在失业问题。88% 的较大型机构开始进行工作均分，而小型企业中只有 53% 那么做。在 1932 年 8 月 26 日召开的一次商业和工业会议上，胡佛的报告宣称工作均分已经涉及数十万工人。

会议委派了一个由新泽西美孚石油公司总裁沃尔特 · 梯格尔领导的小组敦促进一步进行工作均分，并希望能够使 2 亿人重新就业。美孚石油公司在原有 2.3 万工人的基础上又雇用了 3 000 多人，这树立

[18] Harold M. Levinson, “Unionism, Wage Trends, and Income Distribution:1914–1947,” *Michigan Business Studies* (June, 1951): 34–47. 胡佛和商务部部长拉蒙特试图劝说美国的工业家更加支持工会，他们要求这些实业家在 1930 和 1931 年与工人工会领袖一同参加一次正式会议。参见 James O. Morris, “The A.F. of L. in the 1920s: A Strategy of Defense,” *Industrial and Labor Relations Review* (July, 1958): 577–578.

了一个典范。人们的口号是："工作均分才能获得工作稳定。"9 月，总统失业救济组织的威廉·J. 巴雷特（William J. Barrett）就均分工作提交了一份综合报告。巴雷特承认："为了向更多的工人提供就业，经营管理者的成本已经增加。"他进一步表示，在那些处境最艰难的行业中，工作均分的发生比例是最高的，这些行业就是那些资本品行业。这说明：工作均分加剧了失业，并拖延了这一问题的解决。就工业而言，在以下行业中，部分时间工作的发生比例是最高的，它们是：机械（84.9%）、橡胶、钢铁（79.3%）、金属、石料、黏土和玻璃；而以下行业这类情况却较少发生，它们是铁路（22.3%）、食品（26.6%）、零售和批发以及其他商业机构（20.4%）。所有行业部分工作的平均发生率为 56.1%。[19]

总结：胡佛带给我们的教训

胡佛先生在面对大萧条的挑战时，总是能做出迅速而坚决的反应，这在他的任期内是一以贯之的，他为医治萧条执行了美国历史上"最为庞大的攻防计划"。他勇敢地运用了每一样现代的经济"工具"，每一种进步的和"先进"的经济策略，并充分利用各种政府计划方式来对抗萧条。自由放任主义的原则第一次被公然放弃，历届政府的武器被弃置一边。美国觉醒了，它要最大限度地运用国家的职能，而不受那些陈腐的自由放任思想的约束。在这场觉醒中，胡佛总统是一位大胆创新的领导者。由于使用了我们这个时代每一条"进步"理念，胡佛应该以一种征服者的姿态像英雄那样结束他的总统任期；但是，

[19] *Monthly Labor Review* 35 (1932): 489ff. and 790ff.

他却把美国带进了完全而彻底的崩溃中，无论从长度还是强度上说，这场崩溃史无前例。

问题出在哪里呢？经济学理论证明，只有政府的通货膨胀才能造成繁荣和萧条更替的商业周期，萧条会因为通货膨胀和其他干预性措施而被延长和加剧。我们并不是要在本书中编织一套关于自由放任主义的神话；我们要揭示的是，政府干预是如何造成 20 世纪 20 年代那场并不健康的繁荣，胡佛的全新方式是如何通过大量的干预手段使美国大萧条加剧的。经过漫长的时间，我们终于明白：大萧条的错误并不在于自由市场经济身上，而应该归咎于政客、官僚和那些“先进”的经济学家。而且，对过去或将来发生的任何一次萧条来说，情况都会是这样。

附录

国民生产总值：1929—1932 年

Government and the National Product, 1928—1932

在第九章的脚注 21 中，我们说明了如何估算政府对私营国民产值的掠夺程度。正统思想假定政府开支本身是国民产值的净增量，而我们的假设对此进行了挑战。正统观点显然歪曲了事实。在私营经济中对市场提供的各类服务，人们自愿选择，然后才有了开支。而在政府中，情况完全不同：政府通过强制手段获得货币，政府支出与提供给私人的各类服务完全不同。实际上，我们也没有办法对这些服务进行测算。此外，政府征收每一美元都会剥夺公众的支出权利。所以，像我们那样，将所有政府支出理解为对私营产值和产品的掠夺，而不是属于私营产值和产品的一部分，这样进行一个完全相反的假设就更加现实。有些人相信政府的浪费程度超过 50%，他们也会认为我们的假设比标准的理论更为合理。

为了估算出政府对私营产值的掠夺程度，我们首先要从国民生产总额中减去源于政府和“政府企业”的“产值”或“收入”，也就是政府支付的工资。这样我们就得到了私营生产总值。政府对私营生产总值的掠夺就是政府向私营产值索取来的资源，也就是政府开支或者政府收入中数值大者。从私营生产总值中将这一部分全部减去后得到了私人手中剩下的私营产值，我们称之为“PPR”。通过估算出政府掠夺在私营生产总额中占的百分比就可以了解政府的财政运作对私营经济造成了多大的负担。[1]

如果政府开支大于收入，那么无论是通过发行新货币还是通过向私人储蓄借贷，赤字都来源于私人的资源，所以我们认为这个开支的数额恰等于政府对私营产值掠夺的数值；如果收入较大，盈余当然来自向私人征收的税款，所以收入就可以被看成私营产值造成的负担。[2]

由于使用了各种官方统计数据就造成了一个重要的问题，这就是官方数据将大量的政府企业开支（粗略地说，就是各政府机构所花费的费用）列入私营部分而非政府开支部分（所幸的是，这个问题对于我们研究的这个时期并不重要），我们因此就不能得到政府企业开支总额和收入总额的有关数据，尽管可以得到政府企业支付各种工资的数据，也就是源于政府企业的收入。下面，我们将说明在我们研究的这些年份中，政府企业的数据是如何被估计出来的。

---

[1] 杜教授认为转拨款项不包括在最初的国民生产总值数据中，所以政府的转拨款项比如救济金就不能算作我们意义上的开支，这是传统观点的一种代表。但是我们要想到只有税收（或赤字）才能为转拨款项提供资金，而它来自国民产值，所以我们应该将这部分从私营生产总值中减去得到私营产值。杜认为在测算政府和私营活动的相对规模时，不应该将转拨款项包括在内，因为这只说明购买力从一些私人手中转移到另一些私人手中，而政府并没有耗尽资源。但是这种有限的转移正是私营生产者的负担所在，正如其他政府开支一样，它将财富从自愿生产中转为一种国家强制而产生的特权。它也是一种在政府支配下使用资源的方法。见 John F. Due *Government Finance* (Homewood, Ill.: Richard D. Irwin, 1954), pp.64,76-77.

[2] 如果盈余被用来制造通货紧缩，那么我们会略微过高估计掠夺的程度；此外，由于政府的税收中也包括对政府官僚自身所征税款，所以政府支出被略微夸大，并影响了对掠夺程度的计算。然而这些偏差是微小的，特别是对于 1929—1932 年这段时间，同时这些差异也比使用国民生产总值而不是私营生产总值造成的差异要小，所以我们将政府在工资上的开支算成政府的“产值”。

我们并没有采取商务部对政府开支数据的计算方法，并没有从政府所付利息中将政府所得利息减去以得出一个“净付利息”。与之相反，政府所付的利息的总额不能计入私营产值中，它必然属于政府支出；同时“所得利息”也是来自私营部分的收入，它应该包括在政府收入之内。

这里，我们列出的数据包括总产值和净产值，它们都包括利息在内。净国民产值是国民生产总值减去折旧和其他资本损耗提成得出的，如果我们将私营产值视为净收益，因为这里没有减去资本流失，那么我们就估计政府掠夺在净私营产值中所占的百分比。[3]

表 I　国民产值

单位：10 亿美元

	国民生产总值	净国民产值
1929	104.4	95.8
1930	91.1	82.6
1931	76.3	68.1
1932	58.5	50.9

表 I 按当时的价格给出了国民生产总值和净国民产值的数据（本表以及下列各表中的数据都来自 *U. S. Income and Output*, Department of Commerce, November 1958; *National Income*, 1954 Edition, Department of Commerce）。

[3] 自然，官方数据通常不能对真正的折旧进行精确估算。用净产值或是总产值来衡量政府为经济造成的负担，这二者之间有何利弊，更详细的讨论可以参见 *The Tax Burden In Relation To National Income and Product* (New York: Tax Foundation, 1957)。

表Ⅱ　源于政府的收益

单位：10亿美元

	联邦政府	联邦政府企业	州和地方政府	州和地方政府企业	政府和政府企业总收益
1929	0.9	0.6	3.4	0.2	5.1
1930	0.9	0.6	3.6	0.2	5.3
1931	0.9	0.6	3.7	0.2	5.4
1932	0.9	0.5	3.6	0.2	5.2

下一步，我们要找出政府和政府企业的总产值，或者说“源于政府和政府企业的收益”。表Ⅱ列出了联邦政府、联邦政府企业、州和地方政府，以及州和地方政府企业的有关数据。

将源于政府和政府企业的收益总额从国民生产总值中减去，我们得出了私营生产总值（而从国民生产净值中减去政府和政府企业收益总额，我们就得出了净私营产值）。表Ⅲ列出了这些数据。

表Ⅲ　私营产值

单位：10亿美元

	国民生产总值	国民生产净值	源于政府和政府企业的净收益	私营生产总值	净私营产值
1929	104.4	95.8	5.1	99.3	90.7
1930	91.1	82.6	5.3	85.8	77.3
1931	76.3	68.1	5.4	70.9	62.7
1932	58.5	50.9	5.2	53.3	45.7

表Ⅳ列出了我们对政府开支估算的数据，其中不包括政府企业。我们在上文已经说明，商务部的方法是将政府“支付的利息”减去“所得利息”，得出政府开支，而我们将“所得利息”仍然包括在政府支出之内；同样，因为类似的缘故，商务部将“州和地方企业的

盈余”从州和地方的总支出中减去，而我们的估算方法则又将之包括进来。

表Ⅳ 政府开支

单位：10 亿美元

	联邦支出	州和地方政府支出	政府总支出
1929	2.9	8.2	11.1
1930	3.1	8.9	12.0
1931	4.4	8.9	13.3
1932	3.4	8.0	11.4

对政府企业支出的估算可以分为两部分：政府企业的收益（即雇员工资），这部分资料可以从商务部得到；向商业采购的数额，这部分资料不可能得到。商务部和财政部都不能提供有关向商业进行采购的数额。所以，我们所估算出的数据是粗略而具偶然性的。所罗门·法布里坎特（Solomon Fabricant）教授为我们提供了 1932 年这一财政年度的联邦、州和地方向商业进行采购的总额（至此我们可以对这些年代进行整理了）。[4] 法布里坎特预计全部政府和政府企业向商业采购的总额在 1931—1932 年达到 10.2 亿美元。商务部 1931 年和 1932 年联邦（全体）向商业采购的平均数额是 5.4 亿美元。因此，我们可以估计出在 1931—1932 年政府企业向商业进行采购的数额为 4.8 亿美元。

对州和地方政府，法布里坎特估计 1931—1932 年政府和政府企业总共花费了 40.8 亿美元购买商业产品；1931—1932 年所有州

[4] Solomon Fabricant and Robert E. Lipsey, *The Trend of Government Activity in the United States Since 1900* (New York: National Bureau of Economic Research, 1952), pp.222-234.

和地方商业采购的平均数额为 34.8 亿美元（商务部统计结果）。这样，我们就可以估计出州和地方的政府企业向商业采购的数额达到了 6.0 亿美元。

遗憾的是，对于我们研究的其他年份，法布里坎特没有给出州和地方一级的相关数据。法布里坎特估计在 1929 这一财政年度中，联邦政府及政府企业向商业采购达 8.8 亿美元。然而遗憾的是，我们没有 1928 年的相关数据；商务部估计在 1929 年联邦政府（全部）采购达到 3.6 亿美元。将法布里坎特提供的数据减去商务部提供的联邦政府采购数额，我们得出联邦的政府企业在 1929 年向商业采购的数额大致等于 5.2 亿美元。

用这些粗略的数据推算联邦、州和地方的政府企业在这些年中每一年的相关数据，这当然很武断，但是如果把这所有的问题都忽略，并把政府企业的相关数据算作是私营经济的一部分，这样的做法更为不当。所以，我们假定在我们研究的这些年里，联邦政府的企业每年花费 5 亿美元购买商业产品，而州和地方的企业每年则花费 6 亿美元。我们对政府企业的开支进行了估算，结果见于表Ⅴ。

表Ⅴ　政府企业的开支

单位：10 亿美元

	源于联邦的收益	联邦向商业采购	源于州和地方的收益	州和地方向商业采购	政府企业开支总额
1929	0.6	0.5	0.2	0.6	1.9
1930	0.6	0.5	0.2	0.6	1.9
1931	0.6	0.5	0.2	0.6	1.9
1932	0.5	0.5	0.2	0.6	1.8

政府和政府企业开支的总和被列在表Ⅵ中。

表Ⅵ　政府和政府企业的开支

单位：10亿美元

	联邦	州和地方	总和
1929	5.2	8.8	14.0
1930	4.4	9.1	13.5
1931	3.4	9.0	12.4
1932	3.0	8.5	11.5

表Ⅶ　政府和政府企业的收益

单位：10亿美元

	联邦	州和地方	总计
1929	5.2	8.8	14.0
1930	4.4	9.1	13.5
1931	3.4	9.0	12.4
1932	3.0	8.5	11.5

这些年中的政府收益又是什么呢？这里的政府收益是由商务部的数据加上联邦、州和地方的“利息所得”得出的。至于政府企业，我们只能简单而粗略地假定其收益与其开支相等，然后以与政府收益相同的计算方法将之估算出来，但如果我们从商务部数据中能找出州和地方政府企业的盈余数据，我们应将之计入收益的数据内。我们所估计的政府及政府企业的收益数额列于表Ⅶ。也许有人会认为，在任意一年中，如果我们要找到政府开支和收益中的较大者，只需要将联邦、州和地方的收益相加，然后再将三者的开支相加，随后找到其中较大者即可。这是错误的。当我们考虑单独政府机构的活动，我们应该意识到，在数值或统计学上，赤字和盈余之间可以互相抵销，但它

们对私营经济的影响却不能抵销。我们假设，在给定的一年，伊利诺伊州政府拥有财政盈余 2 亿美元，而纽约则有着 2 亿美元的赤字。如果我们的兴趣在于政府活动对纽约和伊利诺伊州两地造成的影响，我们就不应该简单地将二者的数据相加，再对相加后的数据进行比较。因为伊利诺伊州的税收盈余来自私人，而纽约的赤字需要私营产值加以填补。所以，理想的方法是将每个州和地方的收益及开支罗列出来，在二者中取数值大者，将取出的数据相加，再加上联邦预算的数据，这样才能大致得出各级政府所造成的整体财政影响。因受我们能得到的数据限制，我们只能将州和地方的数据统一整理，然后再对联邦的数据进行整理。[5]

最后，在表Ⅷ中，我们对联邦、州和地方机构的“政府掠夺”造成的财政负担进行了估算（包括政府企业），并将之与私营产值的数据进行了比较。

表Ⅷ　政府和私营产值

单位：10 亿美元

	私营生产总值	净私营产值	联邦掠夺	州和地方掠夺	政府掠夺总额
1929	99.3	90.7	5.2	9.0	14.2
1930	85.8	77.3	4.4	9.7	14.1
1931	70.9	62.7	5.5	9.7	15.2
1932	53.3	45.7	4.4	8.8	13.2
	剩余私营产值 /（总额）		剩余私营产值（净）		
1929	85.1		76.5		
1930	71.7		63.2		

[5] 因为在我们的数据中，各州和地方政府的数据都加在一起，所以按我们的观点，这使我们低估了现实中政府给私营产值造成的负担。

（续表）

	剩余私营产值 /（总额）		剩余私营产值（净）
1931	55.7		47.5
1932	40.1		32.5
	联邦掠夺占私营生产总值的比重 /%	州和地方掠夺占私营生产总值的比重 /%	政府掠夺总额占私营生产总值的比重 /%
1929	5.2	9.1	14.3
1930	5.1	11.3	16.4
1931	7.8	13.7	21.5
1932	8.3	16.5	24.8
	联邦掠夺占国民生产净值的比重 /%	州和地方掠夺占国民生产净值的比重 /%	政府掠夺总额占国民生产净值的比重 /%
1929	5.8	9.9	15.7
1930	5.7	12.5	18.2
1931	8.8	15.5	24.3
1932	9.6	19.3	28.9

通过表Ⅷ，我们完全可以相信，在萧条时期，政府造成的财政负担在 1929 年到 1932 年发生了大幅度上涨。联邦政府对私营产值的掠夺占私营生产总值的比重从 5% 上升至 8%，占国民生产净值的比重从 6% 上升到 10%；州和地方政府的掠夺占私营生产总值的比重从 9% 上升至 16%，占国民生产净值的比重从 10% 上升至 19%。政府掠夺总额占私营生产总值的比重从 14% 上升至 25%，占国民生产净值的比重从 16% 上升至 29%，政府给私营经济造成的财政负担几乎翻了一倍。

译后记

Translation postscript

《美国大萧条》中译本能连续出第三版，这是我在翻译时未想到的。中国对奥地利学派的关注早在20世纪20年代就已经开始，20世纪90年代对奥地利学派的译介活动可以说是对奥地利学派研究的又一次高潮，当然其中让人印象最深刻的是邓正来老师对哈耶克，特别是对他的政治和法律思想的介绍，此外包括秋风、冯兴元、冯克利等一批老师把奥地利学派的研究逐步推向细化。作为中国经济思想史的研究工作者，我自己对奥地利学派在中国的传播史也非常感兴趣，更有意思的是，其实自己也成了这种兴趣所关注的对象，加上此版编辑的建议，所以在译后记中略述翻译《美国大萧条》(以下简称《大萧条》)的因缘。

文化保守主义和自由主义是20世纪90年代中后期中国学术界比较关注的对象，当时的北大校园也受此影响。一批北大的研究生和本科生组织了一个“奥地利学派读书小组”，想以研读学术著作为要务，摒弃是非之争，能真正在知识上有所收获。他们从弗里德里希·哈耶克的亲属以及美国的米塞斯学院得到了一批英文版书籍，《美国大萧条》就在其中。我还记得当时我的朋友蒋狄青先生拉着我和我的好友朱晓罕谈起这本书时，眉飞色舞的表情，他热情地邀请我和晓罕参加他们的读书小组。对于奥地利学派，我和晓罕都是门外汉，参与小组讨论，也就坐最后一排听那些积极分子说，只图自己扫盲，别赶不上学术时尚，被人笑话。当然拿出小学生学奥数的劲儿学习也是需要的，所以那时候很认真地看了一些商务印书馆“汉译经典”中老奥地利学派的著作。之后，狄青建议我翻译《大萧条》的第二部分。于是便有了我每天踏着春日和煦的阳光，赶去北大图书馆新馆一楼工具书阅览室，等着开门抢一本《英汉大词典》的故事，那是 1999 年春天。真正推动《大萧条》出版的是马健荣编辑，他当时在世纪出版集团工作，向“世纪文库”编委推荐了这本书。健荣对翻译质量要求极高，所以要我一个人完成翻译工作，于是 2002 年我每天下班回家就有了事儿做。《大萧条》后来引起大家重视，一方面是 2008 年，这样的主题能吸引人，而当时对美国大萧条研究的专著也不多；另一方面自然与张维迎老师对此书的赏识有关。

对于普通读者而言，奥地利学派的著作往往能从简单的生活经验出发，解释复杂的经济现象。而且在我翻译过的作家中，罗斯巴德行文是较为干净利落的一位。因此，他在美国和中国拥有广大读者，也是很正常的。至于对书中观点的理解，作为此书较早的中国读者，我想，我们的思考已经不能再停留在“见山就是山”的地步了。近代以后，经济行为越来越社会化，经济的复杂性也大大增强，经济研究的困难随之增强。简单地把经济兴衰的原因简单归咎于市场或是政府，其实都是教条思维的产物。

感谢我的导师钟祥财教授，他对我的帮助和支持是不遗余力的。感谢上海社科院，特别是经济所诸多老师的帮助，20 世纪 60 年代以前，经济所是推介奥地利学派著作的重镇。感谢上海财经大学的梁捷老师，我的同事、经济所经济史和经济思想史研究室的张申博士，没有他们，应该不会有大家看到的第三版。也感谢编辑重新编辑第三版。这一年来，和其聊天又让《美国大萧条》给了我更多愉快的记忆。

谢华育

2017 年 11 月 2 日于上海

出版后记

Published afterword

张维迎教授在序言中提到经济学家托马斯·伍兹的著作，现正好为读者奉上一段由这位经济学家讲解商业周期的讲座视频，您只需打开手机扫一扫下边的二维码，便可看到。毕竟不断尝试出版新型模式，在书中直接将其内容动态化，使纸上不可实现之事通过随身携带之物来实现，这也是出版人的愿景。

同样在这二维码中蕴含的，还有由两位青年经济学者菁城子和张是之共同合作的对《美国大萧条》的解读。[1] 这不仅可作为对本书的预读，还可以有“温故知新”的效果，更可以对“美国大萧条”这一历史事件有更全面与深刻的理解。

以史为镜，“美国大萧条”下有繁荣与危机，有计划、管制与市场，而潜藏在这之下的货币理论、商业周期等经济学常识，则希望这本《美国大萧条》能为您有所呈现。愿它也能成为一面镜子，给您带来新的体悟。

编者

2017 年 12 月

---

[1] 菁城子是二维码中的文章主笔，讲读者是张是之。两位均有同名公众号，您可以自行搜索。